མལ་གྲོ་གུང་དཀར་གྱི་ལོ་རིམ་མེ་ལོང་།

墨竹工卡年鉴

2015

墨 竹 工 卡 县 人 民 政 府　主办
墨竹工卡县人民政府办公室　　编

县委书记　严应骏

县委副书记、县长　林 生

县委副书记、人大常委会主任　洛 桑

县委常务副书记、政协主席　魏东飞

1月27日，西藏自治区主席洛桑江村到墨竹工卡县看望结对帮扶户

4月30日，西藏自治区主席洛桑江村到墨竹工卡县调研

6月24日，墨竹工卡县常委班子专题民主生活会上，自治区主席洛桑江村发表重要讲话

1月13日，团中央农村部副部长赵宝东到墨竹工卡县调研考察

3月14日，西藏自治区党委副书记、常务副主席、政法委书记邓小刚到墨竹工卡县幼儿园考察

8月26日，自治区党委常委、拉萨市市委书记齐扎拉到尼江乡章达村检查指导工作

3月18日，西藏自治区人大常委会副主任赵正修到墨竹工卡县寺庙考察

5月7日，西藏自治区纪委副书记张秋生到墨竹工卡县调研党风廉政建设工作

6月24日，西藏自治区政协经济人口资源环境委员会主任索朗多吉到墨竹工卡县考察工作

2月28日，拉萨市市委常委、常务副市长斯朗尼玛到墨竹工卡县督导维稳和群众路线工作

9月14日，南京市委常委、江宁区委书记周谦在拉萨会见墨竹工卡县领导，签订合作协议

7月22日，中央党校联系点揭牌仪式

8月19日，中央采访团到墨竹工卡县采访援藏工作情况

8月23日，市长张延清到章达村检查指导工作

3月30日，县长林生在墨竹工卡县2014年重点项目集中开工仪式上作重要讲话

9月22日，县委书记严应骏等县委主要领导共同研讨大日多景点规划建设

3月30日，墨竹工卡县召开2014年经济工作会暨净土健康产业工作会

5月4日，纪念“五四”运动95周年暨墨竹工卡县第一届“十佳青年”和“五四青年”表彰大会

嘎则新区县政府主楼

为农牧民群众发放拖拉机

扎西岗乡多嘎组新农村新面貌

2月27日，多嘎组农牧民新房入住仪式

墨竹工卡县群觉古代兵器博物馆

墨竹工卡县净土健康产业展销厅

荣誉榜

自治区创先争优强基础惠民生活动
先进驻村(居)工作队
中共西藏自治区委员会
西藏自治区人民政府
2014年11月

全区“先进双联户”创建活动
先进镇
中共西藏自治区委员会
西藏自治区人民政府
2014年12月

2014年度自治区级
县域平安边界
中共西藏自治区委员会
西藏自治区人民政府
2014年12月

全区五四红旗团委
共青团西藏自治区委员会
2014.5

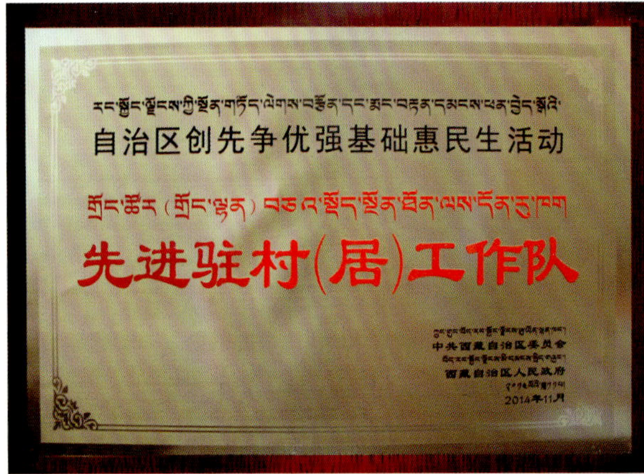

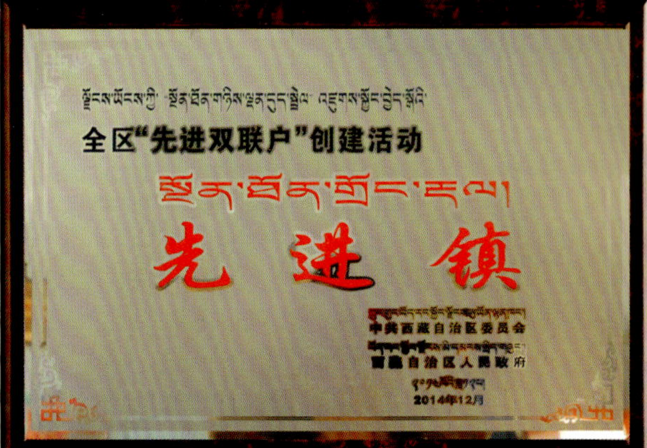

2013年度文物保护特殊贡献
先进集体
西藏自治区文物局
二〇一四年一月

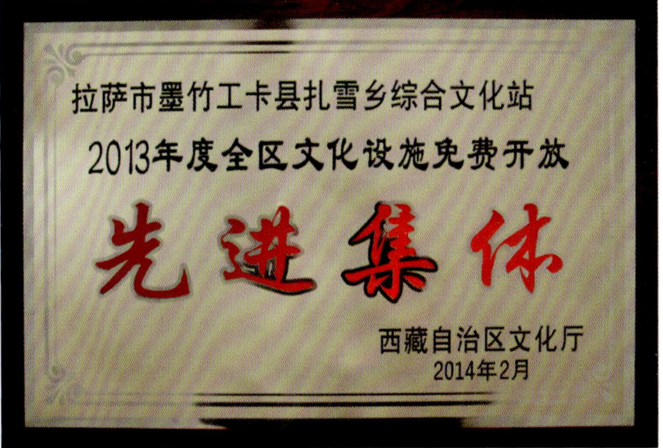
拉萨市墨竹工卡县扎雪乡综合文化站
2013年度全区文化设施免费开放
先进集体
西藏自治区文化厅
2014年2月

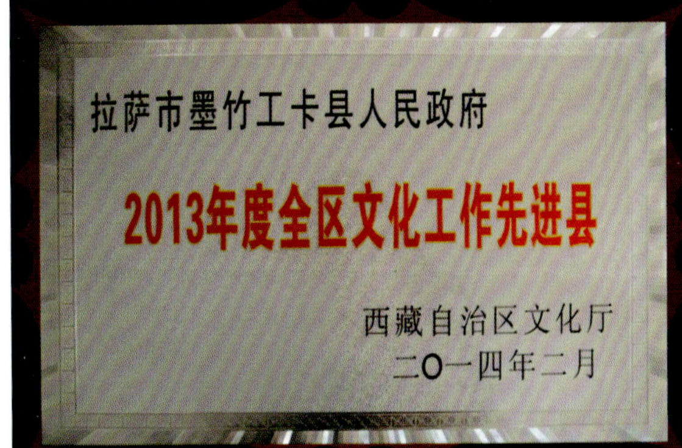
拉萨市墨竹工卡县人民政府
2013年度全区文化工作先进县
西藏自治区文化厅
二〇一四年二月

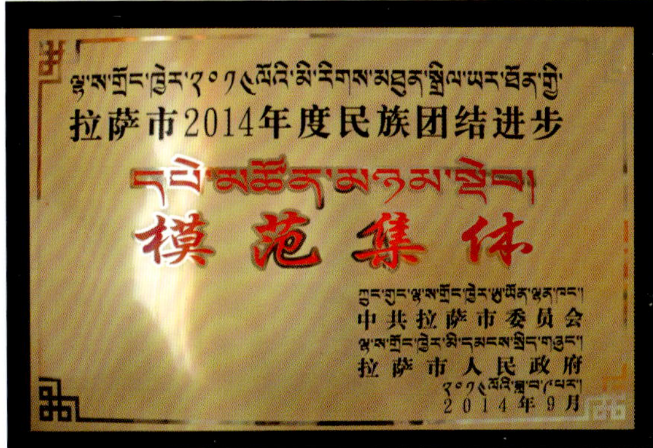
拉萨市2014年度民族团结进步
模范集体
中共拉萨市委员会
拉萨市人民政府
2014年9月

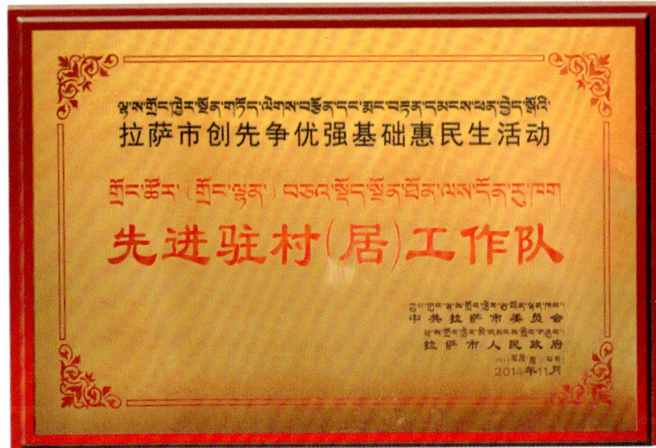
拉萨市创先争优强基础惠民生活动
先进驻村(居)工作队
中共拉萨市委员会
拉萨市人民政府
2014年11月

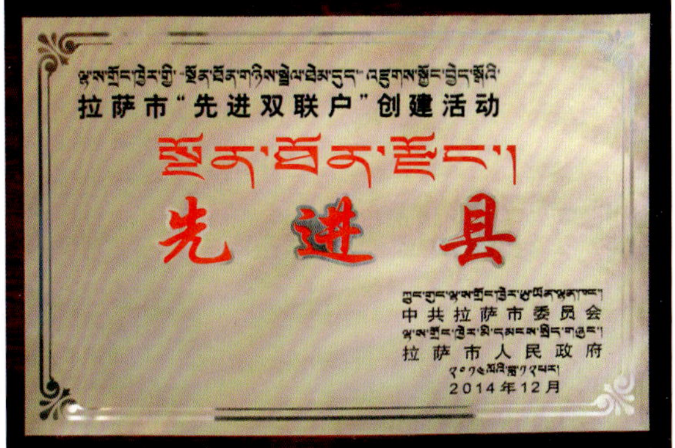
拉萨市"先进双联户"创建活动
སྔོན་ཐོན་རྫོང་།
先进县
中共拉萨市委员会
拉萨市人民政府
2014年12月

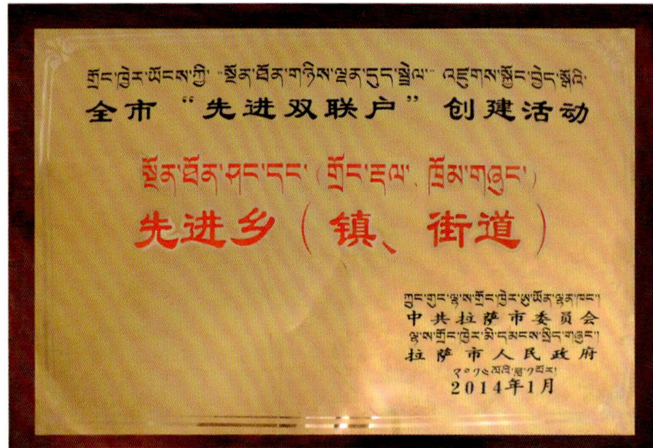
全市"先进双联户"创建活动
先进乡（镇、街道）
中共拉萨市委员会
拉萨市人民政府
2014年1月

墨竹工卡县委统战部：
荣获2014年度全市统战理论政策调研
优秀组织奖
中共拉萨市委统战部
二〇一四年六月

墨竹工卡县委办公室：
被评为2014年度全市党委信息工作
先进集体
中共拉萨市委办公厅
2015年2月

授予：墨竹工卡县委宣传部
2014年度全市宣传思想工作
先进集体
中共拉萨市委宣传部
二〇一五年三月

墨竹工卡县县委、县民宗局
荣获2014年度全市统战民族宗教信息工作
二等奖

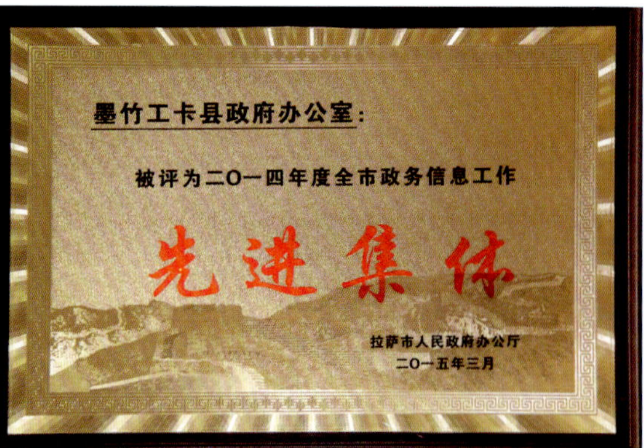
墨竹工卡县政府办公室：
被评为二〇一四年度全市政务信息工作
先进集体
拉萨市人民政府办公厅
二〇一五年三月

授予：墨竹工卡县文广局
2013年度全市广播影视工作
先进集体
拉萨市广播电影电视局
2014年4月

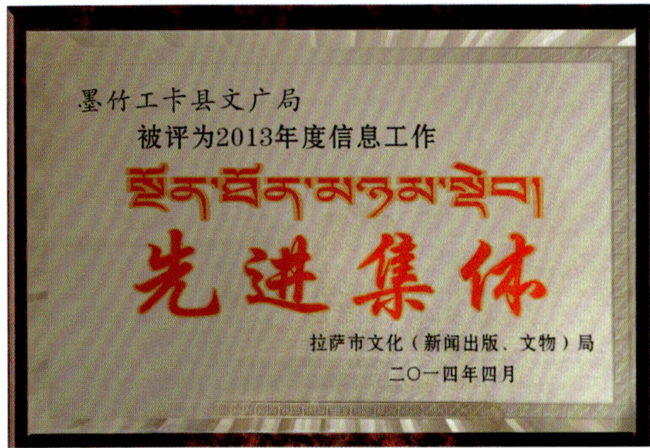
墨竹工卡县文广局
被评为2013年度信息工作
སྔོན་ཐོན་མཉམ་སྡེབ།
先进集体
拉萨市文化（新闻出版、文物）局
二〇一四年四月

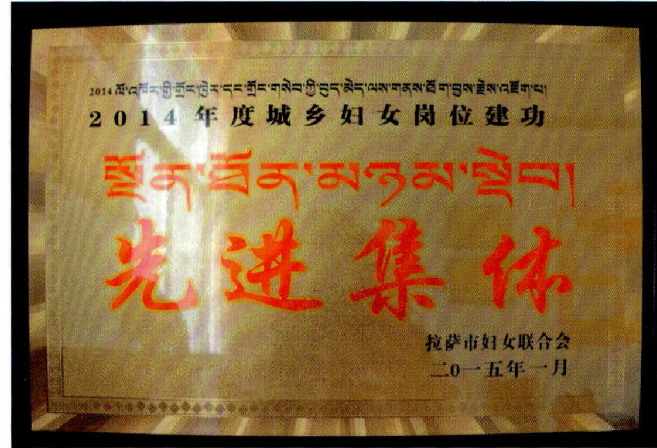
2014 ལོ་འཁོར་གྱི་གྲོང་ཁྱེར་དང་གྲོང་གསེབ་ཀྱི་བུད་མེད་ལས་གནས་ཐོག་གྲུབ་རྗེས་འཛུགས་པ།
2014年度城乡妇女岗位建功
སྔོན་ཐོན་མཉམ་སྡེབ།
先进集体
拉萨市妇女联合会
二〇一五年一月

2014年度全市卫生计生工作综合考核
一等奖
拉萨市卫生局党组
拉萨市卫生局
二零一五年二月

墨竹工卡县人民检察院
在2014年度基层院考核中荣获
优胜奖
市人民检察院
一五年三月

编辑说明

一、《墨竹工卡年鉴》是由墨竹工卡县人民政府主办的综合性年鉴；是系统汇辑年度重要文件信息，系统反映墨竹工卡县经济、政治、社会发展历程的年度资料性文献。全书以马列主义、毛泽东思想、邓小平理论、“三个代表”重要思想和科学发展观为指导，以经济建设为中心，全面、系统、真实地记录墨竹工卡县经济、社会的基本面貌与发展状态，为社会各界与国内外人士了解和研究当今墨竹工卡县提供翔实的资料。

二、《墨竹工卡年鉴》分为正文与彩页两部分。正文采取分类编辑法，以类目、分目、条目为主要框架结构，个别包含多方面资料的条目，则在段落间加插楷体标题提示，方便读者查阅，全书备有目录。

三、《墨竹工卡年鉴(2015)》载录墨竹工卡县2014年经济社会发展的基本资料，设有特载、综述、政治、军事、法治、经济管理、社会事业、城市建设·环保、交通·通信、金融、乡(镇)概况等内容，可以为人们了解墨竹工卡县、认识墨竹工卡县提供一个全新的窗口。

四、《墨竹工卡年鉴(2015)》的编辑宗旨，在于求真务实，力求真实生动地反映墨竹工卡县在改革开放和现代化建设中取得的崭新成就。

五、《墨竹工卡年鉴(2015)》所提供的内容和数据，分别来自于墨竹工卡县各有关部门和乡(镇)人民政府，经各级领导审核，但由于口径与统计方法不同，有不一致之处，使用时应以县统计局提供的数据为准。本书中农田土地面积的计量单位使用“亩”。

六、《墨竹工卡年鉴》编辑部因工作人员少且编辑经验不足，粗疏、缺漏或错误在所难免，欢迎各级领导和广大读者批评指正。

七、《墨竹工卡年鉴》编辑出版工作得到各有关领导、各单位和社会各界的鼎力帮助与支持，为此，谨表衷心的谢忱之意。

《墨竹工卡年鉴》编辑部

2015年7月1日

《墨竹工卡年鉴》编纂委员会

《墨竹工卡年鉴》编辑部

图书在版编目（CIP）数据

墨竹工卡年鉴. 2015 / 墨竹工卡县人民政府办公室编. -- 北京：方志出版社，2015.7
ISBN 978-7-5144-1661-9

Ⅰ. ①墨… Ⅱ. ①墨… Ⅲ. ①墨竹工卡县 – 2015 – 年鉴 Ⅳ. ①Z527.54

中国版本图书馆CIP数据核字(2015)第182659号

墨竹工卡年鉴（2015）

编　　者：墨竹工卡县人民政府办公室
责任编辑：刘方圆

出 版 人：冀祥德
出 版 者：方志出版社
地址　北京市朝阳区潘家园东里9号（国家方志馆 4 层）
邮编　100021
网址　http://www.fzph.org
发　　行：方志出版社发行中心
电话（010）677110500
经　　销：各地新华书店
印　　刷：河南深港彩印有限公司

开　　本：889×1194　　1/16
印　　张：21.25
字　　数：383千字
版　　次：2015年7月第1版　　2015年7月第1次印刷
印　　数：001~500册

ISBN 978-7-5144-1661-9　　定价：350.00元

目 录

特 载

综 述

政 治

军 事

法 治

经济管理

社会事业

城市建设·环保

交通·通信

金 融

乡(镇)概况

特载

特　载

适应新常态　激发新动力
奋力开启全面建成小康社会新征程

——在县委八届五次全体(扩大)会议上的报告

中共墨竹工卡县委书记　严应骏

(2015 年 1 月 28 日)

同志们:

这次会议的主要任务是,学习贯彻党的十八届四中全会精神和区市党委八届六次全委会、经济工作会议精神,全面总结 2014 年工作,安排部署 2015 年任务,动员全县上下进一步坚定信心、攻坚克难,积极适应新常态,激发新动力为全面建成小康社会、全面深化改革、全面推进依法治国、全面从严治党而努力奋斗。下面,根据县委常委会讨论意见,我向全委会作报告。

一、2014 年工作回顾

2014 年,在区市党委的正确领导下,在南京市的无私帮助下,县委常委会深入贯彻落实党的十八大和十八届三中、四中全会精神,贯彻落实习近平总书记系列重要讲话精神,牢牢把握稳中求进、好中求快的总基调,大力实施生态立县、产业强县、法治稳县、民生安县、文化兴县五大战略,深入开展党的群众路线教育实践活动,全县经济社会各项事业取得显著成绩。俞正声主席在对口支援西藏 20 周年会议上先后两次表扬南京市对口墨竹工卡的援藏工作,中央党校在墨竹工卡建成全国少数民族地区首个“党建教学研究联系点”。与南京交流交往不断深化拓展,政法代表团访问南京,教育、科技、卫生、规划、工会、共青团等多条口与南京开展交流协作,南京市委组织部、江宁区、秦淮区、鼓楼区等党政代表团来县推动合作交流,全县青少年学生代表现场观摩南京青奥会开闭幕式,圆满完成墨竹工卡县第二批科级干部到南京培训和挂职锻炼任务。全县先后被自治区评定为“县域平安边界”和先进双联户创建评选工作“先进县(区)”等荣誉称号;在全市社会治安综合治理工作考评中夺得第二名佳绩。2014 年,完成地区生产总值 22.8 亿元(现价),同比增长 20.7%;全县年终总财力 8.56 亿元,同比增长 21.3%,其中公共预算财政收入 3.31 亿元,同比增长 43.2%;固定资产投资 73.56 亿元,同比增长 33.86%;社会消费品零售总额 1.93 亿元,同比增长 20.4%;工业增加值 7.52 亿元;农村居民人均可支配收入 9683.69 元,同比增长 20.1%。

(一)抓载体促成效,凝聚加快发展合力。始终把学习贯彻党的十八大、十八届三中、四中全会和习近平总书记一系列重要讲话精神,作为重大政治任务来抓。坚持讲政治、顾大局、守纪律,坚定不移地贯彻落实习近平总书记系列重要讲话精神,特别是“治国必治边,治边先稳藏”的重要战略思想和“努力实现西藏持续稳定、长期稳定、全面稳定”的重要指示;贯彻落实俞正声主席“依法治藏、长期建藏、争取人心、夯实基础”的重要原则,不折不扣地贯彻执行党的路线方针政策、贯彻落实党中央、区市党委的各项决策部署。在反分裂斗争这个重大原则问题上，严格按照中央对十四世达赖集团的定性表述、斗争方针和策略办事，始终旗帜鲜明、立场坚定、认识统一、表里如一、态度坚决、步调一致。扎实开展党的群众路线教育实践活动，组织全县91个单位、129个党支部、4336名党员和干部历时290余天参加集中学习1536场次，参学人数达19036人次；专题学习讨论活动663场次，观看教育影片1536人次。县委常委班子带头制定“两方案一计划”，确定整改落实任务11项、专项整治任务27项、制度建设计划17项；县人大、政府、政协党组班子及全县其他党组织确定整改任务和专项整治任务2331项、确定制度建设计划963项。全县各级党组织班子成员个人整改清单共1483项。扎实开展了“三进四同三一”活动，认真解决联系服务群众“最后一公里”问题，全县926名党员干部与1148户困难群众结对认亲，共办实事好事282件，个人和单位共投入资金231.6万元，广大党员干部俯下身子，主动深入基层调处矛盾纠纷和信访案件120余起，集中解决各类民生问题53件。整个活动在区市党委的坚强领导和区党委第一督导组、市委第二督导组的精心指导下，以“为民、务实、清廉”为主题，按照“照镜子、正衣冠、洗洗澡、治治病”的总要求，坚决纠正在“四风”“两问题”“一薄弱”“三不够”方面存在的问题，切实做到了活动不虚不空不偏、不走过场，党风政风焕然一新、社会风气明显好转、广大群众普遍满意的成效，得到联系领导洛桑江村主席的充分肯定。

（二）抓生态优环境，夯实绿色发展基础。设立1000万元专项资金在拉萨市率先实施生态县创建工作，编制完成生态县、乡、村创建规划，并通过评审，力争3年内完成自治区级生态县创建工作。完成38个行政村生态村水和废水、空气和废气、噪声和振动检测工作，并形成环境监测报告报自治区相关单位审核备案。目前，已完成格桑、塔巴、拉龙、怎村等15个自治区级生态村创建工作；甲玛乡赤康村荣获“中国特色村”荣誉称号。投入680余万元，建成全区湿地污水处理科研试点项目——城镇湿地污水处理厂。投入160万元对16个集中饮用水源地进行保护工程试点工作。加大矿山周边山体本体污染治理力度。严格落实环评和“三同时”制度，对未批先建和未经环保验收擅自生产等违法行为进行专项清查。大力开展城乡环境专项整治行动，巩固禁白成效。实施城乡环境绿化、美化、亮化工程，全年植树造林4626.9亩，存活率达85%以上，林地覆盖率达35.96%，同比增长0.02%。

（三）抓文化提品味，文化事业欣欣向荣。持续深入开展“八看”“一算账”“一揭批、四增强”感党恩主题教育活动，广大干部群众反对分裂、维护稳定，共同团结奋斗、共同繁荣发展的思想基础进一步夯实。扎实开展中国梦、“3·28”百万农牧解放纪念日、新旧西藏对比、学雷锋志愿服务、“五下乡”等活动，成功举办斯布村多嘎组新居入住文艺活动、“践行党的群众路线，共筑中国梦”为主题的文艺汇演活动和“金秋送戏下乡文艺巡演”等系列节庆文化活动，开展演出活动60余场次。实施文化共享工程建设，建成乡（镇）文化站、村级文化室、农家书屋等公共文化基础设施。实现广播电视安全播出零事故，网络舆情监测分析机制不断完善。新建并对外开放西藏首家民间博物馆，参展物品达1612件（套）。成功开通自治区第一个县（区）级党政公共微信号——微墨竹；墨竹工卡县政务网站成功运行。圆满完成中央电视台《江河万里行》《记住乡愁》等栏目组的拍摄协助工作。在南京日报A2要闻版开设每月一期的“情系墨竹”专栏；完成《墨竹梦·南京情》《追梦“天边之乡”》等外宣品的策划和制作工作。全面启动各类文明创建活动，深化社会主义核心价值观的宣教工作。推进文明餐桌活动，制作文明就餐提示卡10000个。

（四）抓项目促投资，增强加快发展后劲。年初计划项目100个，开工率85%，完工率75%。投入援藏资金5825万元实施南京实验小学二期工程、巴日卡道路工程等援藏项目4个；落实招商引资资金62.98亿元，同比增长33.3%。完成扶贫开发项目12个，总投资1355万元，带动群众户均增收2800元，脱贫875户4326人。完成甲玛乡孜孜荣村176户

972 人搬迁入驻工作任务。实施交通项目 19 个,完成投资 7814.1 万元,全县油路通车里程累计达到 654 公里,乡(镇)、行政村通油率分别达 100%、89%;城镇化人口达到 2.4 万人,城镇化率达到 40.6%。完成全国第三次经济普查工作任务;积极协调和服务拉林公路墨竹段建设工作,项目按期顺利推进。嘎则新区供电线路入地、南京路南段改扩建工程、新竹路、纬二路等项目全面建成。坚持旅游带动战略,突出抓好旅游项目建设。总投资 3080 万元的德仲温泉景区道路、达普天文观测台、直孔梯寺游步道等一批旅游项目全面建成。投资 500 万元成功组建松赞干布旅游文化投资发展有限公司;以首届西藏旅游文化国际博览会、拉萨雪顿节、南京净土健康产业专场招商会等契机,大力开展噶厦糌粑、直孔刺绣、东嘎泥塑等 12 种特色产品的推介;加大对外宣传力度,制作旅游宣传画册 3 万册。2014 年,接待游客人数 82 万人次,同比增长 21%。第三批驻村工作队入驻以来,申报项目 104 个,涉及资金 1555.5 万元,其中"短、平、快"项目 40 个,投资额 1432 万元;计划外争取项目 64 个,投资额 123.5 万元。

(五)抓特色强优势,促进农牧民增收。以高原特色农产品为抓手,大力发展净土健康产业,着力打造绿色 GDP,展现生态"名片"。投资 1000 万元注册成立墨竹工卡县净土健康产业发展有限公司;整合投放第一批净土健康产业项目资金 1431.6 万元,形成巴洛、"3000 米"、唐加乡阿奴和尼唐组 4 个藏鸡养殖基地;投资 216 万元大力发展经济林种植业,试种李子树、梨树和桃树共 150 亩,积极带动群众参与种植,提升农牧民家庭收入。投入 3060 万元实施农牧业项目 13 个,其中应急物资储备库、尼江乡奶牛养殖、扎西岗乡巴洛藏鸡养殖等 5 个项目竣工投入使用,扎西岗乡农业综合开发土地治理项目、游牧民定居工程、直孔刺绣唐卡等 8 个项目有序推进。连片高效日光温室达到 509 栋;农畜产品深加工企业达到 2 家;全县播种面积 5251.73 公顷,粮食总产达到 2.4 万吨,其中青稞 1.95 万吨、油菜 0.21 万吨;牲畜存栏 21.52 万头(只、匹),成活数 4.54 万头。完成扎西岗乡扎西岗村农村土地确权登记试点工作的农户家庭信息核对、耕地测量、信息录入、颁证工作。

(六)抓民生构和谐,社会事业协调发展。坚持以人为本,全力抓好中央、区市各项惠民工程的落实,使改革发展成果惠及全县群众。全力推进夕阳红养老补贴、敬老院、文体中心、自然组活动场所、村容村貌整治工程、专业技能培训、农牧区水电网改造、寺管会僧尼成员岗位津贴、提高村小组长待遇、村干部养老医疗保险等县自办"民生十件实事"。全面贯彻落实"振兴教育教学质量三年行动计划",扎实推进义务教育均衡发展,教育本级财政投入 8279.75 万元。巩固提高"两基"成果,适龄儿童入学率 99.81%,小学在校巩固率 99.75%,初中入学率达 100%,巩固率 98.83%。落实"三包"资金 2232.34 万元。全年投入教改项目资金 3 亿余元,已完成南京实验小学、尼玛江热乡中心小学等 8 所小学改扩建项目;完成唐加乡冲尼村幼儿园、日多乡怎村幼儿园等 14 所幼儿园项目和县中学教学楼维修项目。加大对墨竹籍大学生的资助力度,为 1259 名大学生发放资助金 396.04 万元;为 50 名特困大学生兑现援藏助学金 20 万元。投入 355.44 万元推行县内义务教育阶段学生营养餐工作,受益学生达 6232 人。投入资金 2141.54 万元(含一事一议资金 40.01 万元)在 18 个村(组)实施人居环境整治项目;投入 912.34 万元援藏资金用于龙珠岗村委会、其朗村委会、贴朗村委会等 5 个村委会及附属工程建设。健全以县医院为中心、乡(镇)卫生院为枢纽、村卫生室为基础的县乡村三级医疗服务网络。实施全面免费健康体检,全民体检率达 99.95%。全年孕妇 879 人,在院分娩率 99%。建立运行县级大病救助爱心基金,受益人数达 437 人,受益金额 610.37 万元;为 6 个月——2 周岁儿童发放营养包 1852 包。全年劳动力转移就业 492 人;开发就业岗位 482 个,城镇新增就业 970 人,城镇登记失业率控制在 2.2%以内;劳动力转移 30716 人,实现收入 1.4 亿元(含虫草采集人员 7634 人,收入 7047 万元)。五保集中供养对象 286 人,意愿集中供养率达 100%,发放五保供养经费129.21万元。做好“五大保险”参保工作，工伤保险参保率达到98%以上。为1788户5207名城乡低保对象发放低保金714.98万元，为5397名城乡低保对象发放一次性补贴212.37万元。累计补助城乡低保对象3144户8116人，发放低保金1923.88万元。城乡居民养老保险参保率达100%。第三批驻村工作队为民办实事468件，投入资金560余万元；工作队帮助村制定经济社会发展规划102份，组织外出参观学习506人。

（七）抓法治保稳定，社会治理全面加强。墨竹工卡县作为拉萨市的东大门，维稳压力大任务重。始终坚持把维护稳定作为硬任务和第一责任，着力构建维护稳定长效机制，有效防范和打击十四世达赖集团的渗透破坏活动，实现了“三无”“三不出”。着力构建乡（镇）同级治安防范体系、矛盾纠纷排查调处防范体系、行政区域边际协作治安防范体系等“七大”防范网络体系；积极实施“平安墨竹”建设，加强社会管理综合治理，社会治安持续稳定。积极开展矛盾纠纷排查工作，全年排查矛盾纠纷52起，调解52起，调解率100%。开展安全生产专项检查活动，先后开展418次，查处隐患914处，现场整改128处，下发整改指令书727份。强化“护城河”盘查工作，收缴管制刀具101把，散装成品油2660升，假驾驶证23本。以“联户平安、联户增收”为主要内容的“双联户”建档立卡工作，推选联户代表进入村“两委”班子18人。开展以“爱国爱教、遵规守法、弃恶扬善、崇尚和谐、祈求和平”为主题的法制宣传教育更加深入人心，“六建” 工作不断巩固，“六个一”活动常态开展，“9+5+2”工程基本完成，各项利寺惠僧政策执行有力。民族团结工作持续推进。严格执行《拉萨市民族团结进步条例》，扎实推进民族团结进步月活动。顺利完成艾玛日寺曲古活佛坐床典礼活动。严格审批宗教活动场所8次大型佛事活动；全县613名僧尼参加基本养老、医疗保险613人，参保率达100%；有效确保了寺庙和睦、佛事和顺、宗教和谐的良好氛围。坚持党管武装，国防动员和后备力量建设扎实推进，民兵组织快速动员集结和执行任务能力明显提高。

（八）抓党建强根基，优化政治生态环境。县委常委会专题研究党建工作13项，开展党建活动9次，协调解决党建重点难点问题6项。在全县范围内建立党建示范点7个，开展基层党建工作现场交流会3场，有效激发了党组织的活力，形成示范带动、相互竞争的良好局面。大力推行“1234”党建工作法，全县148个基层党组织4469名党员通过“一本民情日记”撰写民情日记1.3万余篇；通过“两种帮扶”（结对帮扶、公开承诺帮扶）结对子3000余对，公开承诺帮扶4000余项；通过“三项服务”（上门服务、定点服务、常态服务）解决群众实际困难282件；通过“四步工作法”（组织定目标、自查找差距、群众评不足、整改看落实）使村干部工作成效和干事激情得到提升，群众对基层党组织平均满意度达93.3%。顺利完成村“两委”换届选举工作，272名村“两委”班子候选人全部顺利当选，“两委”班子中交叉任职委员180名，新提名进班子成员78名，40岁以下村干部114人，村干部平均年龄42.1岁，比上届低1.4岁；初中及以上学历96名，比上届增长17.1%；妇女干部49人，比上届增长8.9%。把集中整治“庸懒散”作为执行落实中央八项规定、区党委“约法十章”“九项要求”、市委“八项要求”和县委“八项守则”的重要载体，先后出台《墨竹工卡县常委会议事规则》《领导干部问责办法》《机关作风和效能建设问责办法》《关于进一步改进机关会风文风的规定》等制度办法，坚持以制度管人，健全工作约束机制，建立干部队伍作风建设长效机制。坚决刹住公款送礼、公款吃喝和奢侈浪费等不正之风。认真落实党风廉政建设工作，切实履行党委主体责任，纪委监督责任，各级党组织层层细化落实党风廉政建设目标任务，形成“县委主体责任、书记第一责任、班子成员一岗双责、纪委监督责任、乡镇部门具体落实”的工作局面。规范基层纪检工作建设，8个乡（镇）均设立专职纪委书记，40个村委会都选举成立村级“小纪委”村民监督委员会。开展清退会员卡活动，8个乡（镇）、35个县直单位共600余人做到零持有。坚决查处违纪违法案件，维护党纪国法的严肃性。先后初核案件8起，1名村组党员干部被开除党籍、1 名党员干部和 2 名村组党员给予党内警告处分、2 名村党支部第一书记和 1 名村党支部书记被撤销职务、7 名党员给予批评教育，7 名干部进行了诫勉谈话，挽回经济损失 8.5 万元，结案率 100%。

同志们，2014 年，压力大任务重。一年来，全县强化责任，狠抓落实。完善了重点工作领导联系、部门联挂和驻点推进等制度，实施月例会、季分析等工作机制，狠抓好各项工作落实。一年来，全县勇于担当，奋力攻坚克难。县领导率先垂范，坚持“一级做给一级看、一级带着一级干”，各级干部发挥自身优势，牢牢扎根在基层，比作风、赛举措。特别是在重点难点工作中，充分发扬“5+2”和“白加黑”的拼搏精神，迎难而上、奋力而为。一年来，全县众志成城，凝聚发展合力。在加强和改善党的领导、人大依法监督、政府依法行政、政协参政议政的意识、状态和作为进一步增强，法检“两院”和人民武装工作得到切实加强，人民团体的桥梁纽带作用进一步发挥，各级各部门围绕大局相互协作，形成了共推发展的强大合力。

在复杂的形势和严峻的考验面前，全县能够取得这样的成绩实属不易，这是认真贯彻上级党委各项决策部署，狠抓落实、攻坚克难的结果；是南京市无私援助和全县各级党组织及广大干部群众苦干实干、齐心协力的结果；也是广大老同志、老领导和社会各界献计献策、全力支持的结果。在此，我谨代表县委常委会，向为全县改革发展稳定做出积极贡献的全体同志，致以崇高的敬意和衷心的感谢！

在充分肯定成绩的同时，县委常委会对发展中面临的困难和存在的不足进行了深刻分析，主要是：一是经济结构有待优化调整。面对经济下行压力，部分经济指标与全年目标任务存在差距；从三产结构比例 10：81：9 分析，经济发展中过多依赖矿产业的问题依然存在，第三产业比例占量不大，支撑力较强的重大项目招引仍需突破，新经济增长点培育有待增强。二是城乡环境提升还需努力。生态环境目标定位还有差距，一些环境突出问题尚未根本解决，特别是水环境综合整治和城乡违章建筑整治与群众期待有差距。三是社会管理面临新的挑战。社会管理和基层基础工作面临着社会结构变化和人民诉求更加多元的双重挑战，工作理念、制度、方法还需进一步创新，改善民生和维护社会稳定任务艰巨。四是干部队伍的精神面貌、工作能力、作风和效率与新形势新要求还有一定距离，干事创业的激情和开拓进取精神有待进一步增强，整治“四风”还需常抓不懈，等等。对于这些问题，全县将高度重视，进一步加以认真解决。

二、2015 年工作主要任务

2015 年正逢西藏自治区成立 50 周年，既是全面深化改革的关键之年，也是全面推进依法治县的开局之年和全面完成“十二五”规划的收官之年，更是巩固和拓展党的群众路线教育实践活动成果、坚持从严治党的重要一年。2015 年全县工作的总体要求是：深入贯彻落实党的十八大和十八届三中、四中全会精神，高举中国特色社会主义伟大旗帜，以邓小平理论、“三个代表”重要思想、科学发展观为指导，贯彻落实习近平总书记系列重要讲话精神，贯彻落实区市党委八届六次全委会、经济工作会议精神，牢牢把握稳中求进、好中求快的总基调，坚持依法治县、依法行政、依法办事共同推进；坚持法治墨竹、法治政府、法治社会一体建设；坚守“生产安全零事故、生态环境零污染、信访案件零搁置、社会防控零事件、政府财政零负债”的总体要求，大力实施党建统县、生态立县、文化兴县、产业强县、民生安县、依法治县“一个统领、六大战略”，奋力开启全面建成小康社会新征程。

2015 年发展的主要核心目标是：地区生产总值增长 12%，公共财政预算收入增长 15%，社会固定资产投资增长 20%，农村居民人均可支配收入增长 16%，规模以上工业增加值增长 20%，社会消费品零售总额增长 10%。

实现上述目标，必须重点做好六个方面工作：

(一)实施党建统县战略，为全面建成小康社会提供坚实保障。党的建设是全党克敌制胜的“法宝”，也是全面建成小康社会、全面深化改革、全面推进依法治国、全面从严治党的根本保障。按照市委统一部署,深入扎实开展“三严三实”专题教育活动。进一步发挥"党揽全局、协调各方"的核心领导作用,强化各级党组织抓全盘、抓各项工作的主体责任,不断提高领导、推动和服务发展的能力,从制度上加强各级党组织对党的建设、深化改革、经济发展、社会稳定等各项事业的统一领导。按照习近平总书记提出的“四有”(即心中有党、心中有民、心中有责、心中有戒)要求,牢固树立权力观、事业观、政绩观,心系群众、为民造福。进一步加强新时期党的思想理论建设,强化党性党纪党规教育,严明党的纪律特别是政治、组织纪律,引导各级党员干部坚定理想信念,严格落实“三严三实”要求。从进一步转变观念、严格规矩入手,全面加强党内政治生活,用好“批评和自我批评”武器,落实党内民主集中制、谈心谈话、“三会一课”等基本制度,提高党内政治生活的政治性原则性。要把各项重点工作落实情况作为检验纪律执行的重要标准,以工作完成来检验纪律执行到不到位。按照从严治党要求,严肃党内组织生活,严把党员“出入”关,保持党员队伍先进性纯洁性。积极推进“班长工程”,强化各级党组织书记抓基层党建述职评议考核工作,加大对各级党组织书记队伍教育培训,健全完善管理、监督、关爱激励机制。拓宽联系服务群众渠道,建立以群众满意度为标准的党建工作考核标准,坚持把服务群众作为基层党组织的核心任务。巩固深化“1234”党建工作法等特色品牌,着力加强党建领域改革创新,在体制机制、工作方式、活动形式、发挥作用等方面进行积极探索,真正让党建工作更贴近群众意愿、更具有活力和实效。强化教育培养锻炼,建立学习、思考、实践紧密结合的培训模式,完善教育培训体系,提高党员干部理论水平、专业素养、解决实际问题和服务群众能力。完善科学评价和选人用人机制,坚持注重基层、注重实绩的用人导向,选拔信念坚定、行动坚决、科学推进、勇于担当的干部,努力打造思想上过硬、作风上正派的干部队伍。严格按照公务员行为规范,加强干部管理,积极推进干部人事制度改革,健全能上能下的用人机制。同时,要强化干部关心关爱机制,从政治上、生活上更加关心干部成长。确保党的群众路线教育实践活动“成果落地”,持之以恒抓好整改落实,开展“正风肃纪”行动,形成作风建设新常态。集中整治庸懒散奢,严肃治理慢作为、不作为、乱作为,打造“主动、高效、低成本”发展软环境。强化干部责任意识,健全落实工作的责任体系和各项推进机制,营造更为浓厚合力干事氛围。细化分解党风廉政建设“两个责任”,强化监督、评议、考核工作,真正做到党委履行主体责任“不松手”、书记履行第一责任“不甩手”、班子成员履行“一岗双责”“不缩手”。全面落实从严治党要求,深入开展廉政教育,突出预防为主抓好宣教,构建全方位、多层次教育体系。加强权力监督制约,一方面要建立健全党内民主制度,坚持用制度来约束权力、管好干部,另一方面要发扬人民民主,不断拓宽基层民主、社会舆论监督等各种渠道,让权力在阳光下运行。始终保持惩治腐败高压态势,坚决查处违法违纪行为,坚持有案必查、有腐必惩,以“零容忍”的态度惩治腐败,以反腐倡廉的实效取信于民。

(二)实施生态立县战略,奋力开创美丽墨竹新局面。高度重视生态文明建设,加强生态文明教育宣传,抓紧制定生态文明建设相关政策意见,出台生态文明创建考核办法,增加生态文明创建投入,严厉查处破坏生态环境事件,努力保护生态环境、构建国家安全屏障,以良好生态环境和优质发展环境推动经济社会又好又快发展。深入开展造林绿化,兑现退耕还林政策补助金和森林生态效益补偿金。组织草补工作负责人和专职技术人员,参加草原生态保护补助奖励机制培训。严格执行矿山企业环境影响评价和“三同时”制度;加大拉林高等级公路建设项目环境检查。坚持开展水质检查,保证人畜饮水和农业生产用水安全。开展环境执法检查,依法打击各类违法犯罪行为,把生态环境建设管理逐步推向法治轨道。完善城乡环境基础配套设施,配备垃圾收集转运车,建好垃圾转运站和填埋场,逐步建立起村收集、乡转运、县处理的环境垃圾处理体系,确保城乡环境整洁。强化县城综合管理,统筹城乡建设、管理服务、环境绿化及保护等职能,实施城乡环境绿化、美化、亮化工程,改善提高生态环境综合质量,打造生态宜居新墨竹。力争2015年80%的乡(镇)创成生态乡(镇),2016年创建成为“自治区级生态文明县”。

(三)实施文化兴县战略,奋力开创文明墨竹新局面。以满足人民群众文化需求为目的,推动文化大发展大繁荣。深入推进中国特色社会主义理论体系宣传普及,深入开展马克思主义“四观”“两论”教育,深入开展社会主义核心价值观教育,深入开展新旧西藏对比和“八看”“一算账”“一揭批”“四增强”主题教育,深入推进公民道德建设,积极创建文明县城,大力弘扬爱国主义精神、时代精神和“老西藏精神”。本着统一思想、鼓舞士气的原则搞好对内宣传,推行党报党刊“村村通”“寺寺通”和广播电视“户户通”“寺寺通”,做好微墨竹、墨竹·新华手机周报的运行,广播电视实现全覆盖,用先进文化占领城乡文化阵地,确保党中央的声音形象在全县各个区域、每个角落听得到、看得到。确保县城有综合文化活动中心、电影院、新华书店,每个乡(镇)有综合文化站,每个行政村有文化室和农家书屋,切实管好用好现有设施设备资料。集中资源开展正能量下乡活动。加快文化和旅游产业融合发展,大力发展直孔刺绣唐卡、塔巴陶瓷、直孔藏香、民族服饰等特色文化产业,扶强松赞民间艺术团,保护好文化遗产,文化产业增加值占GDP的比重达到3.5%。充分挖掘民族特色传统文化资源。紧扣展示形象、创优环境的主基调搞好对外宣传,完善新闻发言人制度,充分运用传统和现代媒介两种手段,树立起富裕、和谐、幸福、文明、美丽、法治墨竹新形象。

(四)实施产业强县战略,奋力开创富裕墨竹新局面。坚持目标任务不放松,牢牢抓住发展这个第一要务,坚持稳中求进、好中求快统筹发展,突出项目建设,狠抓产业发展,优化经济结构,推动转型升级。深入贯彻落实中央、区市经济工作会议精神,准确掌握经济发展新常态。牢牢把握“安全、环保、稳定”三条底线,立足矿产开发,立足企业所需,切实抓好,做好服务。稳步推进“三大矿区”建设,加快建设矿产配套业,积极推进矿业开发技术成果转化交易,尽快通过招商引资引进更多附属配套企业落户墨竹。以自治区级城镇化试点工作为契机,围绕矿产企业职工做文章,将一定规模以上的矿产基地尽量安排在县城,增强县城人口聚集,大力发展住宿、餐饮、娱乐等第三产业,进一步促进消费,繁荣市场。加大劳动力转移力度,加强基础设施配套完善,加快公共服务均等化步伐,实现以人为中心的城镇化。要认真落实强农惠农政策,调动和保护农牧民发展生产的积极性,加快构建新型农牧业经营体系,赋予农牧民更多财产权利。要加快墨竹净土健康产业发展,坚持以市场为导向,突出农业科技创新,加大新品种、新技术的引进和推广力度,以发展壮大集体经济为重点,加快发展农牧民专业合作组织,举办专项技能培训,着力扶持农产品加工企业,加快农业结构调整,要推动藏药材、斑头雁、藏香猪、藏鸡、斯布牦牛等优势产业的特色化、规模化发展,积极培育特色产业基地,提高全县农畜产品的质量、效益和竞争力,探索出一条农牧业规模化、产业化,规模效应、经济效应、社会效益并重的产业发展新路子,创建和打响具有墨竹特点的农牧业特色品牌。要加强农业基础设施建设,改善农牧区生产生活条件。着力推进新农村示范建设,逐步推行村容村貌整治改造工程,打造具有藏式风情的旅游特色村。继续加强农村电网、通讯网、光纤网和自来水进村入户,让农牧民用上纯净水、放心水。要深化农村改革,鼓励土地流转。推进家庭经营、集体经营、合作经营、企业经营等共同发展的农业经营方式创新。鼓励农牧民承包经营权在公开市场上向专业大户、家庭农场、农民合作社、农牧业企业流转,发展多种形式规模经营。探索农牧区土地草场流转制度,建立土地草场经营权流转市场,培育土地草场经营权流转中介服务组织,建立流转价格形成机制和纠纷仲裁机制。实施德仲温泉改造项目,加快建设嘎则温泉度假区,稳步推进大思金拉措景区开发,加强以交通、食宿为重点的旅游景点基础设施建设。扶持推动藏毯、藏靴、藏饰、藏装、刺绣唐卡、塔巴陶瓷等民族手工业旅游商品推陈出新、做大做强，形成规模，实现产能。通过制定优惠政策，吸引投资者开发全县特色产业，鼓励多种所有制经济参与旅游开发建设，扩大全县招商范围，编制《墨竹工卡县2015年招商引资计划》。项目前期要抓早抓细，深入细致、高质高效地做好项目建议书、可研报告、方案设计、环境评价、节能评估等前期工作，力争早开工、早建成。在建项目要加快速度，对已审批的项目，要落实好项目选址、用地、资金等配套条件，力争快开工；对在建项目，要倒排工期、挂图作战，强化管理、加快速度，力争早竣工、早见效。规划项目要全部落地。对没有落实的项目，要强化沟通衔接，一个一个跟进，一个一个盯紧。责任机制要完善。建立健全县级领导联系重点工程责任制，凡县级以上重点项目，都要实行“一个项目、一名领导、一跟到底”的联系制度，始终做到领导在一线干事、情况在一线掌握、问题在一线解决、工作在一线推进。强化乡（镇）、项目主管领导对项目工作的主体责任，将争取项目、建设项目、管理项目等指标纳入年度考核，确保全年项目开工率90%以上，竣工率80%以上。全面总结好“十二五”时期成功经验，切实做好“十三五”规划编制工作。“十三五”规划要立足本县实际，坚持发展第一要务，突出改革创新，着力在推动科学发展、转变发展方式上取得更大进展，确保全县率先全面建成小康社会。

（五）实施民生安县战略，奋力开创幸福墨竹新局面。牢固树立民生优先、民生为本理念，以民生改善凝聚民心，以民心所向汇集发展合力，切实让发展成果惠及广大人民群众。在落实好区市为民“十件实事”的同时，统筹安排好2015年自办民生“十件实事”，尽快落地实施。进一步完善教育基础设施，深入实施《墨竹工卡县振兴教育教学质量三年行动计划》，加强师德建设，提升教师思想政治素养。大力发展学前教育，提升城乡学前教育普及率；开展“走出去、请进来”师资队伍培训，全县学科带头人达到15人。县医院改造提升工程全面完成，创成二乙医院；推进乡（镇）卫生院改造和村卫生室标准化建设，乡（镇）卫生院达标率达到100%。实施医务人员培训提升工程，推进全科医生培训和中级以上职称卫生人员继续教育工作，各科主任医师、副主任医师实现倍增。完善健全医疗卫生体系，推动基本公共卫生服务和重大公共卫生服务体系向纵深发展。全面推进干部职工、农牧民群众、中小学生年度体检，实现全覆盖。加大农牧民培训力度，研究制定扶持企业发展、吸纳劳动力就业、农牧民自主创业、拓展就业渠道。加强城乡低保动态管理，完善城镇养老、医疗、失业、生育等保险制度，参保率保持100%。加快推进五保供养机构、儿童福利院和未成年人保护中心建设，推行“城乡一体化”养老保险制度，孤寡老人、孤儿意愿集中供养率达到100%。

（六）实施依法治县战略，奋力开创法治墨竹新局面。党的十八届四中全会对加强社会主义民主政治制度建设和推进法治中国建设提出明确要求，区市党委八届六次全委会确定全面推进依法治藏、依法治市的指导思想、总体目标、基本原则和重点任务，为全县指明了方向，明确了要求。全县上下要深入贯彻落实中央及区市党委关于全面推进依法治藏、全面推进依法治市的系列决策部署，充分认识全面推进依法治县是墨竹建成小康社会、实现中国梦·现代墨竹华彩诗篇的现实要求，是墨竹全面深化改革、完善各项制度的基本前提，对提高党在墨竹执政能力和执政水平具有十分重要的意义。

全面推进依法治县，必须从县情实际出发，同推进国家治理体系和治理能力现代化相适应，不能因循守旧，更不能墨守成规。要深入开展反分裂斗争和加强社会治理，全县每一名干部、每一名党员身上都有责任，没有局外人，全县党员干部要清楚明白人人身上有职责、个个身上有担子，充分认识到反分裂斗争的长期性、艰巨性、复杂性和维护稳定形势的严峻性、紧迫性、危险性，坚决克服麻痹思想、厌战情绪和侥幸心理，始终做到政治上坚定、思想上清醒、行动上一致，坚决粉碎敌对势力和十四世达赖集团一切分裂渗透破坏图谋，确保全县全面稳定、持续稳定、长期稳定。深入开展反分裂斗争，持久开展打击自焚、暴恐事件和极端行为专项行动。夯实基层基础，坚持重心下沉、关口前移，加强基层组织建设，抓好强基惠民第四批驻村工作，筑牢第一道钢铁防线。加强对重点人员管控，强化流动人口服务管理。加强对重点区域和领域管控，充分发挥“护城河”检查站作用，发挥便民警务站作用、在县城24小时开展巡查盘查；深化和谐矿区建设、保障矿区稳定发展；加强中小学思想政治工作、确保校园安全。强化社会面管控，团结依靠各族群众开展群防群治、打好反对分裂的“人民战争”，加强情报信息工作、切实做到耳聪目明掌握主动，加强社会治安综合治理、把不稳定因素消除在萌芽状态，深入开展打击整治专项行动、集中力量消除各类安全隐患和突出问题。加强正面宣传教育，开展新旧西藏对比、深入揭批达赖集团反动本质，让农牧民群众真正知道“分裂动乱是祸，团结稳定是福”的道理。维护宗教领域稳定，继续完善落实寺庙管理工作机制和利寺惠僧政策，加强对出境参加“法会”人员的管控、做到“两个一律”，清理规范宗教活动，做到“三个不增加”。广泛凝聚人心，大力推进“四业工程”，让农牧民更加思安求进，加快解决群众上访、信访案件原则要求一个月内予以化解，组织开展“大下访”活动、倾听群众心声解决群众疾苦。严明维稳工作纪律，各级党政负责人要做到守土有责、保一方平安，分管维稳工作负责人要做到专职专责、强化落实，各单位负责人要做到看好自己的门、管好自己的人、办好自己的事，要进一步加大督查力度，做到敏感时期实现每周督查全覆盖，严肃查处维稳责任不落实的行为。依法促进民族团结进步，继续开展民族团结活动，丰富民族团结进步活动载体内容，让各族干部群众牢固树立“三个离不开”思想，促进各族人民和睦相处、和谐发展。

同志们，2015年大政方针已定，让我们在中央、区市党委的坚强领导下，在南京无私指导帮助下，咬定目标不放松，攻坚克难求突破，全力以到做好各项事业，确保完成既定目标任务，为率先全面建成小康社会而努力奋斗！

全力做好今冬明春工作
为完成全年各项目标任务打好基础

——在县委八届四次全体(扩大)会议上的讲话

中共墨竹工卡县委副书记、县长 林生

(2014 年 1 月 15 日)

同志们:

刚才,严应骏书记回顾总结了 2013 年全县工作,安排部署了 2014 年工作任务,各乡镇、各部门一定要认真学习、深刻领会、抓好落实。今冬明春是承上启下的重要时期,各项工作准备得好不好直接影响到全面目标任务的完成。因此,各乡镇、各部门一定要高度重视,统筹安排好各项工作,为 2014 年各项目标任务圆满完成打下坚实基础。下面,我就做好今冬明春重点工作强调七点意见:

一、认真梳理,扎实推进项目工作

项目是支撑发展的载体。全县上下要进一步树立和强化项目意识,不断提高谋划项目、争取项目和落实项目的能力。一是要在安排好部门工作的前提下,合理利用剩余时间,进一步加强与上级部门及相关企业的衔接和沟通,确保 2014 年各类项目资金和专项资金按时足额到位,项目工程按期开工建设,切实提高项目开工率、竣工率。二是要深入研究国家政策和投资导向,做足立项功课,选准、选好项目,切实储备一批成熟的、效果好的项目,最大限度地用足、用活、用好政策,努力把国家政策变为我们的发展投资。三是对于完工项目,相关职能部门要抓紧组织验收,确保项目早受益、早见效。四是发改委要尽快制定完善项目管理办法,建立健全重大项目县级领导跟踪推进和督办机制,明确项目后续管理职责,强化项目监督管理,确保项目发挥实效。五是要抓住节日旅游契机,挖掘和开发冬季旅游项目,拓展我县旅游市场内涵。

二、抓住重点,确保农牧业稳定发展

一是净土健康产业领导小组要深入研究净土健康产业,制定发展规划,明确净土产业公司职责,规范公司管理运行机制,加快推进净土健康产业发展。二是各乡镇、相关部门要组织农牧民对温室大棚、田间水利、农机具等设施进行维护,准备好种子、肥料,做好春耕备耕工作。三是要做好冬季雪灾、冰冻等自然灾害预警和防灾措施,储备充足饲草料和防抗灾物资,加大瘦弱牲畜出栏力度,确保各类牲畜安全越冬过春。四是要及早规划设计春季造林工程,提前落实好地块,落实好建设资金,落实好种植苗木,同时加强林木管护工作,巩固好绿化成果。五是要充分利用农闲时间,针对市场需求和农牧业生产需要,组织群众开展设施农业、规模种养殖等实用技术培训,千方百计提高农牧民群众依靠科技发展生产的能力。

三、强化责任,营造平安发展环境

各乡(镇)、各部门要进一步落实安全生产责任制,切实抓好近期安全生产工作。教育部门要加强与家长的联系,做好寒假期间学生安全防范工作。交通部门要加大无证驾驶、酒后驾驶、超速行驶、超载、客货混装等交通秩序整治力度,确保辖区道路

交通安全,无交通事故发生。涉矿部门、相关乡镇要督促矿企在停工期间安排好留守人员值班,并利用停工期对企业安全、环保隐患进行排查整改,确保春季顺利复工;对不停工的矿区要严格遵照安全规定生产,做好大雪、冰冻等防范措施,确保不发生安全生产事故。

冬季天干物燥,在这里特别强调一下,前些天,云南香格里拉独克宗古城发生火灾,给人民群众造成了巨大财产损失,我们务必引起高度重视,充分认识消防安全工作的重要性,进一步增强工作责任感、紧迫感和使命感,把消防工作摆上更加重要的位置,切实采取果断措施,坚决维护好人民群众生命财产。各乡镇、各部门一定要大力开展消防安全宣传教育工作,强化广大干部群众消防安全意识,推动防火工作人人抓,人人管。安监、消防等部门要加强检查矿区、寺庙、加油站、烟花爆竹销售点、餐馆等重点领域,各单位也要开展自查,检查必须认真仔细,确保检查到位,不漏一处火灾隐患。对消防措施不完善的单位,安监、消防等部门一定要限期督促其整改,整改不到位的或不整改的要严格按照规定处理,绝不能手软。

四、加强防范,切实做好维稳工作

上半年敏感时期、敏感节点较为集中,1 月 10 日市维稳一线指挥部印发了关于第一季度全市维稳工作的安排意见和社会面维稳防控工作方案,对一季度维稳工作进行了详细部署,严书记已经签署意见,要求政法委牵头制定我县维稳工作意见和维稳防控方案,并组织人员在春节前安排一次消防安全、安全生产、维护稳定综合督查、检查活动。各乡镇、各部门一定要认清形势,统一思想,提高认识,始终坚持“思想不松、目标不动、任务不变、力度不减”的工作要求,切实增强忧患意识、坚持底线思维、注意政策策略、改进方式方法,确保我县社会局势持续稳定、长期稳定、全面稳定。一是要加强社会面和网络监控,特别是政法、公安、网信办等部门要利用技术手段做好 QQ、手机短信、微信等网络监控,密切注意社会动态,做到不稳定因素心中有数、情况明了。二是要加大矛盾纠纷排查力度,切实做好群众来信来访工作,坚决把矛盾纠纷化解在基层、控制在基层、解决在基层,确保今冬明春特别是节日期间、重要会议期间不发生任何集体、越级上访事件。三是要进一步强化重点人员管控,同时在培训、就业上关心关爱重点人员,做好重点人员教育转化工作。四是要做好寺庙僧尼管理、教育和服务工作,严格落实僧尼请销假制度,加强宗教活动管理,确保宗教和睦、佛事和顺、寺庙和谐。五是进一步加强社会面管控,充分发挥联防联控和县、乡、村、组四级网格作用,深化严打整治斗争,强化公共安全管理,确保“三无”“三不出”。六是要严格落实带班值班制度,做到人在岗、心在岗、责在岗;要强化督查检查,严肃工作纪律,确保各项维稳措施落到实处。

五、加强保障,确保各族群众过好节日

春节、藏历新年将至,各乡镇、相关部门要落实好各项惠民政策,确保各项政策和补贴按规定落实到位,节前该发放的要全部发放到位,决不能出现延缓、推迟现象。要加强工程领域“双拖欠”问题清理力度,确保农民工工资节前发放到位。要积极开展“三大节日扶贫济困送温暖”活动,特别是走访慰问三老人员、五保老人、优抚对象、城乡低收入家庭以及困难群众,确保群众过上安心、祥和、温暖节日。要深入调查缺粮户群众和孤儿生活情况,及时进行救助,确保墨竹群众不发生外出乞讨的现象。广电、通讯、水电部门要加强节日保障,对线路和设备进行经常性检修维护,确保通讯畅通,群众有水(电)用,有广播听,有电视看。

六、监管到位,保证节日市场健康有序

三大节日期间,是市场供需旺期,相关部门一定要加强协作,认真履行职责,形成齐抓共管的工作机制,切实加强市场监管,保障市场供应,维护消费者权益。一是卫生、工商等部门要进一步加强对食用油、粮食、牛肉、猪肉、酥油、干果、烟酒等重要消费品检查,确保食品安全;二是统计、商务等部门

要进一步摸清我县市场供求关系，加强组织商品供应，保证市场货源充足、品种丰富，确保重要消费品市场供应不出现断档、脱销的情况；三是物价部门要密切关注市场价格动态，加强价格监管，确保物价稳定；四是公安、工商等部门要进一步打击以假充真、以次充好、缺斤短两、欺行霸市、囤积居奇、散布虚假信息等扰乱市场秩序行为，规范市场交易行为。

七、夯实作风，树立干部职工良好形象

春节、藏历新年期间，请吃请喝、迎来送往等活动较多，全干部职工要认真贯彻落实《关于元旦、春节、藏历新年期间切实加强廉洁自律工作的通知》精神，严禁公款送礼、公款吃喝和奢侈浪费等不正之风，以身作则，严格自律，以实际行动树立廉洁奉公的良好形象。领导干部要按照"照镜子、正衣冠、洗洗澡、治治病"教育实践活动总要求，深入各自结对户开展走访慰问，多和群众交交心、多为群众办办事，多听听群众意见、多改改自身问题，同农牧民讲感情、交朋友、做亲人，切实密切同人民群众的血肉联系。

在新一年里，全县干部职工一定要增强大局意识和全局意识，以更实的作风、以更强的责任、以更高的标准，不断强化工作执行力和推动力，真正把各项工作抓紧、抓实、抓好，确保全县各项目标任务圆满完成。

如何审议人代会上的各项报告

——在2014年县人大代表培训班上的专题报告

墨竹工卡县委副书记、人大常委会主任　洛　桑

（2014年11月24日）

审议人大常委会和“一府两院”工作报告是宪法和法律赋予各级人大的重要职权，也是各级人大行使重大事项决定权和监督权的基本形式。听取和审议人大常委会和“一府两院”工作报告，不仅是各级人大代表行使管理国家事务权力，更是履行神圣职责，是代表在人大会议期间的主要工作。我国宪法和法律对如何审议工作报告进行了系统规定。这里我就根据宪法和法律法规，结合多年人大工作实践经验，着重介绍三个方面的内容，供我县各位人大代表参考。

一、审议工作报告要做好会前准备工作

人大代表在会议期间工作和在闭会期间活动是一个有机整体。每年的人代会议时间短议程多，很多代表特别是来自基层的代表没有多少机会发言，有的代表干脆五年一言不发，不提一个建议，这样的代表还能代表人民吗？有的代表会前无准备，会上发言无头绪，所提意见建议没血没肉等等，出现这种现象说明了一个问题，那就是平时没有深入研究思考，会前没有准备。当好一个代表，审议好工作报告，我想就要做好会前的准备工作。

一是积极参加人大组织的培训，自觉学习有关知识，提高人民代表履职水平。

二是积极参加人大组织的闭会期间的活动，如列席常委会、参加视察、调研、执法检查以及代表小组活动、代表个人持证视察等途径了解多方面的情况，为审议报告打下基础。

三是密切联系选民和群众，听取群众所思、所想、所盼、所求，并加以认真的分析、研究、整理、归纳，不要把一家一户、一个单个的要求原封不动地反映上来。

四是在调查研究的基础上准备会上发言提纲。准备议案，建议、批评和意见，提出议案和建议应围绕国家改革发展、稳定大局，围绕政治、经济、文化、社会生活中的重大问题和人民群众普遍关心的问题提出，增强针对性和可行性。

二、审议工作报告应遵循的原则

听取和审议人大及“一府两院”工作报告是每年人大会议的主要议程，因此，审议报告应遵循以下原则：

（一）对党和国家负责，紧紧围绕中心任务和全局性工作进行审议

各级人大作为国家权力机关，其根本任务就是通过认真行使宪法和法律赋予的职权，全面贯彻执行党的路线、方针和政策，把党的主张通过法定程序变为国家意志和人民群众的自觉行动。

对党和国家负责，最主要、最根本的是坚持党的基本理论、基本路线、基本纲领、基本经验和方针政策，服从和服务于党和国家的中心任务，紧紧围绕党和国家全局性工作，把党的领导贯穿于审议整个过程，确保党的主张落实到各项工作之中。审议各项工作报告要摆准位置、立足全局、抓住重点，从党和国家工作的大局出发，紧扣党和国家重大决策、总体部署和工作重点，对改革开放、经济和社会发展的各方面提出审议意见。

(二)对人民负责,把审议工作报告与反映人民群众意愿结合起来

我国是人民当家做主的社会主义国家,人民是国家的主人,国家的一切工作都必须以人民的利益为主。人大是人民行使国家权力的机关,依法进行的每一项工作都直接关系到人民群众的利益。人大最大的优势是密切联系群众,最大的危险是脱离群众。只有始终保持同人民群众的血肉联系,深深扎根于人民群众之中,对人民负责,受人民监督,人大工作才能保持旺盛的生命力。

各级人大代表分布在各地各阶层,工作在各行各业,生活在人民群众之中,最了解人民群众的疾苦,对人民群众关心和关注的问题也最有发言权。人民群众的意志和愿望,是代表审议工作报告的基础和依据,努力维护和实现好人民的利益和要求,是代表审议工作报告的出发点和落脚点。人大代表受人民委托审议工作报告,必须把权为民所用、情为民所系、利为民所谋作为工作准则,紧紧围绕人民群众普遍关心的热点、难点问题,积极地发表审议意见,倾听人民呼声,表达人民诉求,代表人民意愿,集中人民智慧,维护人民利益。

(三)对宪法和法律负责,处理好人大依法决定、监督与保障、支持有关国家机关依法行使职权的关系

对宪法和法律负责,就要对工作报告内容或表述等按有关法律规范进行审议,就要根据实体性和程序性规范对有关国家机关依法履职情况进行审议。对宪法和法律负责,就要处理好人大依法决定和监督与保障和支持有关国家机关依法行使职权的关系。

人大与“一府两院”之间是产生与被产生、决定与执行、监督与被监督的关系。因此,代表审议“一府两院”工作报告应当是尽职不越位、决定不处理、监督不代办、支持不失职。代表可以对各方面工作提出建议,对依法行政、公正司法进行监督,但不应直接处理应由政府部门处理的问题,也不能直接干预具体司法案件的审理和执行。

(四)对事实负责,坚持实事求是,客观全面地评价各方面工作

对事实负责,坚持实事求是,是马克思主义的思想路线和最根本的工作方法。代表审议工作报告,必须从客观实际出发,对事实负责,坚持实事求是,正确把握宏观与微观、整体与局部、主流与支流、现状与趋势之间的关系,全面辩证地分析主客观环境条件,客观公正地评价各个国家机关工作,用事实和数据反映各方面取得的成绩,实事求是地肯定成绩,公正客观地指出问题和不足,有针对性地提出实质性修改意见。

我们党和国家向来提倡在任何时候、任何情况下都要敢于直言、讲实话,坚持真理,修正错误。按照宪法和法律规定,代表在人大各种会议上的发言不受法律追究。人大会议本身就是民主的会议,也就是该反映民情民意的地方。因此代表在审议工作报告时,对了解的情况要如实反映,不回避矛盾,不怕得罪人(隐瞒问题),不一味地评功摆好,有喜报喜,有忧报忧,既不夸大,也不缩小,只要有意见,满意的、不满意的、建设性的、批评性的都可以讲出来,对研判得出的结论,要不唯上、不唯书、只唯实,充分发扬民主,畅所欲言、言无不尽。

三、审议工作报告需要把握的重点

按照宪法和法律规定,人大常委会和“一府两院”每届任期五年,在不同时期、不同年份,面临的形势和任务会有所不同,每年工作报告的内容也不尽相同,侧重点也会有所变化。因此审议报告不仅要全面审议,也要突出重点问题和重点工作。

(一)审议工作报告,主要是对过去一年工作进行评价,对今后一年工作思路进行讨论,推动有关国家机关改进工作

人大常委会和“一府两院”工作报告通常包括两部分内容:第一部分重点回顾和总结过去一年内各项工作取得的进展和成绩。第二部分重点展望和部署今后一年的主要任务、工作重点和政策措施。审议工作报告第一部分,实质上是行使监督权,主要是对过去一年来的工作情况进行评价,重点要看是否完成了上一年度确定的工作任务,方法最好是拿出上年的工作报告进行对比。审议工作报告第二部分，实质上是行使重大事项决定权，主要是对今后一年工作思路进行讨论，重点要看今后一年任务目标、工作部署、政策和措施是否可行，看一看是否符合实际，是否切实可行。

（二）审议人大常委会工作报告的内容和重点

主要内容：立法（很多人大常委会没有立法权）、监督工作、代表工作和自身建设等。重点审议宪法法律规定的职权是否有效行使，宪法法律赋予的职责是否得到履行，人大会议的决议和决定是否得到执行。

（三）审议政府工作报告的内容和重点

从内容上看，政府工作报告十分广泛，往往涵盖了经济、政治、文化、社会、生态环保、国防等各个方面。审议时重点放在国民经济和社会发展特别是计划、财政等有关经济工作部分，如经济增长的速度、质量、效益、产业建设、民生改善、就业、物价、生态环保、安全生产等等。

（四）审议“两院”报告的内容和重点

从内容上看，法院工作报告主要包括刑事审判、民事审判、行政审判、知识产权审判、执行工作、主案再审、法宣、自身建设等内容。检察院工作主要包括批捕、提起公诉、对侦查、审判、刑罚执行的监督、查办和预防职务犯罪、处理控告申诉、法宣、自身建设等内容。审议的重点为"两院"是否公正司法，重点解决审判、检察工作中群众反映强烈、带有共性的问题。

勤勉实干 认真履职
奋力推进墨竹跨越式发展

——在政协第一届墨竹工卡县委员会第四次会议闭幕会上的讲话

墨竹工卡县委常务副书记、政协主席 魏东飞

各位委员、同志们：

政协第一届墨竹工卡县委员会第四次会议，经过与会同志的共同努力，圆满完成了各项议程，今天就要胜利闭幕了。

会议期间，各位委员以饱满的政治热情和高度负责的精神，认真审议通过了县政协常委会工作报告和提案工作报告；列席县人大十二届四次会议，听取并协商讨论了政府工作报告和其他报告；与会委员通过分组讨论、撰写提案等形式，围绕全县的经济、政治、文化和社会建设等，广泛协商讨论，积极建言献策，提出了许多建设性的意见和建议。县委书记严应骏高度重视此次会议，看望慰问了政协委员，并参加了分组讨论。这次大会合作共事氛围浓，民主协商意识强，充分显示了人民政协协商民主的生机与活力，充分展现了政协委员参政议政、为民履职的水平和风采。总体而言，这是一次民主求实、团结和谐的大会，是一次催人奋进、凝心聚力促跨越的大会，是一次成功的大会。

各位委员、各位同志，过去的一年，在县委、县政府的正确领导下，我们牢牢把握团结和民主两大主题，围绕中心，服务大局，做了大量卓有成效的工作，为推动墨竹工卡经济社会各项事业科学发展、跨越发展做出了重要贡献。如今，我们又踏上了2015年的新征程，在这全面深化改革的关键之年，面对新形势、新任务、新目标、新要求，面对全县人民的深切期盼，全体政协委员唯有进一步增强责任感和使命感，心系群众，奋勇拼搏，才能推进政协工作再上新台阶，为推进“四个全面”凝聚智慧力量。下面，我就如何做好今年政协工作提几点意见，与大家共勉：

一、坚持服务大局，在推动墨竹跨越式发展中奋发有为

县政协和全体委员要牢固树立大局意识，把推动墨竹跨越式发展作为履行职能的第一要务，自觉服从并服务于全县改革发展稳定的大局。一要积极履行政治协商、民主监督、参政议政职能，围绕全县中心工作开展视察、专题调研和民主评议等活动，通过建言献策，积极参与全县重大决策；通过民主监督，促进社会热点难点问题的解决；通过调查研究，及时反馈社情民意。二要多提具有建设性、前瞻性、可操作性的意见和建议，努力为县委、县政府科学民主决策当好参谋。三要发挥桥梁纽带作用，为加快墨竹发展汇聚力量。通过座谈、走访、慰问等各种形式，团结包括知识分子在内的工人、农牧民以及新的社会阶层，努力实现最广泛的团结，为促进发展增添助力、减少阻力、凝聚合力。四要发挥优势广泛联谊，为加快墨竹发展多做服务工作。通过举办联谊会、恳谈会等形式，深交老朋友，广交新朋友，密切与县内外有成就、有声望、有实力的团体和友人联系，开展招商引资、招才引智等活动，积极宣传墨竹，推介墨竹，不断提高墨竹的知名度和吸引力。

二、坚持团结民主，以广阔的胸襟凝心聚力促和谐发展

团结和民主，是人民政协性质的集中体现和必须坚持的两大主题。我们一定要以谋求更大范围的团结为己任，以广阔的胸怀容纳不同个性，凝聚一

切有利于发展的力量，调动一切有利于和谐的因素，尊重一切有利于人民的创造，激发人和之气，造就振兴之势，促进社会和谐发展。一要体谅包容、增进理解。坚持平等协商、民主议事，切实尊重各民主党派、工商联、人民团体和各界人士的民主权利，努力畅通反映各种意见的渠道，确保各方面的意见和建议充分表达、愿望和要求充分反映、智慧和才干充分集中，做到相互尊重、相互支持、坦诚相见、合作共事，形成和衷共济、融洽和谐的政治局面。二要正确引导、协调关系。要及时、准确地把县委、县政府的政策主张传达到社会各个层面，多做协调关系、解惑释疑、化解矛盾、理顺情绪的工作，积极引导各党派团体、各界人士正确认识和处理好个人与集体、局部与整体、眼前与长远的关系，不断增强主人翁意识和社会责任感，为深化改革、加快发展、维护稳定减少阻力、增加助力、形成合力。三要扩大联系、加强团结。主动适应经济社会发展的新变化、新常态，做好联系人、团结人的工作。积极探索新形势下做好团结与民主的新方式、新途径，进一步加强与各界人士包括新的社会阶层人员的沟通与联系，把一切积极因素、创业热情和智慧力量都挖掘出来、调动起来，促进不同党派、不同信仰、不同民族、不同界别之间的合作共事，产生大发展、大前进的强劲合力，形成大团结、大联合的生动局面。

三、坚持集思广益，用实际行动汇集民意知民情解民忧

人民政协以广开言路著称，更以集思广益见长，我们要在求同存异中广开言路，在共谋发展中集思广益，做到既反映多数人的普遍愿望，又吸纳少数人的合理主张；既听取支持和赞同的建议，又倾听批评和反对的意见，用实际行动替群众发声、为群众解忧。一要做到善于知情。要吃透“上情”，采取灵活多变、通俗易懂的学习方式，研究党的路线、方针、政策，深刻领会，明确任务，把握方向。还要把握“下情”，继续巩固好去年开展的党的群众路线教育实践活动成果，做到重视民情、民意，密切联系本界别群众，经常深入基层、深入群众，了解群众思想、期盼和愿望；关注群众的要求、困难和建议，及时把人民群众的思想动向、关注热点、矛盾问题以及意见建议收集起来、反映上去，做到真实广泛地了解民情、反映民意、集中民智，切实发挥政协作为党和政府联系群众的桥梁和纽带作用。二要做到勤于参与。要切实树立公心为民的理念，强化民本意识，坚持把维护群众利益、促进社会公平作为各项工作的出发点和落脚点，主动参加政协的会议、视察、调研等活动。要重心向下，用实际行动关注乡村、关注弱势群体，积极将事关群众衣食住行和安危冷暖的问题纳入政协提案、调研、批评建议的范围，为县委、县政府制定实施合乎民情、符合民生的方针政策提供参考。

四、坚持探索学习，让人民政协事业与时俱进开拓创新

县政协和各位委员要主动适应新形势新任务的要求，求真务实、真抓实干，不断开创政协工作新局面。一要积极探索新方法、新途径。要解放思想，不断创新培训方式，积极组织现场教学、外出交流学习、网络化培训等活动，充分调动委员参政议政的积极性，提高履职能力，增强履职实效。要与时俱进，不断创新政协联系方式，充分发挥界别作用，结合界别特点，不断探索界别活动的新方法新途径，积极组织各界别委员开展学习联谊、座谈讨论、调研视察等活动，通过界别广泛联系各界群众，了解和反映社会不同阶层的愿望和要求。二要始终坚持多学习、勤实践。以建设学习型政协、智慧型政协为目标，努力造就一支政治坚定、作风优良、学识丰富、业务熟练的高素质政协干部队伍。广大委员和政协机关全体干部，要把学习作为提高素质、增强本领、做好工作、加强修养的根本途径，切实把学习作为一种生活态度、一种工作责任、一种精神追求。在工作、生活中，要多学政治理论知识，常学业务知识，通过学习实践，进一步开阔视野，创新思维，不断在服务大局、凝聚人心、协商监督、参政议政上有新思路、新举措和新作为。

各位委员、同志们，困难和挑战考验着我们，责任和使命激励着我们。让我们更加紧密地团结在以习近平同志为总书记的党中央周围，在县委的领导下，高举中国特色社会主义伟大旗帜，按照县委八届五次全委会的决策部署，集全体委员之智，举全县政协之力，勤勉实干，凝心聚力抓好履职尽责，不遗余力地投身到“四个全面”伟大实践中，努力开创我县政协工作新局面，为促进我县经济社会科学发展、跨越发展做出新的更大贡献！

综述

综 述

墨竹工卡县概况

墨竹工卡县位于西藏中部、拉萨河中上游，地理坐标为北纬 29° 8′、东经 91° 77′。东与林芝地区工布江达县相邻，西靠拉萨市达孜、林周两县，北连那曲地区嘉黎县，南接山南地区乃东县，交通区位优势明显，川藏公路(318 国道)横穿而过。县域面积 5492 平方公里，人口 5 万余人，平均海拔 4200 米以上，辖 7 个乡 1 个镇 40 个行政村。墨竹工卡县素有“天边之乡”的美誉，野生动植物资源有黑颈鹤、斑头雁、虫草、雪莲花、红景天等，矿产资源有铜、铅、锌、金、钼、大理石等。境内名胜古迹众多，旅游资源得天独厚，距今 850 多年历史的直孔梯寺闻名国内外，具祛病美容效用的日多温泉、德仲温泉和有财神湖之称的思金拉措等自然景观独具魅力，直孔水磨糌粑、斯布牦牛等农畜产品驰名区内外，以松赞拉康、松赞干布纪念馆、霍尔康庄园、甲桑古道徒步为重点的藏王松赞干布出生地甲玛景区已完成并对游客开放，西藏首家民间博物馆墨竹工卡县群觉古代兵器博物馆已建成。

2014 年，墨竹工卡县在区、市党委、政府和县委的领导下，在县人大依法监督和县政协民主监督下，在南京市大力无私援助下，全县上下全面贯彻落实中共十八大、十八届三中、四中全会精神，紧紧抓住改革发展稳定的历史机遇，全力实施“五大战略”，开拓创新，攻坚克难，真抓实干，全县呈现出经济健康发展、民生持续改善、社会和谐稳定的良好局面。2014 年，全县地区生产总值完成 21.01 亿元，同比增长 7.6%(按可比价)，其中一产实现增加值 2.35 亿元，同比增长 6.5%；二产实现增加值 16.55 亿元，同比增长 7.29%，三产实现增加值 2.11 亿元，同比增长 10.07%；公共财政预算收入完成 3.31 亿元，同比增长 43.2%；农牧民人均可支配收入 9683.69 元，同比增长 20.1%；完成社会固定资产投资 73.56 亿元，同比增长 33.86%；社会消费品零售总额达到 1.93 亿元，同比增长 20.4%，完成县十二届人大三次会议确定的各项目标任务。

（阿旺晋美）

政

政 治

中共墨竹工卡县委员会

【年度综述】年内，县委在市委坚强领导和南京市大力援助下，坚持以科学发展观为统领，围绕“五大战略”部署，深入开展党的群众路线教育实践活动，抓载体增实效、抓生态优环境、抓文化提品味、抓项目促投资、抓特色强优势、抓民生构和谐、抓法治保稳定、抓党建强根基，全县呈现出经济快速发展、社会和谐稳定、民生持续改善、民族团结进步的良好局面。

【抓载体增实效】县委始终把学习贯彻中共十八大、十八届三中、四中全会和总书记习近平一系列重要讲话精神，作为重大政治任务来抓。始终坚持讲政治、顾大局、守纪律，坚定不移地贯彻落实习近平总书记系列重要讲话精神，特别是“治国必治边，治边先稳藏”的重要战略思想和“努力实现西藏持续稳定、长期稳定、全面稳定”重要指示；贯彻落实俞正声主席“依法治藏、长期建藏、争取人心、夯实基础”重要原则，不折不扣地贯彻执行党的路线方针政策、党中央、区市党委的各项决策部署。在反分裂斗争这个重大原则问题上，严格按照中央对十四世达赖集团定性表述、斗争方针和策略办事，始终旗帜鲜明、立场坚定、认识统一、表里如一、态度坚决、步调一致。扎实开展党的群众路线教育实践活动，组织全县91个单位、129个党支部、4336名党员干部，在历时290余天参加集中学习1536场次，参学人数达19036人次；专题学习讨论活动663场次，观看教育影片1536人次。县委常委班子带头制订“两方案一计划”，确定整改落实任务11项、专项整治任务27项、制度建设计划17项；县人大、政府、政协党组班子及全县其他党组织确定整改任务和专项整治任务2331项、确定制度建设计划963项。全县各级党组织班子成员个人整改清单共1483项。扎实开展“三进四同三一”活动，认真解决联系服务群众“最后一公里”问题，全县926名党员干部与1148户困难群众结对认亲，共办实事好事282件，个人和单位共投入资金231.6万元，广大党员干部俯下身子，主动深入基层调处矛盾纠纷和信访案件120余起，集中解决各类民生问题53件。在区市党委的坚强领导和区党委第一督导组、市委第二督导组的精心指导下，整个活动以“为民、务实、清廉”为主题，按照“照镜子、正衣冠、洗洗澡、治治病”总要求，坚决纠正在“四风”“两问题”“一薄弱”“三不够”等方面存在的问题，切实做到活动不虚不空不偏、不走过场，党风政风焕然一新、社会风气明显好转、广大群众普遍满意的成效，得到联系领导洛桑江村主席的充分肯定。

【抓生态优环境】设立1000万元专项资金在拉萨市率先实施生态县创建，编制完成生态县、乡、村创建规划，并通过评审，力争3年内完成自治区级生态县创建工作。完成38个行政村生态村水气、噪声和振动检测工作，并形成环境监测报告上报自治区相关单位审核备案。截至年底，已完成格桑、塔巴、拉龙和怎村等15个区级生态村创建；甲玛赤康村荣获“中国特色村”荣誉称号。投入680余万元，建成全区湿地污水处理科研试点项目——城镇湿地污水处理厂。投入160万元对16个集中饮用水源地进行保护试点工作。加大矿山周边山体本体污染治理力度。严格落实环评和“三同时”制度，对未批先建和未经环保验收擅自生产等违法行为进行专项清查。大力开展城乡环境专项整治，进一步巩固

“禁白”工作成效。实施城乡环境绿化、美化、亮化工程,全年植树造林4626.9亩,存活率达85%以上,林地覆盖率达35.96%,同比增长0.02%。

【抓文化提品味】持续开展“八看、一算账、一揭批、四增强”感党恩主题教育活动,广大干部群众反对分裂、维护稳定,团结奋斗、共同繁荣发展思想基础进一步夯实。扎实开展中国梦、“3·28”百万农奴解放纪念日、新旧西藏对比、学雷锋志愿服务和“五下乡”活动等,成功举办斯布村多嘎组新居入住文艺演出、“践行党的群众路线、共筑中国梦”为主题文艺汇演和“金秋送戏下乡文艺巡演”等系列节庆文化活动,开展演出活动60余场次。实施文化共享工程建设,建成乡(镇)文化站、村级文化室、农家书屋等公共文化基础设施。实现广播电视安全播出零事故,网络舆情监测分析机制不断完善。新建西藏首家民间博物馆,参展物品达1612件(套),已对外开放。成功开通全区第一个县(区)级党政公共微信号——微墨竹,全县政务网站成功运行。圆满完成中央电视台《江河万里行》《记住乡愁》等栏目拍摄协助工作。在南京日报A2要闻版开设每月一期“情系墨竹”专栏;完成《墨竹梦·南京情》《追梦“天边之乡”》等外宣品策划制作。全面启动各类文明创建活动,深化社会主义核心价值观宣教。推进文明餐桌活动,制作文明就餐提示卡10000个。

【抓项目促投资】年内,完成社会固定资产投资73.56亿元,同比增长33.86%。年初计划项目100个,开工率85%,完工率75%。投入援藏资金5825万元实施南京实验小学二期工程、巴日卡道路工程等援藏项目4个;落实招商引资资金62.98亿元,同比增长33.3%。完成扶贫开发项目12个,总投资1355万元,带动群众户均增收2800元,脱贫875户4326人。完成甲玛乡孜孜荣村176户972人搬迁入驻。实施交通项目19个,完成投资7814.1万元,全县油路通车里程累计达到654公里,乡(镇)、行政村通油率分别达100%、89%;城镇化人口达到2.4万人,城镇化率达到40.6%。完成全国第三次经济普查工作;积极协调和服务拉林公路墨竹段建设,项目按期顺利推进。嘎则新区供电线路入地、南京路南段改扩建工程、新竹路、纬二路等项目全面建成。坚持旅游带动战略,突出抓好旅游项目建设。总投资3080万元德仲温泉景区道路、达普天文观测台、直孔梯寺游步道等一批旅游项目全面建成。投资500万元成功组建松赞干布旅游文化投资发展有限公司;以首届西藏旅游文化国际博览会、拉萨雪顿节、南京净土健康产业专场招商会等为契机,大力开展噶厦糌粑、直孔刺绣、东嘎泥塑等12种特色产品推介;加大对外宣传力度,制作旅游宣传画册3万册。2014年,接待游客人数82万人次,同比增长21%。第三批强基惠民驻村工作队申报项目104个,涉及资金1555.5万元,其中“短、平、快”项目40个,投资额1432万元;计划外争取项目64个,投资额123.5万元。

【抓特色强优势】着眼提高农业综合生产能力,以高原特色农产品为抓手,大力发展净土健康产业,着力打造绿色GDP,展现生态“名片”。投资1000万元注册成立净土健康产业发展有限公司;整合投放第一批净土健康产业项目资金1431.6万元,形成巴洛、“3000米”、唐加阿奴和尼唐组藏鸡养殖基地4个;投资216万元大力发展经济林种植业,试种李子、梨和桃树共150亩,积极带动群众参与,提升农牧民家庭收入。投入3060万元实施农牧业项目13个,其中应急物资储备库、尼江奶牛养殖、扎西岗巴洛藏鸡养殖等5个项目竣工投入使用,扎西岗农业综合开发土地治理、游牧民定居、直孔刺绣唐卡等8个项目有序推进。连片高效日光温室达509栋;农畜产品深加工企业达2家;全县播种面积5251.73公顷,粮食总产达到2.4万吨,其中青稞1.95万吨、油菜0.21万吨;牲畜存栏21.52万头(只、匹),成活数4.54万头。完成扎西岗乡扎西岗村农村土地确权登记试点,特别是农户家庭信息核对、耕地面积测量、信息录入和颁证工作。

【抓民生构和谐】坚持以人为本，全力抓好中央、区市各项惠民工程落实，让改革发展成果惠及全县群众。全力推进夕阳红养老补贴、敬老院、文体中心、自然组活动场所、村容村貌整治工程、专业技能培训、农牧区水电网改造、寺管会僧尼成员岗位津贴、提高村小组长待遇、村干部养老医疗保险等县自办“民生十件实事”。全面贯彻落实“振兴教育教学质量三年行动计划”，扎实推进义务教育均衡发展，教育本级财政投入8279.75万元。巩固提高“两基”成果，适龄儿童入学率99.81%，小学在校巩固率99.75%，初中入学率达100%，巩固率98.83%。落实“三包”资金2232.34万元。全年投入教改项目资金3亿元，已完成南京实验小学、尼玛江热中心小学等8所小学改扩建；完成唐加冲尼村、日多怎村等14所幼儿园项目和县中学教学楼维修。加大对墨竹籍大学生资助力度，为1259名大学生发放资助金396.04万元；为50名特困大学生兑现援藏助学金20万元。投入355.44万元推行县内义务教育阶段学生营养餐，受益学生达6232人。投入资金2141.54万元（含一事一议资金40.01万元）在18个村（组）实施人居环境整治项目；投入912.34万元援藏资金用于龙珠岗、其朗和贴朗等5个村委会及附属工程建设。健全以县医院为中心、乡（镇）卫生院为枢纽、村卫生室为基础的县乡村三级医疗服务网络。实施全面免费健康体检，全民体检率达99.95%。全年孕妇879人，在院分娩率99%。建立运行县级大病救助爱心基金，受益人数达437人，受益金额610.37万元；为6个月至2周岁儿童发放营养包1852包。全年劳动力转移就业492人，开发就业岗位482个，城镇新增就业970人，城镇登记失业率控制在2.2%以内，劳动力转移30716人，实现收入1.4亿元（含虫草采集人员7634人，收入7047万元）。五保集中供养对象286人，意愿集中供养率达100%，发放五保供养经费129.21万元。做好“五大保险”参保工作，工伤保险参保率达到98%以上。为1788户5207名低保对象发放低保金714.98万元，为5397名城乡低保对象发放一次性补贴212.37万元。累计补助城乡低保对象3144户8116人，发放低保金1923.88万元。城乡居民养老保险参保率达100%。第三批强基惠民驻村工作队为民办实事468件，组织外出参观学习506人。

【抓法治保稳定】县委始终把维护稳定作为硬任务和第一责任，着力构建维护稳定长效机制，有效防范打击十四世达赖集团渗透破坏活动，实现了“三无”和“三不出”目标。着力构建乡（镇）同级治安、矛盾纠纷排查调处、行政区域边界协作治安防范体系等“七大”防范网络体系；积极实施“平安墨竹”建设，加强社会管理综合治理，社会治安持续稳定。积极开展矛盾纠纷排查，全年排查矛盾纠纷52起，调解52起，调解率100%。先后开展安全生产专项检查418次，查处隐患914处，现场整改128处，下发整改指令书727份。强化“护城河”盘查，收缴管制刀具101把、散装成品油2660升和假驾驶证23本。以“联户平安、联户增收”为主要内容的“双联户”建档立卡工作，推选联户代表进入村“两委”班子18人。以“爱国爱教、遵规守法、弃恶扬善、崇尚和谐、祈求和平”为主题的法制宣传教育更加深入人心，“六建”工作不断巩固，“六个一”活动常态开展，“9＋5＋2”工程基本完成，各项惠僧尼利寺庙政策执行有力。严格执行《拉萨市民族团结进步条例》，扎实推进民族团结进步月活动。顺利完成艾玛日寺曲古活佛坐床典礼，严格审批8次大型佛事活动，全县613名僧尼全部参加基本养老和医疗保险，参保率达100%，确保寺庙和睦、佛事和顺、宗教和谐。坚持党管武装，国防动员和后备力量建设扎实推进，民兵组织快速动员集结和执行任务能力明显提高。

【抓党建强根基】县委常委会专题研究党建工作13项，开展党建活动9次，协调解决党建重点难点问题6项。在全县范围内建立党建示范点7个，开展基层党建工作现场交流会3场，有效激发了党组织的活力，形成示范带动、相互竞争的良好局面。大力推行"1234"党建工作法,全县148个基层党组织4469名党员通过"一本民情日记"撰写民情日记1.3万余篇;通过"两种帮扶"(结对帮扶、公开承诺帮扶)结对子3000余对,公开承诺帮扶4000余项;通过"三项服务"(上门服务、定点服务、常态服务)解决群众实际困难282件;通过"四步工作法"(组织定目标、自查找差距、群众评不足、整改看落实)使村干部工作成效和干事激情得到提升,群众对基层党组织平均满意度达93.3%。顺利完成村"两委"换届选举工作,272名村"两委"班子候选人全部顺利当选,"两委"班子中交叉任职委员180名,新提名进班子成员78名,40岁以下村干部114人,村干部平均年龄42.1岁,比上届低1.4岁;初中及以上学历96名,比上届增长17.1%;妇女干部49人,比上届增长8.9%。把集中整治"庸懒散"作为执行落实中央八项规定、区党委"约法十章""九项要求"、市委"八项要求"和县委"八项守则"的重要载体,先后出台《墨竹工卡县常委会议事规则》《领导干部问责办法》《机关作风和效能建设问责办法》《关于进一步改进机关会风文风的规定》等制度办法,坚持以制度管人,健全工作约束机制,建立干部队伍作风建设长效机制。坚决刹住公款送礼、公款吃喝和奢侈浪费等不正之风。认真落实党风廉政建设工作,切实履行党委主体责任,纪委监督责任,各级党组织层层细化落实党风廉政建设目标任务,形成"县委主体责任、书记第一责任、班子成员一岗双责、纪委监督责任、乡镇部门具体落实"的工作局面。规范基层纪检工作建设,8个乡(镇)均设立专职纪委书记,40个村委会都选举成立村级"小纪委"村民监督委员会。开展清退会员卡活动,8个乡(镇)、35个县直单位共600余人做到零持有。坚决查处违纪违法案件,维护党纪国法的严肃性。先后初核案件8起,1名村组党员干部被开除党籍、1名党员干部和2名村组党员给予党内警告处分、2名村党支部第一书记和1名村党支部书记被撤销职务、7名党员给予批评教育,7名干部进行了诫勉谈话,挽回经济损失8.5万元,结案率100%。

(李学龙)

【领导名录】

书　记	严应骏
副书记、县长	林　生
副书记、人大常委会主任	洛　桑
常务副书记、政协主席	魏东飞
副书记、常务副县长	张　屹

墨竹工卡县人民代表大会常务委员会

【年度综述】年内,县人大常委会认真贯彻落实中共十八大和十八届三中、四中全会精神,深入贯彻落实总书记习近平系列重要讲话精神,特别是"治国必治边、治边先稳藏"重要战略思想和"努力实现西藏持续稳定、长期稳定、全面稳定"的重要指示,学习贯彻俞正声主席"依法治藏、长期建藏、争取人心、夯实基础"的重要原则,以及区、市党委八届五次全委会和县委八届四次全委会精神,坚持人民代表大会制度不动摇,坚持党的领导、人民当家做主和依法治国有机统一。深入开展党的群众路线教育实践活动,创新人大工作思路,充分发挥人大及其常委会的作用,切实履行宪法和法律赋予的各项职权,完成县十二届人大三次会议确定的各项工作任务,为墨竹的跨越式发展和长治久安做出了积极贡献。

【坚持党的领导】常委会坚持把党的领导贯彻落实到人大工作的各个方面,坚持重大决策部署、重大问题以及重要工作安排及时向县委请示汇报;坚持把党管干部原则同人大依法任免有机结合起来,确保党的主张通过法定程序成为国家意志。2014年,共任免国家机关工作人员14人(8名人民陪审员),依法补选市十届人大代表3名,依法罢免涉及违纪案件的市级人大代表2名,使党要管党、从严治党要求和县委决策部署得到了坚决的贯彻落实。常委会坚决服从县委统一安排部署,抽调得力干部,全力以到做好重大节日、敏感节点的维稳安保工作，根据县委的要求，人大常委会主任认真履行分管统战、民宗等工作职责，坚持一手抓人大工作，一手抓维稳，做到万无一失，安排3名县级领导分别蹲点尼江、扎西岗、日多乡督导维稳工作，并长期轮流在县维稳一线指挥部带班值班；安排人大县级领导参与村"两委"换届工作，为墨竹工卡县的社会局势稳定、促进经济发展做出积极贡献，得到县委的充分肯定和广大群众的一致好评。

【认真践行党的群众路线】县人大切实把贯彻落实党的群众路线作为地方人大的"生命工程"，贯穿于人大各项工作之中，坚持把依法履职、为民谋利和改进作风、强化同代表联系、破解人大工作难题结合起来，全面提升人大工作水平。常委会班子成员以普通党员身份参与党的群众路线教育实践活动，紧紧围绕"四风""两问题""一薄弱"和"三不够"，积极查找问题，不怕亮丑揭短，深挖根源、触及灵魂，认真整改、转变作风，切实做到规定动作不走样、自选动作有特色，有力地促进了人大机关作风有大转变，服务有大提升。活动期间，为13户贫困家庭协调解决15件实际困难和问题，资助钱、物约合46余万元；为其玛卡村群众解决拖拉机、犁36台，扎雪村群众购买改良奶牛86头，朗杰林村、吉古村群众购置农业机械化手扶拖拉机和播种机34台、维修巴洛村水塘、新建曲龙寺水磨坊、改善切卡寺伙房设备等。进一步密切了党群关系。及时向县委提请《县人大常委会党组关于贯彻落实〈中共拉萨市委员会关于加强人大工作若干事项的意见〉的请示》，得到县委高度重视，4个乡1个镇配备专职人大主席，及时落实每个乡镇人大经费5万元。抽调2名县级领导、2名办公室成员担任县委党的群众路线教育实践活动督导组常务副组长、副组长、成员，为推进群众路线教育实践活动工作提供保障。人大机关通过教育实践活动，使广大党员干部职工受到一次深刻的党性教育和党内生活洗礼，思想进一步升华，政治立场更加坚定，作风进一步转变，为人民服务的意识进一步增强，达到正风肃纪、密切党群干群关系、健全长效机制、提高工作效率的目的。

【积极促进社会经济稳步发展】高度关注全县经济运行发展情况，听取和审议《墨竹工卡县2014年上半年国民经济和社会发展计划执行情况报告》《墨竹工卡县2013年财政预算决算及2014年上半年财政预算执行情况的报告》《墨竹工卡县2014年财政预算收支变化情况的报告》等7项报告，作出了2014年财政预算收支部分变更的决议、《县人民政府关于〈墨竹工卡县生态环境监督管理实施办法〉（草案）》审查结果的决定等8个决议、决定，提出认真落实财税改革，切实加强财政管理，认真落实中央"八项规定"、区党委"约法十章"、市委"八项要求"、县委"八项守则"，坚决压缩"三公经费"和一般性支出，确保预算年度收支平衡，确保民生项目顺利实施的意见建议，为促进墨竹工卡县经济社会发展，切实保障和改善民生发挥了积极作用。

【助推民生工作落到实处】常委会坚持把落实县委八届四次全委会确定的民生工作目标以及在十二届人大三次会议上政府工作报告中提出的民生建设任务作为重点，通过走村入户、实地查看、专题调研、听取专题报告、集中询问的方式，有力推进民生工作的落实。从2014年5月开始，常委会先后组织市县乡人大代表、有关部门负责人共570余人，对全县农牧民专合组织、城乡低保、户籍管理工作、县看守所以及落实墨竹工卡县自办"十件实事"等开展16次视察调研，听取和审议了相关单位《关于农牧民专合组织工作专题报告》《关于城乡低保工作专题报告》《县公安局关于户籍管理工作意见》《墨竹工卡县2014年度十件实事进展情况报告》等25项报告，深入各乡镇、村组，较为详细地掌握了墨竹工卡县相关部门落实民生政策、建设民生项目情况等第一手资料。在视察调研中发现存在的问题和困难归纳整理后共25条，其中，农牧民专合组织方面主要专而不合，有的专合组织存在空壳现象等6条；城乡低保方面城镇低保的标准把关不严、复查工作不及时，有的解决公益性岗位或已在矿产企业就业，但仍享受城镇低保，有的国家干部父母享受低保等5条；户籍管理方面有一个户口几个家庭的分户问题长期得不到解决，导致贷款难，有的迎娶嫁出的户口没有及时办理相关手续等4条；在群众路线教育实践活动中征求的意见建议有个别乡镇个别人乱占地、非法买卖土地等10条，存在耕地上乱建房屋、非法买卖土地等10条。针对存在的问题，经常委会认真分析，提出了16条意见和建议，形成视察报告，交政府职能部门整改落实，这一举措得到县委的充分肯定。常委会组织机关选区及各乡镇人大代表围绕安全生产、生态保护、民生改善等开展了9次视察调研，积极配合区、市人大开展执法检查等调研6次，召开相关政府职能部门专题询问会1次，通过询问，增强各部门落实各项民生政策尤其是县委、县政府确定的改善民生目标和民生建设任务的紧迫性，切实加快了改善民生工作步伐。

【注重代表意见建议的办理】代表议案建议与人民群众生产生活息息相关。十二届人大三次会议时收到代表议案、建议、批评和意见94件，县人大常委会、县政府高度重视，召开4次会议，交办并督促承办单位、有关部门积极与代表沟通联系。对于当前能够办理的及时予以办理，对于因条件不成熟一时无法办理的及时向代表说明情况，取得代表的谅解。截至年底，这些议案和批评、建议、意见全部在规定期限内办复，答复率达100%。

【注重发挥人大代表作用】邀请各级人大代表列席县人大常委会31人次，参加专题调研、执法检查、视察调研、群众路线教育实践活动等190余人次，积极拓宽代表参与常委会工作的渠道，充分吸纳代表建议；建立常委会组成人员与基层人大代表联系制度，常委会主任、副主任走访联系代表30多人次；指导乡镇人大建立"代表之家"，并给各乡镇解决"代表之家"建设启动资金10万元，安排人大代表参加县直部门党的群众路线教育实践活动动员大会、专题民主生活会120余人次，全程参与村"两委"换届工作，使代表的监督作用得到充分发挥，有效促进常委会的工作更接地气，工作质量也有进一步提升。

【注重做好代表培训工作】为提高人大代表履职水平，县人大常委会加大对人大代表的培训力度。在未能邀请市人大和党校教师的情况下，由常委会主任、副主任、办公室负责人亲自授课。年内，共举办县、乡人大代表业务知识培训班12期，参训代表224人次。重点培训了代表法、监督法、组织法等内容，详细讲解代表在会上会下如何审议报告，如何提出批评和建议、意见，如何更好地履行代表职权等知识，通过培训，使代表的履职能力有一定的提高。

【加强常委会建设】强化思想政治教育，确保常委会每一位班子成员不缺席县委理论学习中心组和县人大支部理论学习，保证学习时间和学习质量，促进班子成员自觉运用中国特色社会主义理论武装头脑，坚持社会主义道路，坚持社会主义制度和民族区域自治制度，进一步增强道路自信、理论自信和制度自信，推进人大工作实现党的领导、人民当家做主和依法治国的有机统一。通过学习教育，常委会班子的凝聚力、战斗力明显提升。

（扎　仓）

【领导名录】

主　任　洛　桑
副主任　顿珠穷达
　　　　拉巴次仁

墨竹工卡县人民政府

【年度综述】年内，墨竹工卡县紧紧抓住改革发展稳定的历史机遇，全力实施"五大战略"，开拓创新，攻坚克难，真抓实干，全县呈现出经济健康发展、民生持续改善、社会和谐稳定的良好局面。2014年，全县地区生产总值完成21.01亿元，同比增长7.6%（按可比价），其中：一产实现增加值2.35亿元，同比增长 6.5%，二产实现增加值 16.55 亿元，同比增长 7.29%，三产实现增加值 2.11 亿元，同比增长 10.07%；公共财政预算收入完成 3.31 亿元，同比增长 43.2%；农牧民人均可支配收入 9683.69 元，同比增长 20.1%；完成社会固定资产投资 73.56 亿元，同比增长 33.86%；社会消费品零售总额达到 1.93 亿元，同比增长 20.4%，圆满完成县十二届人大三次会议确定的各项目标任务。

【农牧业基础设施】 投入 7468.99 万元，修建扎西岗乡、工卡镇等区域防洪工程，完成尼玛江热乡、唐加乡小型农田水利工程，开展扎西岗乡土地治理工程，实施巴洛藏鸡、荣多奶牛等扶贫开发项目 25 个。

【农牧业生产】 全县农作物播种面积达到 7.88 万亩，粮食产量达到 2.4 万吨。牲畜存栏达到 21.52 万头（只、匹），出栏率达 38%，新生仔畜成活率达到 98%；全年发放草补奖励资金 1069.53 万元；采集虫草 541.76 公斤，实现收入 7047 万元，人均增加现金收入 1309 元。

【专合组织】 全县农牧民专业合作组织达到 93 家，藏鸡养殖业、糌粑加工业、民族手工业等初具规模，有力促进了群众致富增收。

【“四业工程”成效更加凸显】 全县共完成劳动力输出 3.07 万人次，实现收入 1.4 亿元；完成就业再就业培训 204 人，农牧民转移技能培训 923 人，实现城镇及农牧民转移就业 1757 人，城镇登记失业率控制在 2.2%以内。

【工业经济提质增效】 华泰龙矿区、巨龙矿区、天仁矿区等重大工业项目全力推进，全县实现工业销售产值 22.1 亿元，同比增长 126%；实现工业增加值 7.52 亿元；实现工业税收 4.01 亿元，同比增长 33%；实现工业投入 64.85 亿元，同比增长 35%。落实招商引资项目 7 个，投资总额 62.89 亿元，同比增长 33.3%。全县规模以上工业企业达到 6 家。

【旅游产业】 投入 500 万元注册成立县旅游文化公司；投资 3080 万元，扎实推进直贡梯寺、德仲温泉、达普天文历算台等景区基础设施建设，大思金拉措景区规划初步完成。特色产品参加西藏首届旅游文化国际博览会，墨竹工卡县知名度进一步提升。全县累计接待国内外游客 82 万人次，同比增长 21%；实现旅游收入 1727 万元，同比增长 22%。

【净土产业】 投入 1000 万元注册成立县净土健康产业公司，投入 1834.97 万元实施了净土产品展销厅及销售中心、藏鸡养殖、糌粑加工、经济林种植等 11 个净土健康产业项目，投入 110 万元扶持 2 家中小微企业，12 辆净土产品直销车投入使用，形成特色农业、特色养殖业、特色手工业齐头并进、共同发展的良好格局。

【县城承载功能明显增强】 进一步完善县城控制性详细规划及 7 个乡的集镇规划，大力整治非法买卖集体土地和违法违章建筑。投入 4519.1 万元建成嘎则新区附属设施，建成南京路南段、新区供电线路工程等项目，全力推进设施维护管理，加大环境整治监管力度，县城的交通、绿化、停车、住宿、商贸等服务配套设施不断完善，承载能力明显增强。

【乡村基础设施】 完成扎西岗乡扎西岗村农村土地确权登记试点工作。甲玛乡孜孜荣村 176 户 1047 人完成搬迁入住工作，甲玛乡赤康村荣获“中国特色村”荣誉称号。投入 4992.37 万元，实施了 19 个村（组）人居环境整治项目，建设了 12 个村组活动场所，修建了甲玛乡供水工程，改造提升了 8 处宗教活动场所和 7 处农村饮水。建成扎雪乡龙珠岗道路、德仲寺道路等 4 条乡村、寺庙、旅游公路。

【援藏工作】 南京与墨竹交流交往交融不断深入，墨竹工卡县青少年代表团观摩南京青奥会开闭幕式，政法代表团到宁考察学习，安排 8 名干部在南京进行为期3个月挂职锻炼，组织53名第二批党政副科级以上干部到宁专题培训。南京市小教中心派出5名老师在暑期到县支教。格桑花开爱心基金接收南京社会各界捐献143.94万元,支出帮扶济困资金5.8万元。全年共落实援藏项目资金5825万元,先后实施实验小学、扎西岗希望小学、斯布村多嘎小组搬迁工程、巴尔卡路等援藏项目4个。主席俞正声在对口支援西藏20周年会议上先后两次表扬南京市对口墨竹工卡县的援藏工作。

【教育事业】继续保持本级财政25%比例投入教育，达到8279.75万元。基本完成南京实验小学等8所小学的改扩建项目,建成唐加冲尼村幼儿园、日多怎村幼儿园等14所幼儿园,完成县中学教学楼维修项目。投入435.47万元慰问和资助墨竹学生，为50名特困大学生发放援藏助学金20万元。投入355.44万元,推行义务教育阶段学生“营养餐”计划,受益学生达6232人。全县适龄儿童入学率、小学在校巩固率分别达到99.81%、99.75%，初中入学率、巩固率分别达到100%、98.83%。

【卫生服务】全年投入1992.5万元发展卫生事业，县医院附属工程建设项目基本完成,乡村卫生综合服务设施更加完善。积极创建县医院二级乙等医院。大力开展“先诊疗、后结算”工作,爱心救助基金受益人数593人，预借大病爱心资金260万元,大病救助185.9万元。全民健康免费体检4.57万人,体检率达99.95%。孕妇住院分娩率达到99%,孕产妇实现“零死亡”的目标，婴儿死亡率控制在12.35‰以内。

【文化建设】开工建设扎雪乡堆绣唐卡传习所、直孔刺绣唐卡传习基地,完成全区首家民间博物馆装修布展工作。积极开展“五下乡”主题活动,为7乡1镇配备书籍2000余本，发放法律法规等宣传资料5200余册,在农牧区免费放映电影1980场。普堆巴宣舞被选入拉萨市电视台与四川康巴卫视藏历新年晚会。在《南京日报》要闻版开设每月一期的“情系墨竹”专栏,完成《墨竹梦·南京情》《追梦“天边之乡”》等外宣品的策划和制作工作。巩固提升“村村通”“户户通”“舍舍通”建设成果,广播电视覆盖率达到98.9%。

【社会保障】与区、市、县6家医保定点医院签订“一站式”即时结算协议,为794名城乡群众提供医疗救助,救助资金达325.36万元。对271名有意愿的五保户实施集中供养,发放五保供养经费129.21万元,意愿集中供养率达到100%。发放低保金714.98万元，发放低保一次性补贴212.37万元。发放新型农村养老待遇金655.8万元。全面落实夕阳红养老补贴、提高村组干部待遇、改造农村水电网、改善村容村貌、提高寺庙管委会僧尼成员津贴等县自办十件民生实事。此外,机构编制、人武、工会、消防、档案、保密等工作都取得了新进展。

【建机制严执法】建立重点企业县级领导联系制度,深化政企联席制度,加强工业经济运行分析及预警预测，做好企业发展过程中的协调服务工作,为企业提供宽松的发展环境。制定《墨竹工卡县生态环境保护监督管理实施办法》，严格落实环境影响评估和“三同时”制度,对未批先建和未经环保验收擅自生产等违法行为进行专项清查。实施城乡环境绿化、美化、净化、亮化工程,及时兑现森林生态效益补偿资金772.23万元,全县共植树造林4626.9亩，成活率达到85%以上，森林覆盖率达到35.96%。

打基础促创建。设立专项资金1000万元在拉萨市率先实施国家级、自治区级生态县创建工程,《墨竹工卡县生态县建设规划（2014——2020年）》及《8个乡镇环境保护和生态建设规划(2014——2020年)》通过评审,格桑村、塔巴村等15个村成功创为自治区级生态村。完成38个行政村水和废水、空气和废气、噪声和振动的检测并形成报告,投入160万元对16个点进行保护工程试点,投入690.35

万元建成湿地污水处理工程。

【社会局势和谐稳定】全年共落实维稳资金2174.06万元，着力构建驻村驻寺、“双联户”创建等维护稳定长效机制，有效防范和打击十四世达赖集团的渗透破坏活动，先后被自治区评定为“县域平安边界”和先进双联户创建评选工作“先进县(区)”，在全市社会治安综合治理工作考评中取得第二名佳绩。

【治理体系不断完善】“六五”普法教育深入推进，法律“七进”工作成效明显，法律援助力度加大。扎实推进寺庙“六建”“六个一”和“9+5+2”工作，投入515万元维修200间僧舍。办理群众来信来电来访26批75人次，处信处访率达100%。依法处置“6·24”甲玛乡孜孜荣村部分村民违法堵路事件。认真落实重点人员管控、社会面防范、重点部位值守、流动人口管理等各方面的责任制，社会管理能力不断强化。

【安全生产】在全区率先成立县安委会生产综合执法大队，在华泰龙矿区、巨龙矿区、天仁矿区设立派出所。5家企业完成标准化建设，4家企业完成“六大系统”安装。妥善处置尼玛江热乡邦浦沟特大山洪泥石流自然灾害。安全生产监督检查500余次，查处安全隐患970处，现场整改860余处，下发整改指令书200余份，整改率达99%。

【依法行政】自觉接受人大监督，积极支持政协履职，全年共办理人大代表、政协委员建议、提案共124件，办复率、满意率均达到了100%。全县7个乡1个镇40个行政村顺利完成换届选举工作，依法选举产生新一届村“两委”班子成员272名。

服务效能明显提升。深入开展党的群众路线教育实践活动，全县926名党员干部与1148户困难群众结对认亲，单位和个人共投入231.6万元，办实事好事282件；7个乡1个镇办实事及工作经费达到2400万元，共解决实事165件；第三批驻村工作队共投入资金560万元，为民办实事468件。认真贯彻落实中央“八项规定”，着力整治“四风”等方面突出问题，建立健全了公车配备使用、“三公”经费管理和公务接待等制度，全县“三公”经费同比减少20.62%。

【廉政建设】认真落实党风廉政建设主体责任，对40个村委会开展财务专项审计，先后有7名党员干部被给予党纪政纪处分。在政府门户网、电视台、报刊等载体上主动公开信息共计600余条，切实保障群众的知情权、参与权和监督权。

（钟其荣）

【领导名录】

县委副书记、县长
林　生

县委副书记、常务副县长
张　屹

县委常委、副县长
央金卓嘎

副县长
陈　平
米玛次仁
益　西
龙　刚
周承杰
侯文峰

中国人民政治协商会议墨竹工卡县委员会

【年度综述】年内，在市政协的精心指导下，在县委的正确领导和县人大、政府的大力支持下，县政协常委会高举中国特色社会主义伟大旗帜，以邓小平理论、“三个代表”重要思想和科学发展观为指导，认真学习贯彻落实中共十八大和十八届二、三、四中全会精神。牢牢把握团结和民主两大主题，紧紧围绕县委、县政府的中心工作，把维护社会稳定作为第一要务，把改善民生作为履职之本，积极动员和组织广大政协委员，切实履行政协职能，充分发挥协调关系、汇聚力量、建言献策、服务大局的作用，为构建美丽和谐新墨竹，推进全县经济社会全面发展做出了积极贡献。

【一届三次会议】2014 年 1 月 15 日——17 日，中国人民政治协商会议第一届墨竹工卡县委员会第三次会议在墨竹工卡县顺利召开。大会应到委员 55 名，实到委员 51 名，符合《政协章程》规定。会议听取和审议《政协第一届墨竹工卡县委员会常务委员会工作报告》和《政协第一届墨竹工卡县委员会常务委员会关于政协一届二次会议以来提案工作情况的报告》；列席墨竹工县第十二届人民代表大会第三次会议，听取和讨论《墨竹工卡县政府工作报告》及其他有关报告；审议通过《政协第一届墨竹工卡县委员会第三次会议关于常务委员会工作报告的决议》《政协第一届墨竹工卡县委员会第三次会议关于政协一届二次会议以来提案工作情况报告的决议》《政协第一届墨竹工卡县委员会提案委员会关于政协一届三次会议提案审查情况的报告》《政协第一届墨竹工卡县委员会第三次会议政治决议》。会议期间收到委员提案 31 件，经提案审查委员会审查立案 28 件。县委书记严应骏作开幕会讲话，县委常务副书记、政协主席魏东飞作闭幕会讲话。

【常务委员会】第 5 次会议 2013 年 12 月 25 日，政协第一届墨竹工卡县委员会常务委员会第 5 次会议在墨竹工卡县召开，此次会议应到常委 12 人，实到 11 人，县委常务副书记、政协主席魏东飞主持会议。会议听取一届三次会议筹备工作情况报告；审议通过一届三次会议日程(草案)和议程(草案)；审议通过常委会工作报告及报告人；审议通过提案委员会工作情况报告及报告人；学习了中共中央办公厅印发的《关于培育和践行社会主义核心价值观的意见》。

第 6 次会议 2014 年 1 月 18 日，政协第一届墨竹工卡县委员会常务委员会第 6 次会议在墨竹工卡县召开，此次会议应到常委 12 人，实到 10 人。会议听取县政协一届三次会议委员提案情况汇报；成立县政协提案委员会办公室；通过《墨竹工卡县政协 2014 年工作要点》和《墨竹工卡县政协关于深入开展党的群众路线教育实践活动的实施方案》；学习十八届中央纪委第三次全会精神传达提纲、县委八届四次全委会议精神、《严应骏在全县深入开展党的群众路线教育实践活动动员大会上的讲话》和《许广林在墨竹工卡县党的群众路线教育实践活动动员大会上的讲话》等。县委常务副书记、政协主席魏东飞主持会议并作重要讲话。

第 7 次会议 2014 年 10 月 29 日，政协第一届墨竹工卡县委员会常务委员会第 7 次会议在墨竹工卡县召开，此次会议应到常委 12 人，实到 10 人。县委常务副书记、政协主席魏东飞主持会议。会议听取 2014 年以来的调研视察情况汇报和一届三次会议提案办理情况汇报；通过墨竹工卡县政协党的群众路线教育实践活动总结；通报了副主席曲英退休情况；学习习近平在庆祝中国人民政协会议成立 65 周年大会上的讲话及中国共产党第十八届中央委员会第四次全体会议公报。

【开展新春藏历年慰问活动】2014 年 2 月 17 日，县政协副主席曲英代表县政协看望慰问了市政协驻日多乡怎村和拉龙村工作队、县政协驻唐加乡卓尼村工作队。向 3 个工作队送去了 6000 元慰问金及折合现金 10565 元的慰问品，并亲切座谈，关心了解他们的工作和生活情况。2014 年 2 月 22 日，县政协曲英副主席代表县政协对墨竹工卡县 14 名政协委员进行慰问，为每名政协委员送去 1000 元慰问金，并带去节日的慰问。

【党的群众路线教育实践活动】自第二批党的群众路线教育实践活动开展以来，在市县督导组的指导下，制定出台《墨竹工卡县政协关于深入开展党的群众路线教育实践活动的实施方案》并认真组织实施，以整风精神抓好各环节工作，取得了阶段性成效。坚持把加强领导放在首位。按照中央精神、市县督导组要求和县委决策部署，迅速成立县政协教育实践活动领导小组，认真制订活动方案并严格抓好推进落实；坚持把学习教育贯穿始终。县政协党组成员率先垂范，带头学习党的群众路线重要文献、领导讲话精神等，先后开展集中学习、专题辅导和大讨论等活动共30次，同时组织机关干部职工观看《建党伟业》《建国大业》《焦裕禄》《农奴》等专题片4次；坚持把解决问题作为重点。采取多种方式向各界征求意见建议，截至年底，共召开座谈会3场次、发放征求意见表69份、深入基层调研3次，开展个别谈话46人次，经过梳理归类，共征求到各方对县政协的意见建议共10条。通过精心准备，墨竹工卡县政协党组班子于2014年7月11日召开了专题民主生活会，7月23日召开了专题民主生活会情况通报会。坚持把为民要求落到实处。县政协主席、副主席集中时间和精力，深入联系乡镇、寺庙指导工作开展，每人结对认亲2户，帮助协调解决群众存在的实际困难和问题，增进了与群众之间的感情，拉近了与群众之间距离。

【视察活动】2014年4月22日——24日，由县政协副主席益西班旦带队，组织市、县两级政协委员14名，对墨竹工卡县6个乡镇近三年来植树造林情况进行视察。视察采取听汇报、开座谈、实地查看等方式，全面、深入地了解墨竹工卡县近三年来植树造林情况，形成《关于墨竹工卡县近三年来植树造林情况的视察报告》并呈送县委、县政府。2014年8月14日，由县政协副主席益西班旦带队，组织市、县两级政协委员18名，对墨竹工卡县净土健康产业进行了为期一天的视察，随后于8月15日召开净土健康产业座谈会，委员们围绕净土健康产业工作积极建言献策，提出宝贵的意见和建议。会后，经县政协办整理形成《关于组织政协委员视察墨竹工卡县净土健康产业情况的报告》并呈送县委、县政府。2014年11月26日——27日，由县政协副主席益西班旦带队，组织9名市、县两级政协委员，对扎西岗乡、尼玛江热乡、县教体局、农牧局、文广局、国税局共2个乡镇和4个县(中)直单位的精神文明创建工作开展情况进行视察，通过现场考察、召开座谈会等方式，对墨竹工卡县精神文明创建的现状进行全面、深入了解，并形成《关于墨竹工卡县精神文明创建工作开展情况的视察报告》呈送县委、县政府，为县委、县政府在全县精神文明创建过程中提供决策依据和参考。

【调研活动】2014年6月17日，由县政协副主席益西班旦带队，组织墨竹工卡县环保局、林业局、农牧局、安监局等相关单位负责人以及部分政协委员共15人深入中凯、天仁、金和、华泰龙、巨龙五大矿区开展实地调查。并形成《关于天然草地保护工程在矿产资源开发中生态安全保护现状的调研报告》报送区、市政协调研组，为区、市调研组到墨竹工卡县进行调研提供参考依据。2014年11月11日——12日，由县政协副主席益西班旦带队，组织10名市、县两级政协委员以墨竹工卡县部分中小学生为调研对象，深入全县各中小学校，通过召开座谈会、实地考察等方式，对全县中小学校培育和践行社会主义核心价值观工作进行调研。其间，共调研7所小学1所中学，召开座谈会1次。调研后形成《关于墨竹工卡县中小学校培育和践行社会主义核心价值观现状的调研报告》，并呈送县委、县政府。

【协助配合区、市政协调研】2014年5月14日，自治区政协副主席策墨林·单增赤列一行12人到墨竹工卡县对门巴乡直孔梯寺“天葬”管理工作进行为期一天的调研。听取直孔梯寺管委会主任索朗桑布对近年来“天葬”管理情况的汇报，并深入实地查看，副主席策墨林·单增赤列对直孔梯寺“天葬”下一步的管理工作提出指导性的意见建议。2014年6月9日，市政协常委、市纪检委副书记顿珠多吉带领调研组一行13人到墨竹工卡县，采取召开座谈会、实地查看等方式，开展“社会救助体系建设情况”专题调研。2014年6月23日——24日，区、市政协调研组一行在区政协经济人口资源环境委员会主任索朗多吉的带领下到墨竹工卡县开展生态安全屏障保护与建设专项调研，实地考察墨竹工卡县中凯、天仁、金和及华泰龙矿区，拉萨河源头保护工程，并召开座谈会，主任索朗多吉强调此次调研的重要性，对墨竹工卡县发展与环境保护取得的成绩给予了肯定，同时也提出墨竹工卡县在环境保护中存在的问题，要求墨竹工卡县要抓住契机，重视重大项目的论证以及资源的整合，将生态文明建设贯穿到全部工作中。

【狠抓维稳工作】维护社会稳定工作无小事，年内，县政协党组和全体委员紧紧围绕维护社会稳定、促进经济发展的工作重点，不断发挥政协在维护社会稳定中的积极作用。为确保领导责任充分落实到位，在敏感时期，县政协党组成员深入7个乡1个镇部分行政村和寺庙进行专题督促检查工作；另外，在3月份敏感时期，县政协3名副主席还深入各自联系的乡镇蹲点，指导维稳工作，取得良好的成效，为墨竹工卡县经济和社会发展营造良好的环境。

（司马玉）

【领导名录】

主　席　　魏东飞

副主席　　益西班旦

曲　英（6月免）

桑旦平措

卫智军

中共墨竹工卡县纪律检查委员会(监察局)

【年度综述】年内，在县委、县政府的正确领导下，市纪委的切实指导下，墨竹工卡县纪委始终坚持“标本兼治、综合治理、惩防并举、注重预防”方针，从实处着手，狠抓教育、惩处、建制，成效显著。

【责任建廉】筹备召开八届墨竹工卡县纪委第四次全体会议，把认真贯彻落实党风廉政建设责任制列入党政领导班子重要议事日程，明确各部门的目标任务和领导责任，县党政“一把手”与分管领导层层签订党风廉政建设目标责任书，形成“党委统一领导、党政齐抓共管、纪委组织协调、部门各负其责、依靠群众支持和参与”的工作格局。

【活动倡廉】在党的群众路线教育实践活动中，县委书记带头讲廉政党课，各级党员干部坚持把廉洁自律方面存在的问题深入查摆，在全县形成人人倡导廉洁的生动局面。通过开通廉政专户，吸纳干部职工上交的无法拒收账款，进一步促进干部不想腐的廉洁氛围。2004年开通以来，共计接待干部职工上交无法拒收账款(账物)75次，所有现金、实物累计价值达115万余元，其中2014年接待4次，共计7.7万元。与县妇联联合倡导家庭廉政活动，与全县科级以上妇女干部共签订179份家庭廉政承诺书。

【警示促廉】召开警示教育专题学习会议，集中学习关于违反中央八项规定、干部职工参与赌博、贪污挪用公款、专项资金等方面的典型案例，并观看反腐倡廉每月一课警示教育光碟。利用元旦、春节、藏历新年、“五一”、中秋、国庆等节日，多次转发、印发关于廉洁过节的通知文件，加大监督检查力度，督促党员干部切实做好节日期间的党风廉政建设。

【对新任领导干部进行任前廉政谈话】对拟提拔的领导干部，在公示之前组织严格的干部考察，出具廉政证明。年内，已对2批82人次新任干部进行廉政谈话。

【实行针对可能存在隐患的部门负责人进行廉政约谈】针对近年来在惠民资金管理使用、失职渎职方面存在的问题，积极按照市纪委要求，县委统一部署，分三组以集体和单独约谈相结合的方式进行廉政约谈，覆盖面100%。通过约谈提出整改事项6条。

【强化监督检查，切实履行监督职能】以县纪委为责任单位，多次与县人大办、财政局等部门到基层抽查惠民政策落实情况，同时对征兵、招工、中小考、政府公开招考等工作进行全程监督检查,严防部分考生以虚假户口征兵、考学、参工,成功避免损害其他考生现象的出现。参与政府采购 50 余次,成交总额 931.2 万元,共节约资金 190 万元;全程参与县文广局组织的招聘临时工工作、县人社局组织的公考考录公益性岗位工作以及每年一度的中考、小考工作。在公益性岗位公开考录工作中,经核对发现 17 人因户籍信息不符合条件取消考试资格,2 人替考,其中 1 人当场取消考试资格,1 人考试成绩作废。开展专项整治活动,发现公车私用 1 起,办公室玩游戏 1 人次,脱岗 3 起。

【注重营造党员干部“不敢腐败”的外部环境】在加大党风廉政建设力度的同时,把查处党员干部违纪违法案件作为从严治党、惩治腐败的重要环节来抓,坚持有贪必反、有腐必惩、有乱必治、有案必查。对反映党员干部的苗头性、倾向性问题,及时谈话提醒、诫勉、函询、教育,防止小错酿成大错;对反映失实的及时澄清,对诬告陷害的追究责任。2014 年,县纪委共接到信访举报案件 16 起,其中区市纪委转办 11 起,本级接收 5 起,初步核实了结 16 起,其中立案调查了结 2 起。通过案件查办,对 3 名干部进行诫勉谈话,给予 1 名正科级党员干部、2 名党员党内警告处分,给予 1 名党员开除党籍处分,建议调换村党支部书记(第一书记)2 名。

【围绕政策法规落实情况强化执法监察】协同县财政局结合实际出台《墨竹工卡县关于公务接待相关事宜办法》,明确规定县直各部门接待必须在机关食堂,机关食堂无接待场所时,需报请主管领导及机关食堂负责人同意,出具证明后,方能在其他场所进行接待,未经同意财政一律不予以报销,并确定接待标准及陪同人数。对于援藏省、市来县指导、考察代表团的接待,需经县委、县政府办公会议通过后,按照区、市要求进行相关接待事宜。2014 年,“三公”经费支出合计 901.9 万元比 2013 年支出 1478.8 万元降低 39.01%。公务接待 116 万元,比 2013 年 322.13 万元减少 63.99%。车辆购置及运行费用全年实际发生公务用车运行维护费 882.45 万元(含全县车辆修理、保险 105.6 万元及油料费、车辆购置费)比 2013 年 1156.66 万元减少 274.21 万元,减少 23.71%。年内共开展 3 次清查;对惠农补贴资金管理和使用情况进行监督检查。1——10 月,全县共落实各项惠民资金 3932.46 万元,其中包括粮食直补及农资综合补贴、农机具购置补贴、成品油补贴、“一孩双女”补贴等,没有发生一起截留挪用惠民专项资金等违规行为。仅查处 1 起挪用集体资金行为,已对违纪人员给予开除党籍处分,移交司法机关依法判处有期徒刑 9 个月。

【开展政务环境专项整治活动】着力解决党员干部中存在的庸、懒、散等问题,切实纠正个别机关和窗口行业门难进、脸难看、事难办的问题,机关作风明显好转,行政效能不断提高。与市纪委暗访组一起督查各单位机关作风效能 1 次,县纪委、组织部等单位对全县 8 个乡镇、40 个驻村工作队、29 个寺庙管委会(特派员单位)进行在岗情况督查 10 次、“借调”“抽调”人员核实 2 次,未发现脱岗情况。

【转职能方面】重点通过学习《建立健全惩治和预防腐败体系 2013——2017 年工作规划》,以促进反腐倡廉各项工作深入开展。按照中央、区市纪委要求,突出“两个”责任,及时转变部门职能,清理不应纪委参与的议事机构。县纪委以前参与议事机构 41 个,清理后现有 16 个。转方式方面。突出查办案件职能,加大惩处力度;转变查办案件方式,抓早抓小,快查快结;抓苗头教育、提醒教育和警示教育;开展专项整治活动,对“一把手”履职进行再监督。转作风方面。着重从提升纪检监察干部队伍业务素质和其他综合素质入手抓好学习教育,同时发挥模范带头作用,树立起清正廉洁的良好形象。

在肯定成绩的同时,必须清醒地看到,工作中还存在不少问题,主要有廉政教育虽然力度不断加大,但效果还有待提高;案件查办力度还有待进一步加大,工作效率有待进一步提高;制度的执行力还有待进一步提高，监督的力度还有待加强；群众反映强烈的部门、行业不正之风仍然存在；个别单位对党风廉政建设和反腐败工作落实力度不够，有的班子成员未能有效履行“一岗双责”；村干部日常行为监管有待进一步加强；少数纪检监察干部素质能力还不能完全适应新形式任务需求。

（郭 艳）

【领导名录】

县委常委、纪委书记
尼玛潘多
副书记、监察局局长
次仁扎西

墨竹工卡县深入开展创先争优强基础惠民生活动领导小组办公室

【概况】墨竹工卡县辖7个乡1个镇，40个行政村。全县创先争优强基础惠民生活动范围囊括全部行政村，共有40个驻村工作队，其中自治区级4个、拉萨市级16个、县级20个。按照区市开展创先争优强基础惠民生活动统一安排部署，第三年度创先争优强基础惠民生驻村工作队，区、市、县第三批驻村工作队已于2013年12月20日前全部进驻村工作点，第三批选派的干部职工共有160人，其中自治区16人，拉萨市64人，墨竹工卡县80人。

自活动开展以来，墨竹工卡县紧紧围绕“五项任务”狠抓工作方案、认真落实工作规划，细化促进群众增收致富的政策措施，大力扶持乡村集体经济发展，激活基层活力，切实增强基层政权组织的凝聚力和影响力，赢得了广大农牧民群众的高度赞誉和一致好评，驻村工作取得了显著的成效。

【为群众办实事好事，解难事琐事】坚持“进百姓门、听百姓声、解百姓难、结百姓亲”，积极开展送温暖、“与民同乐、欢度藏历年”等活动，各驻村工作队从群众最关心、最直接、最现实的利益问题出发，切实为民做好事、办实事、解难事。第三批活动开展以来，共为民办实事1012件，投入资金1197万余元。其中，用于慰问困难群众、“三老人员”、孤寡老人等涉及资金283万余元；用于帮助群众就医、就学、就业共投入资金161.42万元；投入资金627.6万余元改善村级办公条件。

【着力完善建强基层组织，密切党群干群关系】各驻村工作队按照“抓落实、全覆盖、强基础、惠民生、求突破、受欢迎”的总体要求，努力做到组织创先进、党员争优秀、群众得实惠。突出抓好班子建设。推行同学习、同宣讲、同调研、同维稳、同活动“五同工作法”，提高村干部工作能力，同时与村“两委”干部结成藏汉双语互学对子，开展藏汉双语互学；突出推广典型经验。把驻村工作与“三个培养”“定查评改”“四步工作法”等典型经验有机结合，积极发展农牧民党员人数，切实发挥基层党组织的战斗堡垒作用与党员先锋模范带头作用。年内，共召开党员大会987次，培养入党积极分子1447人，工作队新发展农牧民党员人数达665人，将致富能手培养成村组干部210人，将致富能手培养成党员238人，将党员培养成致富能手153人，发展团员899人，开展团建活动306次，开展妇建活动236次。

【加强民族团结发展】活动开展以来，各驻村工作队始终坚持把维稳工作作为首要任务，坚持筑牢维稳第一道防线，全力确保社会局势稳定。活动开展以来，开展反分裂斗争宣传教育活动578场，受教育群众4万余人次；制定维稳制度条数达770条，制定应急处突预案368份，进行维稳演练次数259次，排查各类安全隐患1014次，形成维稳专题报告228篇；排查化解各类矛盾纠纷560次，涉及资金285.42万元；深入寺庙调研592次，传达维稳精神1221次，受教育群众5万余人次；县里组织督查929次，覆盖面达100%。

【开展感恩教育】墨竹工卡县紧紧围绕中共十八大

精神、区市第八次党代会的重要精神，制定《关于在墨竹工卡县"强基惠民"活动中广泛开展"八看""一算账""一揭批""四增强" 感党恩主题教育活动方案》，各驻村工作队制定宣传方案，用好一切资源，认真开展主题教育活动，活动开展以来，集中开展感恩教育活动宣讲815场次，受教育群众5万余人次；开辟宣传栏296期，参观人数4万余人次；放映爱国影片151场次，观看人数3万余人次；举办各类文体活动188场次，参加人数4万余人次；组织参观爱国主义教育基地71场次，参观人数3700余人次；开展普法教育518场次，受教育2万余人次；开展"现身说法"活动206场次，参加人数2万余人次。

【增加农牧民群众现金收入】坚持立足当前和着眼长远相结合，围绕"户户有门路、人人有活干、天天有收入"的目标，理思路、出点子，为农牧民群众寻找致富门路，并积极开展农牧民技能培训，培养致富能手，拓宽就业渠道。截至年底，工作队帮助1243名群众解决就业问题，累计培训农牧民108期8146人，工作队申报"短、平、快"项目39个，总投资1151.59万元，已使用1106.59万元，节余45万元，预留资金项目1个，投资30万元。全县短平快项目覆盖范围越来越广，组织实施越来越实，资金投入越来越多，受益群众越来越广，社会影响越来越大，为构建富裕和谐新墨竹提供了强有力的支持。

（白玛卓嘎）

【领导名录】

主　任　　魏东飞

副主任　　尼玛潘多

中共墨竹工卡县委办公室

【概况】办公室行政编制5人，事业编制2人，工作人员13人，其中行政人员5人，事业人员3人，后勤人员5人，办公室内设机构有机要局、政研室、督查室、档案馆、农工办。在2013——2014年创先争优强基础惠民生活动中，办公室被县委、县政府评为优秀组织单位；被县委、县政府评为2014年度墨竹工卡县民族团结进步模范集体；被市委办公厅评为2014年度全市党委信息工作先进集体；被自治区党委、政府评为先进驻村（居）工作队；办公室1名人员被自治区党委、政府表彰为先进驻村（居）工作队员。

【年度综述】年内，县委办公室以加强自身建设为抓手，以提高科学服务水平为支撑，以服务县委中心工作为重点，不断增强政治、大局、责任和创新意识，求真务实、开拓创新，敢于担当、积极作为，较好地发挥参谋助手作用，各项工作取得新成效。

【服务意识增强】结合全县发展改革稳定新形势新任务，坚持与大局合拍、与中心工作同步，较好地发挥主动服务领导、服务机关和服务基层的职能作用。坚持摆正位置，把握参谋与决策关系，充分发挥主观能动性、耳目喉舌和组织协调作用，在准确把握县委县政府工作意图和全县各阶段工作重点基础上，坚持对各项工作早思考、早研究、早介入、早安排、早部署，做到熟悉上情、摸准下情、知晓内情、了解外情；不断强化办文办会、文稿起草、调查研究、提供信息、提出对策性建议等各项工作，想方设法增强工作积极性主动性创造性，开动脑筋、多想办法、集思广益、博采众长，较好发挥服务领导职能作用。年内，协助县委、县政府领导深入基层实地调研4次，完成调研报告起草4篇。

切实加强与各乡（镇）、各部委局的沟通协调，既与县人大、县政府和县政协办保持密切协作，又与组织人事、财政发改等各部委局保持良好关系；既同心同德、密切配合开展工作，又敢于直面问题、解决难题，有力推动全县各项工作的展开。先后与人大、政府、政协及各部委等单位沟通协调各类事项30余次，制定印发精简会议文电通知和目标绩效考核实施办法2个，组织季度考核4次，并进行排名通报和张榜公示。切实发挥桥梁纽带作用，既对县委县政府关于维护稳定、经济发展、保障改善民生、夯实基层基础、干部队伍建设等方面的决策部署进行重点督查督办、推动落实,又积极主动听取基层干部群众意见建议、反映社情民意;先后4次对乡(镇)办公室工作进行指导,帮助其完善规范化办公体制机制,创新信息报送、档案管理、机要保密、综合协调各方的能力素质。完成扎西岗乡扎西岗村农村土地确权登记试点工作,有力提升了综合服务水平。年内,办公室各项工作基本实现从被动向主动、浅层向深层、传统型服务向创新型服务的转变。

【文秘工作提高】坚持把抓好文稿起草特别是县委综合性重要文稿的起草,作为以文辅政的重要形式和主要渠道。对起草的重要文稿,坚持做到起草前深入研究、掌握实情,起草中谨慎严密、准确到位,起草后严格审核、精益求精,力求全面贯彻上级党委精神、体现县委意图。年内,先后起草领导讲话稿34篇,起草印发各类文件(通知)160份,撰写各类汇报材料21篇,完成调研报告4篇,编发《墨竹信息》3期、《援藏工作动态》4期。

【督查力度加大】为满足经济社会发展对督查工作的新要求,按照县委县政府的决策,切实整合资源,在县委办公室成立县委县政府督查室,配备1名县委办公室副主任和2名干部专门负责督查工作,制定督查室工作职责、工作标准及工作程序,有力推进督查工作规范化、制度化;按照"既督事、又督人,既督结果、又督过程"的原则,把经常性督查和阶段性督查、综合督查和专项督查有机结合,灵活运用分解立项、督查调研、催办查办、联合督查、跟踪督查、书面督查、电话督查等多种形式,对维护稳定、农牧发展、矿产开发、安居工程、创先争优、强基惠民、医疗卫生、环境保护及解决农牧民群众反映的热点难点问题进行重点督查,形成"议而决、决而行、行必果、果必报"的决策督查运行机制和"批必查、查必果、果必报"的专项督查运行机制。年内,先后督办市委市政府重大决策部署33件,办结27件;向市委办公厅督查室上报督查专报50期;下发督查通知15期、督查通报3期。

【信息质量提升】坚持"围绕中心、突出重点、提高质量、注重实效"的原则,着重报送重、大、急信息和群众广泛关注的热点难点信息。坚持信息质量和数量并重,信息的时效性、准确性和针对性明显增强。注重掌握典型、倾向和苗头性信息,及时总结和挖掘信息内涵,形成一批有价值的建议和问题类信息。制定《墨竹工卡县关于转变工作作风改进信息工作的有关办法》,从信息种类、采编管理、内容结构、采编方法、报送方式、抄报范围等方面进行规范,极大提高全县信息工作科学化水平。积极创办《墨竹信息》,开设富裕、文明、幸福、和谐、美丽墨竹和党建保障6个专栏,大力宣传全县在经济发展、维护稳定、保障改善民生、繁荣社会文化、党的建设等方面好经验、好做法,搭建起交流经验和上下互动平台。年内,先后向市委办公厅上报各类信息654篇,其中日常工作信息567期,综合信息21篇,专报66期,在市委信息年终考核中排名第一。

【机要保密安全】机要工作坚持以密码保护为核心,强化责任,注重防范,严格执行机要密码24小时值班备勤,确保密码安全和通信畅通。年内,坚持"确保绝对安全、确保绝对畅通"的原则,切实加强对涉密电报文件和机要密码文件的管理,先后收发明传电报和密码电报1089份(收899份、发190份),传阅各类电报806份、2015人次,实现"零"差错。顺利完成党政信息网规范化管理运作机制,建立起党委系统机要密码信息安全保障体系。组织开展"保密宣传月"活动,发放保密知识读本1000册;举行全县保密知识考试3次,机要保密人员保密意识和业务素质大幅提升。加强涉密载体和涉密信息系统检查,从严管理"三密"文件,开展4次涉密载体专项检查活动,有效保障各保密要害部门、涉密介质的安全运转。

【档案管理规范】坚持把档案管理作为提升办公室科学化水平的重要内容,进一步完善档案管理体制机制,着力提升档案管理信息化水平,较好地发挥服务经济社会发展的作用。年内,共收集归档各类卷宗160卷、资料汇编200多件、图纸图片300多张。大力开展档案知识培训，组织召开全县档案工作会议2次，系统培训全县档案专兼职人员100人次，普及档案专业知识，极大增强了全县档案管理人员的科学化、规范化管理水平，并给县档案馆配备档案柜200个。

【综合协调增效】切实加强与各乡镇各部门的沟通协调，办公综合协调服务职能得到有效发挥。按照县委“八项守则”有关改进会风的相关要求，切实转变办会形式，坚持精简高效办会，全年累计筹备八届四次全委（扩大）等大型会议8次，县委常委会议11次，实现“零”差错。按照“常规事项规范化、一般事项案例化、例外事项决策化、重点事项亲自抓”的分类处置原则，编制《办公室工作规范手册》，制定县委常委会筹办、县委领导政务活动安排等7个工作规范和1个暂行办法，修订完善公文制发等15个工作规范。制定完善《中共墨竹工卡县委办公室工作规章制度》，从学习制度、工作纪律、年度考核、车辆管理、固定资产管理、财务管理、目标任务管理、议事规则和办事制度等方面做出明确要求，从严要求和管理办公室。

【队伍素质过硬】始终把建设一支“政治坚定、业务精通、作风过硬、纪律严明”的干部队伍作为目标，坚持以人为本，要求同志们时刻注重自身形象的提升，努力做到政治上“强”、业务上“精”、作风上“实”，精心办文、悉心办会、细心办事，树立奋发有为、廉洁奉公、团结高效的良好形象。办公室全体干部在政治上、思想上、行动上始终与区市县党委保持高度一致，在大是大非问题面前思想不犹豫、立场不动摇、行动不迟缓。注重思想理论学习和业务知识积累，每周举行不少于2次集中学习活动，集中学习党中央、区、市党委政府、县委、县政府各项指示要求和会议精神，切实提高全体干部的政策理论水平和驾驭工作的能力。积极开展“建设学习型党组织”、民族团结宣传教育、创先争优、强基惠民等活动，全面提升干部综合素质，提高学习实践能力，有力推动各项工作不断迈向新台阶。

（李学龙）

【领导名录】

主　任　　尼玛次旦
副主任　　王　静
　　　　　张原嘉
机要局局长　达　瓦

中共墨竹工卡县委组织部（编办、老干局）

【年度综述】年内，墨竹工卡县组织部坚持以邓小平理论和“三个代表”重要思想和科学发展观为指导，以突出学习贯彻中共十八大、十八届三中全会精神和区、市党委的重大战略部署，牢牢把握以加强党的执政能力建设、先进性和纯洁性建设为主线，以抓好党的群众路线教育实践活动和村“两委”换届选举为重点，以落实基层党建工作责任制为保证，进一步加强和改进党的建设，以干部教育为手段进一步加强领导班子和干部队伍建设，以“讲政治、重公道、业务精、作风好”为要求进一步加强自身建设，全县党的建设、组织建设以及机构编制管理和老干部工作都取得了新的进展。

【开展党的群众路线教育实践活动】1月24日以来，墨竹工卡县教育实践活动在市委和市委第二督导组的正确指导下，在县委高度重视和精心组织下，紧紧围绕为民务实清廉主题，严格按照“照镜子、正衣冠、洗洗澡、治治病”的总体要求，以解决“四风”“两问题”“一薄弱”“三不够”为突破口，广泛发动党员干部开展学习，在活动中突出“自选动作”，全面征求意见和建议，与贫困群众结对认亲，开展批评与自我批评，积极推行整改落实建章立制工作，收到了良好的效果。通过教育实践活动深入开展，一批多年积累的困难问题得到切实解决，在落实自治区“十件实事”的基础上，实施墨竹工卡县民生“十件实事”和重大民生工程。同时,墨竹工卡县各级党组织都压缩会议、精简文件,普遍压缩“三公经费”,全面清理违规使用公车等问题,各类会议同比减少41.8%、会议同比减少33.3%,“三公经费”支出同比下降18.78%,受到了群众好评。

【开展基层党组织建设情况调查摸底、分类定级】召开专题会议,组成县工作组、乡镇工作组对全县148个基层党组织建设情况进行调查摸底,通过基层党组织自查、县工作组查阅资料,发放调查摸底统计表,实地抽查、乡镇工作组入户走访,群众测评等方式,对各个领域基层党组织设置情况,领导班子情况,党支部书记发挥作用情况,党员队伍建设等情况进行调查摸底。评定出先进基层党组织30个,占20.3%;一般基层党组织109个,占73.6%;后进基层党组织9个,占6.1%。

【开展软弱涣散村党支部整顿】根据市委组织部、市委党的群众路线教育实践活动领导小组办公室《关于做好软弱涣散基层党组织集中整顿工作的通知》的要求,县委组织部联合县委党群办深入6个软弱涣散村党支部,开展“拉网式”排查,采取发放测评表、走访座谈、民主测评等方式重点对照党组织带头人、工作制度、工作思路等7个方面的内容广泛征求党员群众意见。针对软弱涣散村党支部软弱涣散原因,因地制宜,实施“一村一策”,制定《墨竹工卡县软弱涣散村党支部书记选派工作方案》《墨竹工卡县唐加乡仲尼村整顿实施方案》《墨竹工卡县唐加乡卓村整顿实施方案》《墨竹工卡县扎雪乡米洛村整顿实施方案》《墨竹工卡县尼玛江热乡芒热村整顿实施方案》《墨竹工卡县门巴乡波朗村整顿实施方案》《墨竹工卡县尼玛江热乡仲达村整顿实施方案》。为进一步巩固提升,构建集中整建长效机制,在深入总结此次软弱涣散村党支部集中整顿工作经验做法的基础上,形成《中共墨竹工卡县委组织部关于软弱涣散村集中整顿工作的报告》,上报市委组织部,推进集中整顿工作扎实开展。

【建成首个中央党校党建工作联系点】2014年7月,墨竹工卡县建成全国少数民族地区首个中央党校党建工作联系点。

【干部队伍建设】扎实开展村“两委”换届选举工作。自2014年8月,墨竹工卡县村“两委”换届工作启动以来,县委把换届工作作为全县中心工作来抓,坚持党对换届工作的绝对领导,充分保障民主权利、严格依法依规依程序开展工作,精心安排部署各项工作、加大保障投入力度,全县7个乡1个镇40个行政村全部完成村“两委”换届选举,产生新一届村“两委”班子,配齐配全了村民小组长、村务监督委员会、妇代会、团支部、调解委员会和民兵等配套组织。新一届村“两委”班子成员272名,平均年龄42.1岁,均是党员。其中,选派干部17名(不含第一书记),村党支部书记40名,副书记47名,支部委员120名;村民委员会主任40名,副主任40名,委员165名;书记、主任“一肩挑”的1人,“两委”班子成员交叉任职的180人;新进班子成员78人,连任194人;妇女干部49名,比上届多7人;初中及以上干部96人,40岁以下干部114名。

【干部培训】认真落实区、市党委安排的各类干部培训,挖掘干部培训教育资源,积极创造条件开展干部培训工作。按照上级要求,选派2名村党支部第一书记到华西村参观学习。选派2名村党支部书记参加全区村(居)书记示范培训班;选派2名村主任参加全区村(居)主任示范培训班;选派3名女村党支部第一书记参加全市女村党支部第一书记领导能力建设培训班;选派2名村党支部书记参加全区新任村(居)党支部书记示范培训班;组织全县40个行政村新一届193名村“两委”班子成员开展系统全面的专题培训;安排全县“每月一课”学习。据统计,2014年,全县参加各类培训的干部达到1300余人次,营造了干部争相学习的浓厚氛围。

2014年,认真组织考察干部4批141人,其中提拔使用71名,进一步使用18人,平职调整52人。2014年,共派遣22名县外调入干部、39名新分配公务员到乡镇工作。认真做好从优秀村党支部书记选拔乡镇公务员工作。2014 年,2 名优秀村党支部书记被选拔为乡镇公务员。

【加强对公务员队伍的管理】按照公务员信息管理登记系统的要求,2014 年, 完成全县 819 名公务员信息登记管理工作,公务员信息管理实现动态管理。

【加大关怀力度】2014 年“三大节日”期间,组织干部上门走访、组织县城、拉萨退休干部党支部成员召开 4 次座谈会对离退休干部职工进行慰问,为 223 名离退休干部职工送去慰问金 67.5 万元。走访慰问 279 名“三老人员”及 80 名困难党员,共送去慰问金 35.6 万元。

【丰富老干部业余生活】积极组织老干部参与社会活动,如安排老干部担任关心下一代辅导员、组织老干部参加拉萨市老干部首届小型趣味活动等,促使老干部身健心怡;积极开展党的组织生活。依托县城、拉萨 2 个退休干部党支部,积极发挥党支部作用,每月开展 1 次组织生活会,学习近期党中央、区市党委、县委新出台的政策、法律法规等,确保老干部“身退心不褪”。

【做好机构编制管理】严格执行区、市有关政策及文件精神,按照总量核定与分类管理的要求,坚持行政编制、政法专项编制和事业编制分类管理,县、乡(镇)编制分级管理,做到分类管理不混用、分级管理不挪用,保证了编制管理工作的严肃性。同时,从全县机关事业单位工资发放情况及人员编制和实有人数审核工作入手,加强与纪检监察部门的协调配合,强化机构编制监督检查,严格审核各部门、单位实有人数,及时掌握各部门、单位人员变动及工资领取情况,杜绝“吃空饷”现象。

【及时落实市编委下达的各类编制】紧扣县委、县政府中心工作和重大工作部署,完成上级下达的编制落实任务,根据《关于增加县级事业编制的通知》(拉机编发〔2014〕9 号)精神,及时为县文广局下属事业单位文化馆、新华书店、民间艺术团各落实 2 名事业编制。

【自身建设】结合党的群众路线教育实践活动,以“四个立足点”切实加强组工干部自身建设,争做为民务实清廉表率。以加强学习为着力点,提高组工干部综合能力。制定《墨竹工卡县委组织部关于党的群众路线教育实践活动学习教育环节工作方案》,通过扎实开展“四学”(议学、讲学、帮学、导学)提升干部的综合素质;以强化服务为切入点,推进工作作风转变。按照县委开展党的群众路线教育实践活动实施方案有关要求,以“三服务”(主动式服务、结对式服务、亮牌式服务)为抓手,强化组织部门服务意识;以开拓创新为着力点,努力争创工作一流。以“三提高”(提高工作效能、提高破解难题能力、提高创新能力)为动力,推动组织工作创新发展。四是以制度约束为支撑点,健全完善长效机制。坚持从严治部、从严律己、从严带队伍、严守纪律的要求,健全完善各项制度,切实加强对组工干部的日常管理和监督。

（施龙武）

【领导名录】

部　长	李惠劭
副部长、主任科员	谢光友
	米玛旺堆
副部长	王吉泽
老干部局局长	李雪玉

中共墨竹工卡县委宣传部

【年度综述】年内,全县宣传思想工作高举中国特色社会主义伟大旗帜,以邓小平理论、“三个代表”重要思想、科学发展观为指导,深入贯彻落实中共十八大,十八届三中、四中全会和总书记习近平系列重要讲话精神,贯彻落实全国、全区、全市宣传思想工作会议精神,坚持围绕中心、服务大局,坚持以团结稳定鼓劲、正面宣传为主，有效维护了意识形态领域安全，为全县发展稳定提供了坚实的思想基础、良好的舆论环境、强大精神动力和先进的文化条件。

【机构编制建设】切实贯彻落实藏党宣发〔2011〕3号文件要求。县委宣传部实有人数19人（其中副县级1名，正科级2名，副科级2名，科员7名（1名借调），事业编3名（2名借调），志愿者1名，驾驶员2名，公益性岗位1名），编制为13（宣传部4个、县互联网信息办公室3个、县文化市场综合执法大队3个、县互联网评论中心3个）；县互联网信息办公室为正科级建制，已配备3人（其中副科级领导职数1名）；县文化市场综合执法大队为县人民政府直属副科级事业单位，归口县委宣传部管理，已配备3人；按照县机构编制委员会《关于设立墨竹工卡县互联网评论中心的通知》（墨机编发〔2014〕5号）要求成立了互联网评论中心，3个编制人员已到位。

【干部队伍能力建设】坚持和完善学习制度，加大对中共十八大，十八届三中、四中全会精神、社会主义核心价值观等最新理论成果学习力度，结合党的群众路线教育实践活动，加强理论学习的系统性，努力在真学、真懂、真信、真用上下功夫。6月，就援藏20年系列宣传报道工作，在协助南京市新闻媒体采访团完成在墨竹工卡县的相关采访拍摄工作的同时，组织人员到南京作了相关采访拍摄工作，促进了学习交流；4月18日，按市网信办要求，选派1名副部长到成都参加新华社新华网主办的为期4天的网络舆情处置及新闻发言人高级研修班；3月，选派干部参加为期22天的第二期全区宣传干部业务骨干培训；7月22日，选派2名干部参加市文明办、市教育局举办的为期3天的全市未成年人心理健康辅导工作骨干培训班；选派干部参加全区第二期文化市场综合执法机构业务骨干培训、文化市场技术监管与服务平台基础数据采集培训、市场技术监管与服务平台上线应用培训；为充分发挥已经建有的新闻宣传平台作用，调动全县新闻通讯员采编新闻的积极性和水平，于11月21日邀请拉萨晚报相关领导，举办2014年全县新闻采编通讯员培训。

【理论武装】理论学习制度化。结合墨竹实际，制定《墨竹工卡县委理论学习中心组2014年度理论学习安排意见》，深入推进学习型党组织建设。县委理论学习中心组围绕总书记习近平系列重要讲话，中共十八届三中、四中全会，党的群众路线教育实践活动等专题进行集中学习12次，充分发挥了示范带头作用。全县党员干部围绕群众路线教育实践活动主题，通过参加集体学习、个人自学、培训轮训、交流研讨等方式，强化政策理论学习，实现了理论学习经常化、制度化、全覆盖；理论宣讲覆盖广。通过新闻媒体、网络媒体、社会面宣传和巡回宣讲等方式，精心组织、深入宣讲总书记习近平系列重要讲话，中共十八大及十八届三中、四中全会精神。组建由100余人组成县、乡（镇）、村、寺庙的宣讲队伍，协调安排市委讲师团成员围绕中共十八届三中全会精神和“八看、一算账、一揭批、四增强”感党恩主题教育为墨竹工卡县宣讲员进行集中培训2次，为宣讲员提供宣讲辅导材料，全年宣讲511场（次），受教63827人（次），确保学习有声势、有规模、有特色、有亮点。理论武装效果佳。为了提高全县党员干部理论学习的效果，印发干部职工理论学习安排意见，积极提供理论学习书目、书籍，向全县各级党组（党支部）发放《党建》75套，《大讲堂》75套，中共十八届三中全会《决定》辅导读本141册，48张《百年潮·中国梦》光碟以及《学习习近平系列重要讲话精神》视频等学习资料。通过认真学习，全县各级党员干部和广大群众对中国特色社会主义的道路自信、理论自信和制度自信不断增强。为全县干部职工保稳定、促发展等中心工作提供了坚强的思想保证。

【壮大主流舆论 积极营造良好社会舆论氛围 做大做强正面宣传】在继续做好“五个墨竹”、创先争优强基惠民活动、民族团结、民生改善、生态建设等重点项目、重大活动宣传报道的基础上，大力加强对中央和区、市、县党委、政府推动经济社会发展的系列决策部署、政策措施和取得成效的宣传，大力加强了墨竹工卡县在保障和改善民生方面的重大举措以及墨竹的新发展、新成就、新变化、新生活的宣传，突出做好中共十八大、十八届三中全会、中国梦、社会主义核心价值观、党的群众路线教育实践活动、新旧西藏对比的宣传报道，唱响主旋律、传播正能量；做好社会面宣传。紧紧围绕全县中心工作，精心策划、积极开展社会面宣传，在县城主要街道、各单位、各电子显示屏悬挂、张贴、刊播并及时更新宣传标语口号。年内，围绕十八届四中全会、中国梦、社会主义核心价值观、党的群众路线教育实践活动、党风廉政建设、社会治安综合治理、创建环保模范县城等内容，及时更换全县范围内广告牌 239 面（其中含大中型广告牌 39 面，小型路灯广告牌 200 面）。年内，根据市委宣传部新旧西藏对比示范展室推荐要求，为切实做好示范展室推荐工作，争取入选并在全区宣传推广，经过调研，推荐墨竹工卡县 7 座寺庙、2 个行政村参与评选工作。墨竹工卡县唐加乡莫冲村、门巴乡直孔梯寺新旧西藏对比展室通过自治区示范展室初选。区党委宣传部副部长王能生于 11 月 23 日到墨竹工卡县唐加乡莫冲村、门巴乡直孔梯寺考察，对于展室建设及利用情况给予了肯定；2014 年年底，墨竹工卡县松赞干布纪念馆确立为拉萨市爱国主义教育基地。

【围绕大局 强攻内宣 唱响墨竹主旋律】在县委、县政府的大力支持下，与区、市多家新闻媒体建立长期合作关系，墨竹工卡县新闻宣传工作取得长足进步。2014 年，在往年已有新闻自办台、《墨竹·新华手机周报》新闻宣传平台的基础上，在《拉萨晚报》推出每周一期的“今日墨竹”专版，试运行“西藏墨竹工卡”网站，开通“微墨竹”微信平台等新媒体。年初，积极参与中国西藏之声网“书记、县长话发展”栏目访谈节目；协助西藏电台制作完成南京市对口支援墨竹工卡县援藏工作纪实《天边之乡、格桑花开》专题片；协助西藏人民广播电台、新华社西藏分社等多家新闻媒体完成对墨竹工卡县党的群众路线教育实践活动、“四业工程”、旅游、文化等的拍摄采访工作。在全县各级各部门的大力配合下，对内新闻宣传工作取得显著成效。全年在《拉萨晚报》的《今日墨竹》专版推出 11 期版面；全年编发《墨竹·新华手机周报》43 期；县新闻自办台播出 104 期“墨竹新闻”，52 期一周要闻。全年全县新闻被区、市媒体采用 439 条，其中向《西藏日报》投稿并采用 159 条，《拉萨晚报》投稿并采用 172 条，拉萨市电视台投稿并采用 108 条。

【主动出击 狠抓外宣 塑造墨竹好形象】年内，做好“美丽家园·幸福拉萨”——首届中国网络媒体拉萨行墨竹采访及中央采访团在墨竹工卡县采访期间的相关工作；协助央视《江河万里行》栏目组完成了墨竹工卡县相关拍摄工作；协助央视《记住乡愁》栏目组完成对墨竹工卡县赤康村和拉东村的调研工作；协助央视《中国通史》摄制组完成甲玛景区的拍摄工作；协助南京市新闻媒体采访团完成墨竹工卡县援藏工作的拍摄采访工作，于 6 月在南京各大媒体开设“南京援藏 20 年巡礼”专栏，对援藏工作进行系列报道；与南京日报合作在《南京日报》A2 要闻版开设了每月一期的“情系墨竹”专栏，全年推出 13 期专栏；为进一步对外宣传全县经济、政治、文化和社会发展，介绍墨竹工卡县资源特产、民俗文化，吸引人流、物流，提高县城知名度和美誉度，投入 29 万余元制作完成南京援藏 20 年《墨竹梦·南京情》画册 500 本，特制卡式 U 盘 80 个；邀请南京市水晶石公司制作完成南京援藏 20 年“筑梦之路”专题片 500 张；南京援藏 20 年《追梦“天边之乡”》书籍初稿已完成。为全面总结 20 年来南京对口墨竹援助的工作经验，进一步挖掘援藏工作典型、展示援藏工作成就，于 6 月组织工作人员及部分西藏媒体到南京进行专题采访；为制作 2014 年宣传墨竹音乐专辑，先后两次邀请西藏著名艺术家到墨竹工卡县开展采风；投入 6 万元，制作完成墨竹旅游文化外宣品；制作完成墨竹工卡县 2014 年新闻集锦；投入 2 万余元，再版《南京墨竹一家亲》音乐专辑 2000 张；2014 年年初，组织门巴乡普堆巴宣舞参加拉萨市电视台、四川康巴卫视藏历新年晚会节目录制，极大地促进了墨竹工卡县民间舞蹈的传扬和发展。

【精神文明建设】广泛开展主题教育活动。把社会主义核心价值观贯穿思想道德建设全过程，推动社会主义核心价值观进机关、进校园、进军营、进企业、进社区、进农牧区、进寺庙，不断深化爱国主义、民族团结教育。扎实开展中国梦、“3·28”百万农奴解放纪念日、新旧西藏对比、民族团结社会面宣传，深化“八看”“一算账”“一揭批”“四增强”感党恩主题教育活动，切实增强各族群众的感恩意识、国家意识、民族团结意识和法制意识，进一步打牢了各族人民共同团结奋斗、共同繁荣发展的思想基础；配合拉萨市开展全国文明城市创建成果工作扎实有效。根据市文明办要求，结合墨竹实际，制定并印发《墨竹工卡县2014年精神文明建设工作要点》和《墨竹工卡县巩固文明创建成果工作实施方案》，细化任务分解表。对重点工作部署到位，责任落实到位，使布局谋划、宣传教育、督促落实、自测提升等工作实现了规范化、科学化、系统化、常态化。县文明办推荐的扎西岗乡荣获全国文明村镇称号。2014年11月，邀请县政协组织县城内市县两级政协委员分别对墨竹工卡县中小学校、各乡(镇)、县(中)直各单位就培育和践行社会主义核心价值观情况和全县精神文明建设工作作了调研；未成年人思想道德建设工作成效显著。紧紧围绕立德树人这一根本任务，积极参与西藏自治区第二届和拉萨市第一届“格桑梅朵杯·美德少年”申报活动，墨竹工卡县推选13名中小学生，其中4名学生被市文明办确定为候选人。在全县未成年人中广泛组织开展日行一善、优秀童谣传唱、网上签名寄语、童心向党、中华经典诵读、关爱留守儿童、残疾儿童等主题活动。同时，墨竹工卡县还积极抓好心理辅导和乡村学校少年宫建设。墨竹工卡县在建心理健康辅导站9个、乡村学校少年宫2个；群众性精神文明建设蓬勃发展。在深入调研的基础上，墨竹工卡县经多次修改完善制订墨竹工卡县“美丽墨竹”创建评选活动方案，紧紧围绕“爱国守法、遵纪守规、科技致富、诚实守信、家庭和睦、邻里团结、卫生清洁、移风易俗”等标准，积极开展新农村精神文明建设和文明乡村、文明户、文明家庭创建评选工作，准备投入25万元开展此项活动。年内，组建墨竹工卡县志愿服务队伍组织开展“3·5”学雷锋志愿服务，文明交通劝导，关爱空巢老人、留守儿童、残疾人等群体服务活动70余场(次)。墨竹工卡县道德讲堂总堂开展道德讲堂活动12场，并督促指导墨竹工卡县11家市级文明单位积极开展道德讲堂活动。成功组织开展道德模范、身边好人巡讲(演)活动；动员全县开展“我们的节日”主题活动6次；积极开展“文明餐桌”行动，制作图说我们的价值观文明就餐提示牌10000个；组织开展“五下乡”惠民利民活动，文化下乡达45余场，科技下乡3场，卫生下乡4场，法律下乡31场，爱国爱教下乡17场，广大群众普遍受益。

【互联网信息工作】互联网机构和阵地建设全面加强。成立以县委书记严应骏为组长，县委副书记、县长林生为副组长，各有关部门为成员的县委网络安全和信息化领导小组，并明确工作职责。年内，邀请区网信办总编室副主任、主任记者杨正林围绕网评现状及应对策略对已组建的100名善用网言网语、熟悉网络评论的网评员进行集中培训；墨竹工卡县在已建有墨竹工卡政府门户网站、团县委微博、教体局微博的基础上，年内，西藏墨竹工卡网站和西藏自治区第一个县(区)级党政微信公众号“微墨竹”微信平台成功上线，为做好墨竹工卡县网上正面宣传、舆论引导等工作奠定了坚实基础；网络舆情引导管控措施有效。建立自上而下的舆情信息收集、研判、报送、疏导工作机制。不间断监测舆情信息，及时掌握分析网民舆情苗头性倾向，加大舆情报送次数。针对“新疆莎车县发生严重暴力恐怖袭击案，警方击毙暴徒数十名”“尼木县发生特大交通事故”及墨竹工卡县扎西岗乡斯布沟水污染严重等网络信息进行跟帖评论70条，有效地澄清了事实，驳诉了谣言，为维护社会稳定做出了积极贡献；围绕墨竹工卡县重大新闻事件、民众期盼等热点问题做好监测引导工作，截至年底，共转发200条，报送《互联网舆论监测日报表》170份；网络正面舆论引导切实加强。年内，按照市网信办要求，组织墨竹工卡县网评员对全市开展西藏百万农奴解放55周年各项纪念活动及自治区主席电视讲话进行网上宣传。共转发市、县开展西藏百万农奴解放55周年各项纪念活动63条，自治区主席电视讲话15条，网评队伍作用发挥明显。

【文化市场综合执法工作】截至年底，全县文化市场经营单位37家，其中网吧5家，音像制品经营单位13家，歌舞娱乐演出场所（酒吧）8家，打字复印店2家，电影放映单位1家，手机下载店6家，茶园1家，民族传统艺术品加工店1家；年内，县文化市场综合执法大队以维护文化安全、维护社会稳定为工作重心，全面推进文化市场综合执法规范化建设。整顿网吧经营秩序、打击非法销售卫星地面接收设备、严密封堵查缴政治性非法出版物、强化娱乐场所管理和校园周边文化市场整治、积极参与做好拉萨市城市管理综合执法联动支队的各项检查任务。2014年，共开展文化市场日常执法48次，联合行动30次，检查经营单位557家次，出动执法人员232人次，车辆51台次，责令整改1家，停业整顿1家，收缴非法音像制品93张；删除违禁歌曲3首、涉黄视频2个，查缴非法销售、安装的卫星电视接收设备67套，其中高频头2个；为充分利用墨竹工卡县48名文化市场群众信息员作用，于12月2日邀请西藏自治区文化市场综合执法总队副总队长曲绍东等上级业务部门相关领导，举办全县文化市场群众信息员培训。

【党的群众路线教育实践活动宣传报道工作】宣传部负责党的群众路线教育实践活动宣传报道工作。自第二批教育实践活动开展以来，新闻宣传工作坚持“唱响主旋律、打好主动仗”的工作方针，进一步加强与上级新闻媒体的沟通协调，邀请区市新闻媒体对墨竹工卡县党的群众路线教育实践活动中涌现出的全国最美乡村教师宋玉刚、全国最美大学生村官央金次仁、驻仁青林村工作队员武继斌、甲玛公安检查站站长杨涛等先进人物进行了跟踪报道，为全县干部群众深入践行群众路线树立了学习榜样。邀请《西藏日报》对墨竹工卡县教育实践活动进行专题采访报道活动，并于5月13日在《西藏日报》头版刊登以《“天边之乡”拂新风》为标题的墨竹工卡县在党的群众路线教育实践活动中服务基层、服务群众、服务发展，奏响为民务实清廉最强音的专题报道；邀请拉萨市电视台制作完成墨竹工卡县党的群众路线教育实践活动专题片《一次触及灵魂的作风建设洗礼——墨竹工卡县开展党的群众路线教育实践活动综述》。全县党的群众路线教育实践活动相关新闻被区、市媒体采用161条，其中向《西藏日报》投稿并采用86条，《拉萨晚报》投稿并采用75条；县新闻自办台播放相关新闻150条，《墨竹·新华手机周报》报道相关新闻94条，制作宣传专栏11期。

【党的群众路线教育实践活动】通过学习教育，使践行党的根本宗旨成为党员干部的普遍自觉，提高了党员干部的理论水平，夯实了群众路线的思想基础。活动以来，县委宣传部共组织集中学习29次，个人自学12次，观看各类教育视频17部，开展“学习焦裕禄、争做好公仆”系列专题学习讨论8次，撰写各类心得体会36篇、交流发言材料12篇、调研报告2篇；广泛征求意见，深入查摆问题。采取深入基层调研走访、召开征求意见座谈会、发放征求意见函、设置征求意见箱、交叉征求意见等方式畅通民意表达渠道，广泛听取意见建议。经过梳理，共收集到23条意见建议。其中，涉及班子的有14条，班子成员的有9条；涉及“四风”方面的有15条，“一薄弱”方面的有1条，“三不够”方面的有3条，其他方面的有4条。针对收集到的23条意见建议，结合市委宣传部“作风建设年”活动，进行认真梳理，班子成员根据各自分管工作主动认领问题，主动查找原因，主动整改落实；适时召开组织生活会。按照“四必谈”的要求，积极开展谈心谈话。班子成员累计谈心谈话30人次，查摆出23条意见建议；对照检查材料按照中央提出的具体标准进行撰写修改，做到了见人见物见思想，画像准、像自己。班子对照检查材料严格按照规定程序和流程征求了方方面面的意见建议，并召开部党支部会议研讨4次，前后修改5次，集中讨论修改4次。班子成员普遍修改都在8稿以上，县委第三督导组对班子和个人对照检查材料严格审核把关，先后审阅了7次，每次都以书面形式提出指导和修改意见，为深入查摆问题提供深刻指导，有效确保了专题组织生活会的顺利召开；整改落实，建章立制。经过拓宽征求意见渠道，共有27项专项治理整治任务，需要立即整改的已全部整改完毕，需要长期巩固整改成果的将继续巩固。建立健全了相关工作制度。针对干部反映的宣传教育藏文资料偏少，导致农牧民缺乏对党的惠民政策的了解的问题，与多个相关部门沟通联系，编辑并印发600本《实用惠民政策选编》，通过这一举措让农牧民群众对党的各项惠民政策有了更多的了解，得到群众的普遍好评。针对干部反映的建议加强藏汉"双语"学习教育，增强干部同群众的交流能力，于3月27日起开办墨竹工卡县"双语"学习培训班，本着学习工作两不误、两促进的原则，组织集中学习《墨竹工卡县基层干部学习日常藏语——会话汇编》教材，参加培训干部职工120人。7月初，对学员进行结业测试并对10名优秀学员进行了表彰；充分运用"党员干部进村入户、结对认亲交朋友""三进四同三一""走基层、转作风、改文风""五下乡"等活动载体，精心组织党员干部走基层、访民情、听民声。宣传部门党员干部联系群众的方式有所改进，联系群众的范围逐步扩大，与群众的情谊日渐加深。活动以来，县委宣传部领导班子成员带头下基层调研，为结对群众办实事好事10件，投入资金达28万余元。

（四朗达措）

【领导名录】

部　长　邹玉明

副部长　邓后勤

　　　　格　桑

　　　　李红霞

　　　　达瓦次仁

中共墨竹工卡县委统战部（民族宗教事务局）

【年度综述】年内，墨竹工卡县涉宗领域部门深入贯彻落实中共十八大、十八届三中、四中全会，认真贯彻落实总书记习近平"治国必治边、治边先稳藏"的重要战略思想和主席俞正声"依法治藏、长期建藏"的重要指示精神，全面贯彻落实区、市、县委、县政府关于维稳工作的总体部署和工作要求。在县委、县政府的高度重视和大力支持以及县直相关部门的积极配合下，统战部、民宗局认真履行工作职能，完善工作机制，进一步深化巩固寺庙"六建""六个一"各项工作，确保寺庙"9+5+2"工程项目全部竣工并投入使用。通过一系列有效措施，不仅促进墨竹工卡县寺庙公共服务水平的进一步提升，僧尼生活条件的进一步改善，特别是使僧众知党恩、感党恩的意识进一步得到了增强。

【强化领导】通过县宗教工作领导小组研究，县委常委会研究会批准，成立由县委书记担任组长，县长、县人大常委会主任、县委副书记担任副组长，县级干部和县直各部门负责人，各乡镇书记为成员的联系寺庙工作领导小组，明确要求把寺庙工作纳入到各级党委、政府和县直各部门年度目标考核中，努力形成层层抓落实、一级抓一级的领导机制。及时调整充实宗教领域维稳领导小组，该小组以县委副书记、县人大常委会主任、县宗教工作领导小组组长洛桑为组长，以统战部部长普斌和政府副县长益西为常务副组长，以统战部副部长、民宗局局长米玛多吉为副组长，各乡镇专职副书记、各寺管委会主任、专职管理特派员为成员。

【县非公有制企业】全县共有非公有制企业25家，其中有限责任公司17家，注册资金12.22亿余元，私营企业5家，注册资金9229.17万余元，个体户 1 家,注册资金 30 万元,股份有限公司 1 家,注册资金 3000 万余元,集体企业 1 家,注册资金 50 万元。非公企业从业人员 1356 人。

【加强和创新寺庙管理】年内,县委、县政府继续加大资金投入力度,进一步改善提高寺庙基础设施条件。截至年底,2014 年在寺庙基础设施建设上本级财政投入资金达到 1000 万余元。其中:寺庙僧舍维修投入资金 200 万元、夏拉康维修资金 216 万元、羊日岗寺文物修缮资金 100 万元、嘎则寺文物修缮资金 100 万元、购买直孔替寺藏药加工设备资金 50 万元、直孔替寺停车场及公厕修建资金 160.8 万元、艾玛日寺停车场修建资金 90 万元、艾玛日寺和芒热寺的挡墙修建资金 114 万元。截至年底,部分已竣工并投入使用。

【实践党的群众路线】墨竹工卡县宗教领域在做好加强和创新寺庙管理工作的同时,积极参与全县学习党的群众路线教育实践活动的热潮当中,认真学习总书记习近平在中央党群众路线教育实践活动的系列重要讲话精神以及区、市、县党的群众路线教育实践活的动各项会议精神,从中查找自身存在一些不足。为更好的服务群众,提高群众工作水平,进一步做好本职工作,按照党的群众路线教育实践活动的指导思想、目标任务要求,针对自己实际情况,结合工作实际,认真反思,努力整改,扎实开展各项工作。同时,结合统战民族宗教工作实际,经常性地深入实际、深入基层、深入寺庙、深入僧尼进行调研慰问,与群众、僧众广交朋友,为群众僧、众办实事、解难题。

【解决驻寺干部待遇】为顺利开展加强和创新寺庙管理工作,县委、县政府高度重视驻寺干部的队伍建设,经县委统战部大力推荐,县委、县政府、县委组织部对驻寺以来工作表现突出,各方面成绩优异的 22 名干部待遇进行调整,履行了政府对驻寺干部的承诺。收到全县广大干部的一致好评,促进了驻寺干部的工作积极性。

【利寺惠僧】完成僧尼僧舍维修工程。墨竹工卡县用两年时间维修 643 间僧舍,计划自治区投入 315 万,县级财政投入 200 万元,按照计划 2014 年完成 200 间僧舍的维修,投入 200 万元资金。落实寺庙僧尼"两保一低"等社会保障工作。年内,全县参加城镇居民最低生活保障僧尼人数为 613 人,参加基本养老(医疗)保险僧尼人数 613 人,两保参保率达到 100%,并且贫困僧尼全部纳入低保对象,实现寺庙僧尼"两保一低"全覆盖。通过一系列惠寺利僧政策的落实,真正做到让广大僧尼老有所依、老有所养以及全县开展寺庙僧尼健康体检,参与体检人数为 613 人,参与率达到 100%。另外墨竹工卡县曲古等 6 名僧尼送到区内各大医院及内地治疗,对区内住院治疗的僧尼统战民宗领导和各寺庙管委会负责人前往医院看望,并送去党和政府的温暖,深受广大僧尼的一致好评。

【评选活动】2014 年上半年的"和谐模范寺庙暨爱国守法先进僧尼"评选工作,通过公正、公平、公开考评,共评选出县级"和谐模范寺庙"11 个,先进寺管会 4 个,优秀驻寺干部 24 人,"爱国守法先进僧尼"402 名,共兑现奖金 43.4 万元。下半年的"和谐模范寺庙暨爱国守法先进僧尼"评选工作,对 4 座先进寺庙管委会、11 座和谐模范寺庙、24 名优秀驻寺干部干警以及 476 名爱国守法先进僧尼进行了表彰,共发放奖金 50.8 万元。为广大驻寺干部及广大僧尼中起到争当先进的催化作用,更是鼓舞驻寺干部、僧尼不断努力创建和谐社会的强大动力。

【宣讲活动】年内,围绕县委、县政府中心工作,以民族团结进步创建活动为抓手,以创建民族团结进步示范县为目标,以大力推进"美丽墨竹、富裕墨竹、和谐墨竹、幸福墨竹、文明墨竹"的战略思想,通过开展主题鲜明、形式多样、内容丰富、喜闻乐见的,以"共同团结奋斗、共同繁荣发展"为主题的民族团结进步创建活动,使全县各族人民充分认识到推进民族团结进步事业的极端重要性,切实把思想和行动统一到中央关于推进民族团结进步事业的重大决策部署上，统一到区、市、县党委、政府关于加强民族团结进步事业的工作要求上，不断推进墨竹经济社会跨越式发展和长治久安。7月21日，组织召开民族团结进步表彰大会，对10家荣获“民族团结进步模范集体”单位、13名荣获“民族团结进步模范个人”和2名荣获“民族团结进步模范家庭”颁奖，共发放奖金11万元。

【佛事活动】根据区、市民民族宗教事务局要求，墨竹工卡县各寺庙管委会及专职管理特派员顺利举行各大佛事活动，并按照相关规定，举行大型宗教活动。全年顺利完成直孔梯寺《玛尼翁》和《替索多》、艾玛日寺“密咒法会”、嘎则寺长寿经灌顶活动以及巴则珠曲等12次佛事活动。

【爱国爱教活动】墨竹工卡县统战民宗组织各寺庙管委会、专职管理特派员，通过宣讲、对比等方式，开展新旧社会对比，制作图片宣传栏，让僧尼自己看、自己想、自己感受的方式，采取“讲身边人、说身识、法制意识、公民意识。

【党风廉政建设活动】按照区、市党委出台的党风廉政建设相关准则，以及反腐败工作相关要求，2014年5月6日——2014年7月10日期间，县委统战部、县民宗局在本部门和各寺庙管委会中，开展廉政警示教育，同时组织宗教领域干部观看腐败案例视频。在广大干部中起到了震慑和教育作用。

（巴桑卓玛）

【领导名录】

部　长　　普　斌

副部长、民宗局局长

米玛多吉

中共墨竹工卡县委政法委员会

【年度综述】深入贯彻落实中共十八大和十八届三中、四中全会精神，坚持系统治理、依法治理、综合治理、源头治理的总体思路，大力实施“产业强县、环境立县、文化兴县、民生安县、法治稳县”五大战略，以安全生产零事故、生态环境零污染、信访案件零搁置、社会防控零事件、政府财政零负债“五个零”为目标，以创新社会治理为抓手，着力加强综治基层基础建设，着力加强矛盾纠纷排查调处，着力强化层级平安创建，着力推进网格化和“双联户”服务管理，切实推动社会治理水平再提高。2014年，在县委、县政府的正确领导下，先后获得区级“县域平安边界”、拉萨市先进双联户创建评选工作“先进县（区）”称号，在拉萨市综治考核中取得第二名的好成绩。

【维护稳定】贯彻落实总书记习近平“治国必治边、治边先稳藏”的重要战略思想，贯彻落实主席俞正声“依法治藏、长期建藏、争取人心、夯实基础”的指示精神，县委、县政府始终坚持“关口前移、源头治理、网格管理、群防群治”，着力突出全年各阶段安全防范工作，着力加强维护社会稳定工作，多次召开维稳专题工作会议，安排部署各项维稳安防措施，确保了重大节日、敏感时期的绝对安全和社会局势持续稳定、长期稳定。

【平安创建】在县委、县政府的正确领导下，把平安创建工作摆上党委、政府的重要议事日程，纳入年度工作计划和社会发展的总体规划，利用3月综治宣传月、6月综治宣传周和9月综治宣传日，通过设立宣传栏、宣传咨询点、悬挂横幅、散发资料等形式，大力宣传党的惠民利民政策、各项法律法规和“双联户”服务管理工作。2014年，发放相关宣传资料8000余册，展示图片1200余张，直接受教育群众6000多人，切实提高农牧民群众遵纪守法观念和参与社会管理的积极性。

【网格和“双联户”服务管理】墨竹工卡县网格40个、联户单位757个、联户代表757名，机关平安联创单位8个，僧尼联帮联扶55个。2014年，通过网格及“双联户”服务管理工作，开展治安巡逻6400

余次，矛盾纠纷排查130余次，社情民意收集670余条，环境整治470余次，困难群众帮扶1600余人次、投入资金53万余元，安全隐患排查830余次，文化联宣440次，切实取得新的更大的成效。同时，按照《创建评选实施办法》，完成村、乡（镇）、县三级创建评选活动，产生村级“先进双联户”134个、1642户，乡（镇）级“先进双联户”33个、408户，县级“先进双联户”11个、140户，乡（镇）级创建评选活动先进集体14个，县级创建评选活动先进集体8个，发放奖励资金630200元。

【送法下乡进企业活动】墨竹工卡县深化“法治稳县”战略，夯实平安墨竹基础，引导广大群众爱国爱党、遵规守法、团结和睦、共同富裕、文明向上，通过抓队伍、促形象，抓实效、促质量，抓教育实践活动、促民生，抓联户、促平安，抓法制、促守法，运用真实典型事例，通过通俗易懂的言语，采取有奖问答等多种方式，在七乡一镇和矿企开展送法下乡进企业活动。宣讲活动覆盖联户代表、农牧民群众和矿企职工2000余人，发放宣传资料3700余册，切实提升广大群众和矿企职工遵规守法、依法办事能力。

【政法队伍建设】县委政法委认真贯彻党中央、区、市党委的决策部署，深入推进平安墨竹、法治墨竹、过硬队伍建设，始终加强和改进对政法工作的领导，选好配强政法机关领导班子，不断提高政法队伍思想政治素质和履职能力，始终坚持从严治警，严守党的政治纪律和组织纪律，坚决反对公器私用、司法腐败，着力维护社会大局稳定、促进社会公平正义、保障人民安居乐业，为全面建成小康社会创造安全稳定的社会环境、公平正义的法治环境、优质高效的服务环境。

（李天龙）

【领导名录】

书　记　　梁光文

副书记　　次仁群培

副书记、综治办主任

加永曲培

综治办专职副主任（主任科员）

张银华

副主任科员

格桑央金

墨竹工卡县总工会

【年度综述】年内，墨竹工卡县总工会紧密结合党的群众路线活动，以强化基层工会组织为前提，深入开展基层工会组织建设、困难职工维权帮扶、职工技能素质提升、劳动关系和和谐企业创建，明确工作着力点，团结带领广大职工积极投身全县经济社会发展稳定大局，为加快墨竹工卡县经济建设做出了应有的贡献，总体工作继续保持稳定上升的态势。

【基本情况】全县驻县企业613余家（含国有企业4家），具有一定规模的200家。已建工会组织212家（其中具有一定规模、已建企业工会的151家，乡镇工会8家，村级工会小组4家，寺管会工会4家，县直机关工会45家），共发展会员7897人（女3677人、男4220人），其中干部会员1764人，企业会员2022人，农民工会员4111人。已建“职工书屋”7个（企业2个、乡镇3个、村委会1家、寺庙1家）。

【加强业务知识学习】工会按照上级工会组织及县委、县政府的工作部署，充分发挥“大学校”作用，全面提升职工队伍整体素质。认真学习中共十八大和十八届三中全会、全总十六大精神、全国“两会”精神。将《中华人民共和国工会法》列入工会干部职工和务工人员教育培训内容，并积极参与区、市总会组织的各种业务培训，强化了工会干部队伍能力建设。

【培训活动】在元月期间，组织6名困难职工参加驾驶培训；4月，组织工会干部和企业工会负责人参加通讯员业务培训；6月，县工会干部和企业工作人员参加劳动监督检查培训工作;8月,工会干部参加全国"送教到基层"干部培训工作及法律保障培训工作;9月,工会主席参加固定资产管理培训工作及财务培训,组织5名女职工参加藏餐烹饪技能培训;参学率达到100%,并以优异的成绩完成各项培训任务。

【践行党的群众路线】实践证明,人民群众是历史的创造者和推动者。为民办实事是事关人民群众切身利益的民心工程、德政工程,涉及面广、任务艰巨。年内,在单位负责人的领导下,上下联动,齐心协力,各项惠民工作顺利进行。截至年底,总工会为1991名干部购买年度福利物品共计资金108.45万元;为67名困难职工子女发放金秋助学金共计21.8万元;为2名困难职工解决大病就救助资金1.9万元;同时,将2014年考上大学符合条件的59名困难职工子女上报区、市总工会,并建立困难职工档案;"两大节日"期间,县总工会走访慰问华泰龙矿业有限公司,送去慰问金1.6万元;走访供电所、水厂、电视台,送去慰问金资金2.8万元;"两大节日"期间,走访慰问困难职工98人,发放慰问金9.8万元;为提高乡镇工会工作的条件,为6个乡镇工会配置了6台打字复印机及6架机柜,折合资金3.6万元;为全县干部职工发放免费体检卡5000张;为了更好地服务困难农民工开展了装挖机技能培训;发放倡议书为一名困难职工解决医疗救助4万多元和1名农民工子女医疗求助金3000元。

【保障职工权益】开展综治、"6·5"世界环境日、"六月综治宣传周"宣传活动,张贴标语,张贴标语、悬挂横幅,发放工会法、劳动合同法、职工代表大会条例等宣传资料700余份,推动社会治安综合治理工作及职工维权工作的顺利开展。同时,对乡镇工会及企业工会进行安全生产检查3次,查处安全隐患10余条,并已落实整改,为做好安全生产和职工安全权益及职工队伍稳定提供了保障。

【深入基层调研】经常深入基层进行调研,深入了解工会工作存在的困难和改进方向,打好工会工作的基础。年内,深入乡镇、村组、企业等进行调研数次,同时利用开展党的群众路线教育实践活动的有利条件,开展了1次工会业务专题调研和1次工会帮扶工作调研报告会,并撰写调研报告2篇。

【改进作风】自觉践行"三严三实"要求,广泛开展"双学双争"活动,进一步巩固党的群众路线教育实践活动成果。以问题为导向,开展集中专项治理,推动建章立制。坚持开门搞活动的原则,接受职工群众监督,上下联动解决服务联系职工群众"最后一公里"问题,使教育实践活动成果真正服务于民。深入推进工会工作创新发展。完善党组中心组学习制度、工会干部集体学习制度。加强工会干部培训工作,针对工会干部需求和基层工会工作实际,提供菜单式、个性化培训。加强工会系统党风廉政建设,确保工会干部队伍风清气正。加理论研究和调研成果的转化,以理论创新推动工会工作创新。以职工群众满意不满意作为检验工作的标准,提高执行力,推动工会工作改革创新。

(索　央)

【领导名录】

主　席　　扎西旺堆

副主席　　尼玛潘多

共青团墨竹工卡县委员会

【年度综述】年内,墨竹工卡县共青团紧密结合青年工作实际,以强化基础为前提,以主题教育活动为载体,以推动团的各项工作实现新发展为目标,切实履行共青团四项基本职能,引导团员青年发挥优势,展现风采,争创业绩,建功成才,着力提升青年工作在经济社会发展中的突出作用各项工作有序推进,取得较好成绩。

【基本情况】墨竹工卡县14——28岁青年人数为11590人,其中团员总数为2933人,占青年总数

25.31%。全县团组织总数74个，其中基层团委10个(8个乡镇团委、1个中学团委、1个华泰龙企业团委)、团支部64个(村团支部40个、非公企业团支部2个、机关事业单位团支部9个、农村专业合作社团支部12个、新社会组织团支部1个——松赞民间艺术团支部)。

【引导、发挥青年作用】充分动员青年、依靠青年、组织青年志愿者开展“美丽家园 喜迎新春”卫生清扫、“学雷锋”活动及“助残慰老”“重阳慰问”“综治宣传”“环保宣传”“交通文明劝导”“感恩墨竹·情动中秋”等10余次志愿服务活动，为广大有爱心、有热情的青年提供一个服务社会、温暖他人的平台，团县委在全县各乡镇、广大机关青年、文明号单位中成立18个志愿服务队，招募青年志愿者238名，在各类志愿服务活动中充分发扬了“奉献、友爱、互助、进步”的青年志愿者服务精神。

【关注、关爱青少年成长】加强青少年维权力量。截至年底，墨竹工卡县有“青少年维权岗”8个，分别是县检察院、县法院、县司法局、甲玛派出所、栖霞便民警务站、卡东便民警务站、门巴乡派出所、尼玛江热乡派出所，青少年维权力量得到增强；增强青少年法律意识。年内，联合司法局、法院等单位举办了2次“青春与法同行”青少年自护教育，使青少年法制意识、法律素质有明显增强；加强困难青少年的帮扶救助。截至年底，“格桑花开爱心基金”累计救助患病青少年13名，救助医疗资金达142.3万元。并且从墨竹工卡县大病统筹资金中，为唐加乡卓村患先天性心脏病的贫困群众，争取到3.6万余元的医疗救助金。同时，积极联系县卫生局，协调从墨竹工卡县大病救助资金中，为尼玛江热乡仲达村身患白癜风疾病的14岁初一学生贡觉次仁落实2万元救助款。积极协调相关部门，帮助墨竹工卡县家庭经济困难的农牧民子女申请助学金，为他们解难事，截至年底，共为17名贫困大学生申请到的助学金达85000元，圆他们的“大学梦”。

【开展理论学习】团干部带头深入学。团县委把加强团干部政策理论水平作为做好共青团工作的重要前提，以个人自学、集中学习等方式，认真动员和组织各级团干部学习中共十八大、十八届三中全会等精神，以及团区委、团市委的各项工作部署，确保团干部先学、学深、学透，为统一思想、正确深入领会团组织工作精神打好基础。年内，共组织召开团干部集中学习会6次，安排7名团干和少先队辅导员参加团市委举办的为期5天的青年马克思主义培养工程第十期培训班；团员广泛学。以专题学习会、报告会、团员骨干座谈会、团课等形式，组织基层广大团员青年深入学习总书记习近平系列讲话精神、观看《百年潮 中国梦》电视政论片等，丰富和充实团员的学习内容，切实加强了团员青年的思想理论教育。

【开展形式多样的活动】以“3·28”“五四”青年节、“清明节”“六一” 国际儿童节、“八一” 建军节、“十一”国庆节等纪念活动日为契机开展了“三下乡”巡回文艺演出、“迎五四 舞动墨中”文艺表演、党的群众路线教育实践活动知识竞赛、“学习焦裕禄 争当好公仆” 演讲比赛、“颂赞爱的旋律 爱国爱家感党恩”诗歌歌咏朗诵比赛、“我们的节日·清明 网上祭英烈”“红领巾相约中国梦” 庆 “六一”“同掀运动潮·共圆中国梦”“颂祖国·共筑中国梦” 等多姿多彩的活动，活动覆盖全县8000余名青少年，丰富广大青少年的精神文化生活。在庆祝“五四”青年节、“六一”国际儿童节时，举办入团仪式、重温入团誓词，举办少先队员入队仪式、齐唱少先队队歌，表彰优秀团员、优秀少先队员，做到了同庆青少年的节日，不断激发广大青少年对党和社会主义祖国的朴素感情。

【社会创新管理】开展“护蕾行动”，为未成年人成长保驾护航。每逢新学期开始之际，团县委协调有关部门，组织志愿者，开展校园周边社会环境“护蕾行动”，重点检查县中学、南京实验小学、幼儿园周边的食品安全情况、网络场所健康情况；召开预防青少年违法犯罪工作联席会议。团县委每年定期组织墨竹工卡县预防青少年违法犯罪工作领导小组各成员单位，召开预防青少年违法犯罪工作联席会议，对墨竹工卡县预防青少年违法犯罪工作进行安排部署。组织中学生参观青少年警示教育基地。为预防青少年违法犯罪，加强对学生的法制教育，充分发挥警示教育对青少年学生的教育引导作用，团县委在县看守所挂牌成立青少年警示教育基地，并定期不定期地组织中小学生到青少年警示教育基地接受警示教育，加强法治教育。

【创新载体突出特色亮点】依托援藏平台，拓展青少年眼界。近年来，南京援藏干部非常重视南京与墨竹青少年之间的交流，不断拓展和创新两地青少年交流的内容和形式。2014 年 8 月，墨竹工卡县青少年代表团一行 14 人到南京观摩青奥会，领略六朝古都南京的魅力之旅。8 月 14 日，团县委组织扎西岗南京希望小学 8 名学生在该校 2 名老师和团县委 1 名干部的陪同下到南京开展结对子交流活动；8 月 15 日，墨竹工卡县青少年代表团一行 24 人，到京参加为期一周的主题为“民族团结促和谐·心心相印共圆梦”的学习交流活动。

深化“大手拉小手”结对子活动。团县委从社会各界爱心人士中通过协调，为墨竹工卡县 44 贫困中小学生争取到 24000 元资助金，为他们营造了一个健康、平等、和谐的学习生活环境。

【坚持党建带团建】墨竹工卡县委历来十分重视党建带团建工作，要求团建工作围绕全县中心工作开展。日常工作中，县委和县委组织部的主要领导经常过问、了解团建工作的情况，定期听取共青团工作的汇报，对共青团工作要点和团的重大活动进行专题研究，积极出谋划策，解决党建带团建工作中的实际困难。墨竹工卡县已经形成目标共定、内容衔接、机制配套、相互促进的基层党建带团建目标管理机制。

【改进工作作风】开展“作风兴团、实干兴团”主题教育活动，把团的各项工作融入党的中心工作中去思考、去定位、去谋划。牢固树立“服务青年”的理念，努力提高服务本领，增强服务能力，把服务青年作为一切工作的出发点和落脚点，严格遵循党中央“八项规定”和区党委“约法十章”，简化共青团工作程序、转变共青团工作作风，讲党性，作表率，全身心投入工作，努力做到“让党放心、让青年满意”。

（岳维莉）

【领导名录】

书　记　韩 青

副书记　曹 伟

墨竹工卡县妇女联合会

【年度综述】年内，墨竹工卡县妇联以科学发展观为统领，以共建共享和谐社会为重点，深入贯彻落实中共十八届三中全会和全国妇女十一次代表大会精神。围绕中心、服务大局，准确定位，发挥优势，在提高妇女整体素质，促进城乡妇女协调发展，维护妇女儿童合法权益等方面取得了显著成效，为推动“五个墨竹”建设做出了积极的贡献。

【以创业带动就业，促进妇女事业发展】积极实施城乡妇女小额贴息贷款，带动妇女就业创业。为认真贯彻县委“联户平安、联户增收”服务管理模式在维护稳定，促进增收致富等方面的积极作用，充分发挥妇女小额担保贷款工作在帮助农村妇女脱贫致富中的积极作用，县妇联在 7 个乡 1 个镇就妇女小额担保贷款工作进行调研。并在农牧区大力宣传妇女创业就业小额担保贷款财政贴息相关政策，妇女创业发展并进的可喜局面。2014 年，合计贷款 10 笔 46 万元，使小贷惠民政策真正做到贷得出、用得上、效益好。加大教育培训力度，促新型女农民创业就业。县妇联结合农牧民妇女当地实际需求，由过去的项目培训转变为订单培训。在市妇联的支持和县直部门的配合下，举办了内容丰富的农牧民妇女培训班，在培训中，紧紧抓住当地妇女需要什么技术知识，就开展什么样的培训，共举办蔬菜大棚种植技术培训 2 期、藏式羊毛毯编织培训 1 期、西式烹饪培训 1 期，共培训妇女 400 人次，成效显著。注重培养典型，有目标地培育女致富带头人、女能手、示范户，鼓励和引导她们为广大留守妇女传播科学文化知识和实用技术，以示范典型推动行业纵深发展。年内，全县评选表彰 10 名女科技致富带头人和致富女能手，其中 2 名授予拉萨市妇联表彰，申报 1 个“全国巾帼现代农业科技示范基地”，同时，在扎西岗乡扎西岗村农村妇女互助小组自发组织成立“藏式羊毛毯编织合作社”。

【开展形式多样的活动】 开展“迎新春、送温暖”慰问活动，全县各级妇联组织深入村组走访慰问困难妇女家庭 14 户，贫困妇女、残疾妇女、单亲妇女等共 26 名，发放慰问金 12000 元。深入开展党的群众路线教育实践活动，在藏历新年来临之际，为营造良好的节日气氛，妇联、团县委、工会，深入工青妇驻村点尼江乡章达村开展“中国梦 家乡情”为主题的文艺汇演。举办墨竹工卡县迎“七一”系列活动之“同掀运动朝 共圆中国梦”运动会，通过开展运动会，进一步丰富广大干部职工的文化生活，提高了干部职工的身体素质，增强了全县干部职工的凝聚力和战斗力，为建设美丽和谐墨竹起到积极作用。开展“斯布新农村 妇女新形象”主题活动，全面展示新农村妇女的精神面貌和新形象，深得广大妇女群众的热爱，为了确保活动顺利开展，县妇联提供 3000 元的活动资金。

【关注关爱妇女儿童健康成长】 开展“我与中国梦·关爱留守儿童”活动，到尼江乡仲达村、唐加乡拉东村慰问留守儿童，给孩子们送去书包、文具、衣物等慰问品和慰问金，祝福他们能与其他少年儿童一样，同享一片蓝天。协调、整合社会资源，为儿童办好事、办实事，县妇联、县工会、团县委等部门通过开展“春蕾女童”“金秋助学”“圆梦助学”等活动，资助贫困学生 94 人、资助贫困女大学生 61 名。县妇联联合 10 所家长学校相继开展“争做美德少年”“红领巾相约中国梦”庆祝“六一”系列活动，同时，为各家长学校送去了慰问金共计 5000 元。关爱救助弱势妇女群体，县妇联经多次与市妇联沟通联系，从“贫困母亲两癌专项基金”中争取到 20000 元救助金，发放给墨竹工卡县 2 名患癌贫困母亲。联合县计生办、县医院开展“关爱女性健康行动”，邀请妇科专家、县计生工作人员为全县各机关单位妇女同志和农牧民妇女讲授妇女生殖健康知识和计划生育政策。

【扎实推进乡村两级贫困地区儿童营养改善项目实施】 墨竹工卡县作为全国贫困地区儿童营养改善项目县，县妇联联合县卫生局组织全县各乡（镇）主管卫生、妇联乡（镇）长、乡（镇）妇联主席、村代会主任、乡、村级卫生人员开展贫困地区儿童营养改善项目培训班，发放营养包 1852 盒，切实把党和政府的关怀传递给困难家庭儿童，让项目受益达到预期效果。

【深入全县尼姑寺庙开展“送知识、送健康、送温暖”活动】 围绕“爱国、团结、和谐、发展、文明”为主题的核心教育内容，向全县 7 座尼姑寺 148 名尼姑宣讲爱国主义和民族团结为主要内容的政策法规以及宗教管理事务相关条例，并送去价值 1 万余元的药品和过冬用品。

【开展农牧区妇女维权法律知识讲座活动】 为提高农牧民妇女群众的法律意识，切实维护妇女们的切身利益，县妇联开展了农牧区妇女维权法律知识讲座活动，围绕妇女权益保障法、新婚姻法、法律援助程序等方面内容，结合墨竹工卡县的实际案例，就家庭暴力、婚姻财产的处理等向大家作了具体的讲解分析，使广大农村妇女学会用法律的武器保障自身权益。

【加强教育宣传力度】 县、乡（镇）妇联共组织开展男女平等基本国策宣讲团活动16场，发放宣传资料1600余份，直接受益群众近13000人次。

【开展廉政文化进家庭活动】5月初，县妇联组织全县妇女干部签订《家庭廉政责任书》，签订122份，增强妇女干部拒腐防变和反腐倡廉的意识。

【开展志愿服务活动】在藏历新年、重阳节、国际志愿者日期间，妇联组织巾帼志愿者到尼江乡仲达村开展“扶老助幼”“关爱夕阳老人”“清除白色垃圾”巾帼志愿服务活动，为提高公民道德素质和社会文明进步奠定了基础。

【开展寻找“最美家庭”活动】寻找“最美家庭”是开展党的群众路线教育实践活动，密切联系群众的最好方式，县妇联积极响应上级部门通知要求，动员全县广大人民群众参与到此项活动中，积极寻找和发现身边的“最美家庭”，墨竹工卡县共收到推荐材料40余份，材料事迹涉及范围广大，涵盖了党政机关家庭、部队家庭、企事业家庭各农牧民家庭等，经过认真审核，向自治区上报事迹材料共计5份，其中，墨竹工卡县扎西岗乡仁青林村土旦白姆获得自治区“最美家庭”最美家庭称号，县法院索朗德吉家庭获得拉萨市“最美家庭”称号。

【信访接待】年内，各级妇联组织共接待来信来访5人次，对于妇女合法权益受到侵害的信访案件，县妇联高度重视，主动介入，对于能解决的问题，积极协调解决。对于家庭暴力等典型案例，积极与公安、法院等部门协调解决，充分发挥基层维权工作站的作用，切实维护妇女权益。各乡镇妇联、机关、企业妇委会也充分发挥“娘家人”作用，耐心接待本乡镇、本单位的上访，倾听妇女们的心声，想办法帮助她们解决问题。既维护来访者的合法权益，又化解社会矛盾，为维护社会稳定做出了一定贡献。

【加强妇女阵地建设】深化妇女之家示范点创建工作。在全县40个行政村“妇女之家”建设全覆盖的基础上，选定了3个示范点从建设模式、设备配备、运作管理方式、服务活动内容、队伍培育等方面进行探索创新，使“妇女之家”示范点真正成为宣传政策的阵地、传播知识的课堂、传递信息的纽带、联系和服务妇女群众的窗口、展示妇女风采的平台。

【强化基层组织建设】新一届村“两委”班子成员271名，均是党员。其中，妇女干部49名，比上届多7人，平均年龄32岁，村党支部书记3名（聘用干部1人、乡镇公务员1人），村党支部副书记2名（大学生村官1人），村委会副主任3名（公务员1人，大学生村官1人）；初中及以上干部29人，45岁以下39人。新一届两委班子的年龄、学历结构有所优化、整体素质有所提高，妇女干部40以下年轻干部比例有所提升。

（索　曲）

【领导名录】

主　席　德　吉

副主席　尼玛彭多

墨竹工卡县人民代表大会常务委员会办公室

【年度综述】年内，县人大常委会办公室深入学习贯彻中共十八大和十八届三中、四中全会精神，按照“围绕中心、服务大局、提高质量、当好参谋”的工作思路，坚持解放思想、开拓创新，积极发挥办公室参谋助手、综合协调、后勤保障作用，较好地完成各项工作任务，为县人大及其常委会依法履职做出了努力。

【做好综合性文稿起草工作】文字服务水平是检验办公室工作水平高低的一项重要指标，办公室高度重视文字服务工作，认真把好文字服务的草拟、审核关，努力提高文字的思想性、理论性、政策性和可操作性，通过文字服务，发挥人大办公室的参谋助手作用。认真起草好常委会年度工作计划，力求使常委会的工作紧扣全县发展大局和全县中心工作，并按月份排好“工期”，推进办公室有条不紊地实施，为常委会充分行使监督、决定、任免等各项职权提供优质服务；认真起草好常委会工作报告，全面客观准确反映常委会上一年所做的工作及提出今后一年工作思路，为常委会总结工作经验和谋划来年工作提供有益参考；认真做好常委会举行的各项种重要会议、重大活动的文稿起草。在起草过程中，注重早谋划、早安排、早落实，加强学习，深入研究，努力提高文稿起草质量，使文稿更加紧密结合县委重大决策部署，更加符合常委会工作实际。

【做优各项会议服务工作】服务人民代表大会、人大常委会会议和常委会主任会议（简称“三会”）是常委会办公室工作的首要职责。年内，办公室共为1次人民代表大会会议、10次常委会会议、17次常委会主任会议提供服务保障。在工作中，注意明确分工，多方协调，主动与有关单位沟通联系，及时完成各类文件和材料准备，提前做好会场布置，积极改进会务工作，注重抓早、抓实、抓快，对会议的每个环节进行仔细分析、认真安排，按照规定时间逐项抓好落实，认真做好会前筹备、会中服务、会后总结等各项工作，进一步提高办会质量，确保各次会议顺利进行。同时，扎实做好出席拉萨市人民代表大会墨竹工卡代表团的服务工作。

【做好服务人大代表工作】做好闭会期间代表服务工作，精心拟订代表小组活动方案以及确定视察路线和场地布置等各项服务工作，圆满地完成常委会交给的代表小组活动的组织协调和服务工作。坚持给县人大代表赠送常委会公报和赠订《中国人大》杂志，为代表依法履职积极创造条件，有效的拓宽代表知情知政渠道；在常委会分管领导的带领下，通过走访、座谈、实地查看、重点督办、邀请代表深入承办单位督办、电话催办等多种形式，加大对代表建议督办力度，着力提高代表建议的落实率。截至年底，代表所提的94件建议、批评和意见已全部在规定的时限内办理完毕并答复代表，代表们对办理结果比较满意。

【加强办公室内部管理】认真组织办公室工作人员进行业务学习，狠抓公文处理，不断提高办文质量。坚持公文处理的规范化，明确公文制发各个环节的责任，保证公文印制的质量和运转效率，并积极采用电子政务进行收发文件，大大提高了办文效率。对所有来文来电都能及时准确地签收办理，未发生耽搁送阅、影响工作的现象。同时，加强档案管理人员的学习和培训，完善档案管理制度，严格按照制度切实做好档案的收集、分类、整理、编目工作，保证档案的齐全完整，提高案卷质量，力争做到标准化、规范化。

【加强乡镇人大工作】勤下乡镇，指导乡镇选举等工作，达到了共同学习、相互提高的目的。平时通过以会代训、召开乡镇人大工作座谈会等方式，对乡镇人大召开人民代表大会会议、人大主席和副主席职责、开展乡镇人大工作等方面进行经验交流和工作指导，认真审核乡镇人大会议材料，列席乡镇人代会作具体指导，不断促进乡镇人大工作依法依规顺利开展，进一步促进了乡镇人大工作水平整体提高。

【深入基层开展调查研究】2014年，办公室以党的群众路线教育实践活动为契机，认真贯彻落实中央关于改进作风、密切联系群众的八项规定，坚持把深入调查研究作为实现科学发展、转变工作作风和履职尽责的突破口，就群众反响较大的问题深入基层、深入群众、深入实际开展专题调查研究，充分听取和吸收基层意见建议，综合分析汇总形成一批高质量的调研报告，为常委会会议审议专项工作报告提供了重要参考依据。

【加强人大机关建设】全面贯彻落实中共十八届三中和四中全会、总书记习近平系列重要讲话以及区、市、县委的重要会议精神，不断坚定人大机关干部职工思想政治立场，坚决同十四世达赖集团等分裂势力做斗争，维护祖国统一，加强民族团结。把落实党风廉政建设责任制作为贯彻落实党的群众路线和人大党支部班子建设的重要内容,把反腐倡廉摆在突出位置,严格执行廉洁自律各项规定,严控“三公经费”支出,党风廉政建设的各项目标责任得到了有效落实,从源头上预防和防止了腐败现象的发生,切实加强人大机关党风廉政建设。结合党的群众路线教育实践活动,积极参加全县先后开展的“为了谁、依靠谁、我是谁”、弘扬“老西藏精神”“学习焦裕禄、争做好公仆”大讨论,以及“党员干部进村入户、结对认亲交朋友”、深化共产党员民族团结先锋活动、“创先争优、强基惠民”等主题活动,切实加强人大机关党的组织建设,丰富干部职工的组织生活。2014 年,人大机关干部群众积极帮扶结对户,帮助他们解决实际困难,送去生活必需品和慰问金,折合资金 4 万元。

(扎 仓)

【领导名录】

主 任 索朗巴珠

副主任 达 啦

扎 仓

墨竹工卡县政府办公室

【年度综述】2014 年,办公室创新实行主任会议制度、秘书会议制度和后勤会议制度,定期组织办公室人员开展学习活动,学习贯彻中共十八大精神、中央“八项规定”、十八届三中和四中全会精神等新内容、新动向、新要求。认真践行党的群众路线教育实践活动。办公室人员还加强业务知识学习,采取集中学习与自学等多种方式,保证每两周至少一次的学习,全体人员业务能力有所提高,保证了各项业务工作正常有序地开展。

【信息和调研工作】办公室围绕全县各项工作,尤其是关注全县经济社会发展中存在的热点、焦点、难点以及民生问题,加强信息收集工作,加以整理、分析并及时上报。2014 年,政府办在墨竹工卡县人民政府网站上公布政府信息 219 余条,其中办事指南 2 条、政策法规 19 条、文体活动 14 条、对口帮扶 2 条、旅游观光 2 条、政务公开 180 条。在市政府门户网上公开墨竹工卡县信息 316 条。办公室积极采用、编辑、上报乡镇和部门信息。在全市信息考核中排名第二。

办公室紧紧围绕县委、县政府年度重点和难点工作,积极参与全县各类下乡调研活动,并向县政府提出合理化建议,为领导决策提供有效参考。截至年底,已上报《墨竹工卡县农牧民专业合作社调研报告》《墨竹工卡县扶贫工作调研报告》《墨竹工卡县农业发展调研报告》等 8 篇高质量的调研报告,充分发挥了参谋助手作用。

【办文办会】办文方面,政府办建立公文处理失误责任追究制度,专人监管、专簿登记、签字流转,急件及时办理,一般公文不超过 3 天,定期备份、装档,确保公文处理不延误、不泄密。起草文稿上,把握当前工作重点、反映工作状况、体现领导意图;重大材料起草,文秘人员集体讨论提纲和修改初稿;审核文稿时,对内容、文字、格式、时限严格把关,确保文稿质量。2014 年,办公室共办理政府红头报告(请示)65 件、通知 80 件、批复 148 件、函 71 件,办公室红头报告(请示)11 件、通知 24 件,办理上级来文 420 余件;办公室以认真负责的态度对待工作,切实做好领导讲话、工作总结、汇报材料等文字材料的起草工作,不断提高文稿起草质量和效率。

办会方面,办公室带头精文简会,严格控制会议次数和规模,尽量开短会、开套会。会前拟定议程及时送审,并提出针对性建议,会议通知准确无误,会中服务细致周到,会后及时形成会议纪要。政府办对县政府全体会、常务会、县长办公会等一些高规格会议,坚持牵头做好会议前的准备工作,审核会议议题,并经县政府领导审定同意后才提交会议研究,从源头上确保了会议的权威性。截至年底,办公室承办县政府常务会议 10 次,及时整理、编辑、下发会议纪要 10 期;做好视频会议系统管理工作,承办各类视频会议 30 余次。

【人大代表、政协委员建议意见建议办理】自觉接受人大监督，积极支持政协履职，全年共办理人大代表、政协委员建议、提案共124件，办复率、满意率均达到100%。在承办县人大代表意见建议办理工作中，办公室从全县实际情况出发，对县人大分类的意见、建议再次核实，疏理并明确承办单位，以保证办理工作在规定时间内完成，确保代表们反映的问题件件有着落、事事有回音。

【法制工作】2014年，墨竹工卡县政府法制办公室积极配合拉萨市法制办要求，积极开展法制相关工作，及时完成上级交办的工作任务，为加快拉萨市法制建设进程履行好职责。继续保持与珠穆朗玛律师事务所的合作，为墨竹工卡县提供法律专业指导。积极帮助各部门、乡镇审核修订相关规范性文件和草案，履行好为推进墨竹工卡县政府依法行政保好驾、护好航的职能。

【机关服务】办公室以服务为大局，严格管理政府、政府办印章，使用印章有登记。及时传达上级党委政府、相关业务部门和县委、县政府的决策部署，及时将各乡（镇）、各部门、广大农牧民群众反映的情况反馈给领导。会议通知、文件收发、文件传阅、档案管理等工作做到高效、高质。充分使用县文件交换站，促进公文交换工作规范化、制度化、科学化。利用西藏自治区乡镇党政信息网收发各类非涉密文件，提升文件传阅效率，降低公文交换成本。

安排办公室每名正式干部（包括副主任）对口联系1名县级领导及县级领导分管部门，安排科级干部对接市政府办公厅各科室，做到每人都有事干。负责对接南京市规划局完成墨竹工卡县城总体规划（修编）和7个乡集体规划，并通过市、县审批。牵头成立政务服务中心、文件交换站，配合建立乡镇、机关绩效考核办法，完成对全县各单位的季度考核和年终考核。

【信访工作】2014年，办公室信访局多次组织人员，对全县7个乡1个镇矛盾纠纷调处落实情况定期不定期进行全面检查，就存在的可能引发上访、越级上访等群体性事件的矛盾隐患问题进行详细调查了解。经排查共收集信访案件5件，排查出的矛盾隐患12起，现已全部解决。

【编译工作】编译室规范编译工作用字，经常开展编译工作学习交流活动，提高编译室人员的理论素质和业务水平。截至年底，编译室共完成政府工作报告、人大建议办理情况报告、政协答复以及县直有关部门交办的各类文字材料的编译工作，翻译字数达到5.4876万字。对每个翻译编译文件严格审核，精心把关，确保编译工作准确、快速、高效。认真开展藏语文用字检查整改工作，荣获自治区级藏语文用字检查整改工作先进集体。

【对口帮扶】以创先争优强基础惠民生活动和党的群众路线教育实践活动为契机，深入推进政府办党支部建设，干好驻村工作，做好结对帮扶工作，多为民办实事办好事。政府办派出驻1名干部到扎西岗乡驻村，派1名干部到扎西岗乡担任吉古村党支部第一书记。结合所驻村的实际情况，从不同方面给予帮助，急群众所急、想群众所想，扎实做好“五项任务”。每逢节假日期间，政府办组织人员对驻村干部进行慰问，送去慰问品和慰问金折合人民币2万余元，同时了解他们情况，帮助协调和解决他们工作中存在的困难。

【党建工作】政府办高度重视党员的党性锻炼和对入党积极分子的培养，积极组织支部成员开展理论学习，鼓励支部成员在会上发言，努力提高党员队伍政治理论素养，并积极吸收优秀职工加入党员队伍，截至年底，共有14名党员。办公室支部认真开展创先争优活动，积极响应县委和政府的号召，派人参加“强基惠民”驻村工作队，加强组织建设，充分发挥先锋模范作用，工作中带头、生活中垂范，效果较好。

【机关作风和党风廉政工作】按照“班子抓班子，班子带队伍,队伍促发展”的要求,努力提高干部队伍思想素质和业务水平,争创一流业绩。坚持进行不定期的集中理论学习,通过学习,使大家牢固树立“为民、开拓、务实、清廉”的工作作风,提高全办人员的思想、政治、理论素养和办事效率,大力倡导真抓实干、无私奉献的精神,营造“支持人干事业,支持人干成事业”的良好氛围。完善工作岗位责任制,强化工作绩效考核,最大限度地调动干部职工的主观能动性,坚决查处纪律松懈、作风涣散的人和事。同时,认真落实党风廉政建设责任制,形成分工负责、齐抓共管的局面。加强日常监督管理,开展多种形式的反腐倡廉教育,严格执行领导干部廉洁自律的各项规定,提高全体人员廉洁从政、拒腐防变的自觉性,促进勤政廉政,推动各项工作取得新成绩。

【综合治理】年内,全县维稳工作较重,办公室按照县委、县政府的要求,以安全管理为第一重点,认真抓好日常安全管理工作的落实、检查、监督工作。制定值班制度,抽调县直有关部门人员在县政府综合楼、机关大门值班。不定期召开安全防范工作会议,研讨和排查各类安全隐患。成立县政府护院队,敏感时段加大巡逻次数,每晚巡逻 2 次以上。办公室坚持 24 小时值班制度,严格落实门岗责任制,对外来人员认真核实来访情况,做好来访登记。在敏感时段坚持每天带领督查室和办公室干部开展维稳督查工作,确保全县维稳工作顺利开展。

【宣传思想文化】办公室经常组织干部职工进行理论学习,认真传达和学习中共十八大会议精神、中央“八项规定”、十八届三中和四中全会精神、以及党的各项方针、政策,认真践行党的群众路线教育实践活动,提高了干部职工的理论素养,做到全年学习有机会、有措施、有成效。进一步加强反分裂斗争的宣传教育,使反分裂、护稳定、促发展的意识深入人心。

【后勤保障】以热情服务为理念,积极协调干部职工吃水、用电、住房、用餐等问题,为干部职工安心工作提供优质服务;严格控制车辆管理和对驾驶员的管理,为领导出行提供良好的服务;全面提升机关食堂服务质量,精心搭配营养。

(阿旺晋美)

【领导名录】

主　任　　向巴卓玛
副主任　　次仁普尺
　　　　　钟 其 荣

墨竹工卡县信访局

【年度综述】年内,墨竹工卡县信访工作紧紧围绕贯彻落实中共十八届三中、四中全会和总书记习近平系列重要讲话精神,特别是总书记习近平“治国必治边,治边先稳藏”重要战略思想和“努力实现西藏持续稳定、长期稳定、全面稳定”的重要指示,贯彻落实主席俞正声“依法治藏、长期建藏、争取人心、夯实基础”的重要原则,不折不扣地贯彻执行区、市、县党委、政府关于信访工作的一系列指示要求,始终坚持依法行政、为民执政的理念,不断完善体制机制,创新思路举措,全面提升信访工作效能和公信力,全力维护群众合法权益。做到诉求合理的解决到位、诉求无理的思想教育到位、生活困难的帮扶救助到位、行为违法的依法处理,矛盾发现在基层,解决在萌芽状态。

【办理落实】年内,县信访局共办理信访案件 59 件,其中来信来访 26 件,75 人次,已全部得到化解,化解率达到 100%,动用信访疑难经费 27 万元,用于帮助解决信访疑难案件和群众实际困难。排查出的矛盾隐患 33 起,其中拖欠民工工资、机械租赁费、材料费、误工费纠纷 32 起,草场纠纷 1 起,已全部得到解决,化解率达到 100%。实现了“零”进京上访、无个人极端事件、无群体性事件的工作目标,为全市和全县社会和谐稳定做出了积极贡献。

【召开会议】年内,组织各乡镇、县直有关单位、有关企业共召开3次全县处理信访突出问题及群体性事件联席会,认真分析全县信访形势,要求各参会单位认真做好矛盾纠纷排查化解工作,对易出现集体上访、越级上访的领域,制定相关预防措施,确保全县信访稳定。

【主要做法】成立信访工作领导小组,完善信访各项制度。成立矛盾纠纷排查化解领导小组,群众来信来访接待领导小组,提供组织保障。进一步完善《领导接访下访工作制度》《矛盾纠纷排查化解工作制度》《群众来信来访接待制度》等相关制度,从制度上促进信访工作有序开展;加大矛盾纠纷排查化解力度,确保矛盾发现在基层,解决在萌芽状态。严格按照“变上访为下访”的工作方法,借助乡镇、村委会、驻村工作队等基层组织的力量,采取定期排查与不定期排查相结合,切实深入基层排查基层矛盾纠纷,确保了矛盾发现在基层,解决在萌芽状态;充分发挥县级领导接访的作用,在受理信访疑难、复杂案件时,由县级领导进行接访,确保疑难、复杂信访案件及时有效得到化解;加大信访条例、法律知识等方面宣传力度,有效引导群众通过合理、合法途径解决问题;召开全县信访联席会议,总结全县信访工作开展情况,研判分析全县信访形势,研讨源头治理,预防越级、集体上访的措施,制订下一步信访工作计划,确保了全县信访工作正常、有序开展;强化矛盾纠纷排查调处工作,预防越级、集体上访。

(次 仁)

【领导名录】

局　　长　次杰罗布

副主任科员　扎　桑

　　　　　　普拉姆

墨竹工卡县政府编译室

【年度综述】年内,政府编译室始终以邓小平理论、“三个代表”重要思想、科学发展观为指导,认真贯彻中共十八大和十八届二中、三中全会精神,深入落实自治区党委八届四次、五次全委会精神,围绕中心、服务大局,全面加强藏语言文字的学习、使用和发展,全区藏语言文字工作取得新的成绩和发展,为构建和谐语言文字环境做出积极贡献。

【完成翻译工作任务】政府编译室保质保量地完成四大班子下发至基层的重要文件、领导讲话、县“两会”材料、人大代表建议、政协委员提案的翻译任务,以及县直有关部门的材料及文件的翻译工作,2014年翻译字数达到54876字,始终对本职工作坚持高标准、严要求,对每个翻译文件都做到严格审校,严格把关,确保翻译工作保质保量,做到准、快、省。

【开展藏语言文字社会用字规范】按照进一步做好藏语文社会用字检查整改工作实施方案的要求,将《西藏自治区学习、使用和发展藏语文的规定》和《拉萨市社会用字管理办法(试行)》印发给各乡镇和各部门,通过多种渠道积极开展宣传活动,深入学习宣传党和国家的民族语文方针政策和法律法规,贯彻落实主席洛桑江村在全区藏语文工作电视电话会议上的讲话和拉萨市政府副市长计明南加在全区藏语文工作座谈会上的重要讲话,向广大干部群众、个体工商户宣传和引导大家树立规范社会用字的意识,进一步提高广大干部群众规范使用藏语言文字的意识,使规范使用藏语言文字的意识逐步深入人心,努力营造良好、规范的藏语言文字使用环境。

(阿旺晋美)

墨竹工卡县政府法制办公室

【概况】年内,审查修改县政府各部门报送审议的规范性文件草案;监督县政府各部门、各乡镇人民政府规范性文件备案审查工作;办理有关法律草案、法规草案和部门规章草案征求意见函；监督全县行政执法责任制的落实；负责全县重大行政处罚备案、行政执法错案责任的追究；承办县政府管辖的行政复议事项；承办全县行政执法证件、行政处罚听证主持人证件及行政复议应诉人员资格证件的发放与管理；负责行政执法人员公共法律知识培训；为县政府领导和部门提供法律咨询服务；承办县委、县政府及县政府办公室交办的其他事项。

2014年，墨竹工卡县政府法制办公室积极配合拉萨市政府法制办开展项目申报排查申报工作，及时完成上级交办的工作任务，为加快拉萨市法制建设进程履行好职责。继续保持与珠穆朗玛律师事务所的合作，为墨竹工卡县提供法律专业指导。积极帮助各部门、乡镇审核修订相关规范性文件和草案，履行好为推进墨竹工卡县政府依法行政保好驾、护好航的职能。

（阿旺晋美）

中国人民政治协商会议墨竹工卡县委员会办公室

【年度综述】年内，县政协办高举中国特色社会主义伟大旗帜，以邓小平理论、“三个代表”重要思想和科学发展观为指导，认真学习贯彻落实中共十八大和十八届三、四中全会精神以及总书记习近平系列重要讲话精神。在县政协党组的领导下，认真贯彻落实县政协一届三次会议全会精神，根据2014年工作要点安排，围绕政协工作重点，结合自身实际，在抓好服务、提高效率上狠下功夫，进一步挖潜创新，充分调动干部的积极性，使机关工作水平进一步提高，努力完成全年的各项工作任务。

【办文办会】认真贯彻执行上级关于切实提高会议实效的要求，严格按照务实高效的原则，切实压缩减少各类会议数量及时间，确保会议效率。2014年，共召开3次常委会、8次主席会议、6次主任会议；在一届三次会议期间，为确保大会顺利召开，办公室提前准备，分工协作，精细安排好会务、资料、后勤保障等工作，在办公室主任的带领下，全体人员团结努力，为一届三次会议取得圆满成功提供了坚实保障；认真做好文件简报精简工作，采取多种措施减少纸质文件数量，提高文件简报质量及文件的运转时效。年内，县政协认真规范公文运转流程，严把文件质量关、程序关，提高公文办理时效；对于没有实质内容、可发可不发的文件简报坚决不发，全年发文件42份。

【抓好提案交办工作】县政协一届三次全委会议闭会后，政协办立即与县委办、政府办沟通、联系、协调，并于2014年2月18日召开由副县长龙刚牵头、16家单位参加的提案交办会。会上，将县政协一届三次会议审查立案的28件提案分别交由国土、城建、水利、文广、民宗等责任部门办理，并要求按规定时间进行办理答复，龙刚还就进一步提高对政协提案办理工作重要性的认识、办理提案的原则和切实加大办理力度、不断提高落实率等问题提出了具体要求。

【办实事情况】年内，县政协共组织视察3次、调研2次，配合区、市政协到县调研3次，收到政协委员提案31件，立案28件；深入开展慰问活动，组织政协委员一同到群众家中进行慰问，经统计，全年共组织慰问政协委员14名，为每名政协委员送去了1000元慰问金，慰问3个驻村工作队，送去6000元慰问金及折合现金10565元的慰问品。

【群众路线教育实践活动】自第二批党的群众路线教育实践活动开展以来，在县督导组的指导下，制定出台《墨竹工卡县政协办关于深入开展党的群众路线教育实践活动的实施方案》，并认真组织实施，以整风精神抓好各环节工作，取得了阶段性成效。坚持把学习教育贯穿始终。县政协党支部组织学习党的群众路线重要文献、领导讲话精神等，先后开展集中学习、专题辅导和大讨论等活动30多次，同时组织机关干部职工观看《建党伟业》《建国大业》《焦裕禄》《农奴》等专题教育片4次;坚持把解决问题作为重点。采取多种方式向各界征求意见建议,共召开座谈会3场次、发放征求意见表69份、深入基层调研3次,开展个别谈话46人次。经过梳理归类,共征求到各方对县政协的意见建议10条。通过精心准备,墨竹工卡县政协办党支部于2014年8月21日召开了专题组织生活会,并于9月5日召开专题组织生活会情况通报会。

【开展委员培训活动】2014年7月15——17日,墨竹工卡县政协办举办为期三天的县政协委员培训班,邀请专家教授等专业人士作专题辅导报告,主要培训内容有:学习《关于转发刘云山在中央各部门各单位党的群众路线教育实践活动专项推进会上的讲话的通知》精神;辅导新形势下如何更好地发挥委员主体作用、如何履行好委员职责;指导正确撰写政协提案、政协专题调研报告、反映社情民意信息的方法;辅导政协章程;分析国内外形势与市情、县情;辅导统一战线和人民政协的基本理论与基本知识。通过培训,切实提高政协委员的自身素质及参政议政的水平,激发履职的积极性、主动性和创造性,充分发挥政协委员的主体作用。

【干部队伍建设】政协办制定完善党员干部学习制度,将每周五定为集中学习日并认真实施;同时,要求每个人充分利用闲暇时间进行自学,把党员干部的学习教育作为提高干部队伍整体素质的关键环节来抓。此外,还结合时事政治等,重点学习中共十八大、十八届三中和四中全会精神以及总书记习近平系列讲话精神,并根据政协的工作职能,学习了基层政协工作实用手册。

【维稳工作】维护社会稳定工作无小事,年内,县政协办紧紧围绕维护社会稳定、促进经济发展的工作重点,不断发挥政协在维护社会稳定中的积极作用。为了确保突发事件能够在第一时间得到处理、反馈,县政协机关干部在日常工作中认真落实值班、带班制度;同时,积极开展平安宣传日、周、月活动,加强社会管理创新工作,及时排查安全隐患,为维护社会稳定起到了积极作用。

(司马玉)

【领导名录】

主 任　刘彦峰

副主任　达瓦扎西

军事

军 事

墨竹工卡县人民武装部

【年度综述】年内,墨竹工卡县武装部党委认真贯彻落实中共十八大会议精神,紧紧围绕警备区党委年度工作思路和命令指示,在上级首长、机关及县委县政府的关心帮助下,在全体官兵及民兵的共同努力下,圆满完成以军事训练为中心的各项工作,得到了上级首长和县领导的充分肯定。

【政治工作】坚持突出科学理论灌输这个关键环节,着力引导官兵和民兵对主旋律的理解认同,深扎听党话、跟党走的思想根基。

【推进理论武装】突出“三个牢记”的强军方略和新形势下的强军目标等内容,采取领导领读、录像辅导等方式,搞好辅导学习和专题调研,深化理解部队建设新的时代内涵和标准要求,引导大家切实把上级要求、强军目标转化为高度的玫治自觉和强烈的使命认同。

【主动做好意识形态工作】抓好形势政策和严守政治纪律教育,深入揭露“军队非党化、非政治化”“军队国家化”错误政治观点的本质及危害性,揭批“普世价值”外衣包裹下的错误思潮的实质,正确看待中国经济社会发展的巨大成就和当前在教育、医疗、住房、物价等保障和改善民生方面存在的问题,清醒看到解决这些问题难度很大,需要逐步推进,进一步坚定对党中央的信赖,坚决对改革发展的信心。

【注重加强思想道德建设】积极适应官兵和民兵思想观念、行为方式、价值取向的新变化新特点,不断创新方法手段,积极探索“快乐教育”模式,让官兵和民兵在寓教于乐中引发对使命的思考,强化对责任的担当,加大思想道德建设力度,引导官兵和民兵自觉端正价值追求。

【军事工作】紧紧围绕军事斗争准备所担负的任务,以提高维稳处突能力为重点,以“能打仗、打胜仗”为抓手,不断强化民兵军事训练的力度,一切训练向实战靠拢,军事能力有了很大提高,“打赢”能力得到不断强化。

【严格落实战备维稳工作】针对藏历年、“3·14”“3·18”、各种宗教活动等敏感时点,扎实抓了战备值班、战备演练和巡逻执勤,战备维稳工作得到有效落实。

【狠抓民兵整组,强化民兵训练】依据上级有关指示要求,以提高应战、应急能力为目标,以提高质量为重点,坚持可靠、管用、精干的原则,认真清理部分年龄偏大,素质偏低的民兵,增加了部分热爱民兵事业且各方面条件较优的适龄青年入队,增强了民兵组织的稳定性和活力。进一步掀起大抓军事训练热潮,根据警备区军事工作指示和人武部年度训练工作安排,按照《民兵军事训练与考核大纲》组织新入队民兵进行单兵技战术训练,组织3个民兵分队进行维稳、反恐、处突、抢险等课题训练,组织60人的民兵应分队在敏感时段参加了县公安局组织的武装巡逻、防自焚演练等活动,民兵训练得到有效落实,整体作战能力得到不断提升。

【圆满完成征兵工作】认真贯彻《征兵工作条例》及各级的通知、细则,以新兵质量为核心,采取各种措施,确保兵员质量。在宣传中,通过发布通告、设立电子宣传栏、到各乡镇定点宣传等多种形式,充分调动广大适龄青年参军入伍的积极性。在报名中,组织公安、教育、监察、卫生等部门一起会审,准确掌握每个应征青年的基本情况。在政审中,同公安、乡长、村长及专武部长,紧紧围绕应征青年的有效证件、外出情况、入伍动机,以询问和走访的形式对他们进行全面了解,确保兵员的政治质量。

【双拥共建稳步推进】 积极组织民兵预备役人员参加县里面组织的植树、清扫街道活动,协助地方义务宣传法律法规及民族宗教政策,为特困户无偿捐送大米、清油、罐头等食品,开展“双进入”活动,一系列的举措得到当地政府和群众的大力好评。

【正规化建设得到不断巩固】 坚持从严治军,广泛深入开展条令条例学习活动,注重从日常养成、落实制度、礼节礼貌、军容风纪、作风纪律、队列训练抓起,坚持边学边用,边整边改,使学习过程变成了纠问题、练作风、抓落实、促管理的过程;坚持从规范工作秩序入手,建立完善各种规章制度,严格落实,强化监督检查,发现问题及时纠正,武装部建设不断跃升新台阶。

【后装工作】 以提高服务保障能力为基础,扎实推进后、装建设。着眼使命任务,围绕中心、服务中心、加强管理、提高效益保障,精心组织后勤供应保障,注重伙食监管,加强伙食调剂,提高伙食质量,全年自产蔬菜3650余公斤,养猪出栏8头;坚持党委议装,坚持开展爱装管装教育,增强依法管装的意识,坚持人防与技防并重,加强和完善民兵武器仓库安防设施建设,严格落实武器管理责任制和干部住库制度,确保了安全无事故。

(苏顺德)

【领导名录】

部　长　陈文凯

政　委　张朝宣

副部长　李鸿剑

墨竹工卡县公安消防大队

【概况】 墨竹工卡县公安消防大队成立于2005年4月8日,并于2007年10月31日正式进驻消防大队综合楼。大队成立后多次在各项重大消防勤务工作中发挥了重要作用,“3·29”矿难中更是出色完成救援任务。由于大队出色的工作,更是受到县委、县政府以及各级领导的高度评价,被各级机关授予诸多殊荣。

【年度综述】 年内,大队紧紧围绕总队、支队两级党委的工作安排部署,并根据县委、县政府的工作计划要求,以科学发展观为指引,围绕“三月敏感期”“萨嘎达瓦节”“塔尔钦”转湖、“APEC峰会”等重大敏感节点和重大节日作为工作重心,同时加强防火巡查检查、宣传教育工作,进一步加强“网格化”建设,确保县城火灾形势稳定。墨竹工卡县公安消防大队在总队、支队两级党委的正确领导下,在墨竹工卡县委、县政府、县公安局等各级部门的关心和支持下,大队圆满地完成了全年度各项工作任务,为维护全县经济社会发展、社会局势稳定和人民安居乐业,做出了积极贡献。

【加强廉政建设】 大队党政建设始终坚持贯彻党中央的指导方针,大队党支部严格按照支部建设要求,认真落实各项规章制度,十分重视党支部成员的个人素质、能力建设,始终坚持政治理论学习,以提高党支部领导班子的决策能力。同时,为保持党支部的纯洁性、廉洁性,大队认真开展部队党风廉政建设,通过理论学习,深刻教育、自查自纠等方式保持党员干部的纯洁性。思想政治教育和廉政教育工作的开展,切实统一官兵思想,端正了部队工作作风,提升了官兵工作能力,纯洁了部队良好形象。

【加强官兵政治教育】 大队始终坚持部队的两个经常性工作。在全年的工作当中,大队始终坚持对全体官兵的日常政治教育和理论学习,并充分发挥自身优势,利用多形式、多模式开展各项教育活动,使枯燥的学习教育活动得到了有效转变。年内,开展一系列的政治理论学习专题学习活动,包括学习贯彻总书记习近平系列重要讲话精神活动、“讲党性、守党规、严党纪”专题学习及“条令条例”“雷锋月”等专题教育活动，组织官兵收听、收看专项主题教育片，制作宣传教育栏、宣传横幅等形式来丰富学习内容，这些活动的开展为部队稳定、筑牢官兵思想和完成各项工作奠定了坚实的基础。

【开展岗位练兵活动】 根据全年岗位练兵计划和内容，针对官兵技、体能差异，大队按照先体能后技能再实战的基本原则，重点开展以实战为核心，体能、个人防护、车辆装备和作战力量编成训练以及战术操法训练为基础的全方位冬季岗位大练兵活动，严格按照“仗怎么打，兵就怎么练”的原则，最大限度地提升了大队官兵的实战能力。在3月支队的冬季岗位练兵考核中，大队全体官兵全员备战，充分发挥了“敢打必胜”的优良作风，取得了拉萨市消防支队冬季岗位练兵团体第一名的优异成绩。

【完成“三月敏感期”执勤安保任务】 为切实做好“三月敏感期”的消防安全保卫任务，大队党支部高度重视，多次召开会议安排部署相关工作，严格落实战备执勤制度。先后制定操作性和针对性较强的保卫方案，并积极协调配合县城各个执法、执勤力量，为圆满完成各项执勤备战以及维稳处突任务夯实了基础。对于各个敏感节点，大队更是根据上级的统一安排部署，认真开展各项安保工作。在整个三月安保任务中，大队全体官兵用实际行动践行“忠诚可靠、服务人民、竭诚奉献”的新时期公安消防精神。

【完成抗洪抢险任务】 进入7月，墨竹工卡县及周边地区普降暴雨，持续时间长、受灾面大。灾情就是命令，大队根据各级指挥机构要求积极做好救援工作。7月以来，部局、总队、支队及县维稳指挥部相继印发、转发《关于进一步做好抗洪抢险工作的紧急通知》，就进一步加强抗洪抢险工作进行明确部署。为应对当前严峻的防汛形势，墨竹工卡县消防大队高度重视，紧急行动，全力做好抗洪抢险物资装备保障准备工作，确保部队能够快速反应和积极有效处置灾情。大队多次召开会议研究当前抗洪抢险形势，要求全体官兵、辅警员必须以高度的政治敏锐性和对人民群众负责的态度，从思想上高度重视、行动上高度统一，修订完善抗洪抢险应急救援后勤保障预案，全力做好抗洪抢险后勤保障准备工作。并结合人员和装备特点，从组织领导、职责分工、保障预案、物资储备等四个方面进行部署，实行定人、定车、定物管理，真正做到科学合理分工，明确职责任务，落实保障措施。整个抗洪期间，大队全体官兵充分发挥“首战用我、用我必胜”的优良作风，圆满完成“8·4”及各项抗洪救灾任务。

【推进部队“两化”建设】 加强部队“三大条令”学习，建立健全部队正规化建设长效机制，大队充分利用“条令条例学习月”等活动，深入开展政治学习和条令条例学习工作，从抓大队官兵日常作风养成做起，一点一滴从内务、卫生、军人行为举止等方面，全面推进部队正规化、精细化管理工作。

【完善“六熟悉”以及灭火预案】 开展辖区重点单位、辖区道路、水源等“六熟悉”工作30余次，开展辖区重点单位灭火演练40余次，进一步修订、完善和制作重点单位的应急预案。

【圆满完成辖区抢险救援任务】 年内，大队共接警出动21次，其中：火灾扑救3次，抢险救援18次，出动车辆42台次，有效地保障全县人民群总生命财产安全，为社会消防安全“防火墙工程的推进奠定了坚实的基础”。

【开展防火大排查、大整治】 大队根据总队和支队印发的防火专项活动文件，积极组织科学谋划，统筹安排，协调县委、县政府组织全县公安、消防、防火安全委员会等召开动员部署会议，制订实施方案进一步明确目标职责，细化工作措施，经常性联合县公安、安监、林业等部门开展巡查、检查，大力整治全县重点单位、场所的火灾隐患，确保整治一批、消除一批，确保了火灾形势的稳定。

为进一步增强民众消防安全意识，提高群众自救能力，大队始终坚持消防工作宣传先行的工作思路,多次深入辖区乡镇、重点单位开展宣传教育,全面提高人民群众的消防法治和安全意识。

【双拥共建活动】墨竹工卡县消防大队在墨竹工卡县委、县政府和上级消防部门的正确领导下,以科学发展观为统领,牢固树立“视人民为父母,保持血肉联系,温暖乙方民心;把辖区当家园,耕耘警民关系,收获一方平安”的理念,大力构建和谐警民关系,利用“建军节”“中秋节”等节日活动,主动走访社会单位开展生动活泼的文化、娱乐、体育等方面的联谊活动。

【解决大队实际困难】建队以来,大队部分设施已老旧损坏,特别是大队屋顶漏水、营房外墙脱落、围墙较低不利于部队安全等隐患问题,更是被县委、县政府领导看在眼里,为此,县政府拨出专款为大队加高围墙、加筑防护栏、维修屋顶防水、外墙翻新、开辟学习园地等。

(陈　为)

【领导名录】

大队长　徐辉亮

墨竹工卡县武警中队

【年度综述】年内,武警中队在武警拉萨市支队和县委、县政府、县公安局的领导下,圆满完成了以执勤处突维稳为主的各项工作任务,中队连续第4年被支队评为先进中队、先进党支部。

在完成任务上,根据县维稳指挥部的要求,在敏感期期间,抽调官兵与公安特警对县城进行徒步武装巡逻,维护县城的社会稳定,并积极配合公安参与各类抢险救援任务,保护了人民的生命财产安全,共计参加10次巡逻,抢险任务,出动兵力150人次;根据形势任务的需要,与县公安、武装部、消防等部门开展了防自焚、防冲闯、防脱逃等联合演练5次,共计出动兵力80人次;在法制宣传日、国防教育日等重要时期,组织官兵在县城对法治、国防安全进行宣传教育,使县城人民牢固树立法治意识、国防意识,共计进行4次宣传教育,参与官兵30人次;对县中学新生开展了军训,在中心小学进行爱国主义教育,对为创建平安墨竹做出应有的贡献。

【自身建设】在自身建设上,从思想政治建设入手,努力培养忠诚于党、热爱人民、报效国家、献身使命、崇尚荣誉的高原忠诚卫士,努力做好新时期“有灵魂、有本事、有血性、有品德”的革命军人;根据担负维稳任务和驻地实际,按照新颁发的《军事训练大纲》制订军事训练计划,中队主要围绕中心工作大力开展反恐应急力量的建设,对监墙应用射击、处置群体性事件方案、处置防自焚方案等科目进行训练,加强三人备勤组的建设和训练,做到“急用的先训,管用得多训”,确保县域范围内遇有情况能“拉得出、打得赢”,对发生情况能做到有效处置。

【双拥共建】在双拥共建上,县委、县政府以及双拥办大力支持中队各项建设,投入资金26万余元积极改善中队营区绿化及生活设施,并配备了运兵车一辆,利用春节、“八一”、老兵退伍等时机对中队官兵进行慰问,极大地调动广大官兵的工作积极性;同时中队紧紧围绕市党委、政府关于做好维护社会稳定和群众工作一系列指示,广泛开展“共讲党恩跟党走、共促团结反分裂、共建文明树新风、共谋发展惠民生、共抓党建固根基、共创平安保稳定”为主要内容的“六共”活动,中队组织官兵利用节假日看望驻地孤寡老人,为敬老院清理卫生,积极参加地方部门组织的活动,对县城内生活困难的老人、贫困的学生进行扶贫帮困。同时,中队还确定长年帮扶付业全、索朗卓玛和卓嘎“三户”贫困户,有效地将群众工作全程贯穿融入各项维护稳定工作任务中,进一步促进墨竹大局稳定、维护民族大团结,为墨竹经济社会发展和全面建设创造良好的社会环境。

(庞春雷)

【领导名录】

指导员　庞春雷

中队长　娄勇军

法

法 治

墨竹工卡县公安局

【年度综述】年内,全县公安机关以中共十八大、十八届三中和四中全会、中央政法工作会议及各级公安会议精神为指针,以党的群众路线教育实践活动为契机,按照2014年制定的"围绕一个主线、突出两项重点工作、紧盯三大目标、建立健全四大机制、开创五项工作新局面"的目标,负重奋进,履职尽责,圆满完成了各项工作任务,有效地维护了全县社会政治稳定和治安大局平稳,为促进全县经济社会发展做出了积极贡献。总体表现在:维稳防控能力有新提升。在全年的维稳防控工作中,严格落实自治区十项维稳措施,全局民警统一思想,整合力量,形成维稳工作合力,力促维稳工作常态化,确保了社会大局平安稳定。专项整治行动成绩突出,在道路交通、消防隐患、矿区安全专项工作中,公安局始终强化安全检查和隐患排查工作,切实做到实地检查到位、整改隐患到位、解决问题到位,全力保障人民群众生命财产安全;全年共立各类刑事案件10起,破10起,破案率达到了100%;治安防控有效加强,2014年共查处各类治安案件22起,行政拘留28人,案发率下降4.3%,全年未发生命案、"两抢"案件和恶性案件,人民群众的安全感、满意度进一步提升;警民关系进一步融洽,在2014年社区民警述职述廉活动中,广大人民群众对公安工作测评满意度达96.5%,人民群众对公安工作的理解、支持,为各项工作的顺利开展创造了良好的群众基础;执法质量提档升级,通过开展执法办案系统网上信息录入培训,狠抓教育培训和实战训练,有效提升了广大办案民警执法信息化实战应用能力。多项成绩全市靠前,全市公安网上信息报送采用率始终名列前茅,在国保业务能力大比武中,公安局取得了全区第二、全市第一的佳绩,在全市政法系统篮球比赛中,全体参赛民警努力拼搏,取得了女子亚军、男子第四名的好成绩。

【围绕"两设一禁三抓"】"两设":将情报信息研判室和网安大队从办公室工作中分离,专门安排警力从事网上舆论监控及情报信息分析研判工作。"一禁":持续加大管控力度,全力策应阿里塔尔钦活动安保工作。"三抓":抓社会面的巡逻防控、抓特殊敏感时期的安保工作、抓矛盾纠纷的调处。全年维稳工作实现"三个零"和"四个无":影响社会稳定的案件零纪录、安保工作零差错、矛盾纠纷调处零上诉;无危害国家安全案件、无群体性涉警非正常上访案件、无暴力恐怖案件、无群体性治安事件。

【围绕"破案打击追逃"】年内,先后组织开展"夏秋行动""六打六治""打黑治暴" 等一系列专项行动,不间断的开展社会治安清查、社会面巡控、交通消防安全整治等集中统一行动。抓获一批逃犯、整治了一批治安乱点,有力的打击震慑各类违法犯罪,全年共立刑事案件10起同比下降37.5%,破获刑事案件10起,同比上升23.1%,受理查处治安案件22起,同比下降4.3%,依法行政拘留28人,抓获网上在逃人员及一级临控人员共8人,收缴各类管制刀具260余把,散装成品油2800余升,其他各类违禁物品1500余件。各项业务指标与上年同期相比均有大幅提升。公安局以队伍正规化管理的公安工作绩效考评为载体,已初步构筑起打击有力、管理有序、防范严密、控制得力的防控模式,应对处置重大警情的快速反应等警务运行机制也日趋完善,公安机关驾驭和掌控社会治安局势的能力显著增强。

【围绕“整合创新管控”】年内，县局党委专门组织人员就便民警务站运行以来的工作开展情况进行调研，并在反复研讨、充分论证的基础上，确立符合墨竹实际、富有墨竹特色的以“实施主动警务，实现提档升级”为目标，以深化公安基层基础工作和社会治安分类防控体系建设为支撑，以派出所“三队四站”为架构的，改革思路，进一步整合警力，提升社会整体防控能力。创新，就是创新防控模式。将全县划分为四个类别，县城为一类，交通要道沿线为二类，县城周边各乡为三类，矿区及边远乡为四类，实行分类防控。在一类地区，突出视频监控系统巡查及便民警务站巡防；在二类地区，突出道路交通卡点建设；在三类地区，着重开展警民联防；在四类地区，加强驻村工作队、乡第一书记法制宣传及矿区警务室的建设，整体防控效果显著。管控，就是不断压缩违法犯罪的空间。构建大防控格局，形成便民警务站守面、交警守线、派出所守片、局机关守点的防控格局，给违法犯罪分子形成极大震慑。

【围绕“查禁整治监管”】开展“打黄扫赌”“打黄赌、铲源头”等专项行动，净化了社会风气，铲除了诱发犯罪的土壤。整治，就是开展专项整治行动。开展校园周边治安秩序整治、重点工程领域专项治理、高危重点人员摸排整治等行动，预防和减少了事故、案件的发生。特别是在道路交通整治方面，公安局在县委、县政府的大力支持下，先后投入近200余万元在318国道、302省道沿线新增各类标识标牌100块，施划交通标线66处，铺设震荡减速标线264条，减速带500米，这些基础设施的建设，使道路交通的整体安全有了大提升。监管，就是加强安全监管。加强民爆物品及消防安全监管，整治消除了一批隐患，全年全县未发生涉爆和重特大火灾事故。

【围绕“规范监督实战”】狠抓规范执法：通过开展规范执法培训和执法检查“回头看”等活动，带动全局执法水平呈现大幅提升。强化执法监督：健全完善案件审核把关和个案监督机制，保证了案件质量。2014年，全局办理的案件没有错案、有效投诉案件和复议改处案件，也没有执法安全事故发生。注重实战应用：开展执法办案系统网上信息录入大会战，坚持战用结合，狠抓教育培训和实战训练，通过跟班学习等形式，有效提升了广大民警执法信息化实战应用能力。

【围绕“建设采集应用”】全力做好视频监控、指挥中心视频调度指挥系统、350兆无线指挥系统的管理和维护，确保安全畅通，高效运转，为全局主要部门负责人配备了手台。开展信息采集大会战。按照警用地理信息系统的相关要求，坚持“入户即采集、采集即录入、录入即核查”的原则，全局累计采集各类信息1500余条，不断提高信息整合程度，确保了数据库的准确、鲜活。应用，就是强化信息化实战应用。举办信息化应用技能培训班5次，开展评比活动和实地培训，增强了全警信息化应用意识，有效提升了信息化应用能力和水平。

【围绕“教育建设管理”】狠抓教育训练：圆满完成党的群众路线教育实践活动等专题教育实践活动，开展岗位大练兵和实战演练，提升队伍的整体素质和快速反应能力。强化队伍正规化建设：狠抓党风廉政建设和制度建设，完善民警执法执勤行为规范，通过不定期的督导检查，有效提升队伍的正规化建设水平。狠抓队伍日常管理：坚持抓细节、抓养成、抓教育、抓管理、抓建设，从警容风纪、内务卫生等基本准则抓起，提高了民警注重养成的自觉性。及时查纠违规违纪苗头行为，确保队伍不出现违规违纪行为。

（张志刚）

【领导名录】

党委书记、局长	梁光文
党委副书记、政委	孙雁哲
副政委、副局长	其米多布杰
副局长	赤列索朗
	晋美多吉
	汤金伟

墨竹工卡县人民检察院

【年度综述】年内，检察院坚持以科学发展观为统领，紧紧围绕全县中心工作，团结拼搏，真抓实干，勇于创新，有效的提升检察工作的水平，各项工作取得良好成绩，荣获拉萨市2014年度民族团结进步模范集体，拉萨市检察院基层院考核优胜奖，城乡妇女岗位建功先进集体称号，全县2014年度社会综合治理工作先进集体。

【维稳工作】在反分裂斗争中，自始至终做到认识不含混、信念不动摇、态度不暧昧、行动不迟缓。始终旗帜鲜明、立场坚定、针锋相对、任劳任怨地战斗在反分裂斗争第一线。在春节、藏历年、3月敏感日、5月萨嘎达瓦节、国庆65周年等重大节假日及敏感日期间，制定各项维稳处突预案，成立应急处突小分队。严格按照维稳常态化要求，落实24小时值、带班制度，以及"零报告"制度。截至年底，已安排单位内部值班700余人次，在各项维稳督查工作中未出现脱岗、漏岗等不良现象，各项维稳工作有条不紊地进行。

【刑事犯罪】年内，共受理公安机关移送审查批捕案件12件15人，批准逮捕10件12人，不批捕2件3人；受理移送审查起诉案件12件15人，其中，起诉案件9件11人，不起诉案件3件4人。提起公诉案件均做有罪判决，法院采纳检察院量刑建议9件11人。

【控告申诉】在全县各乡镇重新更换举报箱，对待各类举报线索，坚持做到依法办理，及时分流，加强督办，严格按照首办责任制的要求处理和答复，积极推行"自主+公开"的阳光办案方式，化解涉检信访申诉难题。对于涉检信访，检察院制定详细的工作制度，对群众涉检上访问题，坚持"分级负责，归口管理"的要求，做到全部有理的，全部解决；部分有理的，酌情解决；无理上访的，做好思想教育和疏导工作。

【职务犯罪预防】检察院已与县纪委达成合作，与县七乡一镇签订监督联系制度，并积极探索"阳光政务"工作联系制度，强化职务犯罪预防与监督。同时，检察院已与县农行建立系统预防职务犯罪协调制度，共同开展职务犯罪预防工作；与县安监局建立联系制度，明确规定检察院参与安全事故的调查，为开展职务犯罪工作打下基础。

【法治宣传】利用每月开举报箱的时机，给群众散发宣传资料，面对面地讲解举报知识，提高群众的认知力。在2014年上半年，检察院派控申人员前往门巴乡虫草采挖点，在群众相对集中的时候，为采挖虫草的群众宣讲民法、刑法等相关法律知识，并提供法律咨询10余人次；抓好县综治委组织的主题宣传日活动，以举报知识及基础法律知识为主要内容，抽调多名干警，安排车辆，认真准备宣传资料、挂图及横幅，积极散发资料，主动为群众提供免费法律咨询。截至年底，干警走上街头，深入乡村、矿区、学校等开展法治宣传11次，散发宣传资料1500余份，展示宣传挂图50幅，提供咨询70余人次。其中，仅在"三月平安宣传月"期间，发放宣传资料600多份，参加群众多达900余人；于9月参与墨竹工卡县法院组织的观摩庭，到场人员达200余人，对广大党员干部起到了很好的警示教育作用，取得了良好的社会效果。

【侦查、审判、刑罚执行】认真开展侦查、审判、刑罚执行和民事行政诉讼监督，坚决纠正执法不严、司法不公等不良现象。在监所工作中，坚持一周两次常态检查，重大节假日前重点检查和隐患排查，坚持每周三向县政法委报送周小结，及时汇报看守所人员变动及其思想情况。随时掌握在押人员思想动态，维护其合法权益。截至年底，开展常态检查100余次，全面大检查8次，与在押人员谈话50余人次，始终保持看守所"零事故""零超期"。

【**党的群众路线教育实践活动**】2月8日,召开党的群众路线教育实践部署动员大会,并迅速成立活动领导小组,研究制订实施方案,明确开展教育实践活动的步骤、方法和任务要求。截至年底,共开展集中讨论学习40余场次,为民办实事、解难事共计10余件,涉及资金约为15800元,开展法治宣传活动10次。同时,发放问卷调查表1068份,共开展谈心谈话50人次。经梳理,共征集到意见建议共29条,已制定整改方案,其中13条即知即改问题已全部整改。结合党的群众路线教育实践活动的要求,拟制定理论学习制度、坚守工作岗位制度、请示报告制度、干部能上能下制度、党员进出制度、基层党员干部培训制度、直接联系群众制度、党内生活制度、责任追究制度、查办惩处制度、车辆使用管理制度、考勤奖惩制度、组织纪律制度、财务制度、请销假制度、维稳纪律制度等16项规章制度。制度涉及党建工作、检察业务工作、干警管理等各个方面。截至年底,已有十项制度的初稿正在讨论中。

【**廉洁从政专题教育活动**】结合检察工作实际,开展"增强党性、严守纪律、廉洁从政"专题教育活动。9月2日,组织全院干警参加全区检察系统开展"增强党性、严守纪律、廉洁从政"专题教育活动动员大会电视电话会议。会后,院党组组织召开党组扩大会,传达学习张培中检察长动员讲话精神,成立专题教育领导小组,让全院干警充分认识到开展专题教育活动的重要性、必要性和紧迫性,以严肃的态度、务实的作风、有效的举措,扎实完成专题教育的工作任务。截至年底,以召开2次全院大会,形成信息简报1篇,总结1篇。

【**做好基层各项数据统计工作**】按照县委要求,积极开展强基础惠民生活动。长期以来,检察院驻村工作队广泛接触基层群众,了解群众所思、所忧、所盼,大力宣讲民族团结和党的惠民惠农政策,加深与村委会沟通协调,加大党员培养力度。积极深入米洛村虫草采挖点看望慰问驻点干部,并在点上开展了法制宣传;帮助农牧民群众解难题、渡难关。检察院驻村工作组针对5月的持续降雪给农牧民群众带来的难题,及时与上级主管部门联系,申请救灾物资45袋,分发给40余户村民,帮他们渡过难关,主动联系鑫茂矿业帮助村民维修农田灌溉水渠;积极配合县委,做好基层各项数据的统计工作。

【**抓好党建工作,提高党员素质**】按照县委、县政府相关的文件精神,组织全院干警观看《雪山泪》《苏联亡党亡国20年祭》《焦裕禄》等主题电影,学习模范人物先进事迹。将之与党的群众路线教育实践活动相结合,加强检察干警队伍纪律作风建设,"想群众之所想、急群众之所急",从自身做起,从点滴抓起,增强群众满意度,做好群众最期待的事情,使干警作风在实践中升华,在实践中惠及群众。同时,结合自身实际,将发展党员工作作为2014年党建工作的大事抓紧抓好,将发展党员的工作进一步细化,程序进一步规范,使发展党员的工作常态化。检察院驻为米洛村党员干部免费提供笔记本和信笺纸等学习工具,提高党员学习积极性。

【**以人为本,加强党群联系,密切干群关系**】检察院本着不走过场、不走形式的要求,积极开展"党员干部进村入户、结对认亲交朋友"活动,并自筹资金5850元,为米洛村村民购买了大米、砖茶、糌粑等慰问品。当得知云南省鲁甸县发生6.5级地震后,响应政府号召,每位干警都积极主动捐款,共计3500元。在藏历年期间,组织干警集资7200元,看望慰问26家结对户,为其送去大米、砖茶等生活必需品。与此同时,检察长联系中投证券公司为米洛村贫困户"献爱心、送温暖",共发放文具用品10套、衣物、鞋子400余件。

【**新办公楼竣工**】为更好地服务广大人民群众和干警,检察院新址主体工程于2013年完工。截至年底,检察院新办公楼内办公设备,已全部就绪,硬化绿化工程已完成。

(薛　丽)

【领导名录】

检 察 长　索朗次仁

副检察长　索朗云登

　　　　　肖　静

墨竹工卡县人民法院

【年度综述】年内，墨竹工卡县人民法院深入学习贯彻中共十八大及十八届三中、四中全会精神，紧紧围绕努力让人民群众在每一个司法案件中感受到公平正义为目标，牢牢把握司法为民、公正司法工作主线，扎实开展第二批党的群众路线教育实践活动，狠抓审判质效提升和队伍建设，突出审判执行工作，为维护墨竹工卡县社会稳定、建设和谐、美丽、富裕的新墨竹提供了有力的司法保障。年内，法院共受理刑事、民事、执行等各类案件115件，审执结113件，综合结案率为98.2%，无超审限案件，其中67件案件依法对当事人适用了诉讼费减、免、缓交，共使得当事人减免、缓、交31557.5元诉讼费。

【民商事案件方面】年内，共受理民商事案件97件，审结95件，结案率达97.9%，其中调解64件、撤诉18件、判决13件，调撤率达84.5%，结案标的1763604.75元，当场给付兑现50件，处理群众来信来访75人次(包含案件咨询、法律咨询等)。在民商事案件审判中，县法院始终坚持“能调则调，当判则判，调判结合的原则，积极发挥“车载流动法庭”和直孔法庭在辖区化解矛盾、调处纠纷的职能作用，为全面落实司法为民举措，做到“案结事了、息诉服判”，开展了多项活动：针对辖区农牧民群众法律意识不强等实际，干警深入农牧区开展巡回办案110次，主动排查调处各类矛盾纠纷，将大量矛盾纠纷化解在萌芽状态；在案件审理过程中，主动发放廉政监督卡，自觉接受人民群众监督；多次组织开展案件回访工作，了解人民群众对案件审理的满意度及意见建议，切实消除一些因“案结事不了”而存在的矛盾隐患，为维护墨竹工卡县社会和谐稳定打下牢固基础。

【刑事案件方面】年内，共受理刑事案件6件，审结6件，结案率为100%，公开开庭率100%，其中一起附带民事案件调解成功，被告与受害人间已达成赔偿和解协议。县法院在刑事案件的审理过程中：始终贯彻宽严相济的刑事政策，注重刑事和解，强化服判息诉；充分发挥刑事案件的警示教育功能，延伸审判效果。9月初，借用县政府会议室公开开庭审理了一起利用职务之便挪用资金的刑事案件，此次庭审共邀请到七县一区法院工作人员及本县七乡一镇的党员代表、群众代表共计180余人旁听，起到“审理一案、教育一片”的警示教育效果，积极配合全县乡村换届选举的中心大局工作。

【执行工作】年内，共受理执行案件12件，执结12件，执结率为100%，其中9件为执行和解，2件为强制执行，1件为终结本次执行，执行和解率为75%，执行标的264659.75元，执行到位243458元，执行到位率92%。在执行案件的审理过程中：以开展的涉民生执行专项活动为契机，不断强化案件执行力度，明确了执行救助相关程序制度，以保证只要符合条件的当事人申请，就能马上得到救助；不断拓宽执行思路，依法穷尽一切执行措施，促进执行工作良性循环；紧紧依靠当地党委政府及相关部门，努力探索构建出了一套符合墨竹工卡县实际的执行联动机制以破解执行难问题。

【审判管理措施】年内，县法院坚持完善制度与落实制度齐抓并举，积极开展司法规范化建设，通过规范司法行为，促进和体现司法公正。认真梳理，修订和完善各项规章制度，建立一套涉及队伍建设、审判工作、行政管理、维稳处突、党风廉政建设等各个方面的科学管理运行机制，以完善的制度促进司法规范化；强化审判监督，保障司法公正。按照“有错必纠”的原则，结合拉萨市中级人民法院2014年案件质量考评提出的反馈意见和“三评查”活动，进一步完善和落实《案件质量评查办法》，对审结的全部案件逐案审查,及时发现并纠正案件裁判过程中的一些不规范的做法,评查出的问题由"三评查"领导小组组长在全院大会上逐一点评,最大限度地减少案件瑕疵。

【加强对审判、执行工作监督】为保障审判过程的公开与民主,在审判工作中县法院自觉接受社会各界监督,积极推进司法公开三大平台建设,提高审务公开程度,落实裁判文书上网公开;按照人民陪审员倍增计划要求,新增选 8 名陪审员,现共有 13 名人民陪审员,已圆满完成本年度人民陪审员倍增计划所确定的任务,且 13 名人民陪审员 2014 年共参与 19 件案件的审理;认真开展人民陪审员的培训工作,县法院组织人民陪审员、司法调解员开展专题培训 3 次,共计 52 人次;定期向县人大常委会做工作报告,自觉接受人大、政协监督。

【维稳工作】县法院克服人员短缺的困难,积极参与值班带班、应急待命、巡逻执勤等维护稳定工作,年内,在维稳工作中共出动警力 3000 余人次,出动车辆 900 余台次。特别是在 8 月尼江乡的抗洪抢险工作中,法院男干警在院党组书记、院长的亲自带领下连续 6 天,每天至少 16 个小时在抢险点积极开展抢险救灾工作,切实发挥党员的先锋模范作用。

【驻村工作】县法院党组高度重视驻村工作,选派 4 人成立由副院长任队长的第三批驻村工作队,并为该工作队专门配备越野车 1 台,电脑、打印机共四台。2014 年该工作队共投入办实事资金 27 万余元,其中 14 万余元为工作队自筹资金。此外,其玛卡村的 30 万元的短平快项目也在工作队的努力争取下得到上级领导部门的审批。现县法院第四批与第三批驻村工作队的交接工作也已完成,第四批驻村工作队成员已进驻其玛卡村。

【法律宣传】县法院以"法律进矿山"为抓手,以"车载流动法庭"和"驻乡镇派出法庭"为依托,深入农牧区结合法院"法律七进"工作共开展专题法律宣讲 42 场次、巡回办案 110 次,累计受教育群众 4200 余人,发放宣传资料 1700 余份,累计行程 4500 余公里。

【物质装备建设】县法院党组积极协调县委、县政府、县发改委及上级法院,争取到 377 万元县级资金以开展新址审判综合楼改造项目,各项改造项目都已基本完工,2015 年 1 月可全部竣工。投入使用后,将为当事人提供更加便利的诉讼服务,为干警提供舒适、便捷的办公环境。同时,工卡镇、扎雪乡两个基层法庭作为"十二五"时期政法基础设施建设项目,已获拉萨市发改委 1623 号文件批准立项,建设工作正在筹备中。

【队伍建设】党的群众路线教育实践活动作为 2014 年的重点工作任务,县法院积极组织全院干警参加活动,组织学习及专题讨论会议 27 次,组织干警参与县党群办开展的观影教育活动 5 次,全院干警平均每人撰写个人集中学习笔记 22 篇以上,字数达 15000 字以上。在认真查摆"四风""两问题""一薄弱""三不够"及联系服务群众"最后一公里"突出问题方面,共征求到 15 类 26 条问题,县法院根据查摆出的各类问题分别制订方案,列出了详细的整改措施,明确了责任领导、责任部门、整改时限,确保责任落实到人。

【反腐倡廉建设】县法院与县委签订党风廉政责任书,并在法院内分层签订,切实做到将党风廉政工作层层落实到位,形成齐抓共管的良好局面;坚持以"党建带队建",认真贯彻中央"八项规定"、自治区"约法十章"、县委"八项守则",并按上级要求确定了法院廉政监督员。

（郝明成）

【获奖情况】年内,县法院先后被评为自治区先进集体、自治区三八红旗集体、全市驻村先进工作队、全市法院信息工作先进集体、全县目标任务综合考核第二名、全市优秀庭审奖,另有 14 名干警荣获区、市、县法院先进工作者、先进个人、青年五四标兵、优秀法官等殊荣。

【领导名录】

党组书记、院长　韩新强

副院长　廖　江

　　　　索朗德吉

墨竹工卡县司法局

【年度综述】年内，司法局以科学发展观为指导，深入贯彻落实中共十八大、十八届二中、三中全会、总书记习近平的一系列讲话精神，落实"治国必治边，治边先稳藏"和"依法治藏，长期建藏"的法治内涵，落实全区、市政法工作和司法行政工作会议及维稳综治工作会议精神，坚持依法治县和法治稳县战略，以开展党的群众路线教育实践活动为契机，强化队伍素质管理，夯实基层基础建设，以积极服务保障民生，努力维护社会稳定为主线，深入推进"三项重点工作"，全面履行司法行政职能，奋力推进全县司法行政工作的创新发展，为构建和谐墨竹提供了有力的法律服务和法治保障。

【专题教育活动】司法局始终把党员干部职工的政治思想教育放在首位，认真贯彻邓小平理论、"三个代表"重要思想和科学发展观，深入学习总书记习近平一系列重要讲话指示精神，扎实开展党的群众路线教育实践活动。通过系列学教活动，牢固树立了责任意识，做到思想统一、立场坚定、旗帜鲜明、反对分裂、维护稳定。按照党的群众路线教育实践活动的总体部署要求，结合县司法行政队伍建设实际，司法局认真组织，层层动员，广泛宣传，积极组织开展党的群众路线教育实践学习、讨论、座谈等活动，使司法行政机关干部职工牢固树立了政治意识、执政意识、大局意识、宗旨意识和责任意识，为努力造就一支政治坚定、业务精通、作风优良、执法公正的高素质司法行政队伍，丰富教育实践活动成果做出积极的努力。

【组织队伍建设】为落实责任，强化措施，进一步完善司法行政各项工作机制，激发全县基层司法行政工作人员的积极性和创造性，不断推动司法行政工作的改革发展和队伍建设，司法局结合加强和创新社会管理、创先争优强基础惠民生、党的群众路线教育实践等活动，进一步建立完善了社区矫正、安置帮教、人民调解等司法行政职能工作机制，力争在机制上有创新、在方法上的突破，在措施上有完善。为加大司法行政干部职工的业务培训力度，年内司法局领导干部职工参加了自治区法律援助工作者培训、墨竹工卡县党的群众路线宣讲团培训和全区社区矫正工作培训，有效地提高了司法行政工作者的工作水平和业务能力。

【普法依法治理】深入开展法治宣传教育。坚持以科学发展观为统领，推进普法依法治理工作，把新时期中央对西藏的工作指导方针和强基惠民政策措施贯穿到深入开展以宪法为主要内容的法律宣传活动中。大力宣传宪法有关国家根本政治制度、基本经济制度、公民基本权利义务和国家政策的基本原则等法律知识，在全民中牢固树立宪法意识，维护宪法权威。广泛开展"法律六进"宣传教育活动。为推动"六五"普法进程，使法制宣传教育更加贴近实际、贴近生活、贴近群众，引导群众自觉参与、自我教育，司法局积极推动法律进机关、进农牧区、进单位、进学校、进企业、进寺庙活动，加大法制宣传的覆盖面和渗透力，着力提升法制宣传教育的针对性和维护社会和谐稳定的实效性。年内，县普法办共组织开展各类普法宣传教育活动 22 场次，共发放各类法律宣传资料 10800 余份(册)，受教育干部群众达 8960 余人次。

【人民调解】全县各级调解组织按照创建平安墨竹，构建和谐社会的要求，大力加强领导，强化措施，充分发挥了人民调解工作作为维护社会稳定"第一道防线"的作用，人民调解、司法调解、行政调解初显成效。截至 11 月底，墨竹工卡县共发生各类矛盾纠纷 57 件，其中婚姻家庭纠纷 32 件、邻里纠纷6件、劳动争议纠纷2件、征地拆迁纠纷3件、房屋宅基地纠纷3件，生产经营纠纷1件，山林土地纠纷6件，道路交通事故纠纷1件，其他纠纷3件，涉及当事人899人。现57件纠纷全部由各乡镇、村组调委会成功调解，并规范建立了当事人双方调解文书档案，调解成功率达到100%。为促进墨竹工卡县经济稳中求快的发展战略，推动人民调解工作在维护社会稳定中的积极作用和规范发展，年内，司法局共开展春节、藏历新年、“两会”、虫草采挖期、雪顿节、藏博会、国庆节等敏感日的矛盾纠纷摸底排查调处活动10次，对矛盾较突出、人数较多、情况较复杂、久调未果的民事纠纷案件进行认真梳理排查和跟踪回访，为全县社会局势稳定营造了良好的平安和谐环境。

【安置帮教】为切实做好“两牢”释放人员的安置帮教和管控衔接工作，全面落实社会治安综合治理各项措施，年内，司法局与各乡镇签订《安置帮教目标管理责任书》，加强了对基层安置帮教工作的督导检查力度，建立完善各项制度，有效地促进安置帮教工作的全面落实。司法局认真开展对刑释解教人员和重点人口的摸底排查和登记造册工作，加大了重点区域、重大节日、重要活动的排查，坚持做到底数清，情况明，措施到位。截至11月，全县2014年刑满释放人员13人，一一建档立卡，采取了一对一，多帮一的管控帮教措施。为开展“安置帮扶一个人，温暖教育一家人”帮教活动，司法局在藏历年前分别前往七乡一镇8户刑释解教人员家中，看望帮扶和走访贫困刑释解教人员，为他们送去大米、酥油等过年物品和现金，共计6400元。司法局对全县困难刑释解教人员进行摸底，对8名有求职意愿且家庭生活困难的刑解人员开展了帮扶驾校报考活动，共为其贴补驾校报考学费35000余元。做到了掌握主动，了解民情，稳定民心，为维护全县社会治安稳定做出努力。

【社区矫正】县社区矫正工作，建立“一对一，多对一”的工作制度，由乡镇司法助理员、乡镇干部、村组干部和双联户等对辖区内的矫正人员进行监督管理和思想教育。经摸底核查，全县共有4名社区矫正人员，司法局与各乡（镇）对其实行了建档、管理、回访、教育等一系列衔接管理制度。

【法律援助】积极利用法律援助志愿律师的资源优势，围绕群众的热点难点问题，着力开展法律援助和法律咨询服务，努力拓宽援助覆盖面。年内，县法律援助中心共办理法律援助案件9件，其中刑事案件6件，民事案件3件，涉及当事人9人；代写法律文书14份，接受来电来访咨询30人次。截至年底，已结案7件，为当事人挽回各类经济损失和赔偿约15万余元。

（张　祯）

【领导名录】

局　长　王标堂

副局长　张　祯

经济管理

经济管理

墨竹工卡县发展和改革委员会

【年度综述】 年内,全面贯彻落实中共十八大、十八届三中全会精神,以科学发展观统揽工作全局,紧紧围绕市委市政府“三提速”“五大战略”及县委县政府五个墨竹建设决策部署,全力推进新型城镇化、工业化进程,着力强化投资消费拉动和产业支撑,各项工作继续在稳定轨道上快速推进。

【任务指标完成情况】 年内,墨竹工卡县地区生产总值实现22.8亿元(现价),同比增长20.7%,超出全年目标任务0.13亿元,其中第一产业实现增加值2.26亿元,同比增长6.1%;第二产业实现增加值18.46亿元,同比增长23.9%;第三产业实现增加值2.08亿元,同比增长11.8%。三次产结构调整为10∶81∶9。固定资产投资完成73.56亿元,同比增长33.9%,超出全年目标任务2.12亿元。社会消费品零售总额实现1.93亿元,同比增长20.4%。农牧民人均可支配收入实现9683.69元,同比增长20.1%。

【固定资产投资超额完成】 以强基础、惠民生、打基础、强支撑为目标,统筹各项资金,不断提高谋划项目、争取项目和落实项目的水平,大力推进基础设施建设。全年计划实施项目213个(计划项目100个、续建项目55个、新增项目58个),开复工项目累计达176个,其中开工项目113个,开工率82.63%;完工项目113个,完工率53.05%;完成投资73.56亿元,同比增长33.86%。

100个计划项目,总投资74.45亿元(国家投资5.38亿元,区、市、县投资2.87亿元,援藏投资13115万元,企业投资61.5亿元,其他投资3841万元),开工项目67个,其中完工项目32个,完成投资52.42亿元。

续建项目55个,续建投资4.03亿元,开工54个,其中完工45个,完成投资3.16亿元。

新增项目58个,总投资18.1亿元(国家投资3434.3万元,本级投资3387.25万元,援藏投资300万元,企业投资17.26亿元,其他投资1293万元),开工55个,其中完工36个,完成投资17.96亿元。

【交通运输网络进一步完善】 以构筑完善、安全、畅通的交通运输网络为出发点和落脚点,大力推进交通项目建设,全年共实施项目19个,其中新建项目8个、续建项目10个、新增项目1个,完成投资7814.1万元,2013年续建项目全部建成,扎西岗巴洛至嘎则村、斯布村道路等新建项目进展顺利,全县通车里程达654公里,乡镇、行政村通油率分别达到100%和90%。强化拉林公路墨竹段建设协调服务,项目按期有序推进。加强汛期道路抢险保通,统筹人员和设备,及时成功处置工卡镇曲果岗段道路险情及乡村道路汛情,保证了汛期道路的安全畅通。统筹经费使用,进一步完善道路警示标志标牌设施,累计投入资金21.5万元,架设120块警示标志标牌,实现了危险路段、重点路段安全警示标志标牌全覆盖。

【受援工作扎实开展】 扎实做好援藏项目的对接和实施,援藏全年投入5825万元实施援藏项目4个,助推墨竹经济社会快速迈入跨越式发展和长治久安。南京实验小学二期工程、南京希望小学二期工程、斯布多嘎组灾后重建、巴日卡道路工程等项目竣工投入使用。加强与江苏前方指挥部、市发改受援办的沟通衔接,完成了2015年援藏项目前期办理和申报工作。

【"十三五"规划项目储备初步完成】以县域发展需求为导向，结合第二批党的群众路线教育实践活动，完成了"十三五"规划项目调研和储备工作，共储备项目402个、计划投资367.91亿元。

【招商引资实现新突破】依托县域产业发展规划及优势资源产品，围绕改作风、促转型、争投入的目标，着力加强企业协调服务工作。落实招商引资资金62.89亿元，同比增长33.3%。外出招商稳步实施，抓住西博会、南京净土健康专题招商专场、雪顿节拉萨净土健康产业专场等活动机遇，全力开展噶厦糌粑、直孔刺绣、东嘎泥塑等10余种特色产品推介，成功签约振发光伏电站，签约资金3亿元。

【商务工作扎实推进】消费品零售总额快速增长，全社会消费品零售总额实现1.93亿元，同比增长20.4%。万村千乡深入实施，以"覆盖面广、辐射受益人数多"的要求，累计建成55家农家店。碘盐推广连续保持全覆盖，完成碘盐配送261.36吨，覆盖9591户47520人。销售市场稳中有进，强化销售市场管控，突出加强重点时段、节假日间市场物价督促检查工作，严惩严查违法涨价行为，生活必备品销售市场物价持续稳定。加强零散成品油管理，深入贯彻落实维稳部署，督促成品油销售企业落实证照登记、留存制度，车辆及散装加油证照登记制执行率达到100%。

【统计工作有序开展】加强经济运行的预警监测，按季度对主要经济监测指标进行对比分析，形成一季度、上半年、三季度全县经济运行分析，提出了加强和改善经济发展的政策建议，积极为县委、县政府当好参谋助手。加强信息共享化建设，编辑出版《2013年国民经济统计年鉴》。第三次经济普查全面完成，累计普查单位359家，其中企业197家、非企业162家。

【第二批党的群众路线教育实践活动取得阶段性成果】严格按照"照镜子、正衣冠、洗洗澡、治治病"的总要求，紧密聚焦"四风"突出问题，紧密联系工作实际，扎扎实实地完成"学习教育、听取意见，查摆问题、开展批评，整改落实、建章立制"三个环节的工作任务。累计开展专题学习10场次，党员干部撰写心得体会30余篇，开展谈心交心55人次，征集到对班子及成员的意见建议93条，制订"两方案一计划"，提出14项整改落实、专项整治和制度建设任务。以学教活动为平台，推动党风廉政建设、综治维稳大踏步前进，制定上墙项目监督联系卡，进一步健全项目监督机制；层层签订党风廉政责任书，层层抓落实；举行干部职工公开述职述廉，公开承诺为民务实清廉；强化值班带班，强化安全隐患排查整治，着力营造和谐稳定工作局面。

【电力、粮食工作开展情况】电力方面，按年初计划完成了5个点农网改造提升工作，在此基础上新增加实施农网改造点3个，电力覆盖率达到100%。粮食工作方面，紧密与民政部门配合，扎实做好春荒间救灾粮出库工作，完成救灾粮出库40万公斤。

【"十件实事"进展情况】农村客运，车辆购置费和启动经费220万元已由政府常务会议研究解决，但由于墨竹工卡县私营车辆近300辆，存在上访隐患，计划在2015年"三月敏感期"后启动。

新区集中敬老院工程，已与福利院工程整合，总投资5896万元，已完成场地平整。

夕阳红补贴工程，涉及60岁以上老人3719名，累计发放长寿金共530万元。

村小组活动场所，涉及12个点，总投资300万元，已完成总工程量的80%。提高村小组组长待遇已落实，村两委正职年均达到32320元，副职年均达到24845元，委员年均达到17201元。

提高村干部养老保险、医疗保险工程已落实，村书记和村主任参保各项资料已准备完成，待全区2014年社会平均工资出台后缴费，其余村干部均已参加新型农村社会养老保险，其中53名村两委班子上缴养老保险508800元，153民公益性上缴1137024元。

文化遗产保护工程中，扎雪村堆绣唐卡传承工程，总投资214.11万元，已完成总工程量的80%，甲玛民间博物馆室内专修部分和布展工作已完成，计划在3月正式开放运营。

农牧民专合组织扶持，投入培训经费5万元，培训种植、养殖等技能1080人次，扶持专合组织2家，共60万元。

村容村貌整治，投入2130万元，实施人居环境整治17个点。藏式风情旅游村建设，扶持农牧家乐8个、发放扶持资金12.8万元，扶持牧家乐3个、发放扶持资金2万元及20套床单被套，扶持日多乡村民服务中心2万元，扶持农家乐1个、发放扶持资金1万元级5套床单被套，扶持赤康“松赞甲玛藏香”28万元，“甲玛谐钦”成功申报自治区级非物质文化遗产，甲玛赤康旅游村落正在申报国家级传统村落。

农网改造工程，年初计划5个点已完成，总投资155.7万元，其中县供电公司自筹126.7万元，乡镇政府、驻村工作队解决29万元。在此基础上，新增加实施了巴洛村、仁青林村、其朗村农网改造工程，总投资30万元。甲玛供水工程，总投资1968.63万元，完成进度40%。7个饮水困难点工程，总投资316.5万元，完成进度为30%。日多乡政府所在地及拉龙村周边饮水改造工程，总投资96.66万元，由于项目与拉林高等级公路冲突，计划在拉林公路修建后实施。

解决寺管会僧尼成员岗位津贴已落实，县级寺管会副主任僧尼每人每月600元，县级寺管会委员及科级寺管会和专职管理特派员寺庙僧尼成员每人每月500元。

（唐永才）

【领导名录】

副县长、主任　侯文峰
副主任　谭　川
　德　吉
　扎西玉杰
　格桑玉珍

墨竹工卡县财政局

【年度综述】县财政局在县委、县政府的正确领导，县人大的监督和上级业务部门的悉心指导支持，各部门的积极配合协调下，紧紧围绕县委、县政府提出的“稳定提高农牧业、整合开发矿产业、规划开发旅游业”的发展思路，以发展、服务大局，强化财税体制改革为目的，开拓进取、与时俱进，顺利完成全年财政工作目标任务，较好地支持和促进了墨竹工卡县经济和社会事业的发展。

【完善预算管理体制，保障预算有效执行】根据拉萨市财政工作会议和县委、县政府工作会议精神，在及时调整充实墨竹工卡县预算编制领导小组的同时，要求各部门根据部门工作实际合理编报本部门预算的基础上，财政局紧紧围绕“量入为出、量力而行、统筹兼顾、突出重点、把握总量、收支平衡”的基本原则，结合拉萨市下达的财政总财力和县直各部门的工作实际需求，经县政府部门预算编制领导小组多次召开专题会议认真研究分析2014年预算安排需求形成2014年部门预算，并报县人大通过；2014年年初，市级下达的总财力为56549万元，比上年预算增长23.62%，其中，本级一般财政收入18600万元(税收收入18392万元)，上级转移性收入37949万元(含税收返还6170万元)，上年结转29万元。结合2014年上级下拨资金及本级收入实际，对财政预算进行了相应的调整，本级收入数为33119万元，比年初预算数18600万元增加14519万元；税收返还数为11174万元，比年初预算数8170万元增加3004万元；上级转移性及各专项补助收入41368.82万元，比年初预算数29779.06万元增加11589.76万元；上年结转29万元。实际总财力为85691万元。2014年调整后支出总计85666万元，一般公共服务19690.9万元，国防247.2万元，公共安全4358.5万元,教育支出15163.1万元,文体传媒749.1万元，社保就业3543万元，医疗卫生4426.6万元,环境保护72万元,城乡社区488万元,农林水11432.7万元(本级对“三农”投入23489.98万元,占本级收入70.9%),工商金融309.8万元和其他支出25185.1万元。年终其他可动用资金为471.43万元,结转下年结余25万元。2014年,墨竹工卡县本级一般收入33119万元的构成情况为:全县税收本级收入为16825万元，占本级收入的50.8%其中增值税4807万元、营业税6633万元、企业所得税1675万元、企业个人所得税463万元、城市维护税1678万元、印花税522万元、资源税975万元、城填土地使用税72万元;非税收入为16294万元,占本级收入的49.2%。其中,行政事业性收费收入160万元、税务部门等罚没收入36万元、国有资源（资产）有偿使用收入3123万元、其他收入12975万元（含巨龙矿业购县政府地面附着物资金4000万元)。

为完成2014年财政本级一般性收入目标,结合墨竹工卡县税收实际,墨竹工卡县在对历年来应支出但未支出挂账的资金进行了全面细致自查的基础上,年终对非税收入进行一定的调整,将这部分资金全部列入了非税收入。

【加强财政资金管理，不断强化资金使用效益】为全面发挥财政工作的主观能动性,保障财政预算绩效评价工作改革工作的顺利实施,不断提高各类财政资金的使用效益,财政局结合区、市、县三级财政资金投入实际,2014年4月对农牧局综合业务用房建设从资金的拨付、项目的建设规程到建成后的实用效果等四方面进行了财政预算绩效评价,并报上级财政,得到了上级财政的一致好评。

为节约开支,强化部门资产管理,财政局按照县政府工作部署要求,2014年在对各部门车辆、设备、办公用品等进行一次全面细致的统计检查,并制定《墨竹工卡县财政局固定资产处置工作实施方案》的基础上,严格控制“三公”支出,制定《墨竹工卡县关于公务接待的管理办法》《墨竹工卡县行政事业单位公务车辆配备使用管理办法》，调整完善《墨竹工卡县财政体制改革方案和财务管理办法(暂行)》，有效遏制各部门利用公款进行宴请、送礼、公车私用等行为,为墨竹工卡县各项财政工作走向规范化、制度化起到了良好的推进作用。

2014年,“三公”经费支出合计1203.8万元比2013年支出1516.53万元降低了20.62%。

2014年4月24日,针对乡镇财务工作实际,财政局专门组织全县七乡一镇财务人员共计16人开展了财政财务的各项规章制度、行政单位会计实务、乡镇对村级财务的监督管理、行政单位出纳人员的职责及扶贫、农发、安居报账规则等方面的专业培训,通过培训进一步规范和提高乡(镇)财务人员业务技能水平,为推进乡镇财政所建设奠定良好的内部环境。

为进一步加强村级财务管理,切实提高提高资金使用透明度,保障村“两委”班子全面落实廉洁自律和财务管理的业务能力水平,根据县委、县政府对村“两委”班子换届选举前进行资金使用审查工作部署要求,县人大、纪委、财政组成联合检查工作组,采取以听、看、查的方式,于2014年7月28日——8月19日利用23天时间，对墨竹工卡县40个行政村村委会公用经费、惠民政策、企业补偿、村本级收入等资金情况进行了一次全面的督导检查,及时查找问题,不断改善乡、村级财政管理较滞后的现象的同时，根据市级惠民政策督导检查要求，财政局于2014年11月对全县惠民政策落实情况进行了再次全面的督导检查，保障各项惠民落到实处。

在财务管理和资金使用上,财政局做到两个管理和专款专用,每月定期向县政府以报表的形式上报一次,财务每月公开一次,并随时接受相关部门的监督检查。结合财税体制改革要求,强化财政本级收入的征收力度,成立《墨竹工卡县所得税专项检查工作领导小组》《墨竹工卡县财税征缴督导检查小组》等。

【存在的问题和困难】随着墨竹工卡县“城乡一体

化”步伐的加快，县域基础设施建设资金量逐年加大，特别是2014年作为墨竹工卡县新区开发大建设的重要之年，所需支付的建设资金量较大(其经费主要以本级投入为主)，但由于墨竹工卡县属于矿产大县，本级收入主要以矿产税收为主，2014年国际矿价市场的不景气，极大影响了墨竹工卡县财政收入的完成，也为推动墨竹工卡县经济大发展带来了一定的困难，从而造成本级税收收入与非税收入比例不合理的现象，税收收入与非税收入比例基本为1∶1，根据区、市相关要求，本级收入中应对教育、扶贫进行25%、2%的法定配套(共计1659.25万元)，这无形中增加了本级配套投入，挤占了支出资金量。

县、乡级基础设施的建设，是全面实现和提高“城镇化建设”的基础，因此在实际工作中结合县级实际能力合理安排各项基础设施建设资金，但由于一部分项目根据区、市项目投资批复，在未下达各项资金的情况下，要求县级先行开工建设，以保障项目的按期投资建设，但项目投资批复下达，而资金却迟迟未到位，致使出现先垫资后等资金到达，从而也给县域经济的发展也增加了一定的困难。如墨竹工卡县2013年发生突发山体滑坡自然灾害期间，得到各级部门的全力支持和协助，各项工作取得良好的成效，后期工作，虽在上级各部门的正确领导和帮助下，墨竹工卡县党委、政府高度重视，各项农牧民搬迁安置工作顺利开展，但由于搬迁安置资金量大，墨竹工卡县向上级部门多次申请，至今无具体的解决方案，现各项资金一直由墨竹工卡县自行垫资解决(总计合同价为5517.31万元。其中，华泰龙解决补偿金1650万元已到位，援藏1‰内解决1000万元未到位，剩余部分全由县财政垫付)，为墨竹工卡县县域经济的发展带来了极大的压力。

随着财政改革步伐的不断加快，要求财政的工作内容更加科学化、精细化，因此对财务人员的专业技能水平也提出了更高的要求，但墨竹工卡县现有专业财务人员较为匮乏，特别是乡、村级财务工作人员极度拮据，基本上为从其他专业转行，无从事财务经验人员，因此为墨竹工卡县财税改革发展进程带来较大的困难。

【工作措施】为全面优化墨竹工卡县财政资金收支结构，提高资金使用效率，切实为下一步工作的开展奠定良好的基础，按照市委、市政府和县委会提出的财政“零负债”要求，在2015年预算安排中突出“保人员工资、保稳定，促民生”。

积极协助墨竹工卡县城投公司，加快融资平台的建设步伐，尽快发挥城投公司的投资建设主体作用；为进一步加快基层基础设施建设，不断提高县、乡级硬件水平的发展，减轻县、乡级的财政资金压力，因此需各部门进一步加强协调按照项目投资批复时限，及时争取下拨相关基础设施建设经费；财政专业人员的培养已迫在眉睫，因此进一步加强对财政人才的培养和加大现有人才的培训力度是不断推进财税改革的一项重要环节。故望上级领导本着墨竹工卡县实际，每年争取2——3名财务人员分配至各级财务。

(洛桑次仁)

【领导名录】

局　长　陈晓燕

副局长　洛桑次仁

　　　　卓玛次仁

墨竹工卡县工业和信息化局

【年度综述】年内，墨竹工卡县工业和信息化局认真贯彻党的基本路线、方针、政策，以实现墨竹工业经济又好又快可持续发展为目标，加大工业化和信息化的融合力度，积极利用矿业开发增加农牧民收入，以安全生产、整合开发资源和环境保护为前提。实现工业经济稳步持续增长，较好地完成全年各项工作任务。

【矿业发展】墨竹工卡县矿业发展的总体思路为：整合开发矿产业，把矿业做大做强走集团化发展道路，以“科学、高效、规模、环保、安全”为开发原则，在矿业开发中实施工业化和信息化“两化融合”，在服务协调过程中实施县、乡、村“三级联动”。努力实现规模化、规范化、机械化、现代化“四化开发”，推进矿业经济又快又好可持续发展。

【工业经济指标】实现工业销售值22.1亿元，同比增长57%，完成全年任务的168%；实现工业增加值11.01亿元，同比增长15%，完成全年任务的102%；完成工业投入64.85亿元，同比增长12.9%，完成全年任务的101%；2014年度全县税收达4.47亿元，其中涉矿企业上交4.01亿元，占全县税收总额的89.6%；2014年度实现本地化用工1456人。财政本级收入达3.3119亿元。

【三大矿区建设】继续抓好三大矿区的建设工作：推进好华泰龙矿区二期建设工作，力争二期项目一个系列试生产；做好邦铺矿区天仁矿业公司开发建设的协调服务；按照搬迁安置工作组的要求做好推进巨龙铜业公司搬迁安置相关工作；督促墨竹工卡万洋工贸有限公司尽快办理相关手续，尽早投入生产；推进墨竹工卡元泽选矿有限公司安全生产许可证的办理；继续落实和做好墨竹工卡县政企联席工作会议制度；联合矿产品检测机构，对墨竹工卡县矿产品的金属含量及品位进行检测，全面掌握各企业矿产品质量，准确地把握企业的产值、销售等具体情况；做好优化发展软环境相关工作。要进一步加大服务协调力度，优化服务质量，简化办事程序，提高行政审批办事效率。督促入驻墨竹工卡县有色金属基地的工业企业做好基础设施建设工作；推进信息化和工业化融合工作。在华泰龙矿业重点工业企业探索建立工业化与信息化融合试点，加大信息化和工业化融合力度，努力实现以信息化带动工业化，以工业化促进信息化的新型工业化发展道路；年内，到矿山调研8次以上，切实了解掌握企业的生产经营情况和存在的困难以及乡（镇）、村、组与企业的衔接工作；继续做好名农牧民到工业企业进行就业工作；督促各工业企业做好ISO9001质量体系认证的审核工作。

【召开政企联席会议】年内，成功召开3次政企联席会议。总结2013年的各项工业工作；分析2014年全县工业发展面临的困难和问题，对2014年工作进行全面的安排和部署。按照全县经济运行情况，及时召开经济运行分析会议。

【企业申报】抢抓区工信厅、拉萨市工信局等上级部门提供的申报工业领域国家重点产业振兴、技改专项资金扶持项目和2014年中小企业发展专项资金项目的机遇，积极协调督促墨竹工卡县各矿产企业申报项目，争取各项扶持资金。

【农村综合信息服务站】按照自治区、拉萨市关于农村综合信息服务工作要求，结合墨竹工卡县农村实际，积极组织第四批农村综合信息服务站信息员到拉萨参加农村综合信息服务工作培训。

【优化发展软环境】组织召开优化发展软环境座谈会，听取企业关于优化墨竹工卡县发展软环境的建议，将进一步加大服务协调力度，简化办事程序，提高行政审批办事效率等。

【实施矿产品抽样】对矿产品取样检测，切实了解墨竹工卡县各矿产企业的选矿工艺流程及选矿产品的质量，了解资源综合利用情况，掌握矿产品品位，测算企业税收。

（格松次仁）

【领导名录】

局　长　达　多

副局长　唐耀军

墨竹工卡县旅游局

【年度综述】年内，墨竹工卡县共计接待游客82万人/次,同比增长21%,旅游收入1727万元,同比增长22%。2015年,预计接待游客99万/人次,同比增长20.7%,旅游收入2106万元,同比增长21.9%。

【采取措施】年内,墨竹工卡县旅游局在县委、县政府的正确领导下,在上级主管部门的指导下,按照工作要求和年初旅游工作具体部署,采取多项有效措施,成立墨竹工卡县松赞干布旅游文化投资发展有限公司、建项目、强宣传、推线路、促人气,进一步解放思想,创新思路,团结拼搏,积极推进旅游产业发展。

【干部队伍素质】以学习中共十八大、十八届三中、四中全会精神为重点,学习总书记习近平的一系列重要讲话精神和区、市、县各项会议精神,进一步提高贯彻落实各级重要会议精神的自觉性;加强法律法规知识学习,提高依法行政、依法办事的自觉性;加强对旅游发展先进地区的经验学习研究,学习和借鉴先进的旅游产业发展理念、管理办法等。

【党风廉政建设】扎实开展巩固党的群众路线教育实践活动,以创建学习型、服务型、创新型党组织为抓手,加强领导班子和干部队伍建设,认真学习中央"八项规定"、自治区"约法十章"、市委"八项要求"、县委"八项守则"等规定,严格落实廉洁自律的各项规定,从体制、机制、法治上推进反腐倡廉工作,有效规范领导班子和党员干部的从政行为。

【达普天文历算台项目】唐加乡达普天文历算台建设项目投资740万元,项目建设内容包括柏油马路、停车场、标示标牌、厕所。该项目已全部完工,达普天文历算台旅游基础设施项目的建成将对提升墨竹旅游形象、方便农牧民生产生活起到积极作用。

【直孔梯寺旅游项目】直孔梯寺景区共计投资240万元,建设内容包括旅游公路及附属设施砂石路、厕所、垃圾场。该项目已全部完工,项目建设整体情况良好。

【德仲温泉旅游公路项目】总投资为2102万元的德仲温泉旅游公路项目,建设内容包括柏油马路、停车场、服务中心、厕所。截至年底,德仲温泉旅游公路项目开展情况良好,已经完成工程的90%。

【大思金拉措景区规划、评审工作有序开展】在第七批援藏干部的高度重视下,专门从南京邀请"大思金拉措景区"规划专家团队,就"大思金拉措景区"规划事宜进行为期两天的实地考察,并召开"墨竹工卡县大思金拉措景区总体规划专题会议",取得良效。2014年11月,邀请西藏旅游专家团队,顺利召开"大思金拉措景区"专家评审会议,为下一步开发建设旅游景区奠定了坚实的基础。

【德仲温泉旅游项目】德仲温泉基础设施项目由宏绩公司负责建设,与村民及寺庙尼姑达成协议并进行开发建设,为保护环境及水源,要求该项目前期施工部分尽量避免大机械操作,已完成工程的40%。

【自驾游营地建设项目改迁工作已完成】根据墨竹工卡县实际情况,总投资350万元的"十二五"项目自驾游营地建设地从甲玛乡改到扎西岗乡扎西岗村,相关的更改材料已完成。

【"十三五"申报项目】按照市、县下发的《关于申报"十三五旅游项目"》文件的要求,从全县旅游发展现状出发,及时筹备申报材料,共申报六个项目,预计总投资为13000万元(主要有景区基础设施建设、公路等级提升、旅游产品包装等)。项目已报送至区、市旅游局及县发改委。

【旅游环境】为进一步落实好墨竹工卡县打造"生态文明县"的这一目标工作,2014年,先后多次下乡对全县范围内的景区(点)开展环境整治工作,并成立专门的工作领导小组,对景区(点)环境卫生、消防设施等进行仔细、全面的检查和整治。对国道318沿线损坏的标识牌进行及时的更换。

【乡村旅游】大力推进墨竹工卡县旅游村的建设和发展，旅游局共计投资10万余元用于赤康旅游村的建设，并会同甲玛乡政府及赤康村村委会就如何打造赤康旅游村进行了调研，制定《甲玛乡赤康旅游村建设实施方案》；在2014年对14户农牧家乐(甲玛乡、日多乡、门巴乡为主)经营者进行旅游服务质量评定，对全年无投诉、游客满意度高、服务态度好、创新意识强的农牧家乐进行嘉奖，以提高其创业积极性。2014年，共计扶持、嘉奖农牧家乐资金约20余万元，并发放100余套床单、被套、枕套等农牧家乐床上用品，提高乡村旅游从业者的旅游服务环境。

【宣传营销策划】为更好地开发、整合墨竹工卡县的旅游资源，发展墨竹旅游产业，打响墨竹旅游品牌，创建“旅游兴县·旅游富县”战略目标，结合墨竹工卡县实际，在县委、县政府的高度重视和指导下，成立墨竹工卡松赞干布旅游文化投资发展有限公司。

加强与宏发公司的协作，经县委常委会议研究同意引进西藏宏发建筑有限公司在墨竹新区注资设立分公司，与旅游局合作，开发思金拉措景区、米拉山口等旅游资源。

根据市委、市政府及市旅游局的相关工作指示，2014年8月、9月、10月，代表墨竹工卡县分别参加拉萨市特色产业展示活动、首届西藏旅游文化国际博览会。其间，共销售价值近两万元的塔巴陶瓷手工艺品(为农牧民群众增加了现金收入)，发放5000多份墨竹旅游宣传册、宣传碟片和环保袋。几次活动下来，得到广大群众、代表的一致肯定，也充分展示塔巴陶瓷的历史、文化以及其优质、实用、物美价廉等特点，也提高了塔巴陶瓷制作人员参与旅游产业的积极性。

在第七批援藏干部的帮助下，南京惠通展览用品开发有限公司免费为墨竹工卡县制作新的墨竹旅游宣传画册3万余份；大大加强墨竹工卡县旅游品牌宣传力度。

不断探索旅游产业和文化产业相互促进发展的方式和方法，圆满完成了甲玛谐庆非物质文化遗产揭牌仪式，并采取报纸杂志、新闻媒体等多形式、多渠道开展旅游宣传工作，从而提升墨竹工卡县旅游形象，提高了墨竹工卡县对外旅游宣传力度。

【安全和统计】2014年节假日期间，墨竹工卡县旅游局会同相关部门，严格按照有关安排部署，做好各项值班制度，严抓旅游安全，整顿旅游市场环境，认真处理旅游投诉4起，及时处置突发性、苗头性问题，实现节假日期间全县旅游工作“安全、秩序、效益”并举的目标。在每个节假日期间，做好各景点的旅游人数和收入的统计工作，为墨竹工卡县的旅游发展指标提供可靠的数据。

（央　宗）

【领导名录】

局　长　尼玛曲珍

副局长　梅　　子

墨竹工卡县安全生产监督管理局

【年内综述】年内，县安全生产监管局牢牢把握安全生产“红线”意识和“底线”思维，紧紧围绕保安全、促发展各项目标任务，坚持标本兼治，重在治本原则，不断建立健全安全监管机制体制，创新工作方式方法，强化检查监管，突出隐患整治，进一步转变工作作风，提高服务意识和技能，狠抓措施落实，勤政廉政，务实高效圆满地完成了全年各项工作，确保了全县安全生产形势持续稳定好转。

【指标控制】年初，县安委会分别与各乡镇、道路交通、消防、建设等安全生产领域主管单位、矿山、危化品经营企业签订了安全生产目标责任书，以责任状的形式确保责任落实到位、监管到位。根据拉萨市人民政府2014年下达的安全生产控制考核总体目标，墨竹工卡县年内未发生一次死亡10人以上的重大安全生产事故，工矿商贸领域实现了安全生产事故“零发生”，各项指标均在控制范围内，确保了全年各类生产安全事故起数和死亡人数“双下降”。

【成立矿山安全生产监督管理综合执法大队】1月8日,成立县安全生产监督管理综合执法大队,队员由从各乡镇、县直部门抽调的16名干部及安全生产监管局8名协管员组成。本局聘请区内外安全生产相关专家对综合执法大队全员(24人)进行了4次业务培训。3月,按照三大矿区(华泰龙、巨龙、天仁)、零散矿区网格管理划分,执法大队人员全部入驻矿区,开展安全生产监管执法工作。突出加强对企业安全生产措施落实、重大危险源监测监控、从业人员安全操作、民爆(炸药库)等易燃易爆物品(临时储油点)和流动人口管理登记、道路交通等涉及安全生产多方面工作进行检查、监督管理和执法,并建立工作日记和台账,定期向县安全生产监管局汇报工作,做到底数清、情况明。为继续发挥好安全生产监管执法大队积极作用,组织执法大队参加自治区举办的全区安全生产监管执法证培训班,并全部通过了考试。执法大队成立以来,较好地发挥了驻矿安全监管职能,及时向县安全生产监管局反映汇报企业安全生产动态、存在的隐患和矛盾纠纷,积极配合开展了一系列检查执法工作,实现安全监管力量下沉、触角前伸、紧盯现场、跟踪整改、隐患消除到位。实践证明,执法大队已成为安全生产监管动态化、常态化、有效化的中坚力量。

【成立乡镇安委会】为进一步加大“属地管理”力度,9月,县安委会下发文件,组织8个乡镇分别成立安全生产委员会。明确要求每个乡镇安委会至少要由3名人员组成,主任必须由乡镇党委书记或乡镇长担任,1名副乡镇长要主抓安全生产工作。下一年度将组织各乡镇安委会成员参加全区安全生产执法证取证培训班。乡镇安委会承办县安委会交办的事项,同时,按照属地管理职责要求,在本乡镇全面开展安全生产监管各项工作,并及时向县安委会汇报工作情况。

【党政同责】深入贯彻各级党委、政府关于加强安全生产工作一系列重要指示精神,认真落实“党政同责、一岗双责、齐抓共管”安全生产责任体系,结合实际,以县政府文件下发《墨竹工卡县安全生产工作监督管理实施办法》(墨政发〔2014〕40号),明确矿山、建筑、道路交通等安全生产各领域监管主体及职责、工作任务等,将“管行业必须管安全、管业务必须管安全,管生产经营必须管安全”党政同责要求层层落实、细化到人。此举进一步明确安全生产监管职责,强化了部门责任意识,确保监管措施有效落实,是全县全年安全生产形势持续稳定好转的有力保障。

【工作会议】年内,召开6次安全生产专题会议,3次政企联席会议,及时传达各级党委、政府关于安全生产工作的一系列会议、文件和指示批示精神,总结分析安全生产形势及存在的问题,有针对性地安排部署工作任务。在加强安委会各部门、政企沟通联系的同时,做到了目标明确、分工细致、落实到位,发现问题及时,解决困难有效,为政府决策提供科学依据,确保了各项工作扎实有序高效推进。

【文件信息】严把文字材料质量关,从实际情况和工作需要出发,共形成简报267期,安全生产会议纪要17期,县安全生产委员会文件28份,县安全生产监督管理局文件40份,提请以县政府红头文件形式下发安全生产监管工作相关文件7份。

【排查整治隐患】认真落实中央提出的“四不两直”要求(不打招呼、不听汇报、不用陪同和接待,直奔基层、直插现场),年内共开展安全生产监督检查518次(联合检查139次,专项检查318次,维稳检查61次),其中矿山选厂安全检查240次,人员密集场所安全检查107个点,危化品安全检查120次,烟花爆竹安全检查28次,建筑施工领域安全检查52次,共查出安全隐患995处,现场整改706处,下发整改指令书200余份,整改率达99%。

【专项行动】按照“全覆盖、零容忍、严执法、重实效”的总体要求,制订具体实施方案,明确责任主体和分工,在安全生产领域开展了三项专项行动:8

月初至11月中旬，开展了安全生产领域“打非治违”百日专项行动。8月中下旬，开展了全县安全生产大检查大排查大整治专项行动。9月中旬至12月底，开展了“六打六治”打非治违专项行动。

专项行动中，各乡镇、县直相关部门分别以非煤矿山、道路交通、建筑施工、危险化学品、消防、特种设备、学校、食品药品等行业和领域为重点，分组分工开展了检查监管和隐患整治工作，消除了一大批安全隐患，极大地减少了各类事故，为实现“双下降”目标奠定了坚实的基础。

【矿山领域安全监管】3月，结合实际制定并下发《墨竹工卡县2014年非煤矿山复产验收工作实施方案》(墨安监管发〔2014〕4号)，明确复产验收领导组织机构、目标任务、实施步骤、工作要求。在验收过程中，联合国土、环保、工信等涉矿部门，严守标准，严格审核、严格把关，对不符合安全生产条件的企业一律不予复产，从源头上消除了潜在隐患。

日常工作中，将矿山企业的监管作为工作重中之重，始终坚持“安全第一、预防为主、综合治理”的方针，实行监管日常化、检查常态化、查处规范化，报告及时化，落实严格化，坚持逢节必查、查处必严、整治必细原则，不放过一丝隐患，不留任何死角、空白点和盲区，及时发现并消除了各类安全隐患，确保了生产安全。

【危化品领域安全监管】结合维稳工作安排部署，多次联合相关部门加大对矿山企业民爆物品、临时储油点规范运输、存储管理、使用登记等各环节的检查监管力度，及时将隐患消除在萌芽状态。突出加强对县域4家加油站和1家加气站安全经营的检查监管，按照节假日必查、敏感时段重点查、日常时期多督查原则，指导督促企业进一步完善落实实名加油登记制度、应急救援预案等安全经营措施，有力保证了油(气)、危爆物品管得住、控得牢，不给不法分子可乘之机。

【烟花爆竹零售监管】严格落实《烟花爆竹安全管理条例》有关规定，坚持“方便群众、控制总量、确保安全”原则，对县域内烟花爆竹零售商严格审批把关，经层层审批，择优筛选，共有5家烟花爆竹零售商通过了审批。对5家共10名烟花爆竹零售负责人、销售人员进行了3次岗前安全培训。在节日期间，县安全生产监管局联合消防等部门加大检查、巡查力度，在营造喜庆、祥和节日气氛的同时，保证了烟花爆竹零售、燃放安全无事故。

【建筑领域安全监管】按照《墨竹工卡县安全生产监督管理实施办法》的分工安排，联合住建等部门，深入建筑施工现场，采取查阅资料、现场询问、实地查看的方式开展检查。对全县建筑施工点进行突击检查15次，安全生产专项检查37次，及时消除安全隐患71处，实现了建筑施工领域全年无事故。

【消防领域安全监管】联合县消防大队，对人员密集场所、易燃易爆、寺庙文物“三类场所”及生产建设单位、餐饮、娱乐等经营点开展消防安全检查107家次，督促整改火灾等安全隐患62处。

【邦浦沟洪灾治理】6月底，章达村邦浦沟出现洪灾险情，在县委、县政府的正确领导指挥下，县安全生产监管局工作人员始终坚守在一线，尽职尽责，发挥在应急救援、调度协调等方面的积极作用，合理调配矿山企业机械、应急物资，投入救灾减灾工作中，与相关部门紧密配合、共同奋战，历时2个多月，成功排除险情。

抗洪抢险中，区、市、县领导及相关专家多次深入现场指导工作，县安全生产监管局及其他县直单位男性干部职工积极投入抗洪工作中，主动出资投劳；各矿山企业发挥“一方有难、八方支援”的作风，投入大量人力、物力、财力进行救灾。在后续工作中，县安全生产监管局持续做好排洪沟建设施工检查监管工作，确保了尾矿库下游群众生命财产安全。

【宣传教育培训】紧紧围绕“强化红线意识、促进安全发展”的宣传主题，以深入企业、以会代训、发放宣传资料、悬挂横幅、摆放知识展板、播放影音等多种形式,积极开展了综治宣传、平安墨竹、世界环境日、安全生产月等宣传教育活动。广泛宣传新《中华人民共和国安全生产法》及《西藏自治区安全生产条例》《危险化学品安全管理条例》等安全生产法律法规。

年内,宣传活动共计投入经费20万元,悬挂藏汉双语横幅29条、发放宣传册3125份、宣传单4000份、摆放展板16幅。组织矿山企业、危化品经营单位负责人、安全管理人员参加了安全生产知识培训7次,培训249人次,进一步提高了从业人员安全生产意识和技能。

年内,县安全生产监管局负责人参加和谐矿区建设、安全监管知识学习培训4人次,干部参加业务培训5人次,进一步提高了安全监管业务水平。

【矛盾纠纷排查调处】坚持安全第一、以人为本要求,以促进经济社会和谐发展为目标,从维稳无局外人的高度出发,发挥县安委办组织协调作用,联合相关乡镇、县公安局、工信局等相关部门,协调解决涉矿领域民工工资纠纷3起,督促企业及时兑现工资、工程款项。核查涉矿、涉安匿名举报3起,经查,举报均不属实。在开展安全生产检查监管过程中,密切关注排查调处各类涉矿、涉安、涉群矛盾纠纷问题,并尽早尽快尽好消除矛盾纠纷,避免了问题扩大、激化。

【安全生产标准化建设】严格按照自治区安全生产监管局《2014年全区矿山企业安全监管重点工作安排》文件精神,将矿山企业安全标准化建设纳入本行政区域和本行业领域安全生产工作的总体内容,同部署、同推进、同督促、同检查、同总结、同考核。圆满完成了自治区安全生产监管局要求的5家企业标准化建设工作。

【六大系统建设】年内,金和、鑫茂、宁玛矿山企业基本完成了地下矿山安全生产“六大系统”建设及设备调试工作,正进行验收准备工作。

【职业健康监管】结合“安全生产月”活动,开展职业病知识宣传周和咨询日活动,组织企业参加区、市安全生产监管局召开的关于职业健康培训会议。全年完成职业病危害申报企业8家,完成职业病危害申报备案企业14家。

【党的群路线教育实践】认真落实党的群众路线教育实践活动各项要求,成立由县安全生产监管局党支部书记、局长达瓦任组长的党群路线教育实践活动领导机构,研究制订各阶段实施方案,加强理论和业务知识学习,注重学用结合,在“照镜子、正衣冠、洗洗澡、治治病”的过程中,全局成员认真查摆问题,开展批评与自我批评,互帮互助、促进整改。活动中共报送简报38期,通过教育实践活动,干部职工精神状态更加饱满,工作热情更加高涨,工作态度更加认真,工作实效更加突出,不断扬长避短,改进为民服务、为企业服务的意识和做法,不分昼夜、没有节假日,做到了“微笑服务、高效办事”。同时,严肃政治和工作纪律,加强对干部职工考勤、工作作风的监督管理,杜绝了违规违纪违法行为的发生,树立了为民、务实、清廉、严正、高效的安监干部队伍良好形象。

（程利平）

【领导名录】

局　长　达　瓦

副局长　扎西罗布

　　　　程 利 平

墨竹工卡县国家税务局

【年度综述】年内,墨竹工卡县国税局共组织税收收入34866.33万元,较上年同期减收4074.23万元,同比减少10.46%;2014年,由于墨竹工卡县电力供应不足,雨季长、雨量大,造成墨竹工卡县主要矿产企业停产时间很长。与此同时,全县国家投入及矿山投资的基础建设项目落实情况与年初预计数出入较大,导致墨竹工卡县2014年整体税收收入有所下降。

【税收征管现状】增值税全年完成17332.48万元，占总收入的49.71%，较上年同期增收2372.45万元，同比增长15.86%；在墨竹工卡县整体税收收入呈下降趋势时增值税收入有所增长是由于墨竹工卡县招商引资企业“那菲药业有限公司”2014年销售情况良好，缴纳增值税较多；营业税完成6632.83万元，占总收入的19.02%，较上年同期减收1567.18万元，同比减少19.11%；企业所得税完成4186.58万元，占总收入的12%，较上年同期减收2045.71万元，同比减少32.82%；资源税完成1949.69万元，占总收入的5.59%，较上年同期减收1445.41万元，同比减少42.57%；个人所得税完成1157.79万元，占总收入的3.32%，较上年同期减收1743.25万元，同比减少60.09%；城镇土地使用税完成71.66万元，较上年同期无变化，占总收入的0.2%；车辆购置税完成137.92万元，占总收入的0.39%。

【矿产企业管理】在矿产企业管理方面，主要以分行业管理为主，分税种管理为辅的管理方法。制定管理办法，规章制度及操作实务，要求执法人员树立现代行政执法理念，提高自身素质，增强抵御风险的能力，在工作中落实工作责任，重视加强过程监督，同时加大税法的宣传力度，优化税收执法环境。从层面上为加强矿产企业管理打好基础；严格贯彻落实管理办法，堵塞管理漏洞。

国税局管辖矿产企业一律实行查账征收。在对矿产企业的管理上，做到了“一把手”责任制，两名税收管理员专门从事税源监控、调查核实、纳税评估、日常检查和纳税服务等各项税源管理工作。

国税局税收管理员定期和不定期的深入企业中，及时了解和掌握纳税人生产经营变化情况，预测税源变化情况，检查核实纳税申报的真实性和准确性，对矿山企业达到一般纳税人标准的全部认定为一般纳税人资格。

【税源管理及税收政策落实】加大对矿产企业采矿权、探矿权、股权转让的管理，积极与工商部门加强信息共享，约谈企业法人及财务负责人等手段，掌握企业股东的变动情况，以及通过侧面了解等，中凯矿业缴纳股权转让个人所得税544.8万元；做好年所得12万元以上的自行申报和审核工作，学习相关文件精神，做好工作部署，宣传和解释税收政策，督促企业做好自行申报工作；检查企业报表，确保企业如实申报，2014年，国税局共征收2013年年所得12万元以上人员为235人（比上年多90人），应纳税额为630.8万元；车辆购置税征收权限扩展至县级国税以来，采取三项措施，确保车辆购置税征收工作保质保量地完成。

加大对车辆购置税的税收宣传力度。以县委举办的综合执法宣传月为契机，沿318国道及繁华路段贴宣传标语，发放宣传资料，对当地农牧民耐心讲解政策；加强与本县协税、护税领导小组协调工作。墨竹工卡县办理车辆购置税的纳税人以本地农牧民使用摩托车居多，为及时征收购置税，不增加农牧民的纳税成本，加强与本县协税、护税领导小组的协调工作，取得公安部门的大力支持，及时督促广大农牧民第一时间办理有关涉税事项；国税局专门设立车购税办税窗口，负责与纳税人沟通并解答各种问题，着力提高工作效率、实现纳税人随到随办，为县区农牧民提供了方便提升纳税服务质量。

截至10月，累计征收车辆购置税128.47万元，征收数量共268辆，其中汽车82辆，摩托车186辆。

根据《西藏自治区人民政府关于改革资源税征收方式的通知》（藏政发〔2013〕118）文件规定，组织全体人员认真学习，并通过直接上门送法、电话通知、QQ平台等方式向相关企业财务人员宣传、发放、讲解文件精神，做到文件精神宣传及时准确。截至10月，累计征收资源税1182.14万元，比上年同期减收1579.49万元，同比减收57.19%。

【“营改增”试点工作】根据《财政部国家税务总局关于在全国开展运输业和部分现代服务业营业税改征增值税试点税收政策的通知》财税〔2013〕37号文件之规定，国税局引起高度重视，及时组织广大干部职工学习和领悟通知精神，在墨竹工卡县范围内有的放矢地开展各项工作。

管辖内涉及此次营改增工作的户数为8户，其中包括5户企业及3户个体工商户；按照行业划分如下：从事陆路运输服务1户，从事研发和技术服务1户，从事鉴证咨询服务3户，从事文化创意服务2户，从事有形动产租赁服务1户。

【按照缴纳税款情况划分】从事陆路运输服务纳税户为墨竹工卡县甲玛工贸有限公司，该公司自2013年8月1起认定为一般纳税人，税率为11%，财税〔2013〕37号执行以来截至10月27日，该公司缴纳增值税405.39万元；从事研发和技术服务1户为中国有色桂林矿产地质研究院有限公司西藏分公司，该公司为小规模纳税人，征税率为3%，财税〔2013〕37号执行以来截至10月27日，该公司缴纳增值税10万；为上海兆氏金投资管理有限公司墨竹工卡分公司、西藏弘华投资管理有限公司、西藏照霖投资管理有限公司，上述三家公司未实现收入，均为小规模纳税人，征收率为3%；从事文化创意服务2户，分别为墨竹工卡精诚广告复印店，墨竹工卡欣源广告部均为个体工商户，未达到起征点，征收率为3%；有形动产租赁服务1户，为蒋氏影像个体工商户，未达到起征点，征收率为3%。

【优化纳税服务情况】为贯彻落实国家税务总局"便民办税春风行动"工作部署及拉萨市国税局"税沐春风暖圣城"行动，便利纳税人办税，树立税务部门良好的社会形象。

时刻树立"一切以纳税人为中心"的服务理念，把"尊重纳税人、方面纳税人、让纳税人满意"作为税收工作的出发点和落脚点，进一步提升服务能力和水平；认真落实"首问责任制"。对纳税人的咨询、申请办理事项要应答尽答、难答未答的，要积极寻找解决办法，不敷衍、不推诿，让纳税人一次上门能得到满意服务，避免多次跑，来回找。提高办税效率，全面落实限时办结制，对纳税人的咨询，登记、发票、申报、审批等各方面，缩短办结时间，提高办理速度，着力打造公开透明，规范有序、文明高效的办税环境。制定办税大厅局长值班制度。为进一步优化纳税服务，明确工作职责，提升办税质量，改善征纳关系，墨竹工卡县国税局制定并落实"办税大厅局长值班制度""制度"规定在征收大厅设立"局长值班席"，每月由一名局领导值班。"值班局长"主要负责督导征收大厅各项工作，负责解答纳税人提出的各类涉税问题，负责调查了解纳税人意见及建议，并及时提交局务会，负责协调处理其他涉税问题，负责控制或处置突发事件。此举措不但提高了纳税服务质量，提高了工作效率，而且为有效缓解征纳矛盾提供了保障。

【做好维稳工作】根据市局及县委、县政府的要求做好维稳工作，认真按照"稳定是第一责任"的工作要求，认真履行工作职责，落实工作责任。切实做好中共十八大召开期间维护社会稳定各项工作，正确认识形势，不断提高防范意识、忧患意识、责任意识，继续以"三不出"为工作目标。扎扎实实做好各项维稳安防工作，实行24小时值班制度，做好巡逻防控工作、交接班登记、门卫登记、每日定时向县一线指挥部有事报事，无事报平安。

（次旺贡布）

【领导名录】

局　长　泽　旦
副局长　李　纲
　　　　次旦桑珠
纪检组长　次旺贡布

墨竹工卡县工商行政管理局

【年度综述】年内，墨竹工卡县工商行政管理局按照自治区工商局"五个勇当"和"八个新机制"的工作要求，坚持"四个不放松"，着力抓好"六个继续"，市场监管、行政执法、党的建设等工作持续推进。在推进"富裕墨竹、和谐墨竹、文明墨竹、幸福墨竹、美丽墨竹"的征途上谱写了新篇章，做出了新贡献。

【服务水平得到提升】始终把市场主体满意作为服务的最高标准,把服务市场主体作为履职的根本责任,进一步优化发展环境,不折不扣贯彻落实优惠政策,积极开展“擦亮服务窗口、创建满意行业”活动,窗口部门全天候为民服务,准入时效明显加快。加强了各项职能的有机协调,高效率高质量地展示工商形象。

【各类市场主体加快发展】牢牢把握发展第一要务,立足墨竹实际,落实优惠政策,放宽准入条件,积极培育市场主体,市场主体总量不断增加,规模不断扩大。截至年底,全县私营企业 48 户,投资人数 89 人,雇工人数 1131 人,注册资金 67420.8 万元,同比分别增长 37.14%、17.11%、10.23%和 26.85%。全县个体工商户 1064 户,从业人员 1699 人,注册资金 2606.2 万元,同比分别增长 107.32%、113.98%和 196.36%。

【服务新农村建设成果突出】着力推动农牧区改革发展,积极实施农牧区市场主题孵化、市场体系优化、市场环境净化三大工程,支持农牧民专业合作社跨区域、跨所有制、跨行业发展,增强农牧区经济活力。积极探索和完善助农工作新机制,上门指导,跟踪帮扶,大力实施助农惠农工程,农村经济合作组织进一步发展壮大。截至年底,共发展农牧民专业合作社 85 户,出资总额 6983.35 万元,成员总数 2978 人。

【品牌战略深入实施】全面推行《商标授权经营制度》,提高消费者识假辨假能力,抑制商家虚假宣传。加强对商标法律知识的宣传、注册商标专用权的保护,对市场主体申报驰名和著名商标进行指导,引导市场主体树立品牌意识,主动上门为市场主体提供注册商标咨询服务。共引导市场主体申请注册商标 2 件。

【加大流通领域食品安全监管力度】深入开展重点食品、重点区域和重点场所食品经营专项整治,严厉打击非法添加非食用物质和滥用食品添加剂、销售伪劣食品等违法行为,食品安全突发事件得到有效遏制,食品经营主体资格、食品质量、食品经营行为监管力度进一步加大加强。食品安全监管严格落实索证索票、进销货台账制度,严把食品流通许可证发放关,办理食品流通许可证 12 个。重点对肉类、水发产品、乳制品、调味品等品种进行食品快速检测,共检测 13 个批次。

【营造公平竞争环境】坚持把市场监管作为第一责任,以新手段构建长效监管机制,努力实现监管职能全覆盖。突出流通领域食品安全监管,开展查处取缔无照经营、非法广告、强制交易和不正当竞争行为,保护知识产权,开展校园周边环境治理、扫黄打非等专项行动,加大打击传销规范直销力度,推进平安市场建设。围绕民生民利保安全,竭力解决人民群众的切身利益问题。强化信访矛盾纠纷排查调处工作,严防群体性上访事件。参与社会治安综合治理,努力维护社会稳定和谐。

【维护消费者合法权益】把消费维权的日常受理、转办、反馈、综合分析及消费引导工作作为工作重点,进一步扩大 12315“五进”覆盖面,实现维权站点的工作程序化、服务标准化、管理制度化。提高“12315”工作人员素质,主动、热情、快速、到位服务,更加有为地解决人民群众关注的热点、难点问题。

【非公经济党建工作稳步推进】严格按照自治区工商局和市工商局的安排部署,把非公党建工作摆在重要议事日程,成立非公经济组织党建工作领导小组,制订工作方案,不断学习摸索和总结开展非公党建工作的办法,深入实地调查了解,做好非公党员登记统计工作,截至年底,共登记党员 76 名,建立党支部 1 个。要求党员充分发挥先进性,致富思源,富而思进,为墨竹工卡县经济跨越式发展和长治久安发挥带头作用。

【开展旅游市场专项整治】针对非法经营旅游业务、围追兜售、强买强卖、以假充真、以次充好,欺骗消费者等问题，积极采取有效措施，不断加强旅游市场的监管和专项整治。截至年底，累计检查旅游经营主体62户次，整顿规范旅游经营户3户。

【市场秩序综合整治】认真贯彻落实关于开展全县城乡环境综合整治工作的安排部署，与相关部门深入开展市场秩序综合整治工作，认真负责，主动作为，积极协调，明确整治目标和各成员单位的工作职责。

【加强党风廉政建设】年初，与党员签订《党风廉政建设责任书》，进一步落实责任制，增强责任感。按照"严管、自律、服务、创新"的工作思路，以防范"两个风险"、实现"两个安全"为目标，围绕"注册登记、市场监管、执法办案、工作纪律"四个方面，进一步强化领导班子和领导干部"一岗双责"的政治责任，继续深化工商廉政文化建设。

【维护社会稳定成绩突出】建立健全《车辆管理制度》《保密制度》等规章。成立护院队，加强办公区域的巡逻检查。加强门卫管理，杜绝外来车辆随意进入，严防敌特势力搞破坏。加强对人员、车辆、用水用电的管理教育，开展内部安全检查，排查隐患，堵塞漏洞。

坚持领导带班、干部昼夜值班、"零报告"等制度，完善交接班、外来人员登记制度，印制值班交接登记表、来访人员登记表，要求值班人员认真核对外来人员有效证件，无法提供有效证件的，一律不得进入单位院内。严格落实交接班、盘查询问、登记、请示报告等制度，保持通信畅通，确保各项维稳措施落到实处。年内，共安排值班300余天，未出现一例擅离职守等违纪现象。

（林智勇）

【领导名录】

局　长　索朗次仁

副局长　扎 西 吉

墨竹工卡县气象局

【年度综述】2014年是墨竹工卡县气象局各项事业长足进步的一年，在县委、县政府和上级业务主管部门的大力支持和正确领导下，结合墨竹工卡县实情，坚持科学发展观，把发展作为第一要务，全面提高业务质量与服务质量，进一步加强地方气象事业建设，不断提高防灾减灾水平，全年各项工作取得了新的进展，为墨竹工卡县经济发展和社会进步做出了积极贡献。

【两个体系建设】2014年是气象局开展三农气象服务工作的第三年，气象局按照先期制定的服务方案，认真开展各项工作，整体气象服务能力得到进一步提升。

在8个乡镇建立乡镇气象信息服务站，给各信息站配备了气象预警显示屏、电脑、彩色打印机、照相机、办公桌椅、科普书籍、防灾减灾宣传栏安装气象专用宽带；县委、县政府高度重视气象工作，圆满完成2014年度各乡镇气象工作目标考核任务，这项工作的开展，进一步奠定"政府主导、部门联动、社会参与"的气象灾害防御格局，极大地推进墨竹气象工作政府化、社会化管理进程，为提高气象为农服务能力及防灾减灾科学化水平起到积极作用；农时季节，在上级业务部门的支持下，组织人员开展面向农业生产一线的"知农时、懂农事、察农需、接地气"调研活动，制作大棚作物服务材料6期，制作农田服务材料4期；为进一步提升防灾减灾能力、减轻灾害损失、全面促进经济社会协调持续发展，气象局在与农牧局、广电局、民政局签署合作协议的基础下，完成与水利局、环保局、国土局、旅游局在防灾减灾方面的合作协议。将进一步深化合作机制，扩大合作范围，凭借畅通的气象灾害信息共享渠道，加强气象灾害预警协作和核查评估，提升防灾减灾科普知识宣传水平，进而全面提升防灾减灾救灾能力。

【群众教育路线实践活动】气象局紧跟市局教育实践活动步伐，深入开展第二批群众路线教育实践活动，出实招、真见效，以气象服务为目标，加强学习，不断深化实践活动。及时召开群众路线教育实践活动动员大会；制订群众路线教育实践活动实施方案；开展全局群众路线教育实践活动大讨论及征求意见活动；局领导班子开展谈心交心活动。认真组织学习总书记习近平重要讲话精神和局长郑国光在四川雅安调研教育实践活动讲话精神，同时，全局党员干部通过文件、视频、会议等多种渠道收集和学习中央、区局和市局开展群众路线教育实践活动的做法和相关的报道材料。

【基本业务】墨竹工卡县气象局为国家气象观测站，每天分别于08时、14时、20时进行三次观测和三次发报，夜间不守班。随着气象现代化建设进一步提高，2004年年末安装自动气象观测设备，从2005年1月正式进行对气候要素的探测工作，从而进入人工和自动仪器的对比观测阶段。自动观测系统对墨竹工卡县候要素进行24小时的自动观测，并将观测数据自动发往国家气象局和西藏自治区气象局。2009年9月，根据国家气象局站点布置规划，分别在墨竹工卡县门巴乡、怎村、米拉山安装三个区域自动气象观测站，2014年7月在墨竹工卡县米拉山顶安装交通旅游气象观测站，2014年10月完成新型气象观测场的搬迁，为进一步提高墨竹工卡县重大灾害性天气预报质量提供有力的科学依据。

【气象服务】结合墨竹工卡县实际情况，找准气象服务切入点，认真学习贯彻全区气象局长会议精神，切实增强责任感和使命感，提高气象服务意识，努力为地方经济建设和构建和谐社会做好全面精细的气象服务工作。按照要求努力为地方各部门提供所需的气象资料；及时主动地向有关部门报送天气预报；在墨竹工卡县原有的短信、显示屏等气象信息传播渠道基础上，2014年9月增加并投入使用全区县级公共气象服务平台和乡镇气象服务平台，利用该平台和各乡镇建立起了更加稳定、及时的气象信息传播渠道。使各级领导能够在第一时间了解全县天气状况，为领导的决策工作提供科学依据，为县委、县政府及有关部门做好重大灾害性、关键性、转折性天气的气象服务，做好汛期等关键时期的气象服务。

【人工影响天气】人工影响天气工作是公共气象服务体系建设的重要内容，直接服务于广大农牧民群众和农牧业生产，自墨竹工卡县开展人工影响天气作业以来，在农业防雹、抗旱、水库蓄水等方面发挥了应有的作用，产生了较好的社会和经济效益。

在县委、县政府和区、市人影办的领导下，墨竹工卡县积极推进人影现代化建设，取得新的进展，同时强化人工影响天气的管理，保障作业安全。实践证明，科学的人工影响天气工作对农牧业生产能够提供很好的保驾护航作用。

在墨竹工卡县人工影响天气领导小组的正确指挥下，2014年6月——7月，人工影响天气作业共进行6次，并获得较好效果，为墨竹工卡县旱灾造成的损失减小到最低。

【防雷减灾】墨竹工卡县自2010年防雷减灾工作开始，县气象局认真履行防雷减灾职责，把防雷减灾作为全县安全生产工作的重点来抓，每年汛期前对全县的防雷设施进行一次全面的安全检测，严把对新建、扩建建(构)筑物防雷设施的设计审核关，做到防雷安全从源头抓起，强化对县内企业、加油站、学校、通讯、供电等易燃易爆和楼堂馆等场地的防雷安全检查，认真做好雷电灾害的调查与收集，对全县防雷工作进行技术指导和组织管理。全县防雷减灾工作按照预防为主，防治结合的方针，已逐步走向规范化、法制化。

【综合改造】根据中国气象局气象现代化要求，在西藏自治区气象局、拉萨市气象局的大力支持下，在墨竹工卡县气象局实施的气象现代化综合改造工程于2014年8月正式完工并通过区、市局领导验收。

【大事记】

1月1日，气象局正式开始使用新型地面观测设备及软件。

1月1日,气象局人事变动,新进人员达娃。

4月1日,成立县气象局、县电信局、县工商局、县邮政局联合党支部,局长尼玛次仁担任该党支部书记。

4月4日，完成指定《墨竹工卡县气象考核办法》。

4月12日,墨竹工卡县人民政府下发文件确定乡镇气象考核内容。

4月22日,墨竹工卡县气象局局长尼玛次仁当选为墨竹工卡县科学技术协会委员。

4月26日,西藏自治区气象局王鹏祥书记等领导到气象局视察和指导综合改造工程。

5月20日,墨竹工卡气象局永红获得地面测报“全国优秀质量测报员”荣誉。

6月8日,气象局人事变动,职工欧珠旺姆调至拉萨市气象局。

6月11日,气象局人事变动,新进人员甘臣龙。

7月9日，气象局向县政府争取到炮点变压器安装经费共计50万元。

7月17日,完成墨竹工卡县米拉山顶交通旅游气象观测站安装。

8月11日,墨竹工卡县气象局综合改造工程顺利通过验收。

10月31日,气象局新观测场搬迁成功。

11月28日,墨竹工卡县新建甲玛乡、唐加乡、格桑村炮点顺利通过验收。

12月11日,气象局完成县级“三农”气象为农电视服务节目并召开墨竹工卡县气象工作会议暨气象工作意见征求会,参加会议的有墨竹工卡县副县长周承杰和县农牧局、县水利局、县林业局、县国土局、县广电局、县民政局、县旅游局、县宣传部及各乡镇主要负责人。

（甘臣龙）

【领导名录】

局　长　尼玛次仁

副局长　永　红

社会事业

社会事业

墨竹工卡县民政局

【年度综述】 年内，墨竹工卡县民政局认真贯彻中共十八大、十八届三中全会神以及中央、自治区、市、县有关民政工作的一系列方针政策，牢固树立“以人为本，为民解困”思想，以改善民生为重点，以负起社会责任为己任，按照“发展是首要，为民是根本，运作是核心，统筹是关键，队伍是保证”的要求，认真落实科学发展观，按计划扎实推进各项工作，努力提升民政工作水平，切实履行民政职能，发挥民政作用，保障墨竹工卡县人民群众的基本生活权益和民主政治权利，推动墨竹工卡县民政事业的发展。

【社会保障】 为保障和改善墨竹工卡县城镇、农村低保户的生活水平，实现安标施保、动态管理的目标，确保低保政策的社会效益，墨竹工卡县民政局自2014年1月起调整城乡低保保障标准，城镇低保标准由现行的月人均490元调整为月人均540元；全县农村居民最低生活保障标准由现行的年人均1950元调整为2150元。在2014年度城乡低保动态管理中，共调整农村低保对象446户1273人（其中：停发297户722人，变更58户93人，新增农村低保对象91户458人），调整城镇低保对象16户21人（其中：停发2户2人，变更1户1人，新增城镇低保对象13户18人）。全年为1075户4383名农村低保对象发放2014年度低保金资金311.6944万元，为713户824名城镇低保对象发放低保金低保资金403.2898万元。在“三大节”期间，为4556名农村低保对象发放一次性补贴136.68万元；为841名城镇低保对象发放一次性补贴75.69万元。在新春藏历新年期间，县委、县人大、县政府和县民政局对城乡低保户、五保户和优抚对象开展“扶贫济困送温暖”走访慰问活动，共发放慰问物资、慰问金共达65万余元，切实解决全县贫困群众的节日生活问题，促进了社会和谐，维护了社会稳定。为进一步规范城乡社会救助工作，加强居民家庭经济状况信息比对工作，经墨竹工卡县机构编制委员会批准，墨竹工卡县居民家庭经济状况核对中心正式挂牌成立，并按要求配备3名工作人员，为有效实施社会救助制度，顺利推进全县居民家庭经济状况核对工作，确保社会救助工作公平、公正实施提供制度保障。

【城乡医疗救助】 为切实贯彻落实惠民政策，民政局积极健全城乡医疗救助资金管理使用制度，不断改进和完善申办程序，方便救助对象及时快捷领到医疗救助资金，认真做好救助对象档案材料的整理归档。截至年底，共为30名城镇居民核报销医疗救助金额13.8968万元，为764名农牧民群众核报销医疗救助金额311.4632万元。为全面落实《西藏自治区深化医药体制改革工作方案》和《拉萨市城乡医疗救助实施办法》，完善墨竹工卡县医疗救助工作机制，提高医疗救助工作水平，简化群众申报审批程序，使医疗救助与城镇居民基本医疗保险有机衔接，实行“三位一体”的“一站式”即时结算，切实方便困难群众享受医疗卫生服务，有效缓解困难群众就医难问题，墨竹工卡县人民政府在嘎则新区建立便民服务大厅，民政局在人社、卫生等部门的配合下，在服务大厅设立窗口开展医疗救助“一站式”即时结算工作，该项工作运行正常；同时，墨竹工卡县从城乡医疗救助资金中垫资100万元与自治区第二人民医院、自治区藏医院、拉萨市人民医院、武警公安医院、阜康医院等各区、市医保定点医院签订“一站式”即时结算协议，切实方便了城乡低保、五保群众享受医疗卫生服务,有效缓解了就医难问题。

【农村五保供养】截至年底，全县共有享受农村五保供养条件的人员286名（其中老年人196名,残疾人114名;最高年龄95岁,最小年龄42岁)。为认真贯彻落实《农村五保供养工作条例》,墨竹工卡县三所社会福利机构已集中供养五保对象271人,五保意愿集中供养率达100%。为进一步提高五保供养、管理、服务水平,建立农牧区五保集中供养对象供养标准自然增长机制,根据自治区、拉萨市《关于提高农村五保供养标准的通知》的文件精神,农牧区五保供养经费为每人每年4520元，已发放全年度五保供养经费129.21万元。同时,墨竹工卡县人民政府在区市五保供养经费配套的基础上追加162万元(每人每日15元的标准)提高五保集中供养经费,五保集中供养对象人均月生活补助标准为850元，五保集中供养人员的经费由县财政直接拨付到五保供养经费专账，由福利机构统一调配使用;为贯彻落实《五保供养条例》和推动社会福利和社会公益事业的发展,提高社会福利机构的规范化管理水平，促进和激励社会福利事业健康发展,按照《年中央专项及自治区级彩票公益金支持社会公益事业建设项目》和《西藏自治区人民政府关于全面推进五保集中供养和孤儿集中收养工作的意见》的规划,墨竹工卡县社会福利院建设项目已动工新建;为使集中供养五保对象能欢度祥和、欢乐的春节和藏历新年，让孤寡老人倍受党和政府的关怀,弘扬中华民族“尊老敬老”优良传统,县民政局在县委、县政府的帮助下,组织县直有关部门和双拥共建单位积极开展新年慰问活动,县四大班子主要领导在藏历新年初一与五保集中供养老人欢度佳节;按照区、市有关要求,在全县开展农村五保供养对象入户复核清理工作,从五个方面内容了解五保户的生活现状、身体状况、住房情况、救助情况、法定赡、抚、扶养人等情况,并进行登记造册。

【救灾救济】开展2013——2014年度冬春缺粮救济工作,按照每人每月15公斤口粮的标准,及时为559户2216名灾民下拨3个月价值达43.88元的春荒救济口粮99720公斤;建立健全灾害预警预报制度、信息上报、统计和救助制度,根据区市有关文件精神,确定全县58名灾害信息员(其中:县级2名,乡镇级16名,村级40名),有效地提高墨竹工卡县防灾救灾能力;为进一步增强全社会灾害风险防范意识,广泛普及自救互救知识,墨竹工卡县减灾委办公室于防灾减灾宣传周的有利契机,扎实有效地开展开展以“弘扬防灾减灾文化,提高防灾减灾意识”为主题的系列活动，共发放宣传资料800余份、悬挂横幅29条、张贴宣传图片20张;为进一步贯彻落实国家减灾救灾政策的落实,加强综合协调和应急保障能力,根据区市有关文件要求,完善县、乡、村三级《自然灾害应急救助预案》;为提高墨竹工卡县特重大自然灾害救济能力，按照自治区、拉萨市民政系统“十二五”规划,墨竹工卡县尼玛江热乡救灾物资储备库新建项目已竣工并通过验收。乡级救灾仓库的建设,增强防灾抗灾能力,为有效开展救灾工作提供有力的保证；在云南鲁甸地震后，墨竹工卡县在全县范围内开展向地震灾区人民“送温暖献爱心”自愿捐款活动,共有900余名党员干部职工和群众捐款24.47万元，充分体现出一方有难、八方支援的传统美德,表达了墨竹人民对灾区人民的深厚感情。

【社会福利】为健全完善长寿补贴金制度，使符合条件的老年人及时享受各项优待政策,墨竹工卡县为80岁以上的老年人给予健康补贴。截至年底,墨竹工卡县共有寿星老人541人,其中80岁以上430名、90岁以上108名、百岁老人3名,兑现健康补贴27.81万元。为保障全县60岁以上老人的基本生活,实现农牧区老人“养老不犯愁”的梦想,按照县委、县政府“2014年度为民办十件实事”的安排部署,自2014年起实施“夕阳红”养老补贴工程,由县财政出资为全县农牧区60岁以上老人逐月发放125元养老补贴。在12月初,民政局为全县3719名60岁以上农牧民群众发放养老补贴557.85万元。年内，共为全县82名孤儿发放基本生活保障金

14.76 万元，做到不折不扣发放到人、专款专用。为保护未成年人的合法权益，让孩子们健康快乐成长，得到更为全面的发展，按照《五保集中供养和孤儿集中收养方案》的要求和部署，墨竹工卡县在 11 月下旬将在读小学和高中阶段的 18 名孤儿交送拉萨市儿童福利院和 SOS 儿童村进行集中收养。

【双拥优抚】年内，“三大节”和建军节期间，县政府累计投入 10 余万元，相继开展走访慰问驻县部队、“八一”军事日及维稳训练等活动，同时慰问全县历年优秀退伍军人。为进一步加强和巩固军政军民团结，增进军政军民友谊，县双拥办积极征求驻县部队意见建议和了解日常生活中存在的困难，为部队添置价值 3.25 万元的电脑、电视、烧水器、音响设备等物资，以加强驻县部队营区硬件设施建设。为保障墨竹工卡县优抚对象的生活水平逐步提高，体现党和政府对广大优抚对象的关怀，严格执行上级关于重点优抚对象的抚恤补助标准，墨竹工卡县按照区市有关文件精神，及时调整部分优抚对象抚恤补助标准。年内，为全县 10 名重点优抚对象发放抚恤金 10.826 万元，切实保障社会局势稳定和优抚工作的落实。全县接收 2013 年度冬季退役士兵 12 人，按优待金 2.4 万元 / 人和一次性经济补助 5 万元 / 人的标准，为全县 12 名退役士兵发放资金 88.8 万元，退役士兵合法权益得到保障。在县人社部门的帮助下，2014 年累计组织共有 30 余名退役士兵接受了安保、驾驶等多个职业技能的专业培训，培训后的学员通过推荐就业或自谋职业实现就业的比例达到 85%以上。9 月，墨竹工卡县顺利完成年度夏季征兵工作任务。为切实做好新一轮创建双拥模范县工作，在 2014 年度欢送退伍老兵座谈会上，墨竹工卡县双拥领导小组为 20 名退伍战士每人送上慰问金 1000 元。

【政权建设】依据《中华人民共和国村民委员会组织法》和《墨竹工卡县 2014 年村党组织和第八届村委会换届选举工作实施方案》，全县各乡镇党委、政府、县民政局按照县委、县政府统一部署，全面组织开展第八届村两委换届选举工作。全县 40 个行政村共选出村两委班子成员 272 名，其中：村党支部委员 207 名，村委会成员 245 名；村“两委”交叉任职委员 180 名，女性村干部 49 名；40 岁以下村干部 114 名。村级换届选举过程中，墨竹工卡县始终坚持把加强党的领导、充分发扬民主和严格依法办事三者有机结合，不断增强广大党员群众的民主意识和法治观念。墨竹工卡县第八届村“两委”换届领导小组精心制订工作方案，县民政局结合实际，对村级换届选举的时间安排、村领导班子的选配条件、村干部职数、选举工作的方法步骤等关键环节作出明确规定。成立墨竹工卡县村级换届选举领导小组，指导开展工作，帮助解决实际困难和问题，确保换届工作的稳步推进。按照《西藏自治区关于进一步加强村（居）民委员会民主监督工作的意见》和《拉萨市关于建立完善村（居）民委员会民主监督工作的通知》等文件要求，墨竹工卡县 40 个村民委员会已经全部建立村民监督委员会，共产生村民监督委员会主任 40 人，监督委员会委员 149 人。同时，墨竹工卡县先后出台《关于建立健全村务监督委员会制度的实施意见》《关于进一步加强村务监督委员会工作的通知》等文件，形成以落实村监委“七有”为抓手，以建立村监委工作运转机制为基础，以建立健全村监委履职保障机制与考核奖惩机制为支撑的工作格局，打牢村监委工作基础，确保村监委正常、高效运转。全县基本形成一套村民监督委员会制度体系，全面提高了监督运行的规范化水平。村民监督委员会制度的确立，使村两委的工作更加规范化、制度化，促进农牧区经济社会的和谐快速发展，增加农民收入，维护农牧区社会的安定团结。为不断满足社区居民日益增长的物质和文化需要，丰富和提高人们的思想文化素质，构建和谐社区，全面推进小康社会建设，按照中央专项及自治区级彩票公益金支持公益事业建设项目的规划，墨竹工卡县工卡镇社区服务中心建设项目于 2014 年 10 月动工新建。

【社会事务】墨竹工卡县民政局严格执行《婚姻登

记管理条例》,简化手续,方便了群众。同时,加强工作人员的培训和办公室硬件设施建设,规范档案管理,完善各项规章制度,不断优化工作水平和服务质量。年内,共办理结婚登记1079对,结婚登记合格率达到100%;离婚登记31对;补办登记55对。根据《行政区域界线管理条例》和自治区政府办公厅《关于开展全区第四轮县级行政区域界线联合检查工作的通知》的规定和要求,墨竹工卡县调整充实了墨竹工卡县第四轮县级行政区域界线联合检查工作领导小组成员,于4月中旬制定《拉萨市墨竹工卡县——那曲地区嘉黎县行政区域界线联合检查实施方案》和《拉萨市墨竹工卡县——拉萨市达孜县行政区域界线联合检查实施方案》,于8月中旬牵头开展墨嘉线和墨达线联检工作,同时配合拉萨市林周县实地进行墨林线边界勘查工作,圆满完成2014年度县级行政区域界线联合检查工作。为做好地名文化建设和地名文化遗产保护登记工作,在县相关部门的协助下,对甲玛赤康、直贡梯寺、日多温泉、德仲温泉、夏拉康盟文诏敕碑及达普天文日光观测台等千年古村落、著名山川和近现代重要地名进行了登记申报工作。为切实提高墨竹工卡县殡葬管理工作能力,维护天葬台及其周边环境的正常秩序,促进社会主义精神文明建设,在区市有关部门的帮助下,出资200万元在直贡梯寺天葬台修建了围墙和防护栏,增设警示标志。

【社团管理】墨竹工卡县依法登记注册社会组织14个,主要涉及农牧、扶贫开发和水利等行业和领域,在2014年7月完成8家用水户协会的年审工作。截至年底,全县14家社会组织中共有108名党员。墨竹工卡县按照“有利于加强党的领导,有利于开展党的活动,有利于加强党员教育管理”的原则创新工作思路,重新理顺全县社会组织的党组织。对有3名以上正式党员的组织,单独建立党支部;对一些党建基础薄弱、党员人数较少的社会组织派驻党建工作指导员。截至年底,已单独建立党组织的社会组织共有8家(均为用水户协会),挂靠村党支部社会组织6家(5家扶贫互助会及巴洛藏鸡养殖协会),社会组织党组织实现全覆盖。社会组织党组织开展了以“五个好”和党员争做“五个先锋”的主题实践活动,努力提升党员工作水平,组织党员开展志愿服务,结对帮扶,走访服务会员群众活动,帮助会员解决困难,同时落实“三会一课”、民主评议,建立健全培训制度,有计划、分步骤地对广大党员进行党性教育和技能教育,努力提高广大党员的政治修养和能力素养;全县各业务主管单位对社会组织党组织活动开展加强督查指导。

【残疾人事业】根据《拉萨市残疾人事业“十二五”发展规划》要求,扎实开展残疾人康复、就业、维权、社会保障等各项业务,着力解决残疾人最关心、最现实的问题,以为残疾人办实事、解难事为重点,积极探索建立关爱、帮助残疾人的工作机制,探索残疾人工作新格局,为社会经济全面发展和局势稳定发挥积极作用。为进一步推动“康复进社区,服务到家庭”的社区康复工作,县残联在区市残联和国际助残组织的帮助下,于每月15日举办农牧区社区康复培训班,对墨竹工卡县残联康复工作人员、各村干部和村医等进行培训。在全国助残日开展活动宣传,为农牧民群众开展健康咨询和健康教育活动,发放宣传资料200余份。

【机关建设管理】全面落实党风廉政建设目标责任制,坚持支部统一领导,党政齐抓共管,“一把手”负总责,分管领导各负其责的原则。认真学习贯彻实施《建立健全教育、制度、监督并重的惩治和预防腐败体系实施纲要》,并用之来指导民政局党风廉政建设和反腐败各项工作的开展。年初,召开专题会议,制定年度党风廉政建设和反腐败工作要点、领导班子党风廉政建设责任分解方案等,对党风廉政建设责任细化分解,明确具体承办人,严格责任考核和责任追究。同时,把党风廉政建设和反腐败工作与民政业务工作、与创建平安机关有机结合起来,做到了同部署、同落实、同检查;认真贯彻全国民政系统反腐倡廉建设工作视频会议和中央、自治区和拉萨市纪委会议精神,民政局在深入调研分析的基础上，结合本单位实际，制订下发局机关效能建设实施方案，并召开全局党员干部职工大会进行动员部署；认真贯彻《政府信息公开条例》，及时在局政务公开栏公开有关内容；深入开展作风建设，抓好民政系统的行风建设，提高服务质量和办事效率；大力开展专项执法检查，对救灾救济款等实行专项检查，严禁截留；公务接待严格控制标准，切实加大预防和治理腐败的力度，为民政各项工作健康协调发展提供了有力保证；建立了以局长为组长，各科室工作人员为成员的信访工作小组，切实认真开展信访和矛盾纠纷排解工作，实行 24 小时信访值班制度，确保群众来访能及时有效的化解，加大领导力度，确保把信访工作列入重要议事日程，常研究，把信访法规和文件列入宣传内容，常宣传；根据县委、县政府和上级有关部门安排部署，民政局与年初制定《创建平安单位实施意见》《年度社会治安综合治理和平安建设工作计划》《维稳应急值班制度》等一系列规章制度，并多次召开全系统干部职工维稳工作专题会议，及时传达贯彻上级维稳工作精神，切实落实各项工作，加强内部安全保卫，加大值班工作力度，严格执行请示汇报制度；加强干部职工和退休人员的自身管理，要求干部职工教育好身边亲友，积极做好民政系统矛盾纠纷排查调解处理工作。以民族团结先锋活动促业务工作，积极为全县经济建设做好服务工作，依法维护各族人民群众的利益。同时，以业务管理工作把创建活动引向深入，营造了各民族团结进步的良好社会氛围。经常组织开展民族团结联欢等活动，并组织干部职工深入各村委会进行民族政策宣传，为少数民族提供服务；开展了“知民情、解民忧、暖民心”工程，为尼玛江热乡、扎西岗乡、唐加乡部分贫困家庭予以资金扶助，为他们的生产和生活解困，促进全县经济发展。

（吴　敏）

【领导名录】

局　长　旦巴

副局长　达娃

墨竹工卡县人力资源和社会保障局

【年度综述】年内，县人力资源和社会保障局在县委、县政府的坚强领导和上级业务部门的大力支持下，以改善和发展民生为抓手，紧紧围绕全县中心工作，全县就业再就业、社会保险、劳动关系、人力资源管理工作实现了既定目标。

【职业技能培训】2014 年，县人力资源和社会保障局立足全县城镇失业人员和农牧民转移就业需求实际，开展一系列职业技能培训，全县完成就业培训 204 人（市下达目标 200 人）完成全年目标 102%，培训内容包括：藏式传统工艺制作技能培训 50 人，驾驶技能培训 98 人，民族歌舞培训 16 人，公益性干部计算机培训 40 名。农牧民转移技能培训 320 人（市下达目标 290 人）完成全年目标 110%，培训内容包括：农牧民装、挖机操作技能培训 220 人，农牧民建筑施工技能培训 100 人。

【就业工作完成情况】2014 年，县人力资源和社会保障局积极联合县直相关部门开拓就业市场，全县完成城镇及农牧民转移就业 492 人（市下达目标 441 人），完成全年目标 112%。其中：藏式传统工艺制作 50 人，建筑施工 100 人，调频值机人员 6 人，松赞艺术团 16 人、保安 6 人、开发公益性岗位 27 人，协警 15 人，驾驶员 162 人，厨师 30 名，摩托车维修工 30 名，手工木工 25 名，汽车修理工 25 名。成功举办了墨竹工卡县 2014 年第一期人力资源洽谈会，吸引区、市招聘企业 11 家，签订就业意向协议 75 人，受到县委、县政府和上级业务部门的肯定。开发就业岗位 482 个（市下达目标 300 个），完成全年目标 161%；城镇新增就业 970 人（市下达目标 900 人），完成全年目标 107%；职业介绍完成 650 人（市下达目标 420 个），完成全年目标 154%；职业介绍成功人数382人(市下达目标252人),完成全年目标156%;职业指导541人(市下达目标530人),完成全年目标102%;城镇登记失业率控制在2%以内。

【劳动力转移情况】2014年,墨竹工卡县完成劳动力转移30716人次(市下达目标30000人次),完成全年目标105%,实现收入14260.22万元。市下达目标6300万元,完成全年目标226%。其中:虫草采挖7634人次,实现收入7047万元,其他类劳动力转移23082人次,实现收入7213.22万元。

【高校未就业毕业生就业服务】2014年,县人力资源和社会保障局对高校毕业生全面进行统计,并进行登记造册。根据统计和调研,墨竹工卡县2014年共计高校毕业生200名,其中通过第一、二批公考后考上机关事业单位人员有161名,另没有上线的39名高校毕业生提供了见习机会和引导企业里工作,其中23名高校毕业生在西藏华泰龙公司提供毕业见习机会,其余16名在企业里实习或就业。

【社会保险】2014年,墨竹工卡县社会保障体系进一步得到完善,以五大类九小类社会保险为主要内容保障机制更加健全,全县社保覆盖面达到100%,综合参保率达到98%以上。

【城镇职工养老保险】2014年,县人力资源和社会保障局完成城镇职工养老保险参保人数387人,(市下达目标323人),完成全年目标120%。其中,在职职工356人、退休职工31人,征缴养老保险金467.88万元(市下达目标278万元),完成全年目标168%。兑现退休养老保险待遇117.19万元,参保率100%。

【城镇职工医疗保险】2014年,县人力资源和社会保障局完成城镇职工医疗保险参保人数2006人(市下达目标1990人),完成全年目标100.8%。其中:在职干部1842人,退休164人。2014年,医保个人上缴金额为209.37万元;机关、事业、学校单位配套金额为794.07万元;企业单位上缴金额为43.42万元。共计征缴基金为1046.86万元市下达目标为809万元,完成全年目标的129%。

【城镇居民医疗保险】2014年,县人力资源和社会保障局完成城镇居民医疗保险参保人数1510人(市下达目标1498人),完成全年目标101%。征缴基金6.3万元(市下达目标6.3万元),完成全年目标100%。

【城乡居民社会养老保险】2014年,县人力资源和社会保障局完成城镇居民养老保险参保人数772人,其中:僧尼640人,城镇居民132人,征收养老金45500.00元;新型农村养老保险。2014年,县人力资源和社会保障局完成新农保参保人数28162人(其中:16——59岁23790人,60岁及以上4372人)。2014年兑现60岁及以上人员新农保待遇655.8万元,参保率100%,征缴新农保基金为217.16万。2014年,全县城乡居民社会养老保险参保人数有28934人(市下达目标28432人),完成全年目标102%。

【工伤保险】2014年,县人力资源和社会保障局完成工伤保险参保人数4176人(市下达目标1192人),完成全年目标350.34%,征缴工伤保险金178.35万元(市下达目标77万元),完成全年目标232%。

【生育保险】2014年,全县生育保险参保人数为1842人(市下达目标1740人),完成全年目标106%。共计缴费金额为52.34万元(市下达目标32万元),完成全年目标164%。

【失业保险】2014年,全县失业保险参保人数为1161人(市下达目标650人),完成全年目标179%。共计缴费金额为181.94万元(市下达目标110万元),完成全年目标165%。

【工资福利方面】2014 年,县人力资资源和社会保障局完成各类工资变动 270 人，新分配人员工资定级 85 人。

【劳动监察方面】2014 年，县人力资源和社会保障局征收民工工资保证金 572.0554 万元,2014 年已退还和支付民工工资 500 多万元。开展劳动监察专项检查 26 次。督促企业签订劳动合同 3711 人。邀请区、市业务部门负责人,对全县 32 家矿山、建筑企业举办了墨竹工卡县首期工伤预防及劳动关系知识培训,参加培训人数 112 人,受到企业的积极评价,同时 6 次干部下矿区,宣传法律法规。联合县直相关部门及时协调资纠纷 18 起，涉及民工 452 人,工资金额 500 多万元,确保了全县劳动关系的和谐稳定。

【事业单位专业技术人员管理】2014 年，县人力资源和社会保障局完成事业单位专业技术人员初级职称评定 7 人,续聘 12 人,办理专业技术人员辞职 5 人。截至 2014 年年底,事业单位改革工作前期统计、登记等准备工作仍在不断推进中。

【自治区 11 项财政补贴提标完成情况】涉及县人力资源和社会保障局职责的共两项,提高城镇居民基本医疗保险财政补助标准，按照墨政发〔2014〕3 号文件精神,县人力资源和社会保障局及时调整了墨竹工卡县城镇居民基本医疗保险财政补助标准,全县城镇居民医疗保险参保人数 1498 人，提高补助金额 59920.00 元;按照文件精神,县人力资源和社会保障局提高了新农保基础养老金财政补助标准，全县享受新农保基础养老金农牧民共计 4372 人,共兑现提高补助金额 196740.00 元。

【县人民政府 10 件实事落实情况】按照墨政发〔2014〕3 号文件精神，涉及县人力资源和社会保障局 10 件实事精神,对符合条件的村“两委”班子上缴养老保险金。

【工作亮点】工伤保险参保人数较上年增幅较大，征缴金额增幅明显；县政府的大力支持和帮助下，改善办公条件,完善工作流程;民工工资保证金上缴的试点总体还算成功,需要进一步推广。

（扎西桑珠）

【领导名录】

局　长　班旦曲扎

副局长　春　芳

墨竹工卡县“四业工程”办公室

【年度综述】自 2012 年 5 月墨竹工卡县大力实施“四业工程”以来,在上级有关部门的大力支持下,在县委、县政府的坚强领导下,结合拉萨市“四业工程”推进大会精神和《关于在“四业工程”中推进城乡劳动力就业的方案》精神,紧紧围绕“以业育人、以业安人、以业管人、以业富人”的目标,及时成立了“四业工程”领导小组办公室,确保墨竹工卡县“四业工程”工作顺利地开展,在实施“四业工程”近两年的时间里,墨竹工卡县农牧民群众平均收入增多,生活水平有了进一步提高。

【建立组织领导机制】县委、县政府把“四业工程”纳入全年工作的重要议事日程,及时召开县委常委专题会议,及时调整充实了以县委书记严应骏为组长,县委常委、纪委书记尼玛潘多,县政府副县长米玛次仁为副组长的领导小组，领导小组下设办公室,专门负责日常工作,县政协副主席益西班旦任办公室主任。各乡(镇)及时成立“四业工程”领导小组，并专门安排村委会主任负责各村“四业工程”工作,县直各单位均做到组织领导人员配备得力,形成县乡村齐抓共管、县直各部门各司其职的工作体系。

【建立后勤保障机制】根据市委、市政府的有关要求,结合全县工作实际,县政府每年专门拨付 50 万元工作经费并且将相关惠民强农等民生资金整合到

"四业工程"中来，实现资金效用最大化，确保各项工作顺利开展，确保培训各项工作顺利开展。全年涉及"四业工程"的资金共计为1022.72万元(完成目标任务财政收入2%投入到"四业工程"的255.6%)，其中包括农业特色产业扶持资金60万元，农牧民培训经费200万元，社会管理创新网络化管理200万元，大学生扶持资金396.4万元（区内2500元、区外3600元)，双联户联户长工资166.32万元。

【建立监督管理机制】将抓农牧民技能技术培训和劳动力转移就业工作的成效作为民生工作一项重要检验标准，并纳入全县年度目标考核细则，实现了各项培训工作有目标、有检查、有考核。

【建立工作协调机制】县委、县政府先后4次组织召开"四业工程"农牧民技能技术培训和劳动力转移就业工作专题会议、推进会议、主要领导下乡调研11次(如：书记齐扎拉、市长张延清主持召开的"四业工程"工作专题会议上的重要讲话及主任龚建章对2014年"四业工程"的安排部署内容，墨竹工卡县及时召开"四业工程"工作会议，把讲话内容以宣传提纲形式下发给参会人员，要求各乡(镇)及村"两委"领会好相关会议精神，会后将相关会议精神落实到户，并到各乡(镇)与农牧民面对面了解讲话内容的落实情况)，撰写信息30期，总结经验，分析不足，并且研究制定了例会制度，定期组织县里相关部门召开工作协调会议，互通信息，协调工作，形成多方力量，为顺利完成拉萨市"四业工程"办公室下达的目标任务奠定了良好基础。

【把调查摸底作为"四业工程"切入点】为全面了解全县农牧民群众劳动力结构及培训需求，墨竹工卡县40个驻村工作队通过走村入户的形式，对18——50岁具有劳动力的人口进行详细调查，登记造册，编写"墨竹工卡县18——50周岁劳动力人口基本情况登记表"，并通过召开群众大会，听取农牧民意见建议，根据农牧民培训意愿填写"墨竹工卡县农牧民培训需求登记表"，掌握全县农牧民培训需求。在此基础上，通过征求各单位意见和反复酝酿，结合全县农牧民技能技术培训和劳动力转移就业工作的实际状况，及时制订农牧民技能技术培训和劳动力转移就业计划，将每年的培训任务分解至各相关单位，各相关职能部门也相应地将任务分解到各乡镇、各驻村工作队和各行政村，切实做到工作定标。

【把宣传引导作为"四业工程"的着力点】积极调动各乡(镇)基层组织和驻村工作队力量，以党的群众路线教育实践活动为契机，继续加大舆论宣传，采取先进典型带动、思想教育引导的方式，开展就业宣传工作，大力宣传"四业工程"给农牧民群众带来的一系列实惠和利益，切实转变农牧民保守观念，激发吃苦耐劳精神和增收致富愿望，确保此项惠民政策得到群众认可、支持和积极参与。截至年底，共宣讲47场次，参与18650人次。

【职业技能培训】2014年，全县完成培训4602人(完成目标任务4120人的116%)，其中转移就业培训923人，分别为建筑施工技能培训60人、农牧民合作社320人、临时工岗位技能提升120人、藏餐制作培训30人、计算机培训40人、摩托车维修30人、汽车维修25人、木工25人、藏毯编织13人、村委会驾驶员90人、装挖机操作技能140人、烹饪30人；全县完成实用技能培训3679人，包括七乡一(镇)种养殖、牲畜疾病预防2942人、科技新品种引进252人、农机具226人、科技服务站6人、妇女维权技能培训53人、农牧民进城务工引导培训200人。全年共投入培训资金258.03万元。

【多途径加大转移就业力度】年内，已实现转移就业1757人(完成目标任务1200人的146%)，全年实现转移就业增收4831.7万元。其中：通过县"四业办"组织企业对接、人力资源招聘会等多种形式，截至年底县"四业办"共对接257人，各乡(镇)、县直部门对接完成1500人。主要做法：以岗位开发带动就业。根据各乡(镇)及县直各单位岗位需求，为帮助农牧民就业，经县委、县政府研究决定，开发了辅警、水电工、机关后勤临时工、公益性等岗位，通过对失地农牧民需进行专业技术技能方面的培训，现有120名失地农牧民已解决就业，人均月收入达1500——2000元；以农牧民经合组织开发带动就业。全县有合作社123家，部分群众因居住地原因想就近、就便实现就业、增收，针对这一情况县委、县政府立足全县地域优势和自身特点挖掘出一批农牧民经合组织，并在政策、资金、技术上给予大力支持，帮助农牧民把经合组织做大做强。截至年底，在全县扶贫项目、净土健康产业项目上共投入658.6万元，合力培育和发展一批具有乡土气息、群众支持、辐射力强、带动明显的农牧民经合组织，其中包括尼玛江热乡宗雪村直孔噶瑕农产品加工专业合作社、甲玛工贸有限公司、巴洛、阿如组藏鸡养殖专业合作社、蔬菜科技种植示范基地、天然藏药材种植保护基地、草莓种植基地等合作社，共吸纳农牧民就业546人，月人均增收2000——3000元。以创业带动就业。经过两年来的努力和带动，墨竹工卡县农牧民创业意识不断增强，墨竹工卡县2014年有创业点6个，带动转移就业88人，月人均增收1500——2000元（完成目标任务120人的153%）。如宗穆夏传承艺术品加工有限公司，注册资金为20万元，带动就业50人，其中5名缝纫师，月工资为2000元，普工7人，工资为1500元，其他38人员（残疾7人、低保户5人、后勤5人、销售人员8人），底薪为1000元；积极做好高校未就业毕业生就业服务工作。2014年，墨竹工卡县对高校毕业生全面进行统计，并进行登记造册。对23名高校毕业生在华泰隆公司提供就业见习机会。

【促进劳务输出】全县共有21家施工队，墨竹工卡县施工队人员主要来自农牧区，很少掌握建筑专业技术，要生存，要发展，就得靠自身有技术。2014年，对施工队85人开展泥瓦工、木工、钢筋工、水电工等方面的专业技能培训；结合墨竹工卡县农牧民建筑施工队多的特点，把县里部分建设项目承包给各个施工队，项目款共计3400余万元，其中包括人居环境整治、水渠修建、村委会业务用房、乡村道路硬化等。同时，依靠龙头企业加大劳务输出，如华泰龙等一批矿山企业，为农民提供充足的劳务输出机会，截至年底，共带动4511名（完成目标任务4000人的112%），本地农牧民在已开工的重点建设项目输出劳力，人均增收7500元，共计增收3383.25万元。

【将虫草采集融入“四业工程”工作中】全县虫草采集期间，县“四业工程”办公室积极协调各乡（镇）、各部门、各驻村工作队共同参与到虫草采集管理工作中，在虫草采集名额有限的情况下，要求各乡（镇）优先安排重点人员参与到虫草采集工作中，统一组织运输各乡（镇）采集群众，并由县公安局、交警大队统一护送，县卫生局派出医护人员负责医疗救助。按照“部队化建制、军事化管理”的基本思路，以20人为基本单位，分为班、排、连、营登记造册进行服务与管理，有效保障了虫草采集期间全县局势稳定，同时有计划地组织虫草采集人员在晚上通过专题讲座、电影放映等形式广泛宣传中共十八大、“四业工程”、强农惠农、法治、环保等相关政策知识，虫草采集期间，县委、县政府组织慰问虫草采集点工作人员、群众物资15万余元，各乡（镇）组织慰问物资46万余元，发放药品3万余元，2014年，全县共有7634人参加虫草采集，采集总量为903.51斤，实现收入7047.37万元，人均实现现金收入9232元。县文广局在采集点放映电影6场，观影人数超过1.5万人次。此外，西藏银行还专门在虫草采集点设卡，为每个采集人员办理银行卡，在采集点设立存款点，有效预防了以往群众因白天去采挖虫草而造成的钱财丢失等情况。

（占堆曲杰）

【领导名录】

县政协副主席、主任　益西班旦

墨竹工卡县净土健康产业办公室

【年度综述】净土健康产业实施以来，在县委、县政府的关心指导下，墨竹工卡县坚持以促效益为中心,以市场为导向,以产业结构调整为主线,以“建基地、扩规模、强龙头、兴科技、创品牌、拓市场、促销售、增效益”为目标要求,狠抓特色养殖、经济苗木种植、畜产品加工销售、藏药材种植基地的规模化发展。

【科学规划净土健康产业发展】及时成立县、乡（镇）两级净土健康产业发展领导小组，设立办公室、充实工作人员,形成全县净土健康产业责任层层明确,工作动力层层传导的工作格局;制定出台《墨竹工卡县关于进一步加快净土健康产业发展实施意见》《墨竹工卡县净土健康产业总体规划(2014——2020年)》《2014年度墨竹工卡县净土健康产业计划》等,为全县净土健康产业发展提供政策支撑。

【突出项目运作，强化产业发展持续性】县财政出资1000万元，注册成立墨竹工卡县农牧业净土健康产业发展有限公司,并投资2413.771万元(其中本级投资1119万元、带动群众自筹资金1058.771万元、整合国家投资236万元),全力实施17个(其中7个种植项目、5个养殖项目、2个加工类项目、3个惠民项目)净土健康产业发展项目。

【项目遴选科学化】为使项目发挥最大社会经济效益,在项目筛选上,充分酝酿、反复筛选。紧紧围绕现有产业项目优势和实地考察分析，经县直各部门、乡镇、企业(合作社),报请净土健康产业项目专题研讨会进行研讨。在项目立项上,严格做到科学合理。

【项目实施责任化】在项目实施上，不仅仅强调受益企业(专合组织或企业)的责任,同时明确项目所在乡(镇)政府职责,通过净土公司、受益企业、项目所在乡(镇)三方间签订《墨竹工卡县净土健康产业项目资金扶持及还款协议》的途径,形成抓项目实施的合力,保障项目抓出实效。

【加强净土公司资金运作水平】按照独立的市场主体,国有投资公司的要求来加强县净土公司的制度化、规范化建设,使公司走上正常运转轨道。公司以“资金入股、资金借贷、利润分红”等方式向产业项目注入资金。

【优化资金投放方式】公司通过“借款”“入股”的形式对具有一定市场前景和成长性的企业（合作社）投放资金。受益企业(合作社)在偿还扶持款项的同时,按照股权占有比例向县净土公司进行分红。如在2014年实施的17个净土健康产业项目中,净土公司借款的合作社有6家、参与入股的合作社有5家。如巴洛藏鸡养殖项目和直孔噶厦农产品合作社改扩建项目,受益企业(合作社)计划于2015年开始,每年偿还政府借款的同时以递增形式向县净土健康产业发展有限公司分红2万——5万元。

【加强项目过程管理】高度重视项目的运行管理,建立健全项目运行管理机制。在项目建设过程中加强监督,确保资金投向,保证项目建设内容、标准,符合计划书要求;项目投入运营后,组织开展“回头看”工作,总结分析项目实施的优劣及原因,提高项目运作管理水平。

【增强产业连贯性】注重产业发展的系统性与连贯性。如在加大力度建设优质饲草种植基地的同时,着手开展饲草料加工项目、实施荣多奶牛养殖场建设项目。以一环扣一环的形式,保证政府产业政策的有效性、连贯性、一致性。

【加大宣传力度】为扩大对全县净土健康产业知名度,墨竹工卡县于3月初组织县直单位、乡镇、企业(合作社)、金融部门等召开净土健康产业动员大会,并先后通过拉萨电视台、西藏电视台、中央台等各大媒体,加大产业发展产品宣传力度。通过媒体宣传,营造浓郁的发展氛围,增强对发展净土产业的重要性认识,打造墨竹净土产品在市场上的知名度与认可度。

【**搭建净土健康产品展销平台**】通过甲玛景区净土健康产品展销厅、尼达斑头雁净土健康产品体验中心等项目的落实与参加雪顿节、藏博会等各大净土产品展销活动，推介与宣传墨竹工卡县特色产品，促进旅游文化产品的开发，实现精品旅游、特色文化产品、民族手工业相互促进、融合发展。

【**资金投放上突出群众主体**】为突出群众在净土产业中主体地位,2014 年实施的 17 个净土健康产业项目资金，其中经济林种植项目、优质饲草种植项目、食用菌及草莓种植项目、农畜产品直销车项目、3000 米养殖场扩建项目、唐加藏鸡养殖项目、宗穆夏传统民族服饰精品氆氇生产项目、工卡镇帕热高效温室原址新建项目、直孔梯寺购置制药设备项目等全部资金投向农牧民群众或具有发展前景的农牧民专合组织。项目受益人数共达 1737 户、13896 人。

【**加大产品宣传销售,切实为民办实事**】年内,通过设立净土展销厅及参加拉萨各大展销活动,累计帮助墨竹工卡县 20 多家合作社代销本土特色产品共计 109864 元。

【**提供技术学习平台,提高群众技能**】结合“四业工程”以业育人、以业安人、以业管人、以业富人的工作方向,通过项目带动解决 100 多名农牧民就业问题的同时,加大力度培育净土产业发展所需专业人才。集中举办种养业使用技术培训,提高农牧民群众专业技能。通过把他们引领到产业项目发展中,促进产业的发展、社会的和谐发展。

（旦增拉姆）

【**领导名录**】

墨竹工卡县农牧业净土产业发展有限公司

总 经 理　米玛次仁
副总经理　巴　桑
经　　理　索朗拉姆
　　　　　洛旦扎西

墨竹工卡县净土健康产业办公室

主　　任　索朗拉姆

墨竹工卡县卫生局

【**概况**】全县现有各类医疗卫生机构 45 家，其中：县级医疗卫生机构 5 家(县卫生局、县人口和计划生育委员会、县食品药品监督管理局、县人民医院、县疾控中心)。乡镇医疗卫生院 8 家(含工卡镇卫生服务站);村级医疗机构 32 家(不含供药点 7 个)。实现医疗机构覆盖。全县病床编制总数 125 张(其中:县人民医院 90 张,7 个乡卫生院共 35 张)。全县医疗卫生各类人员 280 人，其中，卫生行政人员 7 人,专业技术人员 242 人(正式职工 124 人,公益性岗位 30 人,县乡村聘用人员 88 人),后勤等其他工作人员 31 人(工人 5 人,公益性岗位 6 人,临时工 20 人)。专业技术人员职称结构:副高 2 人,中级 13 人,初级 50 人,员级 65 人(其中乡村医生 6 人),无职称 112 人;专业技术人员学历结构:大学本科 63 人,大专 54 人,中专 46 人,初中及以下 79 人;专业技术人员年龄和性别结构:平均年龄 38 岁,年龄最少 22 岁，年龄最大 62 岁,45 岁及以下 158 人,55 岁及以上 15 人,其中,女性 9 人。

【**医疗保障**】年内，农牧区医疗政府补助标准提高到年人均 380 元,个人筹资 20 元。全县农牧民参加筹资人数为 46710 人,筹资率达到 100%,门诊核销 12.25 万人次,核销资金 318.44 万元,住院报销 2985 人次(1——10 月),报销资金 1324.47 万元(1——10 月),封顶 6 万元报销 15 人次,报销资金 116 万元,医疗商业保险补偿 20 人次,总费用 192.94 万元,报销 76.94 万元;在全县开展“先诊疗、后结算”的基础上，实施农牧民住院前期治疗费用预借和医后医疗救助工作，受益人数达 593 人次，预借资金 260 万元,医后救助 185.9 万元;专门选派 4 名医生对 1 名先天性食道闭塞患儿、1 名唇腭裂患儿、1 名骨结核和 4 名先天性心脏病患儿前往内地接受治疗。

【**妇幼保健**】孕产妇住院分娩率市级目标任务大于

95%,实际完成 99%,年内,无孕产妇死亡;婴儿死亡率市级控制任务 23‰以内,实际婴儿死亡率 12.35‰,同比下降 2.95‰。全年共发放叶酸数 998 合,914 人次,叶酸普及率 99.7%。叶酸随访数 4682 人次。年内,贫困地区儿童营养改善项目在墨竹工卡县启动,该项目惠及全县 6 个月至 2 周岁儿童,共发放营养包 1852 合。

【疾病预防】年内,墨竹工卡县疫情报告做到按时报告,未发生疫情漏报、瞒报和误报等现象。墨竹工卡县常住人口免疫规划疫苗平均接种率 98.88%,流动人口免疫规划疫苗平均接种率 94.93%。年内,无突发公共卫生事件和甲类传染病的发生,无死亡病例。

【医院医疗】截至 2014 年 10 月,县医院门诊量 47659 人次(其中西医 37436 人次、藏医 10223 人次);急诊 1532 人次;抢救 75 人次,成功率 85%;住院 1898 人次,其中妇产科住院 1114 人次,住院分娩 813 人次,占住院总人数的 59%,转诊 189 人次,其中,高危孕产妇转院 38 人次;病床周转率 5.2,病床工作日 46.3%,病床使用率 154%,治愈率 56.4%,好转率 37.4%,出院者平均住院日 8.7;无新生儿死亡,无孕产妇死亡,手术 201 台次(其中妇产科 76 台次);2014 年全年无院内感染。

【全民免费体检和建立健康档案】全县应体检 45758 人,已体检 45733 人,体检率达 99.95%,同比提高 1.54%。僧尼应体检 622 人,实际体检 613 人,体检率达 98.6%,疑似先心病 52 人,疑似妇女两癌 98 人,疑似白内障患者 159 人。年内,墨竹工卡县医疗队圆满完成全民免费健康体检任务,并建立完善健康档案。档案已全部按要求将录入电子系统管理。全民免费健康体检前十类病分析:高血压 2162 人,多血症 796 人,关节炎 653 人,乙肝 512 人,贫血 133 人,胆结石 131 人,肾炎 115 人,糖尿病 13 人,肺结核 12 人,精神病 5 人。

【食品药品】加快食品药品监管体系建设,扎实开展食品安全整顿和药械市场监管工作,有效预防重大食品、药品安全事故的发生,确保公众食药安全。截至年底,共开展专项监督检查 7 次,分别是"三大节"前对全县内进行食品安全专项检查、"五一"期间全县范围内进行食品安全专项检查、儿童鱼肝油产品类专项监督检查、学校食堂及学校周边食品安全专项检查、清真食品专项检查;开展学校食堂管理人员及从业人员食安培训工作 1 次,参加人数共 90 余人次;开展甜茶馆、藏餐馆食品安全专项检查及量化分级管理工作,现已对 39 户餐饮服务单位进行量化分级评定,共评出 C 级单位 39 户,5 户单位因不符合评定条件处于待评定,3 户责令整改。开展农牧区食品市场"四打击四规范"专项整治工作,共对全县 389 户餐饮店、438 户食杂店、8 所学校、2 间药店、1 个诊所、1 家农贸市场进行监督检查,共出动执法 12 次,执法人员 306 人次,同时,在此次活动中将两家条件较好的单位评为"先进示范点"。

【人口计生】严格落实 499 户"一孩双女"家庭扶助、33 人伤残死亡扶助和半边户 2 人扶助等相关政策。积极开展国家免费孕前优生健康检查项目,顺利完成全县 180 对家庭免费孕检检查工作及网上录入工作。为 49 名信息采集员每人配置一部移动智能终端手机,方便完成县、乡、村人口信息采集工作。人口自然增长率为 11.4‰。妇女病普治普查应查人数为 3151 人,实际检查人数为 3151 人。实行计划生育手术 594 例,避孕药具使用人数为 2882 人。

【卫生监督】对全县 11 所学校食堂和学校公共区域开展定期或不定期卫生监督检查 4 次,其中联合监督检查 2 次,累计监督户数 60 户次,卫生监督覆盖率达 100%、卫生合格率达 95%、各所学校食品从业人员体检率及两证持证率均达 100%;对从业人员培训卫生法律法规知识 6 次,共 205 人次,参训率达 98%、知晓率达 91%;公共场所卫生监督 4 次,其中联合监督 2 次,累计监督 126 户,监督覆盖率达 100%,卫生合格率达 96%以上;发放公共场所管理制度19份，并建立卫生监督举报投诉制度并公布监督举报电话；开展农村饮用水监测项目水质检测送检样品共33份，其中斯布沟村水质检测送检样品3份，对学校水质进行检测送检样品8份；卫生监督协管员培训1次，共14人次；协管员对所属辖区范围内学校卫生巡查24次，生活饮用水巡查12次，公共场所巡查20次；对墨竹工卡县19家公共场所实行量化分级管理。评审结果为：B级单位1家理发店，C级单位18家。

【爱国卫生活动】进一步改善全县环境卫生状况，制定并下发《墨竹工卡县爱国卫生运动活动实施方案》，在全县范围内营造"人人讲卫生、人人爱卫生"的良好氛围；共6次组织各单位对墨竹工卡县周边、河道沿线及城乡接合部的垃圾死角、白色污染等"脏、乱、差"情况进行卫生集中专项整治，参加人员达480人次。定期不定期对各乡(镇)及县直部门卫生清扫情况进行经常性督查。

（陈艳虹）

【领导名录】

局　长　格桑巴珠

副局长　拉　巴

　　　　巴桑卓玛

墨竹工卡县食品药品监督管理局

【概况】墨竹工卡县食品药品监督管理局为县卫生局二级局，现在编人员1人，借用1人。截至年底，全县289户餐饮店、438户商店、4家化妆品店、有46家药品、医疗器械监管对象，其中药店2家，诊所2家，公立医疗机构(县、乡、村)42家。

【年度综述】年内，共出动卫生监督执法人员96人次，车辆24台次，辖区(乡级以上)卫生监督管理覆盖率达100%；餐饮服务单位从业人员体检578人，公共场所服务人员体检51人，商户经营人员体检205人，体检率均达到100%；年内受卫生行政处罚：口头警告68户次，责令限期整改58户次，停业整顿10户次，没收销毁过期食品价值达3000余元。根据上级要求，顺利完成学校食堂及县城管辖区域中型餐饮服务单位量化分级管理和挂牌工作，共评定48家单位，全年未发生食品药品安全事故。

【加强餐饮服务单位卫生监管】在餐饮消费环节，全面推进实施墨竹工卡县餐饮服务单位食品卫生监督量化分级管理工作；督促其建立健全食品原料和调料品进货登记台账，严格推行进货索证索票和进出库制度；严厉查处采购、使用不合格的食品和调料品，非法食品添加、滥用非法食品添加剂的违法行为。

【强化学校集体食堂整治】重点监管：学校食堂是否建立食品安全责任制，是否具有餐饮服务许可证，环境卫生是否整洁，从业人员健康证明是否有效，索证索票制度是否落实，清洗消毒是否到位，加工管理制度是否落实，是否按规定留样，是否具有留样设备，是否有详细全面的登记记录，留样设备是否正常运转，是否存在违法使用食品添加剂行为。年内，对学校集体食堂共出动卫生监督执法人员24人次，整改意见9份，整改率达100%。

【有效控制源头污染】在种植、养殖环节，主要开展农业投入品、蔬菜瓜类、畜禽养殖环节用药、认证农产品和水产品质量安全专项整治。墨竹工卡县现有蔬菜瓜类种植面积0.27万亩，建立无公害蔬菜基地3个(分别为甲玛乡，占地26.4亩；工卡镇巴热组，占地20.8亩；扎西岗乡，占地20亩)，个体养殖户1户。年内，协同农牧部门开展监督检查及整治工作，督导检查4次，出动执法人员12人次，全年未发现使用非法农药、饲料添加剂超标等现象。

【加强地沟油整治和厨房废弃物管理】及时出台《墨竹工卡县"地沟油"专项整治工作方案》，成立专项整治工作领导小组，对辖区内各餐饮服务单位、学校和机关食堂等进行详细全面的监督检查和调查处理，重点为火锅店、小作坊，依法查处从非法渠道购进食用油和食用“地沟油”加工食品的行为。通过检查，辖区内未发现使用、加工和制造“地沟油”、含“罗丹明 B”火锅底料等经营行为。

【加强问题乳制品专项检查】由县食药局牵头，联合开展问题奶粉专项检查工作，共检查辖区内 7 家学校集体食堂、66 户甜茶馆等餐饮领域乳制品使用单位，检查中没有发现问题奶粉，同时督促辖区内所有乳制品使用单位建立健全奶粉购销台账。

【签订食品安全责任书】县食安办结合县委、县政府的工作部署，组织卫生执法人员 4 名，对辖区内建筑工地和矿区（点）食堂开展食品安全专项检查，对存在突出问题的地方，提出书面整改措施，责令限期整改，同时搞好宣传培训教育工作，发放食品安全常识宣传资料 800 余册。

【食品摊贩监管】在及时出台小作坊专项整治工作方案的同时主要从事馒头、压面加工和制售；食品摊贩主要从事油炸土豆、牛肉、烧烤、烤肠等食品制售。年内，对生产加工小作坊和食品摊贩共出动执法人员 20 人次，整改 5 家食品摊贩，监督率 100%。

【加强非法制售食品添加剂】根据上级要求对餐饮单位、糕点店和小作坊等开展食品非法添加和滥用食品添加剂专项联合检查，主要对索证索票落实情况、使用的添加剂是否合法、操作间内外卫生状况等进行监督检查。年内，对食品添加剂使用单位监督检查，共检查 75 家，受卫生行政处罚：口头警告 10 户次，责令限期整改 2 户次，停业整顿 1 户次，销毁没收 4 家企业 8 种问题产品非法添加剂 2 瓶，价值达 400 余元。

【药品医疗器械日常监管】在医疗器械日常监管上，建立“七项制度”，严格规范“六个环节”。从抓重点环节、加强事前防范做起，提出建立医疗器械的购进制度、质量验收制度、首营品种质量审核制度、保管养护制度、卫生管理制度、使用销毁制度和不良反应报告制度。同时，严格规范进货渠道、质量验收、仓储条件、使用和销毁、质量跟踪以及供货的资质留存等六个环节；在重点监管工作中，把一次性使用无菌医疗器械的监管作为研究的重点。设计一次性使用无菌医疗器械用后销毁登记表，提出“四个统一”，即建立统一的管理模式，制作统一式样的器械柜，执行统一的管理制度，使用统一的医疗器械用后销毁登记表；药品不良反应监测工作逐步得到强化；根据区、市局文件精神，全县乡级以上医疗机构和药品经营企业都建立了药品不良反应监测机构，建立相应的管理制度，指定专（兼）职人员负责本单位的药品不良反应执行和监测工作；企业的认证前后监督、指导与医疗单位的合格药房建设工作也在不断得到加强；县药品零售企业 GSP 认证工作得到切实的指导和帮助，并全部通过认证的现场检查。在对全县医疗机构的督促工作中，在普遍监管的基础上，继续开展全县医疗机构的合格药房建设工作。

【保健品化妆品综合监管】严查违规化妆品，规范商户销售行为。2014 年，对辖区 2 家保健食品销售企业和 4 家化妆品经营企业的 30 个品种进行了监督抽查，抽查品种合格率达 96%。年内，开展保健品化妆品日常卫生监督、专项检查共 10 余次，出动执法人员 25 人次，口头警告 3 户次，责令限期整改 1 户次；加强对保健食品源头的监管，消除安全隐患。墨竹工卡县在保健食品化妆品日常卫生监督和专项整治工作中，把加强落实索证索票制度和建立健全可销售台账监管作为工作重点，对辖区内保健食品化妆品销售企业进行监督检查，工作人员在检查过程中，对企业库房存储物料未规范码放、过期保化品未及时处理等问题要求企业立即整改。

【宣传教育】通过各种宣传方式，组织健康教育、医疗卫生人员进社区、进农村、进校园、矿区（点）开展食品药品安全知识宣传活动和健康教育，年内，各种培训5次、培训人数290余人，发放宣传资料1000余份；矿区（点）培训2次、培训人数50余人；以各类宣传活动为契机，宣传食品安全知识，在县城悬挂横幅4次，制作各类宣传展板，发放宣传资料2000余份；开展合理用药知识宣传培训活动，根据上级要求开展以“谨防网络欺诈销售假药”为主题、“安全用药、合理用药”为内容的安全用药宣传月活动，参与宣传人员300余人，发放安全用药知识小册1000余份，悬挂宣传横幅10条。

【存在的问题】人员编制紧缺，监管的对象日益增多与人员配制不相符；因社会经济发展水平有限、产业发展不平衡等原因，食品生产企业在一定程度上存在“低、小、散”等现象，有些生产经营者法律意识淡薄，违法违规现象时有发生；食品药品违法行为具有流动性、隐蔽性的特点，使食品药品安全监管难度不断加大；各乡（镇）没有食品安全监管执法权限，且协管人员少，无法及时监督农村集体备餐及村组餐饮、商店；没有农产品等粗加工食品快速检测设备，无法开展农药残留物及食品添加剂等快速检测。

（云　旦）

【领导名录】

局　长　拉　巴

墨竹工卡县人民医院

【概况】墨竹工卡县人民医院占地面积19360平方米，总建筑面积8675.74平方米（其中：业务用房7659.65平方米，生活用房1016.09平方米）。2014年10月，标准化卫生服务中心完工并投入使用。内设内、外、妇、儿、藏医等16个科室。

【年度综述】年内，在院领导班子的带领下，全院职工以继续深化医院管理年活动为主题，以创建二乙医院为工作主线，巩固质量建设，高度重视自我发展，结合市县卫生工作会议精神及医院实际，全面启动各项工作，进一步打造工作亮点，全面推进医院医疗卫生工作，争取全面争先创优，办人民群众满意的医疗卫生事业，呈现出持续、稳定、协调发展的新局面。

【基本情况】医院工作人员共104人，有正式党员29人，预备党员1人，其中女性11人，少数民族党员22人。卫生技术人员86人，后勤等其他工作人员18人。从专业技术职称结构分：副高2人，中级12人，初级25人，助理级17人，员级30人；从专业技术学历结构分：硕士1人，本科29人，专科40人，中专16人；从专业技术人员年龄、性别和民族结构分：平均年龄31岁；年龄最小20岁；年龄最大51岁。女性61人，少数民族74人。

【业务数据】年内，门诊量47659人次（其中西医37436人次、藏医10223人次）；急诊1532人次；抢救75人次，成功率85%；住院1898人次，其中妇产科住院1114人次，住院分娩813人次，占住院总人数的59%；转诊人次：内外儿转诊82人次，新生儿转诊69人次，高危孕产妇转院38人次；出院1868人次；病床周转率5.2，病床工作日46.3%，病床使用率154%，治愈率56.4%，好转率37.4%，诊断符合率98.5%，出院者平均住院日8.7，临床与影像诊断符合率96%；无新生儿死亡，无孕产妇死亡，手术201台次（其中妇产科76台次）；2014年全年无院内感染。工卡镇合作医疗门诊合销金额33.07万元。

【藏医藏药】年内，建立藏医部。藏医部现有病床8张，设有藏医门诊、藏医住院部、藏医文化中心、康复中心、藏药浴室、外治室、制剂室等科室。年住院人数43人次，药浴367人次，其他放血疗法、牛角吸管、针灸等其他理疗项目共342人次。9月，组织开展为期10天的藏药采集活动，根据“卡擦”药品研制需要采集藏药材32种，采集小叶杜鹃等五种浴药材共487.5公斤。实地学习辨认药材200余种，并进行180余种藏药材辨识竞赛。新增藏药材标本20余种。

【优质护理】开展优质护理工作，护理质量稳步提高。2014年护理质量指标完成情况：基础护理全年合格率达100%，特、一级护理全年合格率达90%，急救物品完好率达100%，护理文件书写合格率达97%，护理人员“三基”考核合格率达100%，一人一针一管一灭菌一带合格率达100%，常规器械消毒灭菌合格率达100%，一次性医疗废物回收率达100%，患者对护理工作满意度达90%，年褥疮发生次数为0，手术切口感染为0。

【全民体检】在上级有关部门的统一安排部署下，1月21日——1月28日，组织医护人员对全县622名僧尼、106名勤杂人员及104名驻寺干部开展免费体检活动，在编僧尼体检率达100%。县医院全民免费健康体检工作于4月21日正式启动，截至7月15日工卡镇体检全面结束，工卡镇全民免费健康体检工作完成6161人，其中0——18岁先心病筛查3318人，妇女病（两癌）1299人，其中可疑先心病5例。

【援藏工作】年内，第七批援藏医师在县人民医院院组织开展临床教学、技术培训、手术示教、疑难病例和死亡病例讨论；指导县医院医师开展农牧区常见病、多发病、疑难病症诊疗，开展各项手术，同时对县医院的管理工作提出合理化建议，帮助县医院建设重点科室，着力提高县医院的技术水平。为县医院争创二级乙等医院打下坚定的基础。援藏医生带来的是技术，是理念，更为县医院争取到了35万元援藏资金。

【立足公益】县医院以“三好一满意”为目标，积极参与社会公益事业，充分发挥医疗救治作用。由县医院领导带队分别前往尼玛江热乡、扎西岗乡、扎雪乡以及各便民警务站、养老院开展义诊送药活动，义诊送药达10余次，受益人数达1500余人，送药金额近4万元。年内，相继开展多项结对帮扶工作，金额为5.5万元。

【抓医疗安全提升医疗质量】医疗质量是医院现代化管理的核心，医疗安全管理是医院管理的重要组成部分，也是医院生存和发展的基础。为此，医院加强领导，防微杜渐，要通过切实整改、狠抓落实，体现医疗质量的持续改进，确保医疗安全管理工作的各项措施落到实处。医院坚持实行领导负责制，医院领导亲自参与医疗质量督查，直接参与事故原因分析，同时制定和完善措施，所有工作要体现“一切以病人为中心”，充分体现“服务好、质量好、医德好，让病人满意”，坚持实行医疗安全督查和考核制度，积极防范医疗纠纷事件发生。

【继续推行“先诊疗，后结算”服务模式】医院推行“先诊疗，后结算”的服务管理模式，凡是在墨竹工卡县参加新型农村合作医疗的农牧民以及低保、无保户农牧民群众均可享受，以便民、惠民、利民为目的，优化就医流程，提供人性化服务，提升服务水平和病人满意度，最大程度地方便群众就医，确保病人得到及时、安全、规范、有效的治疗。

【制定《墨竹工卡县医院绩效考核实施办法》】县委、县政府高度重视医院工作，根据上级卫生部门要求，结合县医院创评工作实际，医院为提高医院干部职工工作积极性，根据《墨竹工卡县医院整改方案》（第五次），制定《墨竹工卡县医院绩效考核实施办法》，该办法坚持院科两级目标责任制度，坚决杜绝下达指标和药品提成奖金激励机制、坚持按劳分配、按业定酬，按绩奖惩的原则。实行多劳多得、奖惩分明的考核机制，绩效考核由考勤奖、绩效奖，职称津贴、岗位津贴，综合考评五部分组成，最终达到群众满意的目的。该办法自实施之后，医院各项工作都稳步提高。

【加大人才培养】以创建二乙医院为工作主线，提高医务人员技术素质，强调临床与实践相结合，委派年轻医师到上级医院进修学习，送出进修学习外科专业、B超专业、妇产科、藏医、内科、检验、医院管理专业50余人次。

【实行基本药物零差价制度】为进一步深化医药卫生体制改革,积极稳妥推进基本药物制度的实施和基本药品零差率销售工作,保障农牧民基本用药,减轻群众医药费用的负担。严格执行自治区《基本用药目录》,落实药品零差价,各科室印发《基本用药目录》,并单独定做工卡镇零差价药物处方单,启动基本药品零差率销售工作,此工作开展以来得到了广大农牧民患者的一致好评。

【严格管理特殊药品的管理和使用】严格执行药品价格政策和医疗服务收费标准,严格执行药品收支两条线,积极参加药品集中招标采购工作。进一步规范药品采购工作,通过医生的药品使用需求,实行药品采购品种统一制订计划并逐一申报审批制度。向社会公开收费项目和标准,完善并严格执行价格公示制度,住院病人费用清单制度,提高收费透明度。严格规范药品使用,定期或不定期召开院委会,广泛征求群众意见,集中解决存在的问题。积极完善医疗服务项目和费用核查制度,季度清库制度,药品入出库登记制度,报废药品登记核查制度,毒、麻限制药品管理制度,特殊药品双锁双管、每月报表以及安瓿瓶回收等管理制度。

【医院基础设施建设】为进一步探讨公立医院建设的必要性,提出了优化资源配置、加强医院建设、合理医疗布局、完善服务体系对提高医疗服务的可及性和基层医疗服务能力具有积极的促进作用。由于随着公众对医疗服务的需求不断提升、国内医疗市场的逐步放开,医疗体制改革的持续进行,医院的医疗服务体系逐步地完善,医疗技术的不断提高,住院病人呈不断上升趋势,原有的30张编制床位数已经无法满足医院发展的需求,现已申请增加编制床位90张。县医院2013年新建住院楼、新建放射科、改扩建门诊楼及改扩建藏医部,年内,新建住院楼、放射科、门诊楼已投入使用,10月,藏医部也投入使用。医院现拥有DR、彩超机、500mmA-X光机、胃镜、口腔科设备、24小时动态血压监测仪以及全自动生化分析仪等大型设备。为推进医院信息化建设,县政府投入专项资金50万元,用于医院信息化建设,大力支持创评工作。截至年底,县医院收费系统、电子病历已正式启动。

【医院创二乙工作进展】通过一年的创建,医院各项工作大幅度推进,服务功能全面完善,通过自评,医院的各项规章制度、操作规程等进一步规范则潜移默化地大幅度提升了医疗质量。医院以医务科为抓手,重点推进各科室医疗质量持续改进。截至年底,各病区建立了危急值班报告制度。同时,纠正以往不少不合乎规范的制度与流程,管理成效明显,这也是整个创建过程中的重要收获之一。10月26日,卫生厅二级综合医院初评审专家组一行5人到县医院,对县医院进行创乙预审。现阶段医院正处于整改落实阶段,将对专家提出软硬件的整改意见和建议进行认真整改,为顺利迎接正审工做作出努力。

(吴玉姣)

【领导名录】

党支部书记　葛爱琴

院　　长　贡　嘎

墨竹工卡县疾病预防控制中心

【概况】墨竹工卡县疾病预防中心位于工卡镇(原)县小学院内。负责全县的疾病监测、预防接种、地方病防治、慢性病调查、统计、分析、突发公共卫生事件的处置、各种传染病、流行病的预防监测、统计、分析、报告和处置、全县卫生(包括学校卫生)监督,传染病防治监督;负责全县妇幼保健工作、包括孕产妇建卡、产前产后访视的监督管理。0——14岁儿童的系统管理统计,全县孕产妇及儿童死因分析报告。中心现共有职工16人。学历结构:本科7人、大专6人、中专3人;专业结构:公共卫生6人、西医临床4人、藏医4人、其他:2人;职称结构:中级1

人、初级4人、员级9人、高级工勤1人、中级工勤1人。科室分类:中心办公室、地病科、流病科、结防科、慢病科、卫生监督科、计免科、妇幼保健科,健康教育科。

【年度综述】年内,中心工作在县人民政府、县卫生局的正确领导及相关上级业务部门的大力支持和指导下,根据《拉萨市卫生工作目标责任综合考评标准》以及《基本公共卫生项目和重大公共卫生项目任务分解》《拉萨市2014年疾病预防控制和卫生应急工作要点》等相关文件要求,积极努力地全面开展疾病预防控制及卫生监督工作。

【业务情况】按照传染病疫情报告管理规范、突发公共卫生事件的报告要求,进一步加强传染病疫情,突发公共卫生事件日监测报告(包括节假日)。于4月25日召集全县七乡一镇的传染病网络直报专干人员,在县疾控中心开展传染病网络直报实践操作培训;于11月5日在县医院会议室,召集县医院所有医护人员讲解有关法定传染病疫情报告制度及非洲埃博拉出血热防控相关知识。年内,疾控中心针对重点传染病、重点场所、重点季节和重要时期,制定印发《墨竹工卡县2014年埃博拉出血热防控工作实施方案》《墨竹工卡县学校季节性流感预警》《墨竹工卡县虫草采集期间鼠防工作实施方案》《关于进一步做好不明原因发热病例监测工作的通知》《墨竹工卡县2014年不同年龄人群病毒性肝炎等疾病血清流行病学调查工作实施方案》等相关重要文件。

【传染病防控】按审核日期统计,2013年11月1日至2014年10月31日墨竹工卡县7个乡及县人民医院共报法定传染病乙、丙两类4种58例,乙类传染病发病3种55例,发病率为111.46/十万,占发病总数的74.32%;丙类传染病发病1种3例,发病率为6.08十万,占发病总数的4.00%;其他传染病2种16例,发病率为32.43/十万,占发病总数的21.60%,无死亡病例,无甲类传染病报告。2013年11月1日至2014年10月31日墨竹工卡县传染病发病情况详见下表:

表1

疾病名称	发病数	发病率/10万	构成比%
病毒性肝炎	22	44.59	37.93
梅毒	2	4.05	3.44
痢疾	5	10.13	8.62
肺结核	26	52.69	44.83
流行性腮腺炎	3	6.08	5.17
小计	58	117.55	100.00
水痘	14	28.37	87.50
结核性胸膜炎	2	4.05	12.50
小计	16	32.43	100.00
合计	50	149.97	100.00

【结核病防治】进一步推行新的抗结核药品标准化管理操作,确保患者规则治疗及管理等。在上级业务主管部门的正确领导及墨竹工卡县结防工作人员的共同努力下,始终坚持以"预防为主,防治结核"的方针政策,全面实施现代结核病控制策略,加强结核病的追踪管理,强化了解肺结核患者的发现,诊断、治疗及管理工作,加大结核病科普宣传和学校结核病防治工作力度。2013年10月1日至2014年9月30初诊病人登记数102人,出诊病人发现率70.83%,其中乡村医生日常推荐可疑病人70人,转诊病人13例,因症就诊病人19例,病人登记管理32人,其中确诊新发阳性8例,复发阳性1例,无死亡病例,新发涂阴7例(其中1例为不良反应)。复发涂阴4例,结核性胸膜炎8例,其他肺外结核2例、不良反应1例,诊断变更1例,无死亡病例,FDC药物覆盖率100%,管理占100%。查痰数113人,其中随访查痰30人次,初诊查痰人83次。2013年10月1日至2014年9月30日大疫情(结核病人)共计报告41例,其中追踪30例,追踪率73.2%,其余地址不详。年内全县共登记结核病人33例,发病率占总人口的0.07%,其中涂阳病人总数8例,其中新发涂阳7例,复发涂阳1例。阴性总数15例,其中新发阴性10例,复发阴性5例,结核性胸膜炎5例,治愈率100%。复发阳性1例为转入耐多药治疗。

b.新发阴性 10 例,完成疗程 10 例,完成率 100%。

【麻风病人监测】根据拉萨市麻风防治项目实施方案工作要求,于 2014 年 9 月 15 日——18 日利用 4 天的时间,在全县范围内进行一次全面的麻风病人追踪调查,调查后发现未发现麻风疑似病例;密切接触者中也未发现麻风疑似病人。

【慢性病监测】按照国家、自治区慢病所慢病监测项目工作要求,结合墨竹工卡县的实际,积极完成各项工作任务。年内,死亡医学证明(推断)书共报告 180 例(已通过网络上报)。根据墨竹工卡县死亡数据的分析,年内,墨竹工卡县人群前四位引起死亡的疾病分别是:循环系统疾病共报告 98 例,占死亡总数的 54.4%,其中脑出血是位居循环系统疾病的第一位,共报告 79 例,占死亡总数的 43%;消化系统疾病共报告 26 例,占死亡总数的 14.5%,其中肝疾病是位居消化系统疾病的第一位,共报告 15 例,占死亡总数的 8.4%;各种肿瘤共报告 20 例,占死亡总数的 11.1%,其中胃癌是位居消化系统疾病的第一位,报告 10 例,占死亡总数的 5.6%;损伤和中毒报告共 10 例,占死亡总数的 5.6%,其中溺水和自杀分别是位居损伤和中毒疾病的第一位,报告 3 例,占死亡总数的 1.7%。

【基础免疫】根据中国免疫规划监测信息管理系统 2013 年 11 月至 2014 年 10 月上报数据统计:全县七乡一镇卡介苗疫苗应种儿童 927 人,实种 924 人,接种率 99.67%,其中常住儿童应种 912 人,实种 910 人,接种率 99.78%,流动儿童应种 15 人,实种 14 人,接种率 93.33%;脊灰疫苗应种儿童 3257 人,实种 3246 人,接种率 99.66%,其中常住儿童应种 3186 人,实种 3177 人,接种率 99.72%,流动儿童应种 71 人,实种 69 人,接种率 97.18%;百白破应种 4241 人,实种 4213 人,接种率 99.40%,其中常住应种儿童 4139 人,实种 4114 人,接种率 99.40%,流动儿童应种 102 人,实种 99 人,接种率 97.06;麻风疫苗应种儿童 1534 人,实种 1529 人,接种率 99.67%,其中常住儿童应种 1473 人,实种 1469 人,接种率 99.73%,流动儿童应种 61 人,实种 60 人,接种率 98.36%;麻腮风疫苗应种 1226 人,实种 1217 人,接种率 99.26 %,其中常住儿童应种 1204 人,实种 1197 人,接种率 99.41%,流动儿童应种 22 人,实种 20 人,实种 90.90%;乙肝疫苗首针应种 884 人,实种 851 人,首针接种率 96.26%,其中及时接种 796 人,及时接种率 90.04 %;全程应种 2850 人,实种 2778 人,全程接种率 97.47%,其中常住儿童应种 2800 人,实种 2729 人,接种率 97.46%,流动儿童应种 50 人,实种 49 人,接种率 98%;A 群流脑疫苗应种 1436 人,实种 1394 人,接种率 97.08%,其中常住儿童应种 1391,实种 1351 人,接种,97.12%流动儿童应种 45 人,实种 43 人,接种,95.55%;A+C 群流脑疫苗第一剂次应种 748 人,实种 736 人,接种率 98.40 %,其中常住儿童应种 724 人,实种 714 人,接种率 98.61%,流动儿童应种 24 人,实种 22 人,接种率 91.67%,A+C 群流脑疫苗第二剂次应种 59 人,实种 57 人,接种率 96.61%,其中常住儿童应种 52 人,实种 50 人,接种率 96.15%,流动儿童应种 24 人,实种 22 人,接种率 91.67%;甲肝疫苗应种 1092 人,实种 1076 人,接种率 98.53%,其中常住儿童应种 1066 人,实种 1052 人,接种率 98.69%,流动儿童应种 26 人,实种 24 人,接种率 92.31%。

【AFP 监测】2014 年,继续按照监测方案要求开展各项工作,专人负责每周到县人民医院进行主动监测,查阅门诊日志及住院登记。本年度无 AFP 病例。

【生物制品】根据从拉萨市疾控中心计免科提供的各类疫苗都有账目,账物相符,疫苗和账本有专人统一管理,做到了防霉、潮、盗和药品使用周转灵活,供应充足。统一配发的冷链设备也建立了账本和领发登记,运转正常。

【地方病防治】年内,墨竹工卡县共发现病死旱獭 3 例,经快速检测,结果均为阴性而就地消毒深埋处理旱獭残体;狗血采样工作完成 50 份送市疾控中心检验，经检验结果均为阴性；旱獭密度调查完成780公顷，见獭只数75只，平均密度为0.1只/公顷(控制在0.5只/公顷的控制线内)；对疫情的报告制度做到“不迟报、不漏报、不瞒报”。年初，墨竹工卡县以县政府名义，与各乡镇、相关部门签订《鼠疫防止工作目标责任书》，制定《鼠疫防治监测工作实施方案》，并完善《墨竹工卡县鼠疫防治工作应急预案》。邀请市地病所专家负责组织各乡镇卫生院长、地方病专干、老疫区乡镇村医以及村委会领导召开“墨竹工卡县”地方病“防治专题知识宣传培训会”，到墨竹工卡县两大社矿企业（华泰龙矿业公司、巨龙矿业公司)矿区宣传鼠疫防治相关知识。要求外来务工人员做到不捕食作业区内的一切野生动物(包括旱獭)，发现不明原因死亡动物及时向当地乡卫生院或县疾控中心报告。之后，各乡镇相继也组织村小组以上的领导及乡村医生进行鼠疫防治知识宣传培训和安排部署。通过县乡村三级专业人员的宣传培训，进一步扩大宣传面，提高专业人员业务素质。

【**鼠防监测**】由于墨竹工卡县虫草采集区处于喜马拉雅旱獭鼠疫自然疫源地范畴，并且前来采集虫草的群众较多，其中部分群众对鼠疫的认识淡薄、欠缺鼠疫防止知识，使发生鼠疫疫情的危险仍然存在，也是形成人间鼠疫疫情发生、蔓延、扩散及造成大流行的有利条件。为防止鼠疫疫情的发生，县疾控中心按照县委、县政府以及县卫生局的工作安排，利用两天(5月15日、16日)时间对虫草采集人员的生活区及周边进行一次全面的疫情监测(旱獭密度调查为主)。通过专业人员对2个乡6个点(门巴乡:达珠村、贴朗2个点、波瓦朗2个点；日多乡:玛朗沟)进行疫情监测，其中尼江乡虫草采集人员生活区(门巴乡波瓦朗)发现鼠疫主要宿主动物在地面的活动较活跃，其密度较高(0.53只/公顷)，存在着鼠疫发生的潜在隐患。为了防止鼠疫疫情的发生，消除虫草采集人员的安全隐患，5月17日，县卫生局组织县疾控中心以及乡卫生院鼠防专干人员4名前往旱獭密度较高的门巴乡波瓦朗开展保护性灭獭工作。此次保护性灭獭面积约30公顷，投药堵洞69个，出动工作人员16人次，出动车辆7次。灭獭工作结束后，旱獭密度减低至合理的自然数量之内，有效消除了鼠疫疫情发生的潜在危险。

【**碘缺乏病防治**】墨竹工卡县各乡镇现已完全形成碘盐配送网络，食用盐的种类均为精制盐，群众所食用的碘盐由政府部门统一配送，群众对此配送网络很受欢迎，对碘盐的价格非常满意。问卷调查，墨竹工卡县抽取5个乡(镇)，每个乡随机抽取4个行政村，并随机抽取15户居民食用盐进行半定量检测。共检查300份盐样，均为碘盐，食用碘盐率100%；100名育龄妇女碘缺乏病知识问卷调查，平均知晓率83.5%；通过疾病预防控制机构的宣传和各所学校健康教育课的开展，在校小学生对碘缺乏病的有关知识也有一定的认识。此次对150名在校小学五年级学生进行碘缺乏病防治知识问卷调查，其平均分数为76.2%。8月7日开始，在全县范围内的目标高危人群进行口服碘油丸强化补碘工作。2014年，投服碘油丸的总人数为2030人，其中0——2岁儿童590、孕妇282人、哺乳期妇女503人，其他育龄妇女655人。

【**大骨节病监测**】墨竹工卡县按照监测指标要求，协调市级监测人员的工作，完成本年度大骨节病监测工作任务。年内，协调市地病所分别对尼江、门巴、扎雪、扎西岗、工卡5个乡(镇)的来自“大骨节”病区的7——12岁小学生以临床检查方法进行检查，共检查982人，未筛选出“大骨节”可疑病例。

【**健康教育**】年内，结合各种各样的爱国卫生运动，组织专业人员上街开展宣传(咨询)活动，受益人群共计达500余人。同时，举办艾滋病防治、预防接种、结核病防治等健康教育知识培训，参训人员有县中学、县小学、各乡卫生院、相关乡妇联主任、县工矿企业、流动人口、农牧群众等520余人。每季度对各乡(镇)进行业务督导，同时完成《健康素养66条》问卷调查，问卷调查次数达400人次，调查结果:墨竹工卡县学生知识知晓率为93%,居民知识知晓率为90%,工矿企业知识知晓率为89%,高危人群知识知晓率为95%,行为形成均达到90%以上。开展无烟项目是疾控中心健教科工作的重要内容,是促进和保护人群健康,是形成人群良好生活习惯的需要。2014年4月11日,墨竹工卡县卫生局、疾控中心特邀请拉萨市CDC老师,在县医院将进行墨竹工卡县人民医院正式成为“无烟医院”的启动会议,并传达卫生部及自治区、财政厅关于创建健康教育和健康促进医院实施方案内容及相关要求;年内,墨竹工卡县加强艾滋病防治工作的宣传力度,积极开展公共场所高危人群艾滋病健康教育、发放资料、送安全套,并对服务人员进行艾滋病健康教育。积极开展性病、艾滋病的健康教育和免费自愿咨询检测工作,本年度艾滋病咨询检测共计200人,艾滋病咨询检测200人中未发现艾滋病阳性者。

【卫生监督】全县共有11所学校,其中1所中学、9所小学、1所幼儿园,在校学生7642名、其中中学在校生2014名、住校生2001名、小学生4292名、住校生4231名、幼儿园学生1336名。学校食堂共10户、炊事员89名、对各所学校食堂和学校公共区域开展了定期或不定期卫生监督检查4次、其中联合监督检查2次、累计监督户数60户、卫生监督覆盖率达100%、卫生合格率达95%、各所学校食品从业人员体检率及两证持证率均达100%;全县共有21户公共场所,2014年发放卫生许可证13户(延续和新办),从业人员共有35人,体检35人、发放健康证35人,两证持证率达100%。对从业人员培训卫生法律法规知识6次,累计培训205人次,参训率达98%,知晓率达91%,公共场所卫生监督4次,其中联合监督2次,累计监督126户,监督覆盖率达100%,卫生合格率达96%以上。发放公共场所管理制度19份,已建立卫生监督举报投诉制度并公布监督举报电话;年内,对墨竹工卡县辖区供水单位根据市级目标责任书的要求,按照季度对墨竹工卡县6所学校自建水塔和县自来水厂进行卫生监督,其中县自来水厂、各乡镇学校生活饮用水、各乡镇及行政村进行现场卫生监督检查,开展农村饮用水监测项目水质检测送检样品33共份,其中斯布沟村水质检测送检样品3份,对学校水质进行检测送检样品8份;对墨竹工卡县辖区5家住宿业、3家歌舞厅、6家沐浴场所、5家美容美发经营单位进行卫生监督量化分级管理工作,墨竹工卡县19家公共场所实行了量化分级管理。评审结果为:B级单位1家理发店,C级单位18家;歌舞厅3家;沐浴场所6家,美容美发4家,住宿店5家。

【储备物资管理】定期落实储备物资的清查工作,对将要过期的消毒药品、预防性药品和一次性防护用品进行全面的清查。对需要充实的物资及时充实。现有储备物资包括一次性防护服、正规隔离衣、各类医用口罩、手套、体温计、海拔仪等。

【孕产妇管理】2013年10月1日至2014年9月30日孕产妇总数1857人,其中发现孕妇879人,建卡数879人,建卡率100%,产妇数978人,其中新法接生947人,接生率97%,剖腹产38例,产前检查3次以上数978人,检查率100%;产前检查5次以上978人,检查率100%,产后访视3次以上978人,访视率100%;住院分娩数966人,住院率99%,孕产妇早期产前检查766人,早建卡率87.1%,孕产妇全程系统管理数963人,系统管理率99。

【儿童系统管理】对0——6岁以下儿童6758人,应系统管理人数6758人,实际系统管理儿童6649人,管理率98%,低体弱儿273人,低体弱儿占4.1%;对0——3岁以下儿童3951人,应系统管理人数3951人,实际管理3911人,管理率98.9%,低体弱儿253人,低体弱儿占6.4%;对儿童四病发病411例,进行管理411例,管理率100%,四病死亡1例,死亡率0.2%,治愈率99.7%,县级住院治疗78例,上级转诊17例,门诊跟踪治疗316例。

【农村妇女病普查普治】年内,根据全民健康体检要求，墨竹工卡县进行妇科病的普治普查工作。全县共50440人口，农村人口约47422人，育龄妇女13014人，已婚妇女10005人。应体检人数3151，实检人数3151，妇科病总患病人数为1531人次，患病率为48.5%。其中，慢性宫颈炎681人，占普查人数的21.6%，未检出子宫肌瘤。

【增补叶酸预防神经管缺陷项目】年内，根据全民健康体检要求，墨竹工卡县进行妇科病的普治普查工作。全县共50440人口，农村人口约47422人，育龄妇女13014人，已婚妇女10005人。应体检人数3151，实检人数3151，妇科病总患病人数为1531人次，患病率为48.5%。其中，慢性宫颈炎681人，占普查人数的21.6%，未检出子宫肌瘤。

（普　珍）

【领导名录】

主　任　白　桑

副主任　尼　玛

墨竹工卡县文化广播电影电视局

【年度综述】年内，认真贯彻文化广电工作的各项方针和政策，牢牢把握先进文化前进方向，按照基础设施抓重点、文化活动抓亮点、文艺创作抓繁荣、市场管理抓规范的工作思路，墨竹工卡县文化广播电影电视工作在县委、县政府的正确领导下，不断提升文化服务和管理水平，各项工作取得较好成绩。

【争取资金建设唐卡传习基地】争取到200万元资金，确定了在尼玛江热乡建设刺绣唐卡传习基地。在扎雪乡扎雪村建设堆绣唐卡厂房，现已进点。

【各级文化站发挥应有作用】乡镇级文化活动设施进一步加强，年内，为每个乡镇级文化活动室书屋配备了250余本书籍。农家书屋及寺庙书屋每日按时对外开放，并于寒暑假期间组织学生开展读书活动，丰富学生寒暑期生活。

【新建西藏首家民间博物馆】县上投资500万元兴建了西藏首家民间博物馆。邀请中央台、区电视台、西藏日报等主流媒体进行了专题报道。2013年，本项目被列入拉萨市54个重点工程之中。2014年，为做好内部装修工作，县财政先后投入468万元，用于装修，二期工程已完成，现进行室内陈列、摆设工作，计划于2015年年初对外开放。

【积极开展下乡活动】年内，以送文化下乡为主题，组织县松赞民间艺术团编创贴近群众的优秀节目，联合卫生、农牧科技、司法等部门先后深入唐加乡莫冲村、甲玛乡赤康村、门巴乡仁多岗村、日多乡为农牧民群众送去宣传资料5200余册，藏药36种。

【大力扶持松赞民间艺术团】年内，共将16名艺术团成员确定为临时工，由县财政发工资。利用望果节、雪顿节等各种节日，不定期开展下乡活动达60余场，基本形成“月月有重点、年年有高潮”的演出形式。

【制作播出宣传片】制作播出《幸福门巴专题》和《全区非遗汇报演出》《发展中的墨竹文化》《门巴乡仁多岗村文化艺术节》《群众路线教育实践活动知识竞赛》《发展中的门巴乡》《崛起的扎雪乡》等专题片。

【新闻自办台工作】县新闻自办台在办好《墨竹新闻》《一周要闻》的同时，不断丰富群众的精神文化生活，提升县新闻自办台的社会影响力。2014年，共摄制93期《墨竹汉语新闻》，46期《一周要闻》。向区市各大媒体提供视频及稿件，其中拉萨电视台采用93条，《拉萨晚报》采用166条，《西藏日报》采用164条。

【广播电视“户户通”“舍舍通”】年内，共为全县各级用户升级、更换以及维修直播卫星设备，更换支架、高频头、遥控器、机顶盒、天线面等零部件共计2041个。制定完善“村村通管理制度”，研究制定《村村通设备运行维护登记制度》等规章制度，对设备投放、领用、勘测、调试、维护管理逐户造册登记。

【壮大调频台工作人员】为将电视转播台人员配备齐,于2014年上半年通过笔试、面试两个环节招收6名值机人员,上岗之初对值机人员进行15天的岗前培训,针对机房的设备操作、线路检修,有线安装等内容进行手把手教学,已可以独立上岗操作。

【农村电影放映工程】年内,对全县的电影放映员进行4次培训。全年共放映电影1980场,观影人数达200440余人次,行政村覆盖率100%。

【加强管理文化市场】联合县公安、工商等部门清理和整顿非法使用和销售、安装卫星电视地面接收设备单位107家次,出动执法人员42人次,执法车辆12台次,收缴非法卫星电视地面接收设备67个,其中大型网状设备高频头2个。加强网吧管理和校园周边环境整治。多次会同工商、公安等部门开展校园周边整治行动,在防、打、管、控上下功夫。

【文物工作有序开展】全面完成文物普查试点登记工作,同步推进数据录入工作。完成仁青林寺、甲玛赤康、宗孜寺、帮萨寺165件文物的拍照、登记工作;在自治区文物局一名专家的指导下先后对16座寺庙,1500多件各类、各级文物进行现场登记、拍照、鉴定工作。

(曾祥燕)

【领导名录】

局　长　格　桑

副局长　次仁朗杰

墨竹工卡县农牧(科技)局

【年度综述】年内,农牧局深入贯彻落实中共十八大精神、中央第五次西藏工作座谈会精神和中央、区、市、县的会议精神,按照“五大战略”目标任务和“三提速”要求,对农牧业农村工作严格落实“以党的十八大精神为指导,突出发展和富民的鲜明主题,以推进城乡发展一体化为主线,着力推进农牧业内部结构调整,着力推进农牧业基础设施建设,着力推进农牧业产业化发展,着力推进农牧民增收,着力推进新农村建设,着力推进农村综合改革,着力夯实基层基础,确保农牧民人均纯收入增长13%以上”的总体要求,使全县农牧业生产和农村牧区经济保持平稳较快发展的良好态势,农牧业各项工作取得了较好的成绩。

【实施粮食增产和高产创建工作】2014年,通过提高粮油单产行动、标准化生产和高产创建活动、测土配方施肥、畜禽品种改良、短期育肥、技术培训等措施,确保了粮食安全,进一步提高了墨竹工卡县蔬菜、肉、蛋、奶市场供给率。墨竹工卡县2014年落实播种总面积78775.95亩,其中粮食作物60708.11亩(青稞播种面积49399.98亩、冬小麦面积6974亩、豌豆4334.13亩),经济作物面积18067.84亩(油菜面积15492.17亩、蔬菜面积2314.54亩),饲草作物面积261.13亩。

粮食总产2.3万吨(市指标2.4万吨),同比2013年(2.42万吨)减产4.96%,其中青稞总产1.95万吨(市指标2万吨),同比减产5.33%、冬小麦总产642.63万斤、豌豆总产174.96万斤;油菜总产0.215万吨(市指标0.2万吨)、蔬菜总产0.28万吨(市指标0.48万吨),同比减产34.9%;肉、奶、蛋产量分别为4.23万吨、0.41万吨、7.98吨,同比增产3.17%、28.1%、3.1%。

另外,2014年春播方面,调运尿素440.4吨、复混肥300吨,氯化钾25吨、二胺331.75吨,农药调运共计20.1吨。

【提高特色产业效益】按照“优势区域、优势产业、优势资源、优先发展”和“区域集中、规模做大、质量提升、效益提高”的工作要求,重点发展牦牛、藏鸡、种草养畜等农牧业特色产业,并整合多方资金扩大墨竹工卡县现有养殖规模。并且通过政府扶持,扩大现有优质青稞生产基地、蔬菜瓜果生产基地、工卡村奶牛养殖基地、巴洛村藏鸡养殖基地、尼达斑头雁养殖等农牧业特色产业基地规模。围绕县农牧民增收“十大工程”抓好特色产业项目建设，加大农牧科技服务体系、暖棚暖圈、设施农业等重大项目的实施。

【畜牧业生产平稳发展】2014年，全县新生仔畜成活率98%（市指标95.5%）；成畜死亡率0.8%（市指标1.2%）；猪牛羊肉产量0.8万吨（市指标0.79万吨）；禽蛋产量56.8吨（市指标42.48吨）；奶类产量0.52吨（市指标0.5吨）；山羊绒产量3吨（市指标2.69吨）。

全县存栏各类牲畜193940头（只），大牲畜130102头，猪4522头，羊59316只，牦牛出栏数为22429头，猪出栏数为3048头。新生仔畜成活率达95.44%，牲畜出栏率达30%以上，成畜死亡率控制在1%以下。坚持把黄牛改良作为发展农牧业的突破口，20余年来，改良黄牛覆盖率从1993年的6%提高到现在的89%，全县已形成了以第三代为主体的改良黄牛群，截至年底，共改良黄牛头数2万余头，2014年改良黄牛存栏3565头，比2004年增长了71.2%。

【农牧民收入大幅增长】2014年，墨竹工卡县虫草采集人员共计7634人（日多乡采集点969人，其中虫草产区群众846人；门巴乡采集点6665人，其中虫草产区群众560人），虫草采集总量为451.76公斤，实现收入7047万元。（2013年虫草采集总量为595.1公斤，实现收入1.01亿元。）

2014年，墨竹工卡县农牧民人均纯收入达到10500元，同比增长19.32%。增加原因：农村劳动力转移量大、工资高，增加了收入。全年农村外出务工劳动力总人数18100人，实现劳务收入8971万元（不包括草虫收入）；农产品总体价格持续保持较高价位运行，带动农民增收。藏药材、马铃薯、蔬菜、粮食作物价格保持高价位运行，农民人均特色农业产品销售收入同比增长14.6%。

【农牧项目建设稳中有进】2014年，建设项目主要有：农牧综合业务用房附属工程；完成投资1060万元的青稞生产基地建设项目；在甲玛乡、工卡镇、唐家乡新建农牧服务中心（各投资70万元）；新建66.63万元的种子包衣裤及晾晒场；完成2013年游牧民定居工程暖棚圈建设项目。

【各项综合措施落到实处】年内，大力抓好种子田建设，提高良种统供水平，安排二级种子田2700亩、标准化（藏青320）面积15000亩、肥效试验田15000亩。进一步强化田间科学管理，狠抓病虫草害防治工作，提高单位面积产量。大力推广中型农机具，引进、示范大型农机具，下半年农机具补助资金400万元，确保机耕机播面积在6.77万亩以上，机收面积在4.5万亩以上，进一步推进了农机合作社的组建。

【狠抓重大动物疫病防控与常规疫病防治】始终坚持把发展畜牧业作为农牧业产业结构战略性调整的突破口。强化疫情监测和流行病学调查；做好春秋两季疫病防治工作，加强A型口蹄疫、炭疽等新发重大疫病防控，确保畜牧业健康持续发展。年内，全县秋季防五疫苗注射应免牲畜209418头（只、匹），实免牲畜209095头（只、匹），未免牲畜323头（只、匹），免疫率达到99.85%。牲畜口蹄疫A型亚洲一型疫苗共免26242头，免疫力达到99.53%。禽流感H5N1型疫苗共免19076只，注射率达到100%。猪瘟免疫共免4562头，免疫力达到99.76%。严格做到“县不漏乡、乡不漏村、村不漏户、户不漏畜、畜不漏针、针不漏量”的注苗要求。

【努力推进草场承包】对已经完成的2013年年底牲畜清点统计工作进行再次审核；完成2013年草原补奖牧民生产资料补贴（78.05万元）、牧草良种补贴（8万元），2012年天然草原监督员补贴（168.48万元）以及2013年牲畜良种补贴（47.5万元）的兑现工作；顺利完成2013年草原生态监测工作，并得到区、市业务部门的一致肯定；墨竹工卡县2013年草原生态保护补助奖励机制工作通过区、市两级验收，并及时兑现农牧户享受草畜平衡奖励资金（2013年墨竹工卡县未超载户5969户，草畜平衡面积447.27万亩，享受资金815万元）；完成2012年草原补奖国家信息录入工作。

【农牧业产业化经营取得进展】大力扶持发展现有的2家农牧业产业化龙头企业及培育对象,鼓励企业注重品牌建设,积极落实扶持政策,争取自治区贷款。进一步扶持发展农牧民专合组织,对前景好、资金不足的8家专合组织,积极争取资金,解决项目扶持金。截至年底,墨竹工卡县依法登记注册的农牧民专合组织发展到93家,在联市场、促增收上发挥了重要作用。

【防抗灾工作抓早抓好】年内,墨竹工卡县把防抗灾工作作为一项政治任务来抓,随时做好"防大灾、抗大灾"的准备,极力做好防抗灾工作的宣传工作,并通过狠抓防抗灾物资储备、建立健全防抗灾工作机制、加强预测预报等措施,大力抓好全县农牧业防抗灾工作,尽量减少灾害损失。在扎雪乡投资50万元,建成221平方米的抗灾物资储备库。为做好今冬明春防抗灾工作,积极储备饲草料及药品,为农牧区牲畜能顺利过冬做好充分准备。此外,积极争取加大暖棚圈、抗灾饲草料基地等基础设施建设,全面提升防抗灾能力。

【促进农牧民增收】结合农牧民劳动力转移与科技兴农工作实际,积极开展技能培训工作,全面提升农牧民技能水平,提高群众转移就业与科学种养能力。年内,为农牧民群众、科技特派员等开展10余期的各类培训,主要开展农田杂草防治技术培训、蝗虫防治工作、沼气使用技能培训、疫病防治培训、栽培技术田间管理技术培训等内容,培训人次达到5200人,劳务输出25162人次,实现收入12501.08万元。

【加快净土健康产业发展】净土健康产业方面,已研究制定《墨竹工卡县2014年净土健康产业发展计划》《墨竹工卡县净土健康产业发展总体规划(2014年——2020年)》。并细化制定养殖业、种植业、奶制品中长期规划与短期计划。同时,根据墨竹县域、各乡(镇)发展实际,经过反复筛选、充分酝酿,明确2014年墨竹工卡县计划重点发展15个净土健康产业项目(其中养殖业6个、种植业3个、加工业3个、其他项目3个)。2014年,墨竹工卡县第一批净土健康产业项目已启动11个,共涉及资金1420.6万元(本级财政投入597万元,企业、合作社和群众自筹资金791.6万元,国家扶贫投入32万元)。截至年底,墨竹工卡县2014年第二批净土健康产业计划安排项目8个,现已确定4个,总投资达235万元。

另外,9月,组织召开县净土农副产品直销车发放仪式。将直销车12辆中的8辆按照每乡(镇)1辆,发放给乡(镇),由各乡(镇)负责直销车运营。剩余4辆,1辆承包给菜农、3辆承包给合作社。司机的招聘、车辆的管护、油料等由承包方负责,县净土办负责监督车辆运营管理情况。

(普布拉吉)

【领导名录】

局　长　顿珠次仁

副局长　洛旦扎西

　　　　唐耀军

墨竹工卡县扶贫(农发)办

【年度综述】年内,完成2013年度续建扶贫开发项目25个,总投资1522.6万元(国家投资1224万元、群众自筹或投劳298.6万元),脱贫858户3920人,带动群众户均增收2800余元(人均增收550余元),顺利通过区、市验收;争取2014年度扶贫项目12个,总投资1355万元(国家投资1173万元、群众自筹或投劳182万元)。2014年,所有扶贫开发项目实施完成后,预计2015年能脱贫875户4326人;按照新的贫困标准(人均收入2736元),墨竹工卡县2014年识别出贫困人口2650户11808人,其中扶贫户1293户5957人,扶贫低保户1181户5605人,低保户86户156人,五保户90户90人。完成贫困人口的建档立卡工作。

【农发工作完成情况】完成2013年度扎西岗乡土地综合治理项目，总投1145万元（中央财政资金801万元，自治区配套资金240万元，投劳折资104万元），土地治理0.45万亩，新增耕地0.05万亩，修建渠道7.477千米，改善灌溉面积0.1万亩，亩均增加粮食产量40公斤，科技推广0.45万亩。顺利通过拉萨市验收；2014年，扎西岗乡农业综合开发土地治理项目总投资1645元，国家投资1495万元、群众投劳折资150万元，已完成水利工程招标、科技推广、土地治理等工作。

【扎西岗乡巴洛藏鸡养殖合作社】扎西岗乡巴洛藏鸡养殖合作社在县扶贫办的扶持帮助下，截至年底，整合各部门资金达428万元，养殖规模已达到年出售藏鸡苗30000余只，存栏22000余只，年产藏鸡蛋150000余枚，年销售藏鸡苗和藏鸡蛋的纯利润为95余万元。2012年，合作社与拉萨百益超市签订供货合同，实现农超对接。另外，通过扶贫资金的投入，不仅解决了当地9人的就业问题，人均月工资1080元；年底还为80户建档立卡贫困户户均分红1200元，同时给40户养殖户发放藏鸡苗1000余只。

【其他工作完成情况】截至年底，农发办在党的群众路线教育实践活动中，开展谈心谈话32人次；征求到意见建议和自查摆问题28条，其中“四风”12条、“两问题”8条、“一薄弱”3条、联系服务群众“最后一公里”2条、“三不够”3条。单位个人开展谈心谈话77人次；征求到意见建议和自查摆问题75条，其中“四风”30条、“两问题”17条、“一薄弱”8条、联系服务群众“最后一公里”9条、“三不够”11条。认真完成“专项整治方案”“专项整改落实方案”“制度建设计划”“个人整改清单”，并进行公示，结合单位实际，认真完善《扶贫农发项目管理办法》等相关制度。

【扶贫重点工作计划】完成2014年度12个扶贫开发项目，确保项目区群众受益；计划争取扶贫项目总投资1200万元以上，计划脱贫900户4500人。

【农发重点工作计划】完成2014年扎西岗乡农业综合开发土地治理项目，该项目总投资1645元，国家投资1495万元、群众投劳折资150万元，并做好区市验收工作；争取2015年尼玛江热乡农业综合开发土地治理项目资金批复，该项目计划总投资1645万元，国家投资1495万元、群众投劳折资150万元，并完成该项目的水利工程招投标工作；争取2016年甲玛乡龙达村农业综合开发土地治理项目立项，该项目计划总投资1000万元。

【其他重点工作计划】按照墨委〔2015〕7号《中共墨竹工卡县委员会关于深入开展“三严三实”和“忠诚干净担当”专题教育的意见》文件精神，结合单位工作实际，认真开展相关学习教育活动。

（雷　鹏）

【领导名录】

主　任　林文全

副主任　斯朗拥宗

墨竹工卡县林业绿化局

【年度综述】年内，拉萨市下达墨竹工卡县的造林任务为4626.9亩，其中周边造林3000.3亩，防护林建设1626.6亩，已全部完成，共植树98350株，树种为柳树、新疆杨和藏川杨等，造林成活率达到85%。

【义务植树】3月20日，县林业绿化局组织全县干部职工在工卡镇工卡村曲果岗开展以“人人义务植树、年年绿化家乡”为主题的春季义务植树活动。县委、县政府领导亲自带队，县(中)直各部门共计41家单位干部职工踊跃参加，种植1050余株苗木，树种为新疆杨、柳树，且全部为大苗，义务植树成活率达到90%。

【退耕还林】为确保墨竹工卡县2006年度退耕还林顺利通过验收，3月，县林业绿化局就组织开展自查自验工作，对不符合要求的进行补植补栽工作。通过各乡镇与林业绿化局的努力，2014年6月，墨竹工卡县 2006 年度 324.8 亩退耕还林工程顺利通过了国家林业局的验收。

【森林防火】为做好 2014 年的森林防火工作,县林业绿化局于 2013 年年底就与各乡镇签订责任书,同时全年组织不定期检查 20 次,主要检查各乡镇森林防火值班人员在岗情况、防火器材是否可以正常使用以及防火预案措施和相关制度落实情况。年底,县林业绿化局同县消防大队一起对七乡一镇 1082 名管护人员及各村委会、驻村干部进行森林防火宣传及管护人员职责管理办法的培训。宣传活动共向参会人员发放 1130 份藏汉双语版《自治区公益林管护办法(试行)》宣传册和 270 张宣传牌。

【征占用林地事件审核】县林业绿化局严格落实区、市、县相关征占用林地的法律法规,加大对违规案件的处理力度,并加强了对墨竹工卡县重点项目征占用林地的审核、报件工作。年内,县林业绿化局完成西藏华泰龙矿业开发有限公司甲玛铜多金属矿铜山矿区采矿技术改造工程项目占用林地、拉林高等级公路墨竹工卡至拉萨段占用林地、西藏久联民爆有限责任公司占用林地等审核报批工作。

【野生动物肇事补偿】墨竹工卡县 2013 年度野生动物肇事补偿项目涉及补偿资金总额为 1741883.23 元,已全部兑现到各乡镇,并由各乡镇兑现到农牧民手中。

【中央森林生态效益补偿基金】墨竹工卡县经核定的中央森林生态效益补偿基金重点公益林面积为 2574085 亩,共有 1082 名管护人员。墨竹工卡县 2014 年度中央森林生态效益补偿基金项目工作已全部完成,项目资金 772.23 万元已全部兑现到各乡镇,由各乡镇兑现到管护人员手中,并组织签订 2015 年度重点公益林管护合同。通过该项目,全县 1082 名管护人员人均年收入增加 7137 元。

【工作亮点】年内,县林业绿化局亮点工作主要实施嘎则新区绿化、尼玛江热乡省道绿化、扎西岗乡仁青林村绿化、唐加乡道路绿化等工作,共栽植苗木 59281 株;实施 318 国道、302 省道沿线以及嘎则新区道路绿化等城镇绿化工作,共栽植大苗 15000 株,树种有新疆杨、榆树、红叶李、柳树等,成活率达到 90%以上。

(宋亚楠)

【领导名录】

局　长　　旺　扎

副局长　　格桑加措

墨竹工卡县水利局

【年度综述】年内,墨竹工卡县水利局认真贯彻党的基本路线、方针、政策,坚持以科学发展观统领经济社会发展全局,深入贯彻区、市、县经济工作会议精神,积极采取有效措施,创新思路,锐意进取,实现了全县水利发展良好的目标,较好地完成全年各项工作任务。

【中小河治理项目】墨竹工卡县墨竹玛曲扎西岗乡防洪堤工程:墨竹工卡县墨竹玛曲扎西岗乡防洪工程。工程总投为 2252.63 万元,项目资金为国家投资。工程建设内容为综合治理河道长 15.812 公里,新建堤防长 15.914 公里(其中墨竹玛曲段 14.949 公里,普龙岗沟段 0.437 公里,加尔多冲沟段 0.528 公里),新建进水水闸 6 座,下河梯步 12 座。该项目的建成有效保护了墨竹工卡县扎西岗乡及周边村组 752 户、4463 人的生命财产安全及耕地 7800 亩;墨竹工卡县墨竹玛曲工卡镇防洪堤工程:工程总投资为 1134.45 万元,项目资金为国家投资。综合河道治理总长 7.9 公里,新建防洪堤长 7.235 公里,新建交叉建筑物 7 座(其中:下河梯步 4 处,排水涵管 3 座),防洪标准 10 年一遇。该工程的建设,不仅保护工卡镇 2 个行政村,4 个自然村,共 229 户、1282 人;保护耕地 8060 亩、林草地 1113 亩;保护现有灌排渠道 6.94 公里。以上两处防洪堤工程建设使墨竹玛曲河势基本稳定,使扎西岗乡、工卡镇防洪能力整体提高,保障沿岸居民生命财产安全,同时还可保护现有耕地、草地免受洪水侵害,改善该区域的生态环境,减经墨竹工卡县财政负担,为经济可持续发展提供安全保障,对实现社会稳定、民族团结、经济繁荣、人民生活水平的不断提高都具有十分重要意义。

【甲玛乡供水工程】墨竹工卡县甲玛乡供水工程(甲玛乡水厂项目),工程总投资(工程招标价)为1968.63万元。其中,建筑安装工程费用1718.55万元;设备购置费51.45万元;其他建设费用(含建管、监理、设计、招标、施工图审查、环评、咨询等费用)140.32万元;工程预备费57.31万元。新建送水管网工程41166米,二级泵房56.73平方米、围墙120米、门卫室20平方米、混凝土硬化180平方米、除砂井、总体给排水、总体电气等工程。本工的实施对解决甲玛乡龙达村、赤康村、孜孜容村三个行政村1259户、6970人的水质不好、管网不完善的问题,改善居民生活环境,提高居民生活水平,促进居民身心健康,甲玛乡的经济发展都起到推动作用。

【农村安全饮水工程、宗教场所通水设施建设】农村安全饮水工程:截至2013年农村饮水安全工程已全部结束,但由于早期的人饮工程水源干枯管道老化等原因,存在部分村组缺水严重现象,水利局了解情况后及时向上级部门及墨竹工卡县政府上报吃水困难村组的项目建设,并实施7处农村饮水安全工程,总投资为239.5万元,解决1182人的安全饮水困难问题。宗教场所通水设施建设:水利局及时了解宗教场所需求,认真按照年初制定的《墨竹工卡县宗教场所通水设施建设实施方案》,实施了8处宗教场所通水工程,项目总投资136万元,该工程的建设解决70名僧尼饮水安全问题,同时还促进了墨竹工卡县乃至整个拉萨市的社会和谐与稳定。

【小型农田水利基本建设】为确保农业生产安全,墨竹工卡县水利局把每年的11月至次年的5月作为农田水利基本建设的重点时间。一方面可以充分利用此农闲季节组织群众参与基本建设;另一方面也可使墨竹工卡县大部分农田水利设施得到较好的维修、维护使农业生产得到较好的保障。墨竹工卡县2014年小型农田水利重点工程。工程投资1004.452216万元(其中国家投资804.452216万元,县级投资100万元,群众投劳100万元),工程有新建提灌站一座,铺设输水设施3600米。渠道工程6处,新建改造渠道26.956公里,解决灌溉面积1.33万亩。其中,尼玛江热乡新建和维修渠道21.097公里;唐加乡新建和维修渠道5.859公里;共新建渠系建筑物212座。墨竹工卡县小型农田水利的建设为墨竹工卡县2014年粮食产量和农业生产不断迈上新台阶奠定了坚实基础。

【排洪沟项目建设】年内,水利局重点对往年受灾较频繁的受灾区进行全面排查对3处存在安全隐患较大的地方修建排洪沟,项目总投资249.86万元。甲玛乡龙达村奶囊果组排洪沟工程:工程总投资80万元,项目资金为县级配套。工程内容:该排洪沟总长1000米,建设结构为浆砌石铅丝笼护堤。基础开挖宽50米、高1.5米、底板铺毛石0.1米、混凝土0.1米,沉砂池1座。开挖5000立方米、回填2500立方米、铅丝笼300立方米、浆砌石1200立方米、混凝土400立方米、卵石800立方米,项目已完成并投入使用。该项目的建成对龙达村36户、271人、松赞干布纪念馆、160亩农田安全得到了很好的保护。尼玛江热乡艾玛日寺排洪堤项目:新建堤防44米,项目总投资18万元,资金为县级配套。项目已完工并投入使用,该项目的建成为寺庙僧人的健康及寺庙文物保护奠定坚实基础。尼玛江热乡芒热村排洪堤项目:新建提防650米,项目总投资59万元,其中10万元为市级配套,49万元为县级配套。项目已完工并投入使用,该项目的建成对50户、201人、1286头(只、匹)牲畜、1000亩草场、353.4亩农田的生产、生活安全得到了很好的保护。工卡镇塔巴村3组新建排洪渠工程:工卡镇塔巴村3组新建排洪渠工程总投资为92.86元,其中区财政投入50万元,群众劳务投入42.86万元。该工程的实施使塔巴3组的105户、415人、420亩地受到了保护。

【防汛抗旱】水利局于年初开始准备防汛各项工作。5月,修订和完善《墨竹工卡县县城防洪预案》报县政府审批,并报拉萨市防汛办公室备案;同时召开墨竹工卡县防汛抗旱工作会议,与各乡(镇)防汛抗旱指挥小组签订《2014年防汛目标责任书》。在墨竹工卡县政府的高度重视下批准防汛抗旱专项资金25万元。但由于2014年汛期降水频繁,特别是8月、9月,多雨天气导致多处乡镇出现较大灾情,尼玛江热乡章达村发生洪水灾害时购买了大量防汛物资超出年初预期。水利局共计两次给各乡镇发放防汛抗旱物资,具体数据为:编织袋270000条,铅丝笼375圈,铁丝3吨,40包彩条布等,折合人民币55万元,远远超出年初防汛抗旱专项资金25万元,超出的30万元从2014年尼玛江热乡章达村防洪抢险专项资金当中支出。

【尼玛江热乡芒热村噶龙干渠工程】噶龙干渠工程总投资为160万元,其中区财政投入80万元,群众劳务投入80万元。该工程的实施使芒热村56户、860人,新增灌、恢复灌溉面积830亩,改善灌溉面积1540亩。

(旦增罗布)

【领导名录】

局　长　边　央

副局长　边巴洛布

墨竹工卡县教育(体育)局

【概况】2014——2015学年度,全县各级各类学校19所,其中初中1所,中心校(完小)9所,幼儿园9所。现有义务教育阶段学生6306人,其中初中2014人,小学4292人。在园幼儿1336人。现有教职工503人,专任教师496人,其中小学专任教师336人,学历合格率100%,初中专任教师160人,学历合格率100%。

【年度综述】年内,小学入学率达99.81%,巩固率达100%;初中入学率达100%,巩固率达100%;农牧区学前两年教育毛入学率达到78%,城镇学前三年教育毛入园率达到90%。

【政府高度重视】定期召开校长例会,研究部署教育工作。每月定期召开校长例会,由县政府主要领导、分管领导亲自安排并专题研究教育工作。成立深入实施科教兴县战略 加快教育现代化建设步伐领导小组,统筹各方力量、协调各方资源,深入实施科教兴县战略;重视经费保障,不断加大投入力度。在落实国家有关义务教育经费投入政策的同时,墨竹工卡县继续坚持“地(市)县财政地方性收入投入教育的比例不低于之20%,并做到逐年增长”的规定,建立健全教育投入保障机制,进一步增强了地方政府办学责任,年内,县级财政对教育投入达8279.75万元,投入比例达本级财政收入的25%,为全县教育事业发展提供了充足资金保障;多渠道筹措资金,加大捐资助学工作力度。2014年,通过组成政府慰问团到内地看望慰问墨竹籍学生、召开假期返乡大学生座谈会以及举行年度大学生资助金发放仪式等形式,共发放资助金共计435.47万元,受资助学生近2400人次。此外,为50名特困大学生发放了援藏助学金20万,及时兑现区、市助学金。

【制定并落实《振兴教学质量三年行动计划》】全面贯彻落实市委、市政府《关于加快教育改革和发展的意见》以及《振兴教学质量三年行动计划》,通过学习借鉴、强化宣传、考察学习、组织研讨会、反馈会、座谈会等形式,制定并完善《墨竹工卡县振兴教学质量三年行动计划》及与之配套的教育教学常规管理目标责任考核、校长任期考核、校长聘任制、教师绩效考核、教学质量监测办法、教师业务水平达标测试办法、教师技能大赛实施办法、骨干教师评选与管理考核办法、教师三年培训规划等8项机制。严格落实300万元专项资金,认真开展2014年度推选名校长、骨干教师活动,通过层层考核在全县中小学评选1名名校长、20名骨干教师,及时兑现了校长绩效考核奖、学校管理考核奖。

【注重教育教学常规管理】严格执行国家和区定的课程计划,开齐学科,开足课时,制定并实施《墨竹工卡县学校教育教学常规管理工作目标考核制度》,针对薄弱环节,狠抓课堂教学。深入开展开学“六到位”、教学工作“三见”及设置课程、教学计划检查,确保正常的教育教学秩序。接受区、市专项检查,及时整改存在问题。开学初,安排教研员蹲点学校,通过听课、评课、上示范课、公开课、指导备课、作业批改、课堂教学、一对一、手把手指导、共同交流探讨等形式,与学校师生同吃同住,全面开展送教下乡活动。前后2次接受上级教育主管部门到墨竹工卡县开展送教下乡活动,组织教师积极参加市级赛课活动。圆满完成了2014年度内地西藏初中班招生考试工作,2014年墨竹工卡县共有268名学生报名参加内地西藏班招生考试,共有33名学生考上内地西藏班。顺利开展2014年中考工作,参考学生共569人,考生平均总分297分,学生个人总成绩达500分以上19人、400分以上98人。积极组织县级教学质量监测活动,及时总结分析监测成绩。严密组织,强化措施落实,顺利实施国家义务教育质量监测工作。制定《墨竹工卡县片区教研活动方案》,各片区以“交流、合作、提高”为宗旨,通过名师引领,和学校间的合作研究、平等交流,促进片区内教师的快速成长,打造一批优秀教师团队。

【推进教育均衡】墨竹工卡县高度重视义务教育均衡发展,按照自治区、拉萨市要求,明确推进义务教育均衡发展的指导思想与目标任务,制定具体的措施,提出了工作要求。顺利召开2014年度教育工作会议,与各乡镇、相关成员单位、各学校签订目标责任书,全面动员部署义务教育均衡发展及提升教育教学质量工作。调整充实推进义务教育均衡发展工作领导小组,完善工作实施方案,补充完善各类档案资料,对推进义务教育均衡发展工作任务进行细化分工,组织局各科室人员深入全县中小学对推进义务教育均衡发展工作进行专项检查指导。由县政府分管领导带队,组织教育局、中小学校长、乡镇负责人先后2次深入山南地区乃东县、城关区教育局,考察交流义务教育均衡发展及提升教学质量工作。前后4次接受区、市专家、督导员对墨竹工卡县推进义务教育均衡发展工作的专项检查督导,针对反馈的问题,及时部署、分工到人,制定整改方案,限期整改。11月,接受拉萨市县域义务教育均衡发展复核验收,通过3天的实地检查,顺利通过了复核验收。

【改善办学条件】2014年,投入资金3亿余元,严格按照“相对集中、方便入学、改善条件、确保质量”的原则,统筹规划,调整优化学校布局。南京实验小学等8所小学、唐加乡冲尼村幼儿园等14所村级幼儿园、县中学教学楼维修项目已完成施工并投入使用;强化矛盾纠纷排查工作力度,重点对民工工资拖欠问题进行处理;根据各幼儿园的实际情况,为全县幼儿园配备价值约300万元的教学设施、设备,积极从市教育局申请资金80万元,用于改善中小学教工之家条件;顺利完成嘎则完小、南京实验小学撤并整合和县幼儿园搬迁工作。加强学前幼儿园建设,贯彻落实《幼儿园指导纲要》,通过公开招录保育员、后勤人员以及进行专项培训等方式,不断强化学前教育工作,积极防止和纠正学前教育“小学化”倾向。

【坚持育人为本】逐步树立“全面育人,全员育人”的德育观,管好用好德育专项经费。继续深化爱国主义、民族团结教育。2014年,组织全县中小学深入开展“3·28”百万农奴解放纪念日、“学雷锋”“网上祭英烈”“环境保护,从我做起”“我们的节日——端午节”、学唱公益歌曲《搭把手》等主题教育活动。“六一”期间,组织全县各小学、幼儿园开展“做一个有道德的人——欢度六一国际儿童节”专题系列活动。继续重视挖掘特色和亮点,扎西岗南京希望小学建立家校联系制度，有助于家校沟通；唐加乡中心小学重视养成教育，培养学生良好卫生习惯，学生精神面貌焕然一新；甲玛乡中心小学设立“红领巾”广播站，丰富学生课余生活；南京试验小学班班都有讲解员，通过介绍班级情况，促进了学生成长，发扬了主人翁精神。

【落实惠民政策】认真开展年度教育经费预决算工作，严格落实自治区 11 项财政补贴提标政策，制定提标后秋季经费使用管理计划，年初已调整充实了县乡“三包”经费管理领导小组、“三包”物资集体采购领导小组，完善经费使用管理条例，健全财务制度、财务管理办法。制定《墨竹工卡县学校“三包”物资及“营养餐”食品采购工作实施办法》。严格经费管理，按时足额拨付“三包”、营养改善经费。年内，墨竹工卡县落实下拨“三包”及学前补助经费共为 2232.342 万元，其中县中学 594.01 万元，享受学生共计 2001 人，各中心校（完小）1344.43 万元，享受学生共计 4231 人，学前补助共 293.98 万元，享受幼儿共计 1336 人；在落实的“三包”经费中伙食费共 1470.61 万元，助学金共 11.4 万元，装备及服装费共 114.52 万元，学习用品共 41.89 万元。为 6232 名中小学生足额拨付“营养改善”经费 355.44 万元。

【加强师德师风教育】把思想政治教育和师德建设放在教师队伍建设的首要位置，全面提高广大教师的政治素养和师德水平，将师德表现作为教师岗位聘任、专业技术职务评聘、年度考核、评优选先的首要标准，实行师德问题“一票否决制”。

【加强教师业务能力提升及培训】圆满完成 3 名副高级职称教师资格审查、推荐评聘工作，认真开展 46 名教师中初级职称评审、续聘相关工作。制定《墨竹工卡县教师培训计划》，不断加大投入力度，通过“请进来、走出去”的模式，构建以校本培训为基础，对口援藏省市为重要渠道，强化与南京以及城关区教师培训中心的交流合作，分层次、分类别、全方位开展教研人员、管理层、骨干教师、班主任以及学科教师培训。年内，组织各级各类培训 165 人次。在县域内每年组织新分、调入教师、幼儿教师、辅教（非师资）及“三支一扶”支教人员岗前培训、英特尔未来教育专业培训、学科专题培训；鼓励教师积极参与区、市上级部门组织的各类培训，要求学校注重校本培训。邀请南京支教团到墨竹工卡县开展为期 5 天的支教活动，组织 50 余名教师、教研员参加培训。县委书记严应骏组织支教团、县教育局召开座谈会，就深化师资培养、加强沟通联系及合作交流等方面提出了殷切期望。

【充实校长队伍，加大教研员培训力度】通过学校推荐、严格审查，组建中小学校长、教导主任后备人才库，推行校长任期制。制定并严格落实《墨竹工卡县中小学校长聘任考核制度》《墨竹工卡县中小学校长任期目标考核责任书》，通过以上措施，明确校长岗位职责，切实加强中小学校长队伍建设。坚持高标准、严要求，公开选拔、择优聘任，充实教研队伍。通过学习、培训，全面提高教研员业务素质和水平，充分发挥教研员专业引领作用。

【强化师资管理】落实《墨竹工卡县教师绩效考核制度》，按照“重师德、重技能、重实绩”的要求，建立完善教师量化考核评价体系，使之与教师职务职称评聘相挂钩。严格实行教师交流制度，形成县与乡、校与校之间的教师交流模式，确保交流率达到 20% 以上，改变部分学校教师专业不均衡、教师结构老龄化的状况。继续开展评选县级教学能手活动，加大优秀教师宣传表彰力度。县政府从投入外划拨 54.5 万元，召开表彰大会，隆重庆祝第 30 个教师节。

【提高教师福利待遇】墨竹工卡县不断改善教师待遇，进一步激发教师工作积极性。关心老党员、老教师，两节前对退休、“三老”人员进行慰问；组织党员教师带头，动员全县教育系统为县中学身患重病教师旦增罗布募捐，为其解决治疗费 5 万元。市教育局节前慰问墨竹工卡县 11 名优秀教师、退休及在职困难教职工，共计发放慰问金 1.1 万元。及时将中央彩票公益金资助家庭经济特困教师机幼教资金7万元发放至受助教师手中。此外，提高中小学校长、副校长、中层干部、统计员、财务人员津贴，向校长、副校长发放通讯费，提高退养教师生活补助，提高后勤人员工资标准；积极鼓励教师参加函授，报销教师函授学习费用；在全县中小学开设教工食堂，划拨教师伙食补助，“教工之家”覆盖全县中小学。

【强化督促检查】完善各类突发事件应急预案，下发有关安全维稳工作文件50余份，召开教育系统安全维稳工作专题会议近60次。组织各学校积极开展“防灾减灾”——应急避险及安全疏散、“综治宣传月”等主题教育活动。

【加大隐患整治力度】2014年，投入专项经费9万余元，用于更换维修灭火器、改造老化电路以及维修维护中小学“三包”用车和校车。同时，组织人员深入全县各级各类学校督查安全维稳工作以及进行假期回访50余次。督促指导各学校随时排查、及时整治，确保安全隐患不留死角。邀请交警大队、县消防大队、卫生局专业技术人员，为全县154名后勤人员进行了专业素质培训。

【建立健全制度】严格实行中小学校园安全生产登记制度，规范月排查制度，与学校签订党建、安全、维稳工作目标责任书，明确工作职责任务。上半年采取专项检查、学校交叉检查、联合检查以及局长突击检查等形式，全面实施教育局每月督导检查一次、各学校每周自查整改一次的工作机制。

【严密部署假期返乡学生安全管理】根据县维稳一线指挥部关于加强返乡学生安全监管工作的通知要求，按照县委、县政府领导指示精神，为切实做好墨竹工卡县学生假期离校返藏安全管理工作，引导学生加强个人安全防范和自我约束意识，确保当前教育领域持续安全和谐稳定，墨竹工卡县通过成立领导小组、制订工作方案、返乡学生摸底调研以及召开专题会议等形式，安排部署暑期返乡学生安全管理工作。

【开展党的群众路线教育实践活动】扎实开展以“为民、务实、清廉”为主要内容的党的群众路线教育实践活动，通过深入学校，深入乡镇、村组，实地了解师生学习生活状况，调研群众对教育工作的意见建议，结合实际，为群众、师生宣传解释政策，同时解决师生、群众提出的合理诉求，为学校工作献计献策，帮助学校解决遇到的困难和问题，全面优化教育发展环境。组织教育系统认真学习中央“八项规定”、自治区“约法十章”、拉萨市“八项要求”、十八届三中全会以及陈全国给藏医学院师生员工的回信精神，加强和改进干部作风建设。

【开展党建各项工作】圆满完成第二、三批驻村工作队员交接轮换工作。组织开展走访慰问结对村帮扶户活动，共为12户送去价值0.6万元的慰问物资。认真开展教育系统迎“七一”党建工作表彰大会，表彰先进，并吸收转正新党员。开展教育系统迎“七一”暨深入开展党的群众路线教育实践活动演讲比赛。组织宣讲员深入学校开展2场党的群众路线教育实践主题宣讲活动。

【强化组织保障】2014年，将各学校党建经费提高至1万元，充实配备学校党支部书记。深化校务公开，积极推进廉政文化进校园活动。邀请人大、纪检参与，加大对招生考试、职称评聘、基建项目、物资采购、财务管理、经费使用等重点领域和关键环节的监督管理。紧紧围绕“一心一意谋发展，聚精会神抓党建”的工作思路，牢固树立和认真落实科学发展观，以加强党的执政能力建设为重点，以开展党的群众路线教育实践活动为契机，以开展民族团结、党员先锋模范活动为载体，全面推进教育系统党的思想、组织、作风和制度建设。

（曲　珍）

【领导名录】

党总支书记、局长　　尼玛次仁
副局长　　巴　桑

党总支副书记　　　　　程爱青
副局长、县中学副校长　拉巴穷达

墨竹工卡县中学

【概况】年内,学校在校学生 2014 名(其中七年级 660 人,八年级 686 人,九年级 668 人)。教职员工 163 人。其中,专任教师 160 人,其中中级职称以上教师 56 人,区、市级骨干教师 4 人,校级骨干教师 17 人;本科以上学历 139 人,专科 14 人,学历合格率 100%。在参加教学优质课、论文评比等各项比赛中,获各级各类奖项达 80 余人次。学校先后荣获"全国农村成人教育先进单位""自治区民族团结先进集体"等荣誉称号。各类教育基础设施齐备,交互式电子白板、农村远程教育设备、多媒体教室、教师计算机教室、语音教室、学生计算机教室、音乐教室、美术教室、理化生实验室、青少年活动中心室内篮球场和 400 米的标准足球场等一应俱全。

【完善管理体制】为进一步完善、规范各项规章制度,学校以均衡教育评估验收为契机,严格对照《西藏自治区中小学管理规范》及现有的法律法规,进一步修订、完善了几十项涉及教育教学、财务、教师、学生、后勤、安全等方面的管理制度,并认真抓好制度的落实。要求师生员工严格执行学校章程、制度,依法行事、照章办事,全面推进依法治校工作。同时,发放相关调查表,及时了解教师执行教育法律法规、规章制度等情况。

【推行校务公开】学校充分发挥工会、党员民主生活会的作用,始终坚持并不断完善依靠教职工办好学校这一根本制度,通过以教师、党员为主体的工会、党员民主生活会等组织形式,保障了教职工参与学校民主管理和监督。本学期学校向教职工大会作学校工作报告一次,作财务收支特别是"三包经费"使用、"学校公用开支"情况通报一次,民主评议中层以上领导一次。学校重大事项、重要决策的执行都以召开行政会议、教职工大会等形式通过,切实做到"权为民所用,情为民所系,利为民所谋"。校务公开事务的运作,计划明确、责任清楚、程序规范、信息畅通。

【深入开展群众路线教育实践活动】学校以"深入开展群众路线教育实践活动,建设一支高素质的教师队伍"为目标,以"转变教风学风,推动教育事业发展"为抓手,大力加强教师队伍建设。认真贯彻落实《关于印发〈墨竹工卡县教育系统关于在全县深入开展党的群众路线教育实践活动的实施方案〉》(墨教体发〔2014〕4 号)文件精神,结合学校教书育人的实际,大力推进群众路线教育实践活动。高度重视,统一认识,营造反四风建设的氛围。定期召开专题会议,把群众路线教育实践活动纳入学校工作的重点,统一安排,统一部署,统一落实,成立以校党支部书记为组长的"群众路线教育实践活动领导小组",制定了翔实的《墨竹工卡县中学关于深入开展党的群众路线教育实践活动的实施方案》。联系实际,统筹部署,丰富学校群众路线教育实践活动的内涵。联系学校实际,进一步挖掘、丰富了群众路线的内涵。要求全体教工做到:为民为公、民主公正、自律守法、正直诚信、清廉节俭。广为宣传,努力实践,拓宽群众路线教育实践活动的渠道。以班级为单位,通过开展行为习惯养成教育活动等,培养学生良好的行为习惯和正确的廉洁道德观念。同时,深入社会与家庭开展廉政教育,使敬廉崇廉教育成为与社会教育、家庭教育密切结合的德育,让学生在社会活动和家庭活动中得到学习和锻炼。立足课堂,挖掘资源,站稳群众路线教育活动的主阵地。学校充分运用现有材料,挖掘文本中的教育资源,在学科教学过程中凸现、补充、强化有关教育点,提倡各学科教师的积极参与,通过学科统一整合,使各科教学成为群众路线教育实践活动的主阵地。在班子建设中,积极倡导"风清则气正,气正则心齐,心齐则事成"。大力推进干部选拔任用制度改革,实行竞争上岗制度。11 月,学校根据择优选能原则对所有中层干部进行了重聘，提拔一批能力突出、责任心强的老师。制定、落实加强领导班子自身建设，如实行听课评课制度、日常值班带班制度、领导目标管理考核细则等等。着重对校级、中层领导的师德师风、教育教学、学校管理等情况作认真考评。现在班子成员团结协作，作风民主，能力突出，在群众中有较高的威信。

【强化队伍建设】加强课改新理念的学习。每大周，学校以教研组为单位，开展业务学习，组织教师学习有关课改的新理念、新思想以及讲座活动，进一步转变教师的教育观念，提高教师的课改理论水平。积极争取专家引领。学校积极与市教科所、市兄弟校、南京摄山中学联系，邀请专家、名师到学校进行课堂教学、指导教研教改。认真开展新分教师和调入教师课堂教学比武活动。为了解新分教师的专业水平，鼓励新分教师积极参与到学校的教学教研活动中，9月，校教研室、教务处对新到学校的18名老师进行公开课展示，以此进一步提升教师课堂教学的能力。加强教师专业培训。一方面，学校为他们的成长积极创造条件，如多给予他们外出学习、参观的机会，多给予他们展示才能的机会，多给予他们接受名师指点的机会；另一方面，要求他们在校内上好示范课，开好现场会，作好讲座，以典型引路，以骨干带一般，促进教师共同发展。另外，做好骨干教师的考核工作，按考核结果发放骨干教师津贴。

【强化德育工作，实现德育工作大跨越】学校继续把德育工作放在各项工作的首位，以理想信念教育为核心、爱国主义教育为重点、基本道德规范为基础，突出社会主义荣辱观教育，实现德育工作生活化、序列化、特色化。建立德育工作的长效机制。加强以班主任为主体的学校德育管理网络建设，选聘思想素质好、业务水平高、责任心强、有奉献精神的优秀教师担任班主任，并加强对班主任的培训；加强对德育课程、班级文化、班级管理等德育主阵地的研究、检查与落实；完善德育工作的激励机制，进一步完善班主任工作考核方案，严格考核班主任工作。12月初，以班级为单位，邀请学生家长来校参加家长座谈会，与家长促膝谈心，帮助和引导家长树立正确的家庭教育观念，掌握科学的家庭教育方法；加强校园文化建设。定期出好黑板报，定期开展黑板报评比活动和“安全常识教育”的有关宣传展示；强化行为习惯的养成教育。主要措施是：对学生进行基本道德观念、道德知识教育，培养良好的道德修养和行为习惯；继续开展“好习惯伴我行”系列活动；加强学生常规教育的检查，加大考核力度。通过这些措施，学生在礼仪、卫生、课间活动等方面都有较大改进；广泛开展丰富的德育实践活动。主要活动有：以“学会感恩、培养美德”等教育为主要内容，开展有关的读书征文等系列道德实践活动；结合“教师节”“重阳节”“12·9”“网络安全”“交通安全教育”等专题教育活动；对全校学生信息、电子产品加以管控，组织班主任、班干部每周在各班进行安全检查，及时填写“《墨竹中学学生手机登记表》”“《墨竹中学管制刀具(易燃易爆)危险品排查情况统计表》”，从行动和制度上做好全面的安全防控；认真开展青少年心理健康教育。学校有心理咨询室，努力抓好心理咨询工作；学校聘请了兼职法制副校长，定期为学生上法制辅导课，教育学生学法律、懂法律，并能够自觉遵守法律，做一个遵纪守法的小公民。通过德育工作的强化，学校校风好、班风正、学风浓，学生的思想素质和道德素质得到了提高。

【深入推进课改，实现教育教学质量大提高】学校继续深入推进教学改革，不断强化教学管理，大力改革课堂教学，认真落实各种措施，努力提高学校的教育教学质量。进一步加强、完善教学常规工作。严把教学质量检测关。本学期实施2次月考，1次国家级教育质量监测和学期期末考试，重奖轻罚，以儆效尤；严把课堂教学质量关。学校采取跟踪听课、不定期检查教案、作业等形式，及时了解教师备课、上课情况；进一步加强课堂教学研究。加强课堂教学调研。学校采取“随机听课”“推门听课”等形式，着重了解第一手资料，寻找课堂教学中存在的问题，及时交流，及时调整教学思路；积极开展课堂教学竞赛活动。为展示学校课改成绩，促进教师之间形成良好的教学竞争氛围，本学期通过赛课评比方式，择优推荐两名教师参加2015年的市级赛课；发挥骨干教师的示范作用。组织骨干教师上展示课、示范课，以典型引路，以骨干带一般。进一步加强体卫艺技工作。学校认真落实《国家学生体质健康标准》，广泛开展“阳光体育运动”，开齐上足规定体育课程，制订具体翔实的大课间活动方案，精心组织好大课间活动，切实落实学生每天一小时体育活动。为弘扬民族传统文化，学校除组织学生参加形式多样、内容丰富的课外体艺技活动外，还于9月底，以教研组和班级为单位举行师生锅庄舞比赛，全体师生以饱满激情舞出了青春，舞出了和谐。

【强化教研管理，推动教研工作大进展】健全教研机制。首先，以校教研室牵头，抓好教研队伍建设，加强骨干教师的培训与指导，提高教研水平。其次，继续加强教研组、年级组的建设，健全教学管理研究制度，充分发挥它们在教学研究和教学管理中的作用，形成了浓厚的学习研究氛围。再次，继续实行教科研考核制度，将教师的教研工作纳入学期考核之中；加强课题研究。聘请市教科所和四中的专家来学校亲临指导，语文组已成功申报市级“少教多学”课题项目；教研室与教学实际相结合，积极开展各种研讨活动，不断提高研究深度，总结阶段成果，各教师都能围绕学校课题，积极撰写教育教学论文。

【改善办学条件】按照国家义务教育均衡发展和标准化建设要求，学校根据配置标准，对学校在建、拟建项目及时进行了相关项目报批工作，截至年底，学校教学楼维修项目顺利完工，修葺后的教学楼焕然一新、设施到位、环境优美。为高效使用学校实验室、学生机房，学校对学生机房进行了扩充，新增加一个学生机房，并将三高赠送给学校的实验仪器进行合理利用，切实使器材有效使用率达到100%。分管领导定期与随机检查实验室、机房的使用情况，对电脑、实验仪器使用情况作出评价、分析和反馈。12月初，为让每位老师能熟练使用交互式电子白板，校信息室联合校教研室对各教研组老师进行了集中培训，总计培训140人次，真正让学校电子设备做到物尽其用，使课堂教学的手段更加多样化，也优化了课堂教学的效果。

【加强安全管理，提供有力保障】建立安全工作网络。学校切实增强做好安全工作的紧迫感和责任感，加强领导，成立校长为组长，各科室主任为组员的安全工作领导小组。制定安全管理责任制。为全面落实安全责任，明确目标，加强管理，确保全年安全零事故目标的实现，学校与总务主任、教务主任、德育主任、食堂负责人分别签订安全工作目标管理责任书，提出具体的安全事故控制指标和安全工作目标，并对安全工作目标完成情况，实行严格的考核奖惩措施。积极开展安全教育与培训。学校有计划对全校师生，特别是对班主任、食堂、宿舍、校车等部门的人员进行专门安全知识培训，着重加强交通、食品、消防等安全规范、自救知识的培训；规范安全生产操作。学校各部门都能严格按照《中华人民共和国安全生产法》及有关要求，规范操作程序。如食堂从业人员必须穿戴白色工作服帽上岗，从业人员每学期必须健康检查一次；必须与供货方签订保质协议书等。

【重视校园文化，丰富教育内涵】建立和谐校园，需要加强校园文化建设。学校坚持独特文化品位，坚持以松赞民族文化为依托，不断加强校园文化建设，不断创造教师乐教、学生爱学的和谐环境。努力践行“融入社会，关爱生命，理解他人，发展自我”的办学理念，努力优化育人环境，提升教育服务水平。

【抓好网络管理，架构交流平台】与南京兄弟校合作，借鉴内地网络管理经验，大力推进信息技术“三服务”工作。在服务管理上加强上网管理，进一步加强网络使用的安全与管理。在服务教学上进一步深化信息化校本培训，集群体教师之力，择教学资源之精髓，建设好学校网站。在服务学生上认真抓好信息技术课，提高信息技术课堂教学质量。力争各年级学生信息技术水平达到课程标准的要求；学校网站内容丰富，及时更新，点击率高，各处室设有自己主页；学校资源库备有优秀教案、优秀课件、优秀论文等内容；每个学科教师都能经常点击教育网，通过网络来完成学习、查阅资料、教学交流等活动；加强文明上网的教育，引导师生文明、安全、健康上网，使网络真正成为师生学习、成长、创新、娱乐的健康阵地。

（罗星敏）

【领导名录】

校　　长　　罗布次仁
党支部书记　　杨 发 菊

墨竹工卡县供电有限公司

【概况】墨竹工卡县供电有限公司于2013年12月25日成立，主要负责墨竹县七乡一镇的电力供应、销售和输变电、配电设施的建设，担负着为墨竹县城工农业生产、人民生活、市政建设供电的职责。共有职工41名，其中高中以上学历9人、各种农电专业技术人员19名。

【供电公司变电站】墨竹工卡县供电公司所辖变电站4座（墨竹工卡县变电站、甲玛变电站、门巴变电站、日多变电站），变电总容量为17600千伏安。

【供电公司输电线路】全县共有35千伏线路3条，总长度142公里；10千伏线路12条，总长度约613.1公里；共有变压器396台。电网覆盖下人口搬迁5万人10080户，最大负荷可达1万千瓦。

墨竹工卡县供电有限公司全年售电量已超过4000万千瓦时，年销售纯收入逾380万元。

【企业建设】作为农电代管的第一家，公司在墨竹工卡县县委、县政府及国网拉萨供电公司的指导与支持下，管理有了突飞猛进的提升。公司免费为农牧区更换变压器15台，免费改造低压线路15公里，免费为寺庙新增及更换变压器7台总计300万元，对墨竹工卡县的电力建设贡献力量。

（白　艳）

【领导名录】

总经理　扎西次仁
副经理　杨　　波

城市建设·环保

城市建设·环保

墨竹工卡县嘎则新区管理委员会

【年度综述】年内，为贯彻落实党中央科学发展观，全面推进小康社会建设，实现西藏“五个突破，两个率先”的发展战略，新区管委办坚持全面落实《墨竹工卡县总体规划》，科学引导和规范新区各项建设。在县委、县政府的领导和支持下，团结协作，坚持以规划为中心，以建设为重心，以质量为核心，有重点、有步骤地推进新区建设。

【科学引导】由于近十年来中国经济发展大环境的变化，墨竹工卡县城发展的社会经济背景也随之发生了较大变化，原县城总体规划已难以适应当前发展的新形势，保证规划适应墨竹工卡县社会和经济发展需要，科学引导和规范墨竹工卡县各项建设，改善县城的生产、生活和投资环境，按照《中华人民共和国城乡规划法》的要求，结合墨竹工卡县委县政府的发展思路，对墨竹工卡县城总体规划进行修编，新编后的规划总面积约5.29平方公里，规划区范围北自规划的纬四路，南至川藏公路南侧高山脚下，西起栖霞大道，东至嘎则路及其东南的物流用地备用地。将新区建设成为县域政治经济文化中心；拉萨市域东部重点中心城镇、藏医药及有色金属发展的重要基地；特色旅游服务基地。

【工程建设】紧抓项目工程质量，保质保量地完成建设工作，2014年嘎则新区主要工程：县机关行政办公区搬迁项目，总投资5043万元；行政区搬迁附属工程项目，总投资2253.93万元；住宿区附属工程项目，总投资2265.17万元；纬二路，长2005.665米，路幅宽15米，总投资2088.53万元；纬三路（巴日卡路），长1757.38米，路幅宽18米，总投资2255.61万元；南京路南段，长815米，路幅宽24米，总投资2068.54万元；新竹路，长378米，路幅宽12米，总投资460.96万元；市民广场，总投资2153.94万元。

【施工管理】在施工管理工作中，认真落实相关管理规定，时刻维护墨竹工卡县利益，忠实代表县委、县政府对建设项目实施管理，对工程实行质量、进度全程控制，并积极协调处理涉及群众利益的工作，保证建设工作的顺利进行。

在施工过程的现场管理中，针对工期紧、任务重的实际情况，建立监理、施工和质检部门之间的质量管理，严格执行“自检、互检”制度，检查工程进展和工作安排，及时发现解决施工过程中出现的问题。各个分项工程完成后，施工方自检合格后报请监理单位和相关质监部门进行验收，新区办代表投资方监督，使工程始终都能符合设计要求和施工验收规范规定，始终都能保持最佳的质量状态；建立施工管理、协调、政府监管的日常往来联络等相关程序。按照墨竹工卡县项目变更、项目签证等相关的建设管理办法，做好技术核定单、工程费用报销、工程联系单以及工程管理相关文件的放发和收件程序，报送相关文件发现问题及时向上级汇报，转达上级意见落实办理结果和回复。

【管理维护】为更好地管理维护新区基础设施，新区办在原有的巡查制度外，要求城管人员每日在新区范围内巡逻，巡逻中有发现毁坏基础设施的，在第一时间调查并追究其责任。

通过以上具体工作的认真落实，新区在建工程在保质保量的基础上正井然有序的建设，为后续项目建设打好了基础。

（孙晓东）

【领导名录】

主　任　谭　川

副主任　洛桑多吉

墨竹工卡县住房和城乡建设局

【年度综述】年内，墨竹工卡县住建局认真贯彻落实科学发展观和上级部门组织召开的推进城乡建设工作有关会议精神，按照年初既定的工作计划，以保障性住房及基础设施建设、农村安居、人居环境整治为重点，不断加快城镇基础设施建设步伐，强化建设行业监管，逐步完善城镇规划体系。做到了目标明确，精心组织，层层落实，各项建设任务进展顺利，促进了墨竹城乡建设事业健康协调发展。

【城乡建设】墨竹工卡县58091人中近24000人实现城镇化，其中城镇常住人口11479人，流动人口12107人，使城镇化率达到40.6%，完成目标责任要求的“比2014年提高2.7个百分点”的工作任务。2014年，墨竹工卡县根据城镇分布特点和城区建设实际，制定《墨竹工卡县加快特色城镇化建设进程的实施方案》。以道路建设拉大城镇框架，以设施建设提升城镇品位，以住宅建设扩充城镇居民，以项目建设稳固城镇就业。同时，确定“建设功能齐全、品位高雅、充满活力的宜居城市、人文城市、魅力城市”的目标：完成县城总体规划修编及各项专项规划编制。分别对城市道路和停车设施建设、城市排水和污水处理、城市绿地系统、城市环境卫生等五个市政行业专项发展规划；完成318国道产业带规划编制初审及县城嘎则新区发展规划编制。工卡镇、甲玛乡被列入自治区“重点乡镇”；同时，还重点申报甲玛乡赤康村、唐加乡拉东村区域传统村落建设。

【保障性住房项目建设】为不断完善城乡住房供应体系和进一步加快保障住房建设，解决城乡干部群众住房问题，县委、县政府认真贯彻执行自治区民生安县战略，2014年，墨竹工卡县加大保障住房建设资金投入，并结合上级部门补助政策，圆满完成区、市有关保障住房的各项任务指标。全年共计实施完成保障性住房256套（公租房144套，廉租房80套，周转房32套），总建筑面积12515.92平方米。投入建设资金3353.59万元（其中上级配套2009.2万元，本级财政自筹1344.39万元）。

【嘎则新区附属设施项目】年内，墨竹工卡县还自筹资金4519.1万元实施嘎则新区附属设施项目，建设内容包括办公区、住宿区总体亮化、绿化、沥青混凝土道路42462平方米，围墙1580米及设备购置等工程。已基本完工，待初验。

【农村人居环境整治项目】2014年，按照市委、市政府统一部署和安排，为巩固环境卫生整治成果，改善农村人居环境，安居办以“美化、净化农村环境，提高乡村民生活质量”为工作目标，在全县范围内共实施19个村（组）人居环境整治建设工作，投入资金2215.24万元，其中市级投资1870万元，县级自筹130万元，其余资金由2013年人居环境剩余资金中支出。截至年底，已全部完工，并通过项目验收。“一事一议”项目建设点2个，投资215.36万元。截至年底，一个已完工验收，另一个前期工作已完成，于4月开工。

【基层基础设施建设】为改善基层办公条件，满足村委会干部群众生活需要，2013年来，墨竹工卡县申请援藏投资912.34万元先后实施唐加乡卓普村委会、扎雪乡龙珠岗村委会、扎雪乡其朗村委会新建以及业务用房附属工程、门巴乡巴日卡村、贴尔朗村委会新建工程；同时，通过本级自筹410.11万元实施了唐加乡综合业务用房建设项目和扎雪乡直孔刺绣文化传习所项目，已完成总工程量的70%以上。

【城镇住房救助政策落实情况】城镇低收入困难家庭住房救助工作是实施城乡居民住房保障工作的

重要组成部分。墨竹工卡县符合租赁住房补贴廉租房条件的共有60户,128人。2014年,墨竹工卡县完成实物配租救助22户,75人;租赁住房补贴受益家庭38户53人,已共计完成发放城镇低收入住房困难家庭廉租住房租赁补贴162180元,切实解决了低收入家庭的住房困难问题。

【房改工作】狠抓任务落实,提高工作业绩。鉴于房屋产权登记工作法律规定和程序繁多的现状,2014年对房屋产权登记工作进行调整,使之更务实、合理,更具有可操作性,其中包括受理、审核、办证等程序;并在进入行政审批办证大厅以后,依据规定和有关程序,结合实际情况,对较纷繁的程序和手续进行了认真的简化,使各项业务更加流畅。2013年度房产管理工作房屋各类登记,共计核发房屋所有权属证书41件,房屋他项权证登记43件。

【公房普查】为及时掌握全县共有房屋数据变动情况,实现全县共有房屋管理动态化,信息化,按照西藏自治区住房城乡建设厅关于在全区范围内开展清理违规占用周转房专项工作要求,专门成立清理违规占用周转房工作领导小组,在全县范围内2013年新增、改扩建和拆除的公有房屋进行全面调查统计。据统计,全县2013年度新建房屋43栋,建筑面积40985.44平方米,套(间)数698套;拆除房屋20栋,拆除面积3763.13平方米,拆除116套(间)数。

【违规清理】按照西藏自治区住房城乡建设厅关于在全区范围内开展清理专项工作要求,专门成立墨竹工卡县清理违规占用周转房工作领导小组,自2月起,在全县范围内清理违规占用周转房。全县共清理干部职工1746人,其中正式干部1441人,援藏、志愿者、"三支一扶"、挂职锻炼19人,其他286人,未发现有违规占用周转房现象。

【工程监管】在工程建设质量监督上,质检人员牢牢树立起"抓工程质量,求工程效益,保施工安全"的思想意识,坚持"百年大计、质量第一"的施工原则,且层层落实工程质量的管理制度。在具体监督的实施过程中,严格按照《新验收规范》和《建筑工程强制性条文》等规定执行,并对每项工程进行专人跟踪管理,做好施工中的每个分项工程的检查验收记录,对不符合质量要求的不验收,不签字,直到合格,坚决实行质量否决制并严格督促责任主体行为,严把了建设工程的质量关。2014年,共有10项工程受住建局监督,均已竣工,严格按照规定验收备案,合格率达100%,所有工程和在建的工程未发生重特大质量和安全事故,促进了全县建筑业及社会经济健康和谐发展。

【安全生产】为把好建设系统的安全生产关,住建局以6月"安全生产月"为契机,加大宣传力度,并在项目开工建设前与施工方签订《安全生产责任状》及对从业人员进行两到三次的安全生产知识与注意事项的培训,把相关安全隐患工作排除在项目建设的施工前。在每个节假日来临前,都对墨竹工卡县城区内的在建工程项目进行实质的安全检查,发现安全隐患及时处理,限期整改,从而强化了建设系统从业人员的安全意识,为开展安全生产工作取得成效奠定基础。共集中进行大检查5次,各检查顺序为春节、3月开复工、"五一"、6月安全生产月及"十一"期间结合专项整治检查累计检查工程项目30多次,检查各类安全隐患39条,下发隐患整改通知书15份,检查出的隐患均追踪复查,大部分隐患基本都能得到整改。年内,墨竹工卡县未发生建筑安全事故。

【城市管理】坚持"以人为本,执政为民"的理念,以创建文明墨竹,创建良好的发展环境为目标,以环境卫生、城貌整洁为重点,建立"以集中整治与经常化管理相结合,以常态化管理为主"的长效管理工作机制,形成"全民动员、人人参与"的浓厚氛围。并把村镇建设管理列入文明建设和年度村镇建设考核目标任务来抓,组织协调乡镇对集镇区域内乱搭乱建、乱堆乱放、乱倒垃圾、乱贴乱画等行为进行清理整治,彻底改变"脏、乱、差"面貌,所有村庄建有垃圾池、垃圾筒,有力地改善了农民群众的生产、生活条件。创新管理体制,建立健全乡村建设管理机构,有绿化、路灯和环卫等管理服务机构,做到有专人管理。

（张　浩）

【领导名录】

局　长　索朗扎布

墨竹工卡县环境保护局

【年度综述】年内,墨竹工卡县环境保护局全面贯彻落实科学发展观,以改善环境质量为目标,以主要污染物减排为主线,严把建设项目环境审批关,深化重点行业污染治理,严厉打击环境违法行为,环保各项工作均取得重大进展环境质量得到明显改善。

【生态立县,建设美丽墨竹】制定下发《墨竹工卡县生态环境保护监督管理实施办法》《关于企业实施环保绿化工程的通知》,积极推进自治区级生态县创建工作,投入150万元完成三级同创规划工作。在各乡镇及县直各部门的积极配合下,墨竹工卡县38个行政村水质、大气和噪声检测工作已全面完成。墨竹工卡县已有15个行政村被环保厅命名为自治区级生态村,甲玛乡赤康村荣获“中国特色村”荣誉称号。

【加强农村饮用水水源地保护】为确保人民群众饮用水安全,进一步推广农村饮用水保护工程试点项目,在墨竹工卡县共171个集中饮用水源点中选出16个点进行保护工程项目试点,共投入资金160余万元;对自治区环保厅湿地污水处理工程项目进行监督建设,该项目已全面完工,总投资589万元,该项目将对墨竹工卡县净化水质、涵养水源等方面发挥显著作用;与企业共同推进水治理工作,定期对斯布沟、甲玛沟、知索沟三个敏感地段水质进行监测,定期公布监测结果;根据本县实际情况加强了水污染防治工作,加强对排污企业的监管力度,并完成县域内各选厂在线监控系统安装工作,防止了污水跑、冒、滴、漏现象,杜绝了环境污染事故的发生。

【加大推进“创模”迎检工作】县委、县政府高度重视“创模”工作,按照市局“统一规划、分步实施、公众参与、协调联动、重点突破、全面达标”的原则,把创模工作与构建和谐社会、优化城市投资环境结合起来,努力开创经济快速发展、生活文明富裕和生态环境良好的城市发展道路,在各部门共同参与下,顺利通过“创模”验收工作。

【开展城乡环境基础建设和“禁白”工作】年内,墨竹工卡县全面加大全县环境综合整治力度,增加资金和人员投入,结合各村自然风貌和自然环境,积极实施城乡美化、亮化、硬化和绿化工程,先后对县城318国道沿线及重点旅游景区等重点区域进行环境综合整治。加大“禁白”工作力度,宣讲“禁白”工作5次,配合组织相关部门专项检查9次,收缴各类塑料袋(制品)20000余个。

【开展环境安全专项大检查】对县城内各污染源进行大排查工作,建立完善环境监测、监督和执法规章,提高墨竹工卡县的环保执法能力,落实环境保护各项制度,维护人民群众的环境权益,确保墨竹工卡县经济社会的持续、全面、长期稳定。

【强化对拉林高等级公路工程环境保护监督】依据藏环办〔2013〕62号和藏环发〔2013〕366号文件通知精神,针对该工程施工段的基本情况,县环保局与中交一局第六工程部签订责任书,并派遣专人进行跟踪检查,每周定期将检查情况及时上报上级业务部门,截至年底,墨竹工卡县内未出现由施工而引起的环境污染问题。

【坚持墨竹工卡县矿产资源管理暂行办法】为加强墨竹工卡县矿山生态恢复工作程序的正规化、制度化建设。要求已进点开展矿山开发的所有驻县各工矿企业于按照2008年墨竹工卡县制定出台的《墨竹工卡县矿产资源管理暂行办法》足额缴清生态恢复保证金。

【率先创建自治区级生态县】2013 年 12 月 27 日，县委、县政府召开了自治区级生态县创建动员部署会，2014 年县财政本级预算 1000 万元专项资金在拉萨市率先实施生态县创建工作，提出力争在 2016 年获得自治区级生态县命名，在 2020 年获得国家级生态县命名的创建目标。已委托江苏省环境科学院完成《墨竹工卡县生态县建设规划(2014——2020)》《8 个乡(镇)生态建设规划(2014——2020)》，完成全县 38 个行政村生态创建工作报告，于 2014 年迎接自治区环保厅专家组现场考核，15 个行政村获得自治区级生态村命名。2015 年，墨竹工卡县被自治区环保厅评为自治区级生态创建示范县。

【配合开展创建国家环境保护模范城市相关工作】墨竹工卡县地处拉萨河上游，是首府拉萨重要的生态屏障和安全屏障，县委、县政府将“生态立县”战略与拉萨市创建国家环保模范城市工作协同推进。强化宣传。在全县范围内主动通过发放宣传材料、广播电视、手机报等方式，宣传环境保护重要性，并在 318 国道沿线及重点景区设立大型创模广告牌，营造全社会参与的浓厚氛围；责任到人。开展创模工作专题调研，组织召开 2014 年创模工作推进会安排部署创模工作。县政府专门成立迎接创建国家环保模范城市技术评估工作领导小组，与各单位、企业负责人签订“创模”责任状，建立创模工作台账，分阶段制定推进方案，确保了创模工作有人负责、按时推进；主动出击。积极参与国家环境保护部环境规划院副书记、研究员徐毅带队的环境规划院专家组一行实地考察调研，结合实际对编制《西藏自治区生态环境功能区划》工作提出建议意见。对“创模”技术评估意见反馈会上的意见及时整改落实，于 2013 年 10 月 22 日迎接环保部驻西南督查中心主任黄宏一行开的拉萨市创建国家环境保护模范城市的前期调研。开展环境污染大整治行动，出动执法人员 260 余人次，对重点污染企业、汽修厂、各大小餐饮业等单位开展专项检查，共计检查企业 200 家次，查处企业 21 家，限期整改 22 家，为拉萨市成功创建国家环保模范城市做出了贡献。

【建成长效机制】根据实际工作需要，及时制定出台《墨竹工卡县生态环境监督管理实施办法》(墨政发〔2014〕38 号)，划定了生态保护责任区和集中整治区，守住了环境保护底线。

【加强组织领导】县政府将每年的经济发展目标与环境保护紧密结合起来，实施环境保护目标责任制，由县长担任第一责任人，形成政府统一领导、环保部门具体负责、相关部门协调配合的工作运行机制。及时调整环境保护工作领导小组，由县长任组长，分管副县长任副组长，加强对环保工作的领导。年内，县政府常务会议、县长办公会共计 4 次研究环保重点、难点问题。坚持定期召开政企联席会议，年内，召开 4 次联席会议协调处理环境问题，杜绝环境隐患。对金和选矿厂、鑫茂选矿厂、中凯选矿厂 3 家重点企业派驻环境监管员 3 名，蹲点开展环境监管。针对县环保局核定编制只有 3 名的实际情况，及时从相关单位抽调 2 人到县环保局开展工作。抽调 3 人成立了创建生态县办公室，协助环保局开展日常工作，使县环保局工作人员达到 11 人。

【抓好项目建设】实施农村水源地饮用水保护工程试点项目，为全县 8 个乡镇投资 160 万元、新建 16 个重点饮用水水源地保护区。实施甲玛乡供水工程(甲玛乡水厂项目)，总投资 1968.63 万元，其中县财政本级配套 750 万元。实施日多乡饮用水工程，县本级财政出资 96 万元；积极向上级争取资金 600 余万元，实施湿地污水处理工程项目，已经完成初验，该项目将对墨竹工卡县净化水质、涵养水源等方面发挥显著作用；加强对华泰龙、巨龙、金和、鑫茂、中凯、元泽、天仁等 7 家排污企业的监管力度，完成华泰龙、金和、鑫茂、元泽 、中凯等 5 家选厂在线监控系统安装工作，杜绝了环境污染事故的发生。与企业共同推进水治理，定期对斯布沟、甲玛沟、知索沟三个地段水质进行监测，全年共实施6次环境监测；县本级财政投资210万元实施县城垃圾填埋厂整改项目。县城医疗废物按要求定期统一运送到拉萨市危废厂处置中心。县域内唐加乡、扎西岗乡、扎雪乡3个垃圾中转站建设项目及部分区域水治理项目已向有关部门申报待批复；全面实施环境综合整治，投入2142万元开展城乡美化、亮化、绿化工程。完成县城318国道沿线及重点旅游景区等重点区域环境综合整治，着重实施村庄道路硬化、排水等环境改善工程；为缓解工业电力缺口，大力发展清洁能源产业，依托招商引资，鉴约振发光伏电站(3亿元、20兆瓦)。

【加强环境监督管理】落实拉林高等级公路工程环境保护旁站式监督管理职责，与拉林高等级公路墨竹工卡段施工方中交一公局第六工程有限公司签订《拉林高等级公路墨竹工卡段环境保护目标责任书》。每天对拉林工程进行全程监督；加大"禁白"宣传、开展"禁白"执法监管力度，组织环保执法人员开展不可降解的塑料制品和含磷洗涤剂执法检查，重点突出旅游、人员密集场所，共检查9次，收缴各类塑料袋（制品)20000余个；于2014年7月4日——7月7日，根据县委、县政府安排，县政府分管环保副县长及相关政府单位配合区、市环保部门集中开展了为期4天的"整治违法排污企业 保障群众健康"环保专项检查行动，出动工作人员20余人次，对全县15家企业矿产资源开发环境监管、水源地保护和水环境综合整治、防控污染等方面进行了环境安全隐患大排查。

（泽仁卓玛）

【领导名录】

局　长　扎西次仁

副局长　旦增贡彭

墨竹工卡县国土资源规划局

【年度综述】墨竹工卡县2013年度土地卫片执法检查中有93个违法图斑，主要为各乡(镇)安居工程及两大矿区搬迁安置房用地。为实现"零约谈、零问责"的目标，按照区、市整改要求，及时组建第一、二、三批次村镇建设用地报件上报国土资源厅审批，使得整改工作落实到位。(第一批次为巨龙矿区孜孜荣村搬迁安置房用地，用地规模133.61亩；第二批次为天仁矿区章达村搬迁安置房用地，用地规模66.15亩；第三批次为2013年度安居工程违法建设用地，用地规模234.16亩。)

【完成2014年度土地矿产卫片执法检查图斑核查】按照国土资源厅下发的遥感监测图斑数据为基础，对2014年度矿产卫片33个图斑(其中合法图斑15个、伪图斑18个)和土地卫片68个图斑(合法图斑12个，违法图斑56个)，涉及面积1410.3亩，进行了外业实地核查、建档，上报统计数据等工作，并通过区、市卫片执法检查领导小组验收。

【天仁矿区建设占用耕地"占一补一"项目通过验收】2014年8月24日，自治区国土厅组织检查验收组，对天仁矿区建设项目占用耕地在唐加乡卓尼村土地开发1477.7亩项目进行了实地踏勘，并同意该项目通过验收，作为新增耕地指标，用于耕地占补平衡。

【获得2015年土地整治项目】通过多次与上级业务部门申请，争取到2015年土地整治项目，开展高标准基本农田建设项目5000亩，建设资金750万，根据项目选址要求，经请示县政府，该项目选址地为唐加乡拉东村，3月底开工建设。

【成功挂牌出让2宗商业用地】按照《招标拍卖挂牌出让国有建设用地使用权规定》等有关法律法规的规定，经报县人民政府批准，成功挂牌出让两宗国有建设用地使用权。一宗为那菲药业有限公司，出让面积5亩，出让金62.5万元。另一宗为西藏银行，出让面积10亩，出让金284万元。以上出让金已全额上缴财政。

【专项整治非法买卖集体土地工作】根据县委县政府安排部署,各乡(镇)以2010年为时间界限,重点对非法买卖集体土地行为、占用集体土地、非法转让土地三种行为进行了拉网式排查。经摸底调查,2010年1月至2014年年底,墨竹工卡县非法买卖农村集体土地63起,共涉及面积47.11亩,占用耕地建房行为51起、违法转让出租集体土地4起、私自占用集体土地20起。

按照"面对现实、突出重点、打击少数、教育多数、宽严相济、稳妥慎重、切实可行"28字妥善处理原则,以"打击少数、教育多数"为目的,墨竹工卡县对具有典型代表和特殊意义的非法买卖集体土地行为共计7宗案例进行集中清理整顿,其中3宗案例为非法买卖耕地并修建安居工程行为,4宗为非法占用集体土地用于经营性建设。

为确保取得实效,墨竹工卡县组织全县农村集体土地清理整顿工作领导小组各成员单位,对以上7宗案例进行了联合检查和集中清理整顿。并对各违法主体下了责令停止违法行为通知书,要求其必须在20个工作日内限期整改,拆除违法建筑,恢复土地原状。待整改完毕会后,根据整改情况按照《墨竹工卡县专项整治非法买卖集体土地的整改处置意见》,酌情予以现金处罚。

【完成兑现2014年度搬迁户各项补偿资金】按照天仁搬迁协议内容,为及时、安全、准确地将年度各项补偿资金兑现给搬迁户,共计109户、补偿资金数总数为4101261.05元,户均3.6万元;及时兑现西藏中凯矿业有限公司对尼玛江热乡章达村一组草场补偿,资金共计213360元,户均5767元;准确兑现甲玛乡驱龙矿区搬迁群众2014年度各项补偿资金,共计175户,补偿资金总数18644888.64元,户均10.47万元;顺利发放甲玛乡孜孜荣村搬迁群众家电家具购置补贴、后期创业资金搬迁入住奖励资金,据统计,搬迁群众总户数为175户,共计资金968万,户均5.5万元;发放第51年奖励性补助共计1758.89万元,户均10.05万元至此,除协议规定的长期性补偿外,所有一次性补偿全部到位。

自2011年11月27日开始正式启动墨竹工卡县驱龙项目建设搬迁安置工作以来,累计发放各类补偿资金总计1.3亿元。切实起到"坚持开发一方资源,带动一方经济,造福一方百姓"的良好作用。

(多吉曲杰)

【领导名录】

局　长　次　达

副局长　尼玛央金

交通·通信

交通·通信

墨竹工卡县交通工作

【年度综述】年内,坚持以科学发展统领工作全局,抓新建,抓养护,统筹资金,强化宣传,圆满完成各项任务,为经济社会跨越式发展奠定了坚实基础。

【县域交通】全县辖7个乡1个镇,40个行政村,198个自然村,公路总里程653.62公路,其中通油里程259.16公里,通油率39%;国道里程88公里,省道里程125公里,县道里程55公里,乡村道路里程385.68公路。乡(镇)通畅率100%,行政村通达100%,行政村通畅率75%,自然村通达率98%;全县宗教场所48座,通畅9座,通达36座,不通3座(日追),通达率94%,通畅率19%。

【交通基础建设】继续做好交通道路新建工作,围绕质量第一、安全第一、进度第一"三个第一"标准,积极构筑更加完善、便捷、安全的交通运输网络。全年实施交通项目10个,完成投资4804.1万元,改造提升13公里,新增独木桥2座,23延米。唐加乡莫冲至直孔电站道路等4个项目完成建设,这些项目的实施,极大地改善了墨竹工卡县农牧区交通运输环境,有效解决了群众出行难的问题。

【强化道路日常养护】按照谁受益、谁养护的原则结合养护承包责任制,强化组织领导,强化宣传引导,强化队伍建设,强化资金统筹,全面完成了县乡道路养护工作,成功通过"全区农村公路互检"检查,得到互检组领导的高度肯定。政企联合,协调落实,进一步强化养护工作,对群众反映较强烈的尼德公路开展实地调研,邀请市交通局公路政执法大队清查车辆超载超限,经核实运矿超载运输对道路损毁负主要责任。

【强化交通安全管理】坚持关口前移、工作不移,以高度的责任感、强烈的危机感,强化宣传引导,强化隐患排查整治,全力推进交通安全再上新台阶,先后组织百日安全、平安宣传日交通安全宣传等主题活动6次,悬挂横幅17余条,发放宣传材料250余份,营造了懂法、遵法、守法的安全氛围。

(唐永才)

林芝公路分局墨竹工卡公路养护段

【年度综述】年内,养护段紧紧围绕上级制定的总体工作目标,坚持用科学发展观统领公路养护工作全局,认真贯彻落实中共十八大和全区公路养护管理工作会议精神,以促进各项工作的落实和继续发扬、学习西藏老一辈养路工人的精神为落脚点,使全段的工作作风、工作效率和工作质量明显提高,各项工作开展的扎实而富有成效,较好地完成了全年的工作任务。

【养护生产】结合自身公路现状,克服公路严重老化、病害增多、交通流量和大吨位车辆与日俱增、养护难度大的实际困难,切实加强公路路容路貌的改善。一方面继续坚持以路面养护为中心、预防性养护为主,坚持"预防为主、防治结合"的养护原则,延长其使用寿命和节约养护成本,从而达到减少公路病害。另一方面因养护段管养路段严重老化,工区自行炒料和外购拌合料较大力度地在做恢复工作。

【养护生产完成】新增标志牌73块、清理泥石流

4855.9 立方米、油路补坑 50080.35 平方米、疏通涵洞 86 道、更换涵洞盖板 22 块、备路肩料 8404.4 立方米、铺路肩 66633 平方米、清雪打冰 959.7 立方米、清理边沟 369686 米、整修路肩 567541.1 平方米、修复波形护栏 112 米、桥涵头跳车处理 360 道、清理零星塌方 229 立方米、清扫路面 2034102 平方米、铲草 104495 平方米、整修边坡 138745.8 平方米、补载里程牌 5 块。

【路政管理】按照林芝公路分局的统一部署，不断完善路政管理所的各项管理办法和规章制度，规范内业档案、票据、罚没款项的管理。2014 年 1——12 月，校正沿线标志牌 74 块、路政案件 26 起、破案 26 起、结案 26 起、破案率 100%、结案率 100%、收取赔补偿费共 8.9720 元、办理大件通行证 221 张、收取公路损坏补偿费 4327.8 元、护送大件运输 7 趟、护送费 1696 元。

【安全生产】近年来，全段的安全生产工作，始终贯彻“安全第一，预防为主”的方针，牢固树立安全责任重于泰山的意识，重点在于落实。制订切实可行的安全生产实施方案，并与各工区签订《墨竹工卡公路养护段安全生产责任书》《墨竹工卡公路养护段社会治安综合治理目标管理责任书》，与段机关商品房商户签订《安全目标责任书》和责任状。养护段重点加强工区工作人员的安全防范意识，作业时必须身着统一橘色标志服，设置明显的公路抢险保通标志，落实好安全防范措施，杜绝安全事故的发生。

【党建工作】2014 年是深入学习中共十八大精神和十八届三中全会的关键之年，是贯彻好党的群众路线实践教育活动的重要一年，党支部紧紧围绕总体工作思路，深化思想工作，转变机关作风，加强党建工作，以段党支部为中心，组织党员干部定期参加组织生活会，开展各类主题教育活动，有效提高了养护段各工区和股室干部职工的整体素质。切实加强党员干部和职工群众的政治思想教育，建立健全学习制度，以推进党组织自身建设为着力点，不断吸收政治素质过硬、工作成绩突出的职工充实党员队伍。

【党风廉政建设】养护段在林芝分局党委的正确领导下，为了深入扎实的推进党风廉政建设，围绕养护生产管理和稳定大局，深入学习中共十八大以来党的各项方针政策，为保持清正廉洁、防止腐败、结合养护段实际，建立“墨竹工卡公路养护段党风廉政建设措施”“党风廉政考核办法”，并认真总结每年实施党风廉政建设责任制的具体情况，探索完善实施责任制的方法，查找党风廉政建设责任制落实过程中存在的突出问题和薄弱环节，采取切实有效措施加以解决，提高党风廉政建设责任制的整体效果，总结经验，查找差距，完善措施，确保养护段党风廉政建设任务落到实处。

【维护稳定】段党支部始终坚持把广大党员干部和职工的思想统一到交通运输厅公路局、林芝分局党委的决策部署上，建立健全学习制度，以维护稳定促进发展为着眼点，不断提高职工思想觉悟、工作作风、劳动纪律和法律观念。夯实斗争基础，把反分裂斗争作为第一要务，养护段全年严格执行 24 小时值班制度和领导带班制度，对重点路段和桥梁安排守护人员，确保管辖路段的常年安全畅通。

（索朗拉珍）

【领导名录】

党支部书记　达瓦次仁
副 段 长　孙国江
　　　　　普布次成

墨竹工卡县电信局

【年度综述】墨竹工卡县电信局于 1999 年正式挂牌成立，成立以来一直以“用户至上、用心服务”为服务理念。年内，墨竹工卡县深入落实科学发展观，坚定不移地全面落实企业转型战略，坚持发展第一要务和稳定第一责任，努力提升企业核心竞争力和价值创造力，实现企业持续健康发展，发挥了企业在信息化建设中的主力军作用。

【项目建设】年内，启动乡级卖场化改造暨营业厅民营机制创新工作，实现七乡一镇天翼手机卖场建设，建立中高端智能终端连锁经营体制，加大乡级单位光缆、宽带维护力量，全力推进“信息化项目”的建设，光缆延伸至40个行政村，实现了40个行政村“村村通宽带”的工程，墨竹工卡县新城区整体规划和人行道通信管道建设投入资金210万元，提前布放光缆为县政府搬迁电路、电话、宽带做准备，实现墨竹工卡县新城区光纤到户工程。

【网络覆盖】2014年5——11月，在扎雪乡米洛6组、尼玛江热乡其玛卡村新建CDMA基站，启用3G信号，门巴乡直孔梯寺派出所、德仲寺派出所、艾玛日寺派出所、章达村派出所开通公安网。截至年底，手机信号覆盖全县7个乡1个镇和40个行政村，全县网络覆盖率达到98%以上。

【企业发展】为改善墨竹工卡县农牧区通信条件，加快农牧区全面建设小康社会步伐，在上级部门的支持下实施“村村通宽带”等工程。实现门巴乡波朗村等14个站点的农村综合服务站业务开通工作，让广大农牧民享受优质的通信服务，为了使广大农牧民享受中国电信的优质服务和惠农政策，2014年举办电信文艺下乡活动，存费送费，购机送费，存费抽奖等活动赢得了广大农牧民的信赖，提升中国电信的感知。荣获中国电信拉萨分公司颁发的“优秀团队”奖。

（白玛伦珠）

【领导名录】

局　长　白玛伦珠

副局长　琼达次仁

墨竹工卡县邮政局

【年度综述】年内，墨竹工卡县邮政局认真贯彻市邮政局各项工作部署，坚持围绕中心、强化核心、凝聚人心的工作思路，不断深化改革，加强基础管理，锐意创新经营，提升服务能力，经过全体干部职工的团结拼搏，企业效益与运行质量明显提升。2014年，通过全局干部职工的共同努力，克服各种困难和不利因素，圆满地完成各项目标任务。并取得了一定的成效。全年实现业务收入146.28万元，完成年度预算的107.56%，同比2013年增长87.82%。

【企业发展】为进一步深化和完善劳动分配制度，加强和规范企业管理，充分调动员工积极性、主动性，创造性、开拓性，建立有效的绩效激励机制，有效提升企业经营管理水平和改革发展的意识和能力。切实做好普遍服务工作是党和政府赋予邮政的政治使命，是关乎党和政府形象，社会稳定的政治工程。邮政局除承担县城区域的投递服务工作外，还承担墨竹工卡县各乡镇、各学校、寺庙、企事业单位等机构的投递服务工作。全县乡邮投递服务工作灌盖7个乡、1个镇、40个行政村、48座寺庙，年服务行程达8万多公里。乡镇通邮率达100 %，村村通邮率达90%以上，最大限度地满足了偏远山区邮政通信的需求，为墨竹工卡县经济发展和农牧区文化建设做出了贡献。

【最美乡邮员】邮政局进一步加大乡邮工作力度，不断提高管理水平和服务质量，以高度的政治责任感，延伸服务深度。全体员工把认真做好邮政普遍服务作为己任，投入乡邮管理工作中，在巩固乡邮成果的同时，不断提高乡邮通信的覆盖率，确保乡邮工作的畅通。

邮政始终站在“讲政治、讲大局”的高度上，以对党和国家高度负责的精神，着眼于“服务三农”忠实履行普通服务，全力以到做好党报党刊的投递工作，全年共投递党报党刊200多万份。确保了邮政普通服务不降低，水平不缩水。其次就是结合实际拓展农牧区邮政业务，加大乡邮通信安全工作管理力度，确保邮政通信安全工作的正常运转。乡邮投递队伍这种乐于奉献，始终把搞好普遍服务工作作为己任的精神，赢得当地政府、企事业单位和广大农牧民的赞誉，同时对乡邮服务工作也予以了肯定好评，因为真情服务，在2014年9月26日扎西多吉，主题"要对得起这身邮政绿"登载"一人'邮'走10年，奔走山间的信使"，报道了墨竹邮政人真情服务的平凡事迹，不断塑造着全心全意为人民服务的邮政形象。邮政以"青年文明号"创建活动为主要方式，不断改善服务支撑。较好地满足了日益增长的多层次、多元化、个性化需要；在文化大发展背景下，把"创先争优强基惠民生"作为农牧区乡邮工作的重点之一，为做好"创先争优强基惠民生"工作队的邮政服务工作，为此召开专题会议，会上希望各辖区投递服务人员要站在讲政治的高度，切实强化投递服务质量，全力满足驻村工作队的用邮需求，树立良好的邮政企业形象。做到监督检查必须到位、投递服务标准必须到位、宣传力度必须到位。通过走访基本掌握了各驻村工作队的基本信息，大力宣传邮政服务内容和服务标准。通过深入了解和宣传党报党刊征订工作和用邮需求，得到较好的落实。

【管理工作】狠抓安全生产，维护稳定秩序，年初通过签订《安全工作目标管理责任书》《消防安全责任书》，制定《车辆管理办法》以及与乡邮员签订《乡邮汽车及摩托车安全管理责任书》等与安全生产息息相关的管理办法和制度，将安全生产指标考核纳入部门绩效考核中。同时，每月实行定期组织安全生产检查，使安全生产工作制度化、规范化。确保了邮政通信生产安全，维护了社会稳定秩序。

将一如既往地紧紧围绕市局的经营指导思想开展工作，严格落实各项经营决策，以企业发展为中心，在市局和县委、县政府的坚强领导下，求真务实、真抓实干、开拓创新，加大基础管理工作力度，扎实完成全年的各项工作任务。

（普布扎西）

【领导名录】

局　长　　普布扎西

墨竹工卡县移动分公司

【概　况】墨竹工卡县移动营业网点设立于2004年，2007年6月墨竹县移动分公司正式成立。自成立以来始终秉承"正德厚生 臻于至善"的企业核心价值观，以"有价值、可持续"为经营理念，努力以"客户为根、服务为本"为职业操守服务墨竹县各族人民群众。全体员工自力更生、积极进取。在公司上下各级班子的正确领导下成功实现机构调整，网格划分，TD覆盖。用户规模从公司成立之初的4854户增长到现在当前的2.5万户，运营收入呈逐年上升趋势，8个县公司中内部贡献占比为17.75%，已成为区域市场最有实力和最有竞争力的通信运营商。

墨竹工卡县分公司现有在岗员工8人，乡镇区域经理8人，解决当地就业人员10人占总员工人数的62%。墨竹工卡县分公司现有自办厅1个，合作营业厅3家。各级渠道代理店30余家，其中7家为营销中心代理。2009年，率先突破千万并获得省公司嘉奖。全县共有基站117个，覆盖8个乡镇，42个行政村，网络覆盖率为95%，服务日多乡、扎西岗乡、甲玛乡、唐加乡、尼玛江热乡、扎雪乡、门巴乡，共7个乡1个镇的客户。墨竹工卡县县分公司在2012年10月，全体员工共同努力下获得了由墨竹工卡县团委颁发的"青年文明号"，同时在2012年11月获得了由墨竹工卡县委宣传部授予的"2012年度精神文明单位"称号。

【市场经营规模逐见成效】墨竹工卡县移动公司主动开拓市场资源，不断提高人员营销水平，全年累计新增客户7387户，客户总量2.5万余户，新业务使用客户数累计达15663户。其中，彩铃业务普及率达78.76%，新业务收入比重达到30.97%，成为运营收入增长的主要方向。新增客户市场占有率为70.68%，期末客户市场占有率为71.10%，市场主导地位得以巩固。持续推进品牌整合，着力提升品牌影响力和竞争力，"全球通"高端品牌形象和价值不断提高,“神州行”和“动感地带”品牌市场带动作用逐渐增强。不断加快渠道建设,认真兑现服务承诺,积极改进渠道管理,核心社会渠道控制力和价值贡献不断提高。进一步加大集团客户市场开发力度,从单一产品植入到综合的信息化解决方案,实现集团客户的“无缝”服务打造有效的商业“价值链”促进双赢。积极宣传推广移动智能终端,实现“七乡一镇”全面展示,有效发挥综合捆绑和黏性作用。

【员工综合素质全面提升】通信行业作为窗口,作为服务行业,每一位员工对外展现的一言一行都代表着公司整体形象,因此墨竹县分公司在拉萨分公司各职能部门的有力支撑下定时或不定时的对营业人员、集团客户经理、渠道管理人员进行业务知识、服务技能、营销方法等方面的培训极大地增强了员工对自身以及企业可持续的关注度,激发了员工们的学习热情。

【班组建设呈现和谐氛围】墨竹县分公司“318”班组成立于2012年年初,共有成员8人。本着“开心工作、快乐生活”的一帮平均年龄只有26岁的年轻团队通过内容丰富、形式多样班组技术知识交流活动,分享工作经验,其心协力,共同解决工作难题。贯彻执行向“双标”学习,班组成员扶贫解忧多次为公司内部困难职工捐款、捐物。生产之余,班组成员与友好单位的班组进行交流座谈活动、积极参加县政府组织地各项体育运动和联谊活动。营造了良好的班组氛围及社会口碑。

(梁　伟)

【领导名录】

经　理　景淑娜

联通墨竹工卡县营业部

【概况】墨竹工卡县营业部建于2010年3月,现有自办厅1个、合作厅1个、员工5人。

【年度综述】年内,墨竹工卡县营业部全体员工一如既往地在拉萨分公司的直接领导下,坚持以发展为中心,积极应对困难和挑战,采取有力措施,加快业务发展步伐;努力抓好集团营销与服务,做好行业信息化和新业务推广,尽可能地提高经营效益;抓好精细化管理,做到管理到位、责任分明;认真搞好服务管理与考核,根据实际情况完善、细化管理办法,制定合理的鼓励措施,改善服务短板,确保服务质量的稳步上升,提高了客户满意度。

【产品营销活动】墨竹工卡县营业部在拉萨分公司的领导下结合季度业务发展主打产品及重点指标的改善,提升用户规模,鼓励经营单元全面开展促销活动,充分抓住节日营销契机,以指标改善为抓手,促进规模发展与效益提升,实现产品客户规模增长和社会渠道快速拓展的双丰收。年内,营业部共完成主营收入191.8万元。

【实名制工作】墨竹工卡县营业部严格按照《中国联通西藏分公司客户资料管理实施细则》要求,在办理用户入网时坚持对用户的有效证件通过拍照、扫描、复印等方式,并对用户个人电子信息进行留存,同时对用户资料的真实性、一致性进行核实。对于用户资料不全、不真实等情况严禁办理入网业务,努力做到无差错、人证匹配。

【渠道建设情况】墨竹工卡县营业部工作在省公司的政策指导下,在分公司领导全局统筹、周密规划及各经营部全力推行下,充分利用渠道补贴成本建设,渠道工作取得了可喜的成绩:渠道数量显著增加,年初原有社会渠道5家,本年新建渠道9家,社会渠道数量提升90%。

【宽带受理情况】网络公司自7月无条件预受理岗运行以来,固网装机竣工率均维持在85%以上,全年竣工率平均为85.82%;修障及时率平均达到85.11%;装拆移满意度都为100%,较好地完成了集团下达的任务指标。

【**网络建设**】按照公司 2014——2016 年的网络滚动规划,对墨竹工卡县,设计院会同负责人进行网络规划,移动基站、宽带业务和新城区县乡道路等专业现场摸底,2014 年通过上门走访和洽谈新签订移动基站合同 9 个,为 2015 年网络建设提供翔实的资料。

【**网络覆盖及问题**】墨竹工卡县共有 7 个乡 1 个镇,截至年底,墨竹工卡县联通网络共覆盖 3 个乡 1 个镇,其中 3 个乡的网络只是沿 318 国道覆盖,离国道较远的村落属于弱覆盖;距离县城 20 公里处的扎西岗乡基站由于市电原因经常断站,蓄电池老化无法工作;代维公司不愿发电,致使基站长期没有信号,已申请多次更换蓄电池,至今未得到解决。

【**继续开展移动业务和固网业务**】年初,营业部将利用春节藏历新年开展合约终端营销,以"299""399"合约终端营销为契机,开展新入网存费、存费送业务等活动,提升 3G 入网量。4 月,外地务工人员陆续进藏后,营业部将组成直销团队前往拉林公路沿线销售 2G 预开通卡。2015 年,业务增长主要通过发展公路沿线施工人员用户为主,营业部将及时和公棚领班人员取得联系,发展集团客户。同时,营业部将结合中高端用户市场发展薄弱的实际,联合代理商挖掘潜在的中高端客户,充分利用代理商的关系网,与代理商一同发展中高端客户,力争发展一部分中高端用户,以此来提升用户质量,为 2015 年的收入增加起到推动作用。2015 年,开展 2G/3G 向 4G 迁移,了解用户需求满足用户的需求,从而提高业务增长点。发展的同时做好维系。由于前期 ONU 设备数量较少,固网发展较弱。2014 年市分公司加大县域固网资源建设,通过对之前有人无资源,有资源无人的情况进行相应的优化,使得优化后的资源能够得到充分利用,营业部将以此为契机,通过直销人员的努力大力发展固网业务。

【**加强渠道建设**】代理渠道作为进入市场的"入场券",作为"销售经理"和商业合作伙伴,在公司的发展中起着至关重要的作用。年内,营业部一直把渠道建设作为拓展市场的首要目标,拟订 2015 年渠道发展计划,完善《渠道考核细则》,重点通过广开渠道、扶持代理商,力争公司 2015 年的用户发展较上年有所提高。同时要加快缴费点建设工作,代理缴费作为渠道的补充,不仅在乡村市场能发挥巨大作用,在单位、工地、乡镇等集团客户发展中也能有效地发挥作用。将尽快帮助这些代理商发展起来,在销量不好的渠道上加强建设,将提高渠道质量作为营业部今年渠道发展的首要目标。

【**做好营业管理**】将加强对营业员的全面管理。进一步梳理和优化工作流程,科学分工,强化服务意识,提升服务质量。对营业员现有分工进一步细化,视工作需要,合理安排工作任务。要求营业员学好业务知识,提高业务推广能力,提高工作效率和质量。将加强财务管理,开源节流,以最小的支出换取最大的收益。

（白立成）

【**领导名录**】

经 理　　白立成

金

融

螈

金 融

中国农业银行墨竹工卡县支行

【概况】中国农业银行墨竹工卡县支行位于拉萨市墨竹工卡县工卡镇14号,成立于1995年7月1日,于2009年10月与全国农行一道成功上市,更名为中国农业银行股份有限公司墨竹工卡县支行。服务面为县城及7个乡1个镇40个行政村,是唯一在乡镇上有网点的金融机构,截至年底,所辖1个县支行7个营业所,全辖现有人员38人,其中管理员10人,业务人员25人、后勤人员3人,根据业务性质分设有会计、出纳、信贷、联行代理国库业务等,主要经营存款、贷款结算及代理人行、农发行业务。

【年度综述】中国农业银行网点遍布中国城乡,成为国内网点最多,业务辐射范围最广的大型现代化股份商业银行,业务由最初的农业信贷、结算业务,发展为品种齐全,本外币结合,能够办理国内通行的各类金融业务。主要包括:存款服务、综合业务、人民币理财、银行卡、汇款、代发薪服务、电子银行服务、私人银行、融资业务、国内支付结算、基金相关业、企业理财服务、金融机机构服务。

【"三农"服务】年内,墨竹支行在县委县政府、营业部党委的正确领导下,通过全体员工的共同努力,业务取得新的拓展,各项业务经营稳步健康发展,信贷资产质量明显提升,内控管理水平进一步提升,特别是作为县域支行在"三农"服务和支持当地经济发展工作方面取得良好成效,并确保实现安全运营。

【经济发展】截至年底,墨竹支行各项存款余额为70384万元,其中对公存款余额为49404万元,比上年末增加3192万元,储蓄存款余额为20980万元,比上年末增加10730万元。

各项贷款余额为160661万元,1月——12月累计发放贷款130060万元,贷款余额比上年末净增106137万元。其中涉农贷款余额为41518万元,涉农贷款占比为25.84%,比上年末增加12006万元,公司贷款余额113864万元,个人贷款余额为5280万元,比上年末增加2231万元;截至年底,支行不良贷款余额为0万元,本年无一笔新增不良贷款,超额完成上级行下达的绝对额控制目标。截至年底,墨竹行已评定信用乡7个,信用镇1个,2个信用村;累计颁发贷款证9578户,颁证面达99.62%,使用率达98.33%,其中,金卡4904张、银卡2301张、铜卡1873张,钻石卡500张(一星125户、二星200户、三星175户);扶贫贷款余额为13525万元,通过给能人贷款带动农牧户残疾人,贫困户,通过与钻石卡户签订帮扶协议(执行扶贫利率)每年帮扶贫困户。截至年底,已办理惠农卡2700张,各项指标均得以圆满或超额完成。

【"三农"业务发展】按照全国农行工作会议和区、市两级行长年初会议的安排部署,墨竹支行始终坚定不移地深化"三农"工作,不断提高金融服务水平,努力为农牧民提供普惠制、广覆盖、多功能、可持续的金融服务,仅2014年新评定和上报信用乡镇2个,信用村2个,通过与钻石卡户签订帮扶协议(执行扶贫利率)每年带动和帮扶本县贫困户,作为县域支行上下切实树立面向"三农"服务城乡的经营理念。

在具体工作中墨竹支行通过开展思想教育,提高员工道德及思想高度,引导员工将服务"三农"引导员工带着感情、带着爱心、带着诚心为农牧民服务,积极依托"四卡",有效增加对农牧业、农牧民的有效信贷资金投入，通过对所有乡村开展常态化的流动服务，向农牧民宣讲普及金融政策和信贷产品知识，大额资金兑现时为农牧民提供上门服务业务，同时，对广大农牧民开展诚信教育，有力提升本县农牧民整体信用环境；通过加强与县各级政府的沟通联系，积极争取党政部门的理解与支持，因此银政、银企关系非常融洽，实现共赢，墨竹支行在贷款投向上积极为符合农行信贷相关政策规定，符合准入条件的农牧户发放农、林、牧业以及建筑、运输、批发、特色产品、民族手工业等贷款，满足其有效金融需求。

通过强化"三农"金融服务及管理，提高风险管控水平，不断提升本行"三农"服务能力，不仅涉农信贷资产质量保持较好水平，同时有力支持地方经济发展。近年，根据上级行有关"惠农通"工程方案，墨竹支行高度重视，切实感受到开展此项工作是农行又一项惠农具体措施和手段体现，能够对金融空白行政村农牧民带来就近便利的金融服务，截至年底，完成40个村累计安装53台的POS机布放，组织专人认真开展前期政策宣传解释工作，积极争取党政机关和农牧民的理解和支持。

【办公及硬件设施】年内，对所辖2个营业所重建工作上报，分别为唐加乡营业所、门巴营业所，预计2015年新建。2014年安装5台离行式ATM机和巴洛营业所营业室，分别为甲玛乡人民政府院内3台（投入使用），嘎则新区2台，扎西岗乡巴洛营业所1台（投入使用）。

此举为县城内客户提供良好的自助设施，设备使用率、有效运行率明显提升。

【配套设施】针对支行近年来年轻员工逐年增加的现状，支行积极争取资金，2014年再次投入63万余元完成支行职工之家和洗浴中心等配套设施建设，加强伙食堂管理，尽力为员工改善伙食就餐条件，彻底解决员工一日三餐的后顾之忧，尽量给员工营造优异的工作环境。

【综合营销】年内，从墨竹支行各项存款呈现稳中有升，总体完成情况较好，2014年墨竹支行储蓄存款增长较快，超额完成全年任务指标，贷款业务发展迅速，呈现"三农"贷款与个人贷款齐头并进的势头，个人贷款不仅改变近几年连续负增长的局面，而且超额完成全年任务，其他各项指标完成情况较好。

【基础管理】开展组织实施员工合规文化建设活动，员工整体合规理念、合规意识明显提升，继续实行差异化绩效分配体制，切实激发员工工作积极性，充分体现奖励机制的作用，认真开展对所辖内的尽职监督检查，做到及时查漏补缺，减少差错和工作中瑕疵，促进各项业务操作合乎程序规定以及制度要求。

【安全运营】年内，支行未出现任何一起大小风险操作事件，确保安全运营。2014年针对运营、会计、信贷、安全保卫等环节，加大规范化、科学化、标准化建设，开展各业务条线的"三化三达标"创建前期准备基础工作。

【集中学习】墨竹支行2014年专门组织所辖营业所主任集中学习《农行西藏自治区分行营业所综合管理办法》，与员工一道重温和学习《员工守则》，以典型案例教育引导员工，提升员工合规操作意识，强化职业道德素养。

【安全保卫】年内，墨竹支行开展安全保卫工作"三化三达标"前期准备和自查、自评分工作，严格按照达标实施方案，逐条开展检查对照工作，对相关要求未达标的进行补充整改，为顺利达标做好前期准备。

【安防教育】年内，不仅圆满完成重大节日、敏感日的安防工作，同时确保全年无论守库、押运、值班以及营业期间的安全无事故，平时墨竹支行主要采取加强对员工的安防教育，引导员工自觉履行各项安防制度规定，严格相关纪律，层层签订安防责任书，加大对所辖网点的监督检查力度，对违反安全保卫的行为及时进行教育引导教育，及时达到惩戒目的，领导做到在注重业务经营的同时，狠抓安全保卫工作，从而确保了安全运营。

（索朗念扎）

【领导名录】

党支部书记、行长　　尼玛次仁

西藏银行股份有限公司墨竹工卡县支行

【年度综述】2014年，西藏银行墨竹工卡县支行在西藏银监局、人民银行拉萨市中心支行、墨竹工卡县委县政府、西藏银行总行的大力支持、帮助下于2014年4月12日试营业，6月12日正式开业。西藏银行墨竹工卡县支行在墨竹工卡县是第二家商业银行。此前墨竹工卡县只有农行一家独大，金融业务基本垄断的情况下，西藏银行墨竹工卡县支行加大宣传和上门营销力度，提高优质服务，在坚持规范经营、防范风险的前提下，以发展为主线，以利润为目标，以高品质、专业化服务为手段，积极扩展市场、创新产品、培育客户。积极贯彻落实区党委、政府和上级部门宏观调控政策和部署、不遗余力支持全区经济社会发展，综合实力进一步增强、经营效益大幅提升。墨竹工卡县支行高度重视全面风险管理，进一步完善风险管理体系，风险防范能力不断增强；加强合规教育，倡导风险文化，提高员工的风险意识；明确风险管理的战略目标和风险度，积极调整信贷结构，强化全流程管理，保持不良信贷额及不良贷款率为零；进一步完善风险防范制度，防范和加强了支付结算、银企对账、反洗钱、票据等重点风险环节和部位的管理。

【重组领导班子，明确分工】根据西藏银行总行党委对支行领导班子于2013年11月成立以支行行长徐垲铸为核心的领导班子；领导班子成立之后，支行设置三大部门：营业部、业务部、综合部；领导班子率先带头勤于学习，着力提升支行管理水平和应对复杂局面的能力。通过任职资格培训、考试等手段，强化公司客户经理等专业岗位任职；对班子各部门负责人及成员进行明确的分工，使得支行各部门工作的目标和责任清晰明确，工作效率大为提高。

【加强员工管理】加强队伍建设，发展人才基础。开业以来，西藏银行墨竹工卡县支行抓业务拓展与抓内控管理并重，抓业务指标与抓风险苗头并重，要求全行员工树立合规经营理念，加强内控管理制度的学习，不断提高制度执行力和风险识别能力，不断提高员工队伍金融从业素质；加大各项业务培训力度，制订《西藏银行2014年培训计划》，全年支行开展业务培训项目30多项，通过总行并邀请专家学者举办互联网金融知识、社交礼节礼仪培训、前台业务培训、保安安保训练培训措施等5期讲座。同时，支行先后选派4名干部员工到国家行政学院、大连高级经理学院、成都银行等单位学习；抓好各类金融资格认证考试工作，组织支行员工积极参加会计从业资格认证考试、各种执业资格考试等；加强支行企业文化建设，增强员工凝聚力、战斗力；支行员工统一着装，制作冬夏装，要求全体员工上班时间必须统一着装，并在每周五支行营业部员工着藏装，增强客户亲和力，树立西藏银行的良好形象；支行严格执行员工上下班考勤制度，增强员工遵规守纪意识，根据总行的规定，全区所有县级支行在节假日、周末均不上班，且在中午关门休息的情况下；西藏银行墨竹工卡县支行在重大节假日、周末均正常上班，中午员工轮流值班，确保支行各项业务正常营运；支行组织员工参加各类文体活动，展现员工的蓬勃朝气，并开展员工金融知识演讲和各项业务技能竞赛活动，培养员工敬业奉献的良好习惯；支行每月制定员工、保安值班制度，落实总行安全保卫部和墨竹工卡县维护稳定指挥部的安排；以“防范第一、周密部署、事前处置、确保稳定”为核心，高度重视、高度警惕、高度戒备、严密防范、严管严控、严阵以待，进一步深化和推进维护社会稳定各项安保工作措施，确保墨竹支行、社会局势持续稳定，全面稳定和长期稳定。

【促进精神文明建设】加强员工思想教育，提高员工队伍素质。支行始终坚持“以人为本、切实提高员工素质”的工作思路，积极推进学习型银行建设，努力提高队伍整体素质，促进“两个文明”建设活动的深入开展。此外，还在预防不稳定因素、加强安全防范、廉政建设、法治教育、行车安全等方面制定一系列措施，保证各项工作的正常开展。在以后的工作中，将在县委、县政府及县级主管部门的领导下，认真抓好维稳工作，为构建和谐社会和企业，确保一方平安做出应有的贡献。

【领导班子自身建设】以“团结、廉洁、开拓、高效”作为支行班子建设的目标，要求班子成员做到“四个带头”：带头学习，带头讲党性，带头撰写调研文章，带头做好市场拓展。有效提高各部门班子的凝聚力和战斗力。加强党的建设，发挥支行的领导核心作用，制订《西藏银行党委理论学习中心组学习计划》，先后开展集中学习和自学，并通过总行邀请专家学者开展了党建工作专题讲座。

【加强文明共建工作，推进企业文化建设】支行结合金融特色，积极送金融服务下乡活动，支持墨竹工卡县新农村建设并组织支行人员到各乡镇进行反假币宣传；配合招商引资，到乡镇进行金融知识宣传咨询；积极营销支付结算产品，将西藏银行的服务向农村延伸，为全县新农村建设提供有力保障和金融支持。

【员工队伍素质建设】为调动支行党员创建积极性，支行建立文明学校，实行每周一、三、五集中学习，定期进行全行业务技能测试。同时，引导广大员工知荣知耻从我做起，从身边做起，从点滴做起，把“八荣八耻”转化为自觉行动，增强了广大员工的责任感、紧迫感、危机感。提高全行的管理水平和防风险、防案件的能力。健全和完善支行内控机制，狠抓各项制度落实、实行动态管理，使管理工作更加科学化、规范化、系统化，达到日常警示、长效管理目的。加强员工自查检查，重点落实内控管理内源性机制建设，解决业务发展和内控案防流程清晰化问题，将案防工作做到第一位，促进各项规章制度的落实，认真落实“三防一保”工作，完善安保体系，落实安全责任，加强员工思想教育，提高中工队伍素质，提升安保防范能力，确保安全工作稳健经营。

【抓好员工廉政建设，坚持公开办事制度】支行加强党风廉政建设，每月、季开展党风廉政建设检查考核，做到廉政教育常抓不懈；积极推行决策民主化、公开化，支行领导经常深入实际，调查研究，并走进群众路线与一线员工广泛谈心，了解员工的思想、工作和生活情况，倾听员工的意见和提出的建议。

【各项存款】西藏银行墨竹工卡县支行2014年度积极争取区内、墨竹工卡县优质大、中、小型企业及集团客户，进一步加大营销企业存款和各项储蓄存款力度。同时，在县委县政府的大力支持和帮助下，墨竹支行于2014年取得了良好成绩，年末各项存款余额为3200万余元，其中个人储蓄存款2600万余元，对公储蓄存款600万余元。

【各项贷款】西藏银行墨竹工卡县支行加大信贷投放力度，积极支持地方经济建设。在服务中小微型企业方面，出台一系列管理办法，成立小微信贷中心，建立符合西藏实际的小微企业信贷流程和分级审批授权体系，实行快审、快批、快放款政策；在个人金融服务方面，对个人信贷业务流程进行梳理简化，将个人贷款业务整合为个人消费贷款、个人购房贷款和个人经营性贷款。年末各项贷款1.8亿元，其中：2014年7月，向巨龙铜业有限公司投放贷款1.5亿元；2014年年末，向墨竹工卡县罗布工贸有限公司投放贷款3000万元。

【不良贷款清收盘活情况】全行不良资产余额为零。

【其他业务】支行共发放金卡56张、普卡5900张，共发放5956张卡；对公户开户数15户；为方便客户共安装2台自助取款机(ATM)，1台存取款一体机

(CRS),并保持全年每天 24 小时正常运行,总计 3 台自助设备供客户使用。

（白玛拉姆）

【获奖情况】

荣获中国人民银行拉萨中心支行“金融知识普及月”征文优秀奖。

【领导名录】

行 长 徐垲铸

副行长 陈春渠

乡（镇）概况

乡(镇)概况

工卡镇

【概况】工卡镇位于拉萨市以东约68公里处,地处318国道沿线,交通便利。全镇下辖工卡、塔巴、格桑3个村民委员会,19个村小组,总人口1249户5406人。辖区面积198.61平方公里,其中,耕地面积11666.96亩,现有恰嘎藏香猪养殖合作社、塔巴陶瓷合作社、塔巴三千米藏鸡养殖合作社及强冲、帕热、格桑蔬菜种植专业合作社等6个专业合作组织。全镇共有6个党组织,其中1个机关党支部、3个村党支部、1个非公有制企业党支部、1个流动人口党支部,19个村党小组,党员420名。镇党委政府现有干部56人,其中,公务员编制28人(实有正科3人,副科8人,科员19人),事业编制14人(实有12人),聘用干部3人,工人3人,公益性4人,临时工3人,志愿者1人。

【年度综述】年内,工卡镇以中共十八大、十八届四中全会等系列会议为宗旨,坚持科学发展观,深入贯彻落实全县经济工作会议精神,以建设社会主义新农村为主线,以实现富民强镇建设生态工卡为目标,通过全镇干部群众的共同努力,较好地完成了年初确定的各项指标、任务。

【经济社会现状】年内,农村经济总收入为10931.85万元,同比增长19.7%,其中第一产业收入4176.35万元,同比增长33.13%,第二产业收入926万元,第三产业收入5829.5万元,同比增长23.78%,农牧民人均纯收入12702.76元,同比增长20.42%,固定资产总投资完成8.09亿元,同比增长31.97%,完成全年的目标任务。

【农牧业】试种2000型青稞,种植面积为481亩(格桑村200亩、塔巴村281亩)。完成动物防疫疫苗注射工作,牲畜受免疫率达到100%。

【林业】工卡镇2014年共种6800株树苗,其中沙棘3200株,柳树3600株。造林任务达到100%。为了确保种植树木成活率达到95%,安排每个村委会每月进行3次浇水,每月共计9次20趟车次。分片管护责任到人,结合各村的实际情况进行分片区域管理管护,严格要求各自区域内树木"死一补一"原则,确保达到95%的成活率。

【净土产业】塔巴三千米养鸡项目。县净土办扶持25万资金用于改扩建,项目已完成基础设施建设;恰嘎村藏猪养殖场现有藏猪114头(其中种猪5头、母猪78头、仔猪31头),实现收入8万元,计划2015年纳入净土健康产业项目,从而进一步扩大规模;帕热温室49栋新建项目,县净土办下拨帮扶建设款73.5万元,项目现已建11栋,余下38栋将于2015年开春后动工。

【特色产业】塔巴陶瓷厂投产见效盈利11万元,向58户入股群众每户分红1300元,共计7.54万元。镇政府经沟通协调选派3名技术人员到江苏宜兴陶瓷探究所学习机器操作及陶艺制作技术。通过参展、制定联系卡等方式为打开市场奠定基础。

【农田水利】协调施工单位,为恰嘎组、扎西朗杰组及格桑村墨竹玛曲河堤建设提供石料2万余立方米,为村组增收数十万元;镇(村)成立防汛应急抗旱应急队伍,并定期对河道进行检查,并储备防汛铅丝笼90卷,编织袋5000个,铁丝30卷;投资50万元完成新建塔巴防洪渠(1300米)项目建设。

【拉林公路段新建水渠项目】镇党委、政府高度重视拉林公路项目,经多次协调,完成拉林公路段新建水渠项目，总投资 76.4 万元，新建干渠 1213.1 米、新建支渠 2919.3 米,解决了工卡村 2、3、4、5 组 267 户群众 2924.58 亩农田灌溉问题。兑现工卡村 1、2、3、4、5 组征地补偿和奖励资金 2194.7 万元,为工卡车队增收 800 万元。

【工卡村集资商品房建设】按照县委、县政府的安排,镇党委、政府高度重视工卡村集资房建设项目,召开多次专题会议，引导动员群众入股，共有 304 户群众入股,共筹资 767 万元,其中贷款 317 万元,主体工程已竣工。

【民政事业】兑现完成 146 户,452 人低保户 2014 年度补助资金 30.19 万元;兑现 2014 年度“三大节日”低保户生活补贴 13.56 万元;兑现半年提标补助 2.26 万元；兑现 13 名五保户半年生活补助 2.81 万元;兑现五保户年度“三大节日”生活补贴 3900 元;兑现 2013——2014 年冬春受灾救助粮食,共向全镇 3 个行政村的 37 户、177 人发放青稞 7965 公斤。

【扶贫工作】塔巴水泥预制厂建设项目总投资 100 万元(其中国家投资 50 万元,群众投劳投资 50 万元)，实现 10 人就业,27 户群众受益户均实现增收 4250 元,人均增收 1000 元以上。塔巴村苗圃基地建设项目总投资 58 万元（其中国家投资 50 万元,群众投资投劳 8 万元)。项目可使 60 户贫困户每年可增收 1467 元、306 人脱贫。工卡村种草项目总投资 46.5 万元(其中县级财政投资 32.8 万元,群众投资投劳 13.7 万元)。每亩总产值约为 1880 元,每 1 公斤鲜草可晒 0.5 公斤干草计算，每亩可晒干草 400 公斤。可确保工卡村的牦牛顺利越冬。工卡镇塔巴村水渠建设项目总投资 59.3 万元(其中县级财政投资 59.3 万元)。项目解决 5000 亩的农田灌溉,原渠道为土渠,因水流量大,常流进村庄,项目的建设可有效地改善该问题。使 157 户,586 人受益,项目已完成 80%。工卡镇格桑村人工种草项目总投资 12 万元（其中县级财政投资 8 万元，群众投资投劳 4 万元)。项目为 42 户奶牛养殖户户均种植 7.14 亩的饲草。可解决奶牛的饲草问题。

【“四业工程”】全镇共有劳力 2302 人,富余劳动力 74 人,劳务输出 1789,外出务工人员共有 1833 人(长期务工 708 人、短期务工 1125 人),转移就业人员 101 人,各方面技能培训 1014 人次。

【社会保障】工卡镇参保人数达到 2550 人,征缴参保费 26.02 万元,参保率达到 100%;收缴 2014 年度新农村合作医疗费用,共收缴 100.8 万元,参合率达到 100%，并对全镇 1113 户更换农牧区合作医疗账户薄。

【教育工作】工卡镇在校小学生 709 人，入学率 100%，巩固率 100%；中学生 279 人，入学率 99.04%,巩固率 99.8%。发放大学生寒假补助金,全镇共大学生 185 人,每人 300 元,共 5.5 万元。发放 2013 年非义务阶段贫困生资助金，受惠学生 5 人，资金 1.5 万元。发放 2014 年度大学生资助金 43.71 万元。

【安全生产】全年对全镇所辖 400 余家各商户、企事业单位、3 个行政村的 19 个村民小组、2 个选矿厂、3 个加油站、1 个加气站、2 个网吧、5 家酒吧和娱乐场所进行 2 次专项安全生产、消防安全大检查，建立专门检查台账和火灾隐患排查工作记录表；逐村逐户全面进行了群众用电安全情况的专项检查。初步决定对格桑村格桑 3 组及 7 组两村组电线线路进行线路老化改造，镇政府已出资完成改造事项;制定工卡镇 2014 年“安全生产月”和“安全生产西藏行”活动方案,分别在县城、格桑村、工卡村设立宣传点通过悬挂横幅、发放藏汉双语宣传材料等形式进行安全生产宣传活动，共发放各类宣传材料 600 余份，参与活动人数达 800 余人。

【人武工作】参加全市第七期专武干部培训，完成全镇2014年征兵适龄青年统计和网络注册等征兵前期工作。

【基层组织建设】工卡镇现有6个党支部（其中,1个机关党支部、3个村党支部、1个非公有制企业党支部、1个流动人口党支部),19个村党小组,各党支部均配备支部书记1名。全镇共有党员382名(其中农牧民党员313名,机关党员47名,非公企业党员7名,流动党员15名),积极分子51名(其中,农牧民积极分子40名,流动人口积极分子11名)。

【党组织建设狠抓力度】通过培养、吸收新鲜血液，增强了基层党组织的生机和活力,增强带领群众致富奔小康的热情和信心。按照2014年党员发展计划,明确2014年党员发展任务,并坚持“十六字”方针,加强了一线党员发展。“七一”期间,全镇由预备党员转为正式党员98名，入党积极分子转为预备党员142名,已达到区、市党委关于农牧民比例在2014年底达到7%的要求；进一步加强党员干部队伍学习,运用“每月一课”、周四理论学习等各种载体，加强党员干部思想政治建设和业务能力学习，把学习转化为发展思路和自觉行动;进一步加强党支部阵地建设，加强和改进流动党员管理工作,为流动党员发挥作用搭建平台。

【教育活动不断深入人心】根据县党群办关于做好深入开展党的群众路线教育实践活动第一环节的要求,成立教育实践活动督导组,由镇党委书记、镇长、人大副主席分别联系指导格桑村、工卡村、塔巴村。着重抓以下工作:按照活动实施方案要求,顺利召开教育活动动员大会，各村相继召开动员大会，均取得圆满成果。年内,在集中学习中,全镇累计开展集中学习40场次,参加人数达820人次,专题学习讨论活动6场次,观看教育影片7场次。在自主学习中，累计发放各类学习书目86本、学习资料100余份,党员干部学习笔记达到900余篇。镇党委书记和镇长对工卡镇下辖的19个自然小组进行逐一调研,了解村组所存在的实际困难和问题,经梳理共有工作作风方面的意见2条,需要解决的困难43条,针对以上梳理出的问题和困难,镇领导班子召开了专题会议，安排专人及专项资金予以解决，困难已基本解决。设立征求意见箱4个、发放征求意见表60余份、发放民主评议表370份,同时结合第一书记及驻村工作队深入开展调研走访征求意见活动，另外与县工青妇开展交叉征求意见1次，累计收集到各类意见建议68条，梳理汇总后共32条。在“三进四同三一”活动、党员干部认亲结对交朋友活动中,全镇共有39名党员干部与47户困难群众结对认亲,办实事好事26件。

【抓好村“两委”换届选举工作】工卡镇提前对3个村的班子建设等情况进行调查摸底并制订换届选举方案。9月1日——10日,组织3个村进行选民登记,经统计,共有3014位选民。9月18日,镇包村领导干部深入各村,进行“两推一选”,并确定候选人员名单。10月,工卡镇3个行政村换届选举工作圆满成功,通过选举,村干部队伍整体素质得到进一步提高。

【党风廉政建设】结合工卡镇实际情况，制订2014年党风廉政建设工作计划，党风廉政建设责任制“一岗双责”分工,镇党委书记与各村负责人签订党风廉政建设责任书,4月初,深入贯彻落实中共十八大等重大会议及中央、区、市、县纪委全会精神,严格执行中央“八项规定”和自治区“约法十章”、市委“八项要求”和县委“八项守则”。深化作风建设,持之以恒地纠正“四风”“两问题”“一薄弱”“三不够”等问题。加强学习,提高工作作风。安排镇干部集中学习,并要求干部职工撰写学习心得体会,成立党风廉政建设工作领导小组,明确由专人负责,并将改进机关工作作风、密切联系群众纳入重点工作。每月专题学习2次，全年学习18次。厉行勤俭节约,压缩“三公”经费。进一步规范了公务接待和公务用车管理,除特殊情况外,公务接待一律安排在镇食堂,镇办公室行经费包干制度,对于经费超标的要做出情况说明,严格执行工作日不饮酒。工作日、公休日非公事车辆一律停放在院内。严格落实村民监督委员会职责。做好对村两委班子的决策决议执行情况、村务、党务公开、财务管理、资产资源管理、重大事项、村干部效能作风的监督,每季度对3个村三资情况进行一次清查,并在公开栏内进行公示。

【维稳综治】 工卡镇始终高举加强民族团结、维护祖国统一的旗帜,坚持"旗帜鲜明、针锋相对、主动治理、强基固本"和"标本兼治、重在治本"的工作方针,高度重视并深入开展反分裂斗争,维护祖国统一,维护社会稳定,维护全镇广大人民的根本利益。

【建立各项工作机制】 进一步建立健全社会管理综合治理及维护稳定组织机构,健全规范村、组综治维稳组织,全镇3个村均设治保、调解委员会及综治办,并配齐综治六员人员,19个村民小组建立治保、调解小组,并明确1名治保调解信息员;层层签订社会治安综合治理及维护社会稳定目标管理责任书,将综治维稳的各项工作任务,层层分解到各村,把责任制逐级向下延伸;4月,签订不得出境参加法会责任书,镇政府与3个村签订责任书,3个村与联户代表签订责任书,联户代表与每户签订责任书,共签订1321份;进一步健全群防群治队伍,以村治保会、调解会、四护队为主的群防群治工作得到进一步规范,本镇群防群治力量达到了243人,辖区巡逻队(30)人,巡逻(24)次。

【调处纠纷】 坚持每月对辖区的各种社会矛盾进行排查,积极采取应对措施,将矛盾化解在基层、化解在萌芽状态,有效维护了全乡社会稳定。年内,共调处各类纠纷9件。

【发动广泛宣传,营造良好的社会氛围】 各村委会、驻村工作队、寺管会,利用3月、6月宣传月、周,在人员密集地方悬挂标语等方式进行广泛宣传,共制作10个横幅标语,进村组宣传5次,发放各类宣传手册400多份。

【加强社会创新管理】 网格化管理和双联户工作全面铺开,本镇3个村分为三个网格,一个网格分为4个片区,每个网格选举"五员一长"。共分119个联户单位,选举出119个联户代表(工卡村43名,塔巴村19名,格桑村24名,个体工商户33名),积极为群众宣传双联户工作,知晓率达到100%。2014年,组织3次联户代表培训,确保掌握工作职责。帮扶弱势群体300人,整治环境卫生44次,收集社情民意43条,重点人群联管联教7人,集体组织联合联营4个。

(尼玛卓嘎)

【领导名录】

县政协副主席、镇党委书记、人大主席

卫 智 军

党委副书记、镇长

次旦卓玛

党委副书记

阿旺曲珍

人大副主席

伦 珠

纪检委书记

边巴玉珍

人武部部长

次仁达瓦

副 镇 长

普布卓嘎

周 君

甲玛乡

【概况】 甲玛乡辖有3个村委会,14个村小组,其中4个为巨龙矿业公司搬迁小组,共有760户,4265人(其中女性2003名),全乡劳力1957人(其中女性750名),有农家书屋5个,乡域内辖两大矿企。乡政府共有在编干部职工40名,特派员2名,驻寺民警1名,驻村工作队3个。乡完小1所,教师29名,学生298名。乡级卫生院1所,医务人员共8名。全乡宗教活动场所有5座(寺庙1座、拉康3座、日追1座),共有僧尼11名。全乡共有5个党支部,14个党小组,其中农牧民党员254人(2014年新发展党员35人),女党员34名,积极分子38人。

年内,以墨竹工卡县2014年经济社会发展目标任务为中心工作,根据甲玛乡基础产业为农牧业,主导支柱产业为矿产业和旅游业的实际,按照"一村一产"的特色,力争实现甲玛城镇化建设。全年完成地区生产总值10251.69万元,其中第一产业收入3248.48万元;第二产业收入1673.14万元;第三产业收入5330.07万元;农牧民人均纯收入13444.5元,现金收入8738.92元。

【落实党建工作机制】近年来,墨竹工卡县探索出"1234"党建工作法。"1"即"一本民情日记";"2"即"两种帮扶"(结对帮扶和公开承诺帮扶);"3"即"三项服务"(定点服务、上门服务、常态服务);"4"即定、查、评、改"四步工作法"。甲玛乡认真结合"1234"党建工作法,为乡机关干部、村"两委"班子和57名双联户代表发放民情日记簿119本,用于记录走访调研情况;"两种帮扶"落实情况:甲玛乡结合实际情况,共组织乡机关、村"两委"班子、矿企负责人等与农牧民群众结对子115对,乡机关干部为结对子发放慰问金13500元,同时抓住春节、藏历年、"七一"建党节为契机,乡党委、政府慰问"三老"人员,困难党员,共计发放慰问金37505元,深入户中走访调研90余次;"三项服务"落实情况:首先甲玛乡强抓干部队伍素质建设,提高干部为人民服务的本领,其次制定领导干部包村、一般干部包组的工作机制,落实"三项服务";"四步工作法"落实情况:年初,乡机关、村委会按照各自实际情况制订全年工作计划,在工作开展中,按照群众查、自己查等方式,查找不足,落实整改。通过"1234"党建工作法,使组织凝聚更有力,干部作风有改善,工作开展有条理,群众受益更明显。村党支部的战斗力和党员队伍活力得到明显增强。

【推进学习型党组织建设】建设学习型党组织具有重大而深远的意义,具有很强的现实针对性和紧迫性。乡党委牢固树立创建学习型党组织的思想认识,把不断加强领导干部、全体党员的学习任务放在党建工作的首要位置,以集中学习、自主学习和业务培训相结合,多种方式增强学习深度;以开展民主生活会、每周四理论学习日、座谈会等活动,强化学习力度;以领导包村、一般干部包组机制、远程教育平台、拉萨市"每月一课""三会一课"等形式,扩大学习广度;找准与重点工作、业务知识培训工作结合点,提升学习高度。全方位多层次的立体学习方法,全面提高乡、村干部的素质,用理论武装乡、村干部的头脑,使全乡干部在群众疑难问题面前说得清,面对群众宣传党的好路线、好方针、好政策时讲得透。

年内,甲玛乡共组织召开学习会16场次,民主生活会5场次,组织全乡干部参加上级组织的各类业务培训18次,组织各类普法宣讲活动9次。

【创新基层党建工作模式】创新甲玛乡基层党员管理与发展方式,将全乡254名农牧民党员进行网格化管理,即乡党支部,下设三个村党支部,村党支部下设14个党小组的网格,分别确定各级网格长。乡党支部由乡党委书记负责,三个村党支部由村"第一书记"负责,14个党小组选举网格长负责。明确每名网格长联系党员人数、负责发展新党员、开展党组织的各项活动等,并结合当前"双联户"工作,充分发挥党员的先锋模范作用。创新乡域经济增长方式,促进党建工作。在如何发挥好甲玛乡一、二、三产业的示范带头作用上,甲玛乡坚持"一村一产"的发展模式,龙达村主打一产业:土地流转形式为主,发展特色产业,以村办集体经济(砂石厂、石灰厂、特色养殖业)来增加群众收入。赤康村主打三产业:依托松赞干布纪念馆、霍尔康庄园、兵器博物馆等旅游景点，来带动旅游业的发展，村委会与驻村工作队联合成立民族手工业合作社。孜孜荣村主打二产业:以运输和就业为主,进一步增加群众的现金收入。在经济建设中充分发挥党员的先锋模范作用,带头、带领群众致富,加快调整产业结构模式,促进甲玛乡经济又好又快发展。创新干部管理模式,转变工作作风。加强村后备干部管理模式。甲玛乡共有村后备干部 24 名,在选拔村后备干部工作中,甲玛乡以“三个培养”工作为中心,建立村后备干部人才数据库,利用远程教育加强对村后备干部的知识培训,对表现突出的,及时推荐党组织。加强对村“第一书记”的管理工作。按照“定查评改”四步工作法,定期不定期的监督检查村“第一书记”工作开展情况,村“第一书记”每月向乡党委、政府汇报工作开展情况,并作为年终考核依据;转变乡机关干部工作作风。结合甲玛乡干部工作实际,制定《甲玛乡查办惩处制度》《甲玛乡干部职工接访群众制度》《甲玛乡限时办结制度》等,以制度管人、以制度育人,切实提高工作效能,有力地推进各项工作的落实。

【开展形式多样的活动】围绕“党的群众路线教育实践”活动和“创先争优、强基惠民”活动,深入开展“领导干部大下访”“一对一结对帮扶”“承诺践诺”“双语结对”“斯吉榜”等一系列活动,引导各支部和党员在基层一线、各个岗位践行党的群众路线。深入推行“1234”党建工作法,围绕“党的群众路线实践教育”活动,切实增强新时期群众工作,进一步巩固党员联系和服务群众工作体系，引导广大党员积极履职承诺,为群众多考虑长远利益,充分发挥好党组织战斗堡垒作用和党员的先锋模范作用。

【加大对村级党建工作经费投入】甲玛乡党委、政府对村级党组织工作非常重视，向 3 个村委会拨付全年党建工作经费 6 万元,用于村级党组织开展日常工作,加强对村级党组织运转经费保障工作，进一步解决村级党组织无钱办事、无力办事的问题。

【践行党的群众路线】全乡党员干部按照县委党的群众路线教育实践活动领导小组办公室的要求,积极参加各阶段学习、调研、征求意见等活动,在深入查摆问题的基础上,通过乡党委、政府共同商议,制定《甲玛乡领导班子整改落实方案》。活动中,共发放意见征求表 120 份,召开不同层次座谈会 7 次,开展谈心活动 69 人次(领导班子成员间和班子成员与普通党员干部谈心、谈话 38 人次,领导班子成员与乡直管单位、村组、驻村队、寺庙、矿企负责人谈心谈话 27 人次,与司法局交叉谈心谈话 4 人次)、调研活动 5 次,共征求意见、建议 52 条(其中征求意见建议 6 条、对照检查材料查摆 43 条、专题民主生活会 2 条、上级党组织和督导组点明 1 条)。经认真梳理和排查，共归纳出问题 27 条,制定整改措施,明确了整改部门、责任领导、整改时限。

【创新党风廉政工作，促进领导干部廉洁自律】制订重大事项报告制度。为进一步加强和规范乡机关重大事项报告制度工作,确保乡党委发挥核心领导作用，及时准确地掌握并妥善处置紧急重大事项,经乡党委、政府研究决定,对全乡决策各项重大事项施行报告制度,确保主管领导及时准确地掌握并妥善处置紧急重大事项,避免工作失误;安装指纹考勤机,加强干部组织纪律。为了严肃上下班纪律,乡党委、政府决定于年内 7 月,全乡干部施行上下班 4 次签到考勤制度,运行短短的一周时间,效果非常明显,全乡干部上班更准时了,请销假制度执行更到位了，不仅取消以前负责签到的值班人员,而且还节约大量的纸张。

【壮大村集体经济实力】多措并举，努力建设党员群众满意的村级活动场所。孜孜荣村已建成两层楼的新办公楼,占地约 3 亩,同时也完成的新建商品房，占地约 2 亩及在嘎则新区建设投资约 1000 万元的村办集体宾馆。赤康村委会的新办公楼和商品房计划于2015年建设。入股力源石油公司,为充分利用甲玛乡两大矿山资源以及旅游开发资源的同时经乡党委、政府考察研究决定,3个村委会入股力源石油公司,每年可收入200万元,从而壮大村集体经济,提高为民办实事、解难事的能力和增加群众的现金收入。

【稳定发展农牧业】 及时召开春耕春播协调会,由负责农牧工作的乡干部配合各村两委干部入户了解群众有无缺种、缺劳动力等问题,并及时帮助解决燃眉之急。及时发放农药化肥、农柴补贴、粮食补贴、成品油补贴。2014年,甲玛乡实现播种面积7749.09亩,其中青稞4875.57亩,冬小麦320亩,油菜1769.22亩,蔬菜327亩,豌豆327亩,饲草162.72亩;成立龙达村藏鸡养殖示范点,共投资20万元,将通过示范点带动一部分群众进行藏鸡养殖;阿沛林卡农家乐建设项目和赤康村藏香加工项目正在筹建中。

【加强和谐矿区建设力度】 逐步落实矿企用工本地化机制。华泰龙公司二期工程就业已经吸纳80人在公司上班。选派干部到华泰龙公司挂职,搭建企地共建的平台,主要负责做群众和企业员工的思想工作,排查企地矛盾纠纷,开展创新社会管理工作,承担起沟通企业与政府之间的桥梁,以便更好地促进企地和谐共建。结对帮扶贫困群众,华泰龙公司企业领导带头结对贫困群众,切实为群众做一点实实在在的实事。认真贯彻落实搬迁工作,兑现搬迁资金2700多万元,152户已经顺利入住搬迁安置房。在解决巨龙搬迁安置房问题上,甲玛乡采取由4名副科级领导包片,乡党政主要领导统一指导的方法,提高了解决问题的效率。

【大力推进旅游业】 基于优越的自然、历史等旅游资源,甲玛乡逐渐形成"一带三片、一环两线"的旅游结构雏形。援藏资金投入4471万元修复的霍尔康庄园,已经全面建成迎客,甲玛景区对外开放运营,年内,接待旅客1535人,最高日游客达101人。现有度假村1座,月收入5000元;农家乐4家,每家每月人均收入达1500元。

【开展"四业工程",促农增收】 年内,甲玛乡农牧民增收方面在县委、县政府的正确领导下,在县"四业办"的指导安排下,引导农牧民群众有序参与工程建设、交通运输、旅游服务、民族手工业,实现多种渠道增收。群众增收的途径主要是:华泰龙公司(233人)、巨龙公司(84人)、孜孜荣民间建筑公司(1人)、甲玛工贸公司(57人)、甲玛百货商店(30人)、赤康民间手工艺合作社(5人)、龙达砂石厂(7人)、石灰厂(10人)、力源加油站(5人)、龙达藏鸡养殖场(12户),共实现444人就业。

【开展"联户平安、联户增收"工作】 结合当前"联户平安、联户增收"工作,鼓励农牧民党员争当联户代表,并按照"三个培养"工作,发挥党员的先锋模范作用,带领群众致富、奔小康。"双联户"工作共选出联户代表57名,其中农牧民党员29名。年内,共化解矛盾纠纷4起,为群众办实事9件,义务打扫环境卫生6次。

【综治维稳】 成立甲玛乡维稳工作领导小组,统筹维稳力量,乡派出所、乡卫生院、乡完小、驻村工作队、村干部等共同协作,搜集情报信息,实施网格化管理,切实发挥民兵、护村队和群防群治队伍的作用,加强对重点要害部位管控,确保甲玛乡"三不出";对乡域内的布拉寺进行初步的网格化管理和双联工作的有机结合,寺庙僧尼、文物、管理员全部建立电子档案。加大对清退僧尼、重点人员的管控工作,通过摸底调查,甲玛乡现有尼姑11名,清退尼姑7名,重点人员3名,"十类人"2名(均为精神疾病患者),法会回流人员6名,对于以上人员实行一对一监管,密切关注其接触的人员以及行踪和思想动态。结合寺庙实际情况,开展"六个一""九有"工作和"八看""一算账""一揭批""四增强"感党恩主题教育活动;统筹各方面力量,组织乡干部、民兵队伍、袖标队、村干部等,在敏感时期坚持24小时巡逻、上门访民情等制度,仔细排查矛盾纠纷;按照"九句话"的要求做好防自焚、反自焚各项工作,确保乡域内"三无""三不出";开展法治宣传教育和民族团结进步教育活动,使群众依法维护权利意识增强,民族团结的思想基础日渐牢固。

(徐世豪)

【领导名录】

党委书记

平措旺堆

党委副书记、乡长

王小芬

副书记

米桂花

纪检书记

贡觉白姆

人大副主席

扎西平措

副乡长

索朗央宗

赤列坚参

副乡长、人武部长

扎西顿珠

唐加乡

【年度综述】年内,唐加乡坚持以科学发展观为统领,以邓小平理论和"三个代表"重要思想为指导,全面贯彻落实中共十八大、十八届三中全会及中央、区、市、县各项会议精神,以"保增长、保稳定、保民生"为主线,在全乡干部群众的共同努力下,2014年唐加乡社会稳定、经济社会事业得到了长足发展。经统计,全乡农村经济总收入10334.89万元,其中一产收入6890.58万元(农牧业收入2831.08万元、虫草收入935万元),二产收入510.94万元,三产收入2933.37万元(主要收入为劳务输出和交通运输输入),农牧民人均收入达到10282.8元,其中现金收入5715.62元,占人均收入的56%。

【加强指导基层党建工作】成立基层党组织建设领导小组和逐级签订目标责任书,实现一级抓一级,层层抓落实,纵向到底,横向到边;充分运用党员现代远程教育网络平台及领导讲党课的方式,解答党员群众面临的各种矛盾和困惑,增强理论学习的吸引力和感染力。2014年,共开展党员教育培训12余次,教育培训党员760余人;严格按照"坚持标准、保证质量、改善结构、慎重发展"的要求,规范发展党员工作流程,注重在村组干部、致富能人、退伍军人和回乡知识青年中发展党员,为党组织输入新鲜的血液,2014年7月唐加乡新发展党员28名,培养入党积极分子87名,进一步使党员队伍结构得到优化;在建党93周年之际,全乡各级党组织均开展形式多样的表彰庆祝活动,利用党建经费5万余元,为先进基层党组织1个,优秀党务工作者6名,优秀共产党员20余名及贫困党员20余名进行了奖励和慰问;进一步深入贯彻落实"1234"工作法,强化乡干部和村"两委"及成员的管理,提高其驾驭农村工作、引领农村科学发展的能力,促进社会主义新农村建设;通过深入宣传,全乡机关干部以"一对一、一对多"的方式共结对27对,填写党员承诺践诺书21份(不包括驻村干部),5个村党支部以同种方式共结对305对,填写党员承诺践诺表305份(包括驻村干部),每名结对干部都曾深层次地与结对对象有过4次以上的接触;乡党委充分调动广大无职党员投身新农村建设的热情和能动性。全乡共设立农牧民无职党员岗位4个大类,19个小类,共计77名无职党员参与设岗定责。

【软弱涣散基层党组织整顿】卓尼村、卓村由于村级活动场所破旧,宣传栏内容老化陈旧;各项制度不健全,没有开展无职党员设岗定责和党员公开承诺制度;村务、党务、财务公开栏没有更新,民主监督薄弱;党支部领导核心作用不强,在党员和干部中威信不高;群众法治观念淡薄,矛盾突出,村党支部在解决群众热点难点问题上不够主动,甚至出现村党支部书记殴打群众的行为;卓尼村由于章达搬迁问题,出现群众集体越级上访事件等原因评定为软弱涣散基层党支部,乡党委在第一时间,对原因进行分析、找准问题,并根据《墨竹工卡县软弱涣散村党支部书记选派工作实施方案》,及时召开专题会议进行研究,对卓尼村、卓村进行人事调整。

针对上述问题,唐加乡积极采取措施,对软弱涣散基层党组织进行整顿。乡党委结合实际及两村存在的问题制定切实可行的整顿方案,共计选派6名责任心强的工作人员积极配合整顿工作,做到任务到村,责任到人,限时解决问题,实现重点突破。坚持整顿工作与党的群众路线教育实践活动相结合。把两项工作紧密结合在一起,相互促进,共同提高。把开展整顿农村后进党组织转化情况,作为评价教育实践活动成效的重要依据。要求驻卓尼村、卓村工作队、第一书记及大学生村官,把整顿农村后进党组织作为各项工作的重中之重,自觉投入整顿活动中去,引导村"两委"班子把工作重点放在建班子、带队伍、切实解决村里突出问题上,积极协助乡村党组织抓好集中整顿任务的落实。乡党委不定期召开整改工作领导小组会议,听取整改工作汇报,同时从乡党群综合办公室抽调5名干部,组成督导检查组,定期进行检查督导。乡党委在第一时间下派7名乡干部,开展走访摸调查并召开多种形式的座谈会共计2次,征求党员和群众对村党支部、村"两委"班子的意见和建议,详细了解村党支部软弱涣散的原因。健全完善各项制度入手,重点建立和完善"三会一课"制度、民主评议支部制度、民主管理制度等相关制度,形成一套好机制。制定系统规范的决策议事规则,进一步规范村级资金、资产的管理,深入落实村级财务"村财乡代理"制度,加大村务公开范围,充实党员设岗定则;根据整顿转化工作需要,主动征求党员的意见和建议,乡党委协助村党支部完善工作机制,规范组织生活,不断壮大入党积极分子队伍,切实把那些"双带"能人吸收到党组织中来,不断增强村党组织的吸引力和战斗力。针对党员档案管理中存在的不足和问题,开展农牧民党员档案审查工作,把规范党员档案资料管理作为加强基层党组织建设的重点工作来抓,进一步明确职责、规范管理、强化责任,保障农牧民党员档案管理工作上水平。

通过乡、村共同努力,整顿工作取得一定成效。村级班子战斗力得到进一步加强。乡党委加强了对村"两委"班子及党员队伍的政治理论学习力度,解决了班子成员战斗力不强的问题,使村开展的各项工作有了新的起色,村党支部的战斗力得到明显加强;村级民主管理、监督进一步加强。实行村务公开、民主管理,按照"让群众知晓、让群众放心、让群众监督、让群众满意"的方针,积极组织开展规范村级民主管理活动,让广大群众直接参与村务管理,行使民主权利,确保村民知情权、参与权、决策权、监督权得到有效落实。加强党员先锋模范作用。通过多种形式与党员交心谈心,听取党员的意见建议,把广大党员的思想统一起来,力量凝聚起来,解决人心散乱的问题。发挥该村党员中的老党员、老干部等人员的积极作用。同时,大力开展"无职党员设岗定责""双培双带"等活动,开展党员先进性教育和科技文化知识培训,加强党员的党性观念、服务意识和带领群众致富的能力;解决了党员"双带"能力不强的问题,把种养殖大户、退伍军人、返乡大学生、致富带头人等吸收到党员队伍中来,改善党员结构,提高党员队伍素。加强群众法治意识,解决突出矛盾。对于存在的突出问题,做到积极协调上级有关部门,认真加以解决,做好群众思想工作,杜绝上访事件的再次发生。

【村"两委"换届选举】 唐加乡自7月村"两委"换届选举工作正式启动以来,全乡上下高度重视,周密安排部署,精心组织实施,村"两委"换届选举工作有序推进。截至10月底,5个村委会换届选举工作已全部结束。

加强领导,充分准备。为了确保换届工作的顺利进行,先后召开党政领导班子联席会议,专题研究部署村级组织换届选举工作,制定下发《唐加乡村"两委"换届选举工作实施方案》,成立由乡党委书记任组长,乡党委副书记为常务副组长,其他党政领导为副组长,各村第一书记、书记、工作队队长为成员的换届选举工作领导小组,同时明确各班子成员直接领导对口村的换届选举工作,并负总责。宣传到位,注意引导。唐加乡通过召开动员大会、发放宣传资料、张贴标语以及进行选民公示等多种形式大张旗鼓地宣传村"两委"换届选举的目的、意义、原则、程序和方法,利用村务公开栏公布村党组织班子成员职数、任职条件和党员基本情况,动员广大党员、村民积极参与这项工作,为换届选举工作创造良好的氛围。严格程序,把好关口。乡党委通过前期做好调查摸底工作,掌握第一手资料,做到了底子清、情况明。在换届选举前,唐加乡在9月17日——20日陆续做好党员民主测评以及群众民主推荐会,经过民主推荐,5个村相继推荐出村"两委"初步人选。乡党委对民主推荐的人选进行认真细致负责地考察工作,集体研究确定预备候选人。通过严把人选确定关、严把选票填写关、严把唱票计票关,保证选举工作公开、公平、公正;坚持选任标准,配强村级班子。唐加乡积极动员致富能手、大学生村官、专业合作组织负责人、复员军人、外出务工经商返乡人员参加竞选。选举产生的40名村"两委"班子中(不占职位8人),留任27人,新进13人,其中致富带头人4人,复转军人4人,大学生村官3人,优秀双联户代表4人。

【党的群众路线教育实践活动开展情况】2月14日,唐加乡召开第二批党的群众路线教育实践活动动员会,并在充分发扬民主的基础上,组织和制订实践活动的实施方案、领导小组等。

学习教育、听取意见:乡党委于2月17日组织第一次集中学习,之后,共集中学习31场次、个人自学平均每人40余次。学习内容主要为中央、区、市、县委规定篇目及自行规定篇目。每次学习,每名领导及干部都会进行交流发言,全体干部针对群众路线活动撰写心得体会共计80余篇。同时,唐加乡干部围绕"我是谁、为了谁、依靠谁",进行专题讨论;围绕"学习焦裕禄、争当好公仆",开展专题学习研讨会;围绕"群众路线的真正意义",组织领导讲党课;围绕"习近平总书记给大学生村官的一封信",组织大学生村官学习并上交心得体会;围绕"'五心'教育活动",组织全乡干部进行讨论。多次在乡值班室组织全体干部观看《雪山泪》《焦裕禄》《孔繁森》等先辈事迹影片,并到各村、寺庙、学校等地播放爱国教育影片,引导群众、僧尼、师生进一步增强爱国意识;唐加乡多渠道、多层次、多方位征求干部群众意见。先后征求到"四风""两问题""一薄弱""三不够"方面存在的突出问题88条,通过认真汇总,共有整改意见建议32条,其中即知即改8条、限期整改15条、长期整改9条。并将整改情况张贴到公示栏,接受群众及干部的监督。从5月末开始,乡党委安排近1个多月的时间,扎实开展谈心交心活动。唐加乡10位领导班子成员及其余干部共开展谈心谈话110人次,谈心主要查摆出领导班子及成员存在的问题71处、干部存在的问题44处,经梳理汇总,共85条意见建议。从5月末开始,唐加乡领导班子及成员就开始着手撰写对照检查材料。由乡党委书记主持起草领导班子对照检查材料,修改7次,每位委员修改6次,召开乡党委会集中研究讨论修改3次,征求乡人大、政府、政协、乡直单位负责人及"两代表一委员"代表意见建议修改2次。从最终形成的对照检查材料看,10位班子成员共查摆"四风"等问题247条,平均每人25条左右。开展专题民主生活会,开展自我批评,每位班子成员自我批评后,其他班子成员都对其进行批评,提出最少1条批评意见,全乡共提出批评意见91条。唐加乡围绕12个方面,着力解决与群众切身利益有关、改善群众生活的各类实事,总投资35.5041万元。从8月中旬开始,在县委活动办、市委第一督导组、区督导组的指导下,唐加乡利用近一个月的时间,结合全乡实际,按照查找出来的“四风”问题以及群众提出的意见建议,认真制定了有具体责任人、责任部门、整改时限的“两方案一计划”(班子整改落实方案、专项整治方案、制度建设计划)。班子整改方案共涉及17项整改任务,共44条推进措施。专项整治工作共制定了23个专项整治任务,并明确53个推进措施。制度建设计划中经认真梳理,拟废止制度4项,修订完善制度10项,新建制度9项。

【强化领导责任,狠抓综治措施落实】成立由乡党委书记为组长的维稳工作领导小组,制订切实可行的维稳工作方案和符合实际的处置突发事件总体应急预案,分别与辖区5个村、学校、卫生院签订社会治安综合治理目标责任书,使各村委会、各单位主要负责人“保一方平安”的政治责任具体化,共同担负起维护社会治安的责任。

【抓好对特殊人员管理与帮教】唐加乡共有11名刑释解教人员,特殊人群共32名,其中,重点人员已由23名降至4名,“回流人员”7名。在乡党委政府的正确领导下,严格落实特殊人群“四对一”管控制度,确保“一把手”亲自抓,分管领导靠前抓,其他干部共同协助的齐抓共管局面。对刑释解教人员主要以教育引导为主,通过面对面谈心等方式,了解他们的思想动态,稳定他们的情绪,温暖他们的内心,通过共同努力,全乡没有发生重新犯罪的现象。5月,在乡长的努力下,县人社局为唐加乡莫冲村莫冲组的曲旦(刑释解教人员)提供了就业当保安机会。

【加强对寺庙管理】在驻寺特派员、民警的积极配合下,认真开展寺庙“六建”活动和“六个一”“九有”工作,加强和创新寺庙管理,扎实做好僧尼、信教群众的教育引导和管理服务工作,确保各寺庙佛事活动正常,各寺庙文物保存良好,24名僧尼全部在位,确保实现寺庙“三不出”维稳工作目标。

【严格落实值班制度】制定每日、每周值班表,带班领导及值班人员进行定期不定期到各村督导检查值班落实情况,积极组织民兵、治安联防员、护林员以及农牧民党员在各敏感时段和各敏感节点对乡、村、组重点部位进行蹲点、巡逻,上下形成合力,切实发挥治安群防群治队伍的护院、护村、护校、护厂作用,确保全乡社会长治久安。

【开展矛盾纠纷调处】唐加乡建立了以村居、治保、调解组织为依托的群防群治防线;健全了以司法所为主,派出所为辅的化解疏导防线;巩固了以乡综治办为中心,各职能部门配合的控制处置防线。坚持月排查制度,每个季度,召开一次综治、维稳工作例会,通过干部下访和现场办公等形式排查和化解基层发生的各类矛盾纠纷,坚持乡党政领导包片、驻村干部包村,村干包小组、组长包农户的制度。截至年底,唐加乡共排查12次,发生了1起集体上访事件。

【开展安全生产大检查】站在“安全生产重于泰山”的高度,以维护广大人民群众的根本利益为出发点,将安全生产工作纳入党委、政府工作重要日程。明确安全生产领导责任制,调整和充实乡安全生产领导小组,充实安监队伍,制定和完善事故应急救援预案。定期和不定期地开展安全生产大检查和食品安全安卫生专项治理,层层落实安全生产责任制。

【加强流动人口管理】全民动员加强搜集掌握境内外达赖集团以及境内外反动组织成员信息和活动动态。搜集掌握本辖区内是否有自焚事件的前兆苗头以及行为怪异的本(异)地群众相关信息;辖区内寺庙佛事活动、日常动态,寺内活佛、僧尼的行踪、思想动态及其家庭成员具体情况;辖区突然出现的洋面孔、生面孔的具体情况,包括个人基本信息、活动轨迹以及来唐加乡的目的等内容;对唐加乡现有流动人口全部建立档案实行属地管理,规范房屋出租管理机制,形成科学化的管理模式。对唐加金和选矿厂施工人员、乡政府综合办公楼施工人员等这类暂住人员进行详细核实、登记、造册，并全部实行属地管理；成立唐加乡成品油管理工作领导小组，严格落实成品油的审批登记制度。充分结合“联户平安、联户增收”工作模式对本村集体和群众个人用油进行不定期检查和督促工作，严防不稳定因素产生。

【加大平安创建工作力度】2014 年，唐加乡根据县综治办关于平安创建工作文件精神，调整充实平安创建领导小组，成立平安边界领导小组，并在年底撰写平安乡镇自查自评报告，顺利完成了平安创建各项工作。11 月，唐加乡完成平安家庭评选工作，达到全乡户数 85%的标准。

【“双联户”工作】在制定《唐加乡深化社会管理创新工作成果全面实施“联户平安、联户增收”工作模式实施方案》之后，即刻下派唐加乡干部到各村进行监管督促，及时开展“双联户”各项工作，在乡、村各工作人员的密切配合下，通过“村民选举”“领导建议”“自我推荐”等多种方式相结合的办法，更换 15 名表现不够突出的联户代表，确保工作的顺利进行。及时修改制定《墨竹工卡县唐加乡联户代表工作职责》，分发到每个联户代表手中，明确工作职责、义务。对 2013 年“先进双联户”代表进行进一步的政策扶持，确保在 2014 年涌现更多的“先进双联户”代表。开展“双联户”评选工作，此次，唐加乡共评选出 20 名村级“先进双联户”，4 名乡级“先进双联户”。其中，卓尼村觉组的联户代表达瓦平措表现优秀，被县综治办评选为县级“先进双联户”。拉东村村委会、东布岗村村委会，因在 2014 年“双联户”工作中表现突出，被评选为乡级“双联户”先进集体。为深化“双联户”工作，建立联户代表党员档案，全乡 100 名联户代表，其中党员 62 人，并在 2014 年换届选举工作中，优先选取“先进双联户”代表进入各村“两委”班子。

【全力做好农作物播种】年初，召开农业工作专题会议，研究部署春播工作，组织群众对全乡范围内各大水渠进行了清淤，确保春播灌溉。2014 年，耕地总播种面积为 18172.43 亩，其中：青稞 9195 亩，冬小麦 4536.15 亩，油菜 2694.45 亩，蔬菜 218.1 亩，豌豆 1508.55 亩，饲草 238.05 亩。

【牧业稳步发展】截至年底，唐加乡牲畜存栏数达到 32596 头（只、匹），在 2014 年接羔育幼工作中，成活总数达到 6325 头（只、匹），成活率 95%；成畜牲畜死亡总数 142 头（只、匹），死亡率 0.4%；出栏总数 9552 头（匹），出栏率达到 29.3%，总增长率达到 9%。

【苗木培育工程】把苗木培育工程作为特色经济，以集体苗圃为龙头，走“基地 + 农户”道路，低成本扩张，统一安排生产，统一技术要求，统一组织营销的产业化发展道路。截至年底，全乡苗木培育面积已经达到 1660 亩，树种主要为柳树、藏青杨。出售 45.73 万株，收入达 117.18 万元，新栽树苗 11 万余株，有效地保证了后续苗木出售。

【温室种植工程】唐加乡通过周密部署，精心组织，莫冲村孜尼麦组已成立温室蔬菜协会，并积极组织群众在专业技术人员的指导下把 50 栋温室的蔬菜种植已全部完成；蔬菜长势良好，并引导群众做好蔬菜管护、销售各项工作，截至年底，唐加乡销售蔬菜收入达到 32.6 万余元，平均一栋温室达到 6520 元。

【特色养殖工程】加大对各种牲畜的改良工作并发展各专业养殖户。

【虫草采集圆满完成】虫草采集是农牧民现金增收的直接有效的渠道，根据虫草采集管理办法及有关指示精神，5 月唐加乡派专人把采集人员全部安全送到采集点，并组织乡、村代表定期不定期到采集点检查工作和送食物。据初步计算，唐加乡虫草收入将达 935 万元。

【劳务输出取得新进展】乡党委、政府紧密结合“四业”工程积极引导农牧民群众及农机合作社进行土地有偿经营,减少劳动力,把更多富余劳动力转移外出务工,通过外出务工增加农牧民收入。全乡长期和短期外出务工人员达到2200名,劳务输出总收入达1916.94万元。

【坚持教育事业优先发展】截至年底,全乡有1所完小和2个幼儿园,共有小学生461名,学校适龄儿童入学率达100%,在校学生巩固率为100%以上。

【卫生医疗事业稳步推进】截至年底,农牧民医疗保障体系已基本健全,新型农村合作医疗覆盖率达到100%。为进一步提高农牧民群众环境保护和个人卫生保洁意识,唐加乡多次邀请上级有关部门相关专业人员,组织群众进行相关知识讲座,定期组织沿街商户对街道进行清扫,使得乡域整体卫生得到进一步改善。

【做好新农保各项工作】乡党委、政府始终高度重视新农保工作,截至年底已参保人数3720人,参保率达到100%,为让群众积极参保,唐加乡将进一步积极组织相关人员加大宣传力度,讲解有关富民惠民政策,切实让农牧民群众感受党和政府的温暖。

【民房改造建设】自2006年民房改造工作实施以来,唐加乡相继对全乡农牧民住房进行“穿衣戴帽”改造和安居工程建设,全乡已相继完成1000余户的农牧民安居住房改造工作,相应资金也已全部发放至农牧民群众手中。

(黄　洋)

【领导名录】

党委书记

王应祥

党委副书记、乡长

觉次成

党委副书记、人大主席

巴桑旺堆

党委委员、纪委书记

黄　洋

党委委员、副乡长

史秀玉

党委委员、副乡长

次　琼

党委委员、副乡长、莫冲村第一书记

央金次仁

副乡长

马发强

扎西岗乡

【概况】扎西岗乡地处318国道沿线,距县城18公里,东接日多乡,西临工卡镇,北接门巴乡,南与山南乃东县毗邻。全乡总面积1100平方公里,属半农半牧乡,平均海拔3980米。主要资源有藏药材、铅锌矿资源及旅游资源。

全乡下辖7个行政村,42个村民小组,1680户8013人。村“两委”班子成员46名,联户代表129人,民兵146人;辖区内有7座寺庙,僧尼54名,其中尼姑11名;敬老院1座,入住54名“五保”老人;农村低保户160户567人;中心小学1所,中心幼儿园1所,村级幼儿园5所。牲畜总头数为36253头(头、只、匹),耕地面积为15840.84亩。

【经济运行】2014年,全乡实现经济总收入13187.92万元,同比增长10%,其中第一产值7392.42万元,第二产值1045.75万元,第三产值4749.75万元,农牧民人均纯收入实现9228.19元,同比增长20%,现金收入7394.55元,主要收入来源于农牧业、虫草采挖、劳务输出以及各项惠民政策资金。

【传统农业】年内,完成青稞种植11268.57亩,油菜种植3400.4亩。兑现粮食补贴473014.72元,粮食良种补贴 79877.1 元;发放农机具 209 台,完成机播 13930 亩,机耕 13204.7 亩,机收 11062 亩,为群众调运价值 29.8 万余元的春播农作物化肥,调运价值 2.9 万余元的农药,先后 3 次聘请区、市、县技术推广人员到扎西岗乡为群众进行春播春耕培训讲解,培训人数达 300 余人;组织兽防人员为全乡 36253 头(头、只、匹)牲畜注射疫苗,注射率达 100%。

2014 年,完成总投资 1145 万元的《2013 年扎西岗乡中低产田改造项目工程》,并顺利通过验收。基于该项目取得良好成绩,2014 年乡先后争取到朗杰林村、加尔多村、吉古村、斯布村土地治理项目,总投资 2050.1 万元,并于 2015 年年初完成了项目实施,待验收。至此,全乡 80%以上耕地完成了土地治理工作,为下一步实现农业机械化耕种创造了更佳有利条件。

【林业】在县林业绿化局的大力支持和帮助下,2014 年扎西岗乡完成植树造林 6 万余株,其中:完成周边造林 295.6 亩、防护林 351 亩、退耕还林补植补栽 97.37 亩、经济林种植 3133 株、柳树育苗 2 万株,成活率 85%。同时,2006 年退耕还林顺利通过国家级验收。兑现 2013 年野生动物肇事补偿资金 93 万余元,涉及全乡 757 户、1627.62 亩青稞、827.83 亩油菜、牦牛 41 头,为全乡 159 名管护人员兑现管护资金 113 万余元。

【草补】扎西岗乡严格按照自治区制定的《西藏自治区草畜平衡管理办法》和《西藏自治区天然草原管护员管理办法》规定,认真组织开展各项工作。全乡可利用草场面积 91.66 万亩,承包到户 1304 户,在村委会、驻村工作队及全乡农牧民群众的积极配合下顺利完成草畜平衡减畜任务;已兑现 2013 年牧草良种补贴 24000 元;为 200 户牧民兑现生产资料综合补贴每户每年 500 元,共计 10 万元;为 40 名监督人员兑现补贴每人每年 5400 元,共计 21.6 万元;草原生态保护补助奖励资金每亩 1.5 元,共计 194.97 万元。

【水利】为确保防汛工作的扎实开展,年初制定防汛抗旱应急预案,建立工作责任机制,并与村委会签订防汛抗旱责任书,层层落实责任,明确了工作目标,及时发放抗灾物资。2014 年,在县水利局的大力支持和帮助下,实施投资 2500 万元的墨竹玛曲河防洪保护堤工程建设,解决资金 39 万元建设加尔多村及巴洛排洪沟,极大减少了雨季隐患。

【民生项目】2014 年,全乡累计实施民生改善项目 33 个,涉及资金 6865.09 万元。其中,中央投资 5455.54 万元,地方配套 906.63 万元,自筹或投劳 502.92 万元,已完工项目 28 个,正在实施项目 5 个。同时,在县级相关部门的大力支持下,乡党委、政府高度重视加大招商引资力度,2014 年争取到振发新能源科技有限公司投资 3 亿元的建设光伏电站系统项目,并已完成了选址工作。

【净土产业】根据全乡经济发展趋势,扎西岗乡认真研究制定《扎西岗乡 2014 年——2015 年净土产业发展规划》,明确了全乡净土产业发展方向。通过整合项目资金建设总投资 136 万元的加尔多村经济林及苗木种植 100 亩;巴洛藏鸡养殖合作社累计总投资 360 万元,其中国家投资 42 万元、市级投资 30 万元、县级投资 88 万元、合作社自筹 41.6 万元、群众投劳折资 10.4 万元、合作社借贷 148 万元。建成育雏鸡舍、育成鸡舍、平养车间、孵化车间及防疫室等,合作社存栏 2.2 万余只藏鸡。

【虫草采挖】2014 年,扎西岗乡共组织 1235 名群众到门巴乡、日多乡采挖虫草,实现总收入 879.12 万元,人均增收 7118 元。为全面有序开展虫草采挖工作,及时制订切实可行的工作实施方案,建立以乡长为营长,副乡长为副营长的带队管理模式,全面指导采挖工作,并建立虫草点临时党支部,不仅保障了采挖工作期间农牧民群众的生活秩序,更是实现了采挖点“大事不出、中事不出、小事也不出”的目标。

【惠民资金落实情况】为切实落实好县委、县政府提出的“关注民生、重视民生、保障民生、改善民生”,确保县级300万元为民办实事经费“用到点、用到位”,每笔资金都做到了班子研究:投入资金136.7298万元,用于完善各村基础设施建设及农网改造项目;投入资金9.1274万元,用于生态环境建设及环境整治;投入资金5.6171万元,用于安全生产工作开展及物资购置;投入资金21.7496万元,开展慰问及困难户救助帮扶;投入资金40.3739万元,用于全乡党建、群众路线教育活动等宣传栏、资料册制定;投入教育资金14.548万元;投入资金11.1655万元用于特殊时期工作经费,如斯布新村乔迁仪式等;投入维稳资金34.75万元(含七个行政村、七座寺庙、驻村工作队);投入资金2.427万元用于农牧民各类培训;乡机关食堂设备维修及后勤保障资金25.8566万元;共计使用302.3449万元。

【文明创建工作】2014年,在各村委会、驻村工作队、寺庙、乡各单位、全乡干部职工及全乡各族群众参与第四届全国文明乡镇评选活动,并被中央文明办授予全国文明乡镇荣誉称号,在此项工作中,扎西岗乡累计投入资金20万元,在318国道沿线张贴宣传横幅20余条,制作9个宣传栏;组织乡村党员志愿者服务队及群众清理白色垃圾36次,参加人数达7200余人次;新建垃圾场4个,设置垃圾箱20个,购置5辆垃圾清运车。开展双联十星文明户评选,129名获得相机荣誉称号;扎实开展国家环保模范城市创建工作,授予吉古村、仁青林村、朗杰林村乡级“生态村”荣誉称号。通过活动的开展让广大干部群众深刻领会到文明乡(镇)创建的重要意义,提高村民文明程度和,全乡呈现出乡风文明、村容整洁的良好氛围。

【劳务输出】在县“四业”办的悉心指导下,2014全乡实现劳务输出6741人次,劳务输出人员人均日工资达100元左右。全乡由乡政府牵头召开工作推荐会5场次,发布各类劳务用工信息5次;经过群众自主应聘,扎西岗乡有67名农牧民群众实现就业;华泰龙公司解决扎西岗乡斯布村10名群众的就业问题;县四业办解决资金5.75万元,组织本乡23名群众参加为期3个月的泥塑传统工艺品制作培训,学习结束后4名学员在东嘎泥塑加工有限公司实现就业。

【农改工作】2014年,扎西岗乡扎西岗村作为墨竹工卡县农村土地承包经营权确权登记颁证工作的试点村,在县委、县政府的统一领导下,乡党委、政府高度重视,扎实有序开展农改工作。到曲水县学习掌握颁证工作实施步骤,了解工作中所面临的困难;召开动员大会,对下一步工作作出安排和部署,明确工作目标任务;结合本乡实际,制定《扎西岗乡农村土地确权登记颁证试点工作实施方案》,抽调专干人员负责,确保事有人管、事有人干;工作人员、各组长及联户代表利用8天时间,逐户走访,对全村318户1876人进行人员信息采集及核对工作,并建立人员档案;利用12天时间,安排两名民族干部与测量组一同开展实地测量工作,共测量农村土地3630亩;通过组织测量方、村委会代表、小组组长、家庭户主对测量数据进行公示审核,对存在的错误数据进行及时的修正,确保基础数据准确无误;为扎西岗村颁发农村土地承包经营权确权证书。

【文化事业】在47个放映点播放电影254场次,其中在寺庙放映34场、各行政村及自然村放映204场、乡小学播放7场、乡敬老院及乡政府播放9场;在全乡开展“读书周(读书日)”活动,参与人数达6755人次,借出书籍4000余本,寺庙书屋看书2857人次;组织乡政府、各村妇女主任及斯布村村民开展“三下乡”活动,活动参加人数达1200余人;向广大干部职工发放县文广局统一配备的卫星直播系统“村村通”机顶盒共111台,实现扎西岗乡1680户卫星直播系统“村村通”机顶盒全覆盖。

【教育事业】全乡共有幼儿生224名、小学生719

名、初中生349名、高中生293名、大学生186名。2014年，为186名大学生发放教育金73.13万元；为2014年考上大学的50名大学新生发放助学金16.67万元；为8名优秀贫困大学生每人发放4000元的南京援藏干部资助的援藏助学金，共3.2万元；为136名大学生发放2014年度大学生资助金42.47万元。乡党委、政府投入5.9万元教育资金，对8名表现出色的优秀教师、49名考入大学的学生及2名考入内地西藏班优秀学生，每人发放1000元的奖励资金；为自发组织帮助村里孩子免费辅导各类课程的4名大学生每人发放500元的鼓励金，投资近9万元用于制作学校宣传栏及宣传标语。此外，扎西岗乡新建的3所村级幼儿园已基本完工，预计2015年6月投入使用，全乡基本实现教育全覆盖。

【新农保】全乡1680户7913人参与新型农牧民合作医疗保险，其中52名僧尼参加了僧尼医疗保险，累计筹得资金15.7万元，全乡参保率达到100%。

【民政工作】协助县民政局，为160户576人低保户发放保障金84.16万元，医疗救助金43.51万元，节日慰问金76.8万元；为54名孤寡老人发放节日及生活补贴共计51.11万元；对“三老人员”及贫困党员进行慰问，发放慰问金1.71万元；为799人低保户和残疾人发放青稞71910公斤；为65户“一孩双女”家庭每人发放960元奖励，共66240元；为18名孤儿发放生活补贴12.96万元；为寿星老人发放生活补贴2.13万元。在县扶贫办统一安排下，完成全乡381户1630名贫困信息录入工作。

【再就业】在做好“四业”工作的同时，扎西岗乡在实现农牧民群众就近就便就业，狠抓群众现金收入上下功夫，大力推广净土健康产业，培植专业合作社，全乡已注册的专业合作社达16家，其中3家涉及种植、3家涉及养殖、9家涉及其他领域，参与群众达1277余人，仅2014年就实现人均增收6000余元。

【交通事业】2014年，在县委、县政府及县发改委的大力支持和帮助下，争取到总投资4300万元的乡政府至斯布村，朗杰林村至乡政府的乡村道路建设项目，计划2015年8月扎西岗乡将实现村村通油路，届时将进一步方便群众出行。

【便民利民】扎西岗乡便民服务大厅于2014年5月正式挂牌投入使用，设立在乡政府大门右侧，服务大厅使用面积为90平方米。据统计，自扎西岗乡便民服务中心正式启用以来，累计服务群众达18954人次，没有出现群众投诉的情况发生，同时扎西岗乡在便民服务大厅运行期间征求多方意见，开设“代办业务”，极大地方便了群众，得到当地群众的高度赞赏和县相关部门的一致认可。

【气象工作】加强对乡政府及温室种植基地内雨量检测站的日常管理工作，并及时将信息传达至各村气象信息联络员，力争将灾害降到最低。

【维稳工作】年初，乡党委与各村行政村签订维稳、双联户、特殊人群服务管理工作责任书，进一步明确责任和目标，落实责任人。

全年召开维稳工作部署落实专题会议20余次，每个季度召开一次社会治安形势分析会议，每半年召开阶段总结会议，对重要工作都落实专题部署，确保工作前明思路，工作中有指挥，工作后强检查，件件工作抓落实。

【矛盾纠纷调处】年内，共排查出不稳定因素28起、化解28起。“两委”换届选举期间，排查各类矛盾纠纷5件，成功调解率达到100%；虫草采挖期间，无任何矛盾纠纷。共接待群众来访70余次，认真执行信访接待、登记处理制度，接待礼貌周到，做到件件有登记，事事有回音，结案率达到100%，为“平安扎西岗乡”建设打下了扎实的基础。

【维稳工作队伍建设】不断强化村级综治组织职能,积极调整充实村级综治组织机构。村“两委”换届后,人员变动大的情况,及时调整各类村综治组织机构人员;健全网络,构筑民调工作新平台。全乡建有8个调解委员会,调解员144人(包括各联户代表),民兵146人,形成一个上下联动、信息互通、资源共享、优势互补的调解网格。

【普法宣传教育】组织乡干部、村干部、青少年等群体学习普法教育9场;村级换届选举、3.6.9综治宣传、“六五”普法期间,开展针对性的法律宣传活动25场,共有7000人次参会,发放宣传手册1000条、粘贴宣传标语700余条。

【建立维稳工作机制】建立巡逻制度,坚持“打防结合、预防为主”的方针,启动群防群治的治安防范机制;建立社会纠纷调解制度,落实分工合作、责任到人的工作机制;制定应急预案,保证及时处理突发性事件;建立对不稳定因素实行实时联系制度,启动责任到人、及时报告、及时处置的工作机制;建立考核制度,启动奖勤罚惰的工作机制。

【值班落实】除日常值班外,在“两会”、重大节日、萨嘎达瓦、塔尔钦转山佛事活动及各敏感节点期间,全面加强值班带班力度,严格执行24小时全员、全时在岗,各村委会、寺管会将对当天情况向乡政府上报,乡政府值班人员每日16:00前对当日情况向上级相关部门上报,确保信息畅通。

【第二批党的群众路线教育实践活动】1月——10月,乡党委组织全体党员干部认真学习、认真交心谈心、认真进行自我剖析、认真开展批评与自我批评、认真制订整改方案,圆满完成第二批党的群众路线教育实践活动各项工作。

在学习教育,听取意见环节,乡党委高度重视,超前谋划,精心准备。搞好思想发动。积极精心研制出《扎西岗乡第二批党的群众路线教育实践活动实施方案》,按照工作实际,调整充实党的群众路线教育实践活动领导小组,确保活动有人抓、有人管;加强学习教育。制定《扎西岗乡集中学习讨论方案》《扎西岗乡关于收看电视系列片〈践行群众路线好榜样〉学习计划》。采取以个人自学为主,集中学习、集中讨论为辅的学习模式,全年组织集中学习47场次,参与人数达24人次,学习笔记达1800余篇;开展“我是谁、为了谁、依靠谁”“弘扬老西藏精神”等集中大讨论活动共10场次,参与人数达32人次;观看《雪山泪》等教育警示片及政绩片10余场次,干部参与率达98%,撰写心得体会及观后感300余篇。广泛征求意见建议。扎西岗乡积极发挥舆论导向作用,充分利用电子屏、15个宣传栏、10余条横幅开展宣传教育活动,设立8个意见箱,开通投诉电话,广泛征求意见表纳民意。发放征求意见表120份,收集农牧民群众对乡党政班子成员关于“四风”“两问题”“一薄弱”“三不够”意见建议21条;组建专门工作组,到交叉单位县安全生产监督管理局征求意见建议40余条。

查摆问题、开展批评,是党的群众路线教育实践活动承上启下的关键环节,乡党委共召开5次专题会议对第二环节各项工作进行安排部署。开展谈心谈话活动。乡党委专门召开2次专题会议,对谈心谈话工作作了安排部署,规定要做到“八谈”和“五个必谈”。据统计,组织87人开展为期7天的谈心谈话活动,收集谈话记录纸87份、意见建议15条。通过谈心谈话活动,增进了乡领导班子成员之间的团结,化解了存在的矛盾。对照检查材料开门见山、直奔主题,击中要害。乡领导班子对照检查材料由乡党委书记亲自撰写,先后修改12次,乡领导班子勇于剖析自己,由个人撰写对照检查材料,平均修改15次;组织召开专题民主生活会。8月15日,扎西岗乡召开以团结——批评——团结为主题的乡领导班子专题民主生活会。个人对照检查时,都能坦诚相见,有的放矢,诚恳直接地提出18条各自的批评意见和建议。召开专题组织生活会。共31名党员干部参会,此后5天时间里,扎西岗乡7个行政村依次召开了党支部专题组织生活会,共查摆出“四风”“两问题”“一薄弱”“三不够”等方面存在的突出问题112条。

整改落实,建章立制是开展党的群众路线教育实践活动的根本。乡党委整理出即知即改问题17条,限时整改7条,长期整改7条,截至年底,扎西岗乡已完成整改问题31条。完善上级制度10项,新建制度5项,并及时上墙公示,形成了制度和整个活动载体建设的有机结合。

【换届选举】扎西岗乡积极开展第八届村"两委"换届前期调研、登记等筹备工作,走访群众450多户,征求群众意见建议4条、发放问卷调查表2500余份、发放2796份民主测评表、粘贴宣传标语140余条,组织开展以严肃换届纪律为主题的学教活动6场次。为进一步畅通舆情民意沟通渠道,聘请14名换届风气监督员,设立换届纪律举报箱和监督举报电话,通过投票表决等方式选出各村"两委"班子候选人,确保选举工作扎实有序开展。

在换届过程中,各村活用政策法规,严肃换届纪律,规范换届程序,坚持做到"三早三严",同时乡党委班子成员全程指导,各村第一书记、各驻村工作队、选民委员及各村村民监督委员会认真履职。据统计,共419名党员参与村党支部选举大会,发放选票419张,3894名农牧民群众参加村民委员会选举,发放选票3894张。3天时间里,全乡7个村"两委"班子换届选举工作圆满完成。

换届后,村级领导班子结构得到了进一步改善,共有村"两委"班子成员46名,其中新进成员14名,连任32名;调整村党支部书记4人,村委会主任6人;妇女干部7人;初中及以上学历干部10人;40岁以下干部20人,平均年龄41岁。同时,对10名落选村干部进行慰问,共发放慰问金2万元。

【开展"1234"党建工作法】撰写民情日记,了解群众情况。为班子成员及村"两委"班子发放民情日记20余本,截至年底,乡领导班子成员每人撰写民情日记200余篇。开展结对帮扶,帮助困难群众。在三大节日期间,35位党员走访慰问结对户及贫困户3次250余人,送去生活慰问品及资金2.95万元,为群众办实事40余件。此外,全体领导班子成员分别抽出2天时间入村住户蹲点调研,面对面听群众讲真话讲心里话。开展为民服务活动。全乡开展以"送温暖、献爱心"为主题的各类服务活动23次,涉及126名群众,投资12.75万元;组织8个志愿者服务队开展服务活动20余次。表彰优秀党组织及党员干部。全乡先后涌现出先进基层党组织3个、优秀党务工作者4名、优秀共产党员27名;加强党员队伍建设,深化干部教育。年内,全乡107名农牧民党员按期转正,42名农牧民入党积极分子按期转为预备党员,新吸纳农牧民入党积极分子42名,共有628名党员,其中农牧民党员578人,占全乡农牧民总人口的7.4%。在发展党员期间,共组织党支部第一书记、村党支部书记关于发展党员程序培训8场次,到各村指导检查党员发展情况及党表完成情况15次,察看党表500余份。组织宣讲人员到各村巡回讲解党员应尽的义务和拥有的权利7场次,500余名农牧民党员参加。

【健全制度】制定完善理论学习制度。结合党的群众路线教育实践活动,乡党委完善《扎西岗乡三会一课制度》,制定《扎西岗乡党员学习制度》;提高干部的工作积极性,彻底摆脱"慵懒软弱"等不良现象,制定出《扎西岗乡责任追究制度》《扎西岗乡干部职工考核制度》《扎西岗乡请销假制度》《扎西岗乡坚守岗位制度》,规范了干部的管理。

【党风廉政建设】乡党委认真贯彻落实区、市、县关于党风廉政建设和反腐工作的总体部署,始终坚持党要管党,从严治党的方针。结合工作实际,深入开展"厉行勤俭节约,反对铺张浪费"等一系列活动,组织党员干部收看"拒腐防变"光碟及教育警示片5场次,参与人数达32人次;组织干部学习中央"八项规定"、自治区"约法十章""九项要求"和市委"八项要求"、县委"八项守则"5次,乡干部参与学习率达98%,为全乡上下营造了浓厚的廉政氛围打下坚实的基础。

（段伟燕）

【领导名录】

党委书记、人大主席

刘 登 贵

党委副书记、乡长

达瓦卓玛

副乡长、乡派出所所长

扎西平措

专职副书记、纪检书记

巴桑卓嘎

副乡长

巴 桑

科技副乡长、斯布村党支部第一书记

扎西旺堆

人大副主席

加 群

人武部部长

王 吉 泽

日多乡

【年度综述】2014年是深入贯彻落实中共十八届三中全会精神、全面深化改革的开局之年，是完成“十二五”规划的关键之年。年内，日多乡继续以邓小平理论、“三个代表” 重要思想及科学发展观为指导，深入贯彻落实中共十八大精神，紧紧围绕市委、市政府五大战略及县委、县政府关于推进建设民富县强、美丽和谐新墨竹决策部署，认真贯彻落实县委全委会精神，以发展为第一要务，以稳定为第一责任，继续坚持“调整优化畜牧业，开发壮大矿产业，发展繁荣旅游业”整体思路，积极应对、有效运作、攻坚克难、确保实效，使全乡经济和社会各项事业都取得了新的进展，为全乡政治、经济、文化等各项事业健康发展打下了坚实的基础。

【概况】日多乡位于墨竹工卡县以东55公里处的米拉山脚下，平均海拔4500米以上，乡政府所在地海拔4370米，东临工布江达县，西接扎西岗乡，北与门巴乡接壤，南面毗邻山南地区桑日县和乃东县，总面积955.5平方公里。川藏公路横贯全境，是日多乡主要的区域性交通干线。全乡共有3个行政村（怎村、拉龙村、念村），12个村民小组，706户，2657人，劳动力1203人，低保户62户，贫困户50户，五保户8户，重点人员5名。乡境内有1座寺庙——日多寺，属格鲁教派，距今有800多年历史，全寺共6名僧人，均为日多本地人。

全乡干部职工44人，其中公务员29人（包括3名村官），事业编制4人，工人2人，聘用干部2人，临时工7人。党员233人，其中正式党员218人（农牧民186人），预备党员25人（农牧民18人）；2014年7月培养入党积极分子18人。

【经济发展】年内，乡党委、政府高度重视经济发展，积极谋划，确立“一产调结构、成规模，二产抓环境、促平衡，三产重文化、强基础”的发展思路，在全乡上下的共同努力下，2014年全乡农村经济总收入达到4375万元，同比增长18.03%。其中，第一产业产值2329万元，同比增长17.98%；第三产业产值2046万元，同比增长18.12%；农牧民人均纯收入达到了11957.09元以上，同比增长18.21%；现金收入达到8967.8元以上，同比增长18.09%。日多乡农牧民主要收入来源为牧业、虫草、旅游餐饮服务、畜产品出售、外出打工、劳务输出、国家各项补贴等。2014年虫草采挖期间，乡群众虫草采集总收入达到823万余元。全乡劳务输出人数373人，转移就业352人，参加各种转移就业培训480人。畜牧业是日多乡的基础产业，日多乡积极引导群众转变思想观念，坚持以草定畜，加大草场网围栏、暖棚暖圈等建设力度，加强牲畜品种改良和疫病防治，强化畜牧科学知识的学习培训和引进推广，改变传统放养模式。为更好地提高畜产品附加值，加大力度改变3家传统畜产品综合加工厂工作模式，改进生产加工工艺，使畜产品朝着标准化、规模化、市场化方向发展，更好地把资源优势转化为市场优势和经济优势。

【旅游业】牢牢依托日多温泉、米拉山景点和地处旅游黄金线的区位优势，积极引导群众转变思想观念，参与和发展旅游服务业，通过旅游业带动全乡畜产品、药材、民族手工产品的销售。乡政府紧紧抓住旅游发展潜在商机，加大农牧民商品零售户扶持力度，已有6户农牧户在米拉山景点零售经幡、旅游纪念品、特色藏餐、饮料等商品的生意，7家“双联户”旅游综合服务站和牧家乐等合作组织。大力发展家庭旅饭馆，对乡内6家家庭旅饭馆进行帮助指导，不仅为日多乡剩余劳动力转移找到了新途径，又提高了农牧民收入，加快全乡经济发展。年内，日多乡群众参与旅游业户数120户，335人，共计接待国内外游客7万余人次，旅游收入达到156万元。

【虫草采集】自2014年3月开始，日多乡多次组织召开会议，提前安排部署虫草采集有关工作事项，并多次听取群众意见及建议。乡干部利用节假日时间，多次召开村民大会宣讲《墨竹工卡县冬虫夏草采集管理实施细则（试行）》，并给群众讲解买虫草采集票的用途及原因，给群众做思想工作，并要求村委会领导及农牧民党员、护林员、小组组长要带头宣传及买票。经过深入宣传及思想动员，日多乡采挖人员都办理了采集证，购买了采集票。通过全体干部、广大护林员为期48天的共同努力，日多乡虫草采集工作圆满完成。2014年，虫草采挖人数共计946人，虫草收入达到823万元。

【矿产业】认真做好矿产资源开发服务与管理工作，年内，日多乡按照县委整合开发矿产资源和创建和谐矿区的工作要求，认真做好矿区周边群众协调、服务发展、服务企业、服务群众等前期准备工作，及时兑现草场资源补贴，促进了企业和群众双赢，为推进矿工投入生产运营奠定良好的群众基础。

【维稳工作】年内，以“达赖”集团为首的分裂势力蠢蠢欲动，维稳形势不容乐观，维稳工作是各项工作的重中之重。针对维稳工作，日多乡及时制定了维稳工作实施方案及突发事件应急预案，大力开展综治维稳和平安创建活动，不断增强社会治安防控能力，持续巩固加强和创新社会管理工作成果，加大矛盾纠纷排查调处力度。突出打好重大节庆活动、敏感时段节点维稳战役。加强部署元旦、春节、藏历新年等重大节庆期间及三月敏感时段工作任务，合理安排值班执勤、科学分配维稳力量，制订维稳工作实施方案、突发事件处置方案及应急预案，全乡认真落实维稳工作制度，做到“有事报事，无事报平安”。严格控制敏感日期群众前往拉萨的人员数量。群众在此期间前往拉萨须由村、派出所、乡政府三方严格登记审查，通过后才可前往拉萨。加强对重点环节、重点人员的管控力度。对乡重点部位实行24小时值班巡逻制度，每天定时不定时检查各村值班情况、维稳力量部署情况，督促各村、各单位实行零报告制度。加强对外来人员的排查，对每位外来人员逐一登记，做到了情况清、底数明。

【狠抓安全生产】乡政府成立专门的安全生产领导小组，严格落实安全生产责任制，采取定期检查和不定期抽查的相结合的方式，对乡内企业、国家电网、拉林高速公路建设施工场地、矿点进行严格管理，与施工方分别签订施工安全责任书，及时发现和排查安全隐患，全年共组织安全隐患排查24次，消除安全隐患20余处，发现违章操作行为，一律督促整改，有效地维护了全乡的社会稳定和人民生命财产安全。

【党的群众路线教育实践活动】年内，以党的群众路线教育实践活动为契机，全面加强领导班子和干部队伍建设。自活动开展以来，在县委第四督导组的关心支持和有力指导下，全乡各党组织科学筹划、真抓实做，广大党员干部踊跃参与、接受洗礼，人民群众和社会各方面热烈响应、大力支持，整个活动进展有序、扎实深入,取得了重要的实践成果、制度成果和理论成果。全乡4个党支部、1个卫生院、1个派出所、1座寺庙,共计党员干部72人,农牧民党员204人全部参加教育实践活动,参与覆盖面达100%。广大党员干部精神上补了"钙",理想信念、宗旨意识和群众观点进一步增强。日多乡采取集中学习与个人自学相结合的方式,保障学习时间和质量,每次集中学习不少于2个小时,个人自学每天不少于1小时,做到把理论学习运用到工作实践中。"四风"等问题得到有力整治,党员干部作风明显转变。党员干部严格遵守中央"八项规定",自治区"约法十章",市委"八项要求"和县委"八项守则",集中开展专项整治等活动,推动工作不实问题的解决,加大对不作为乱作为的整治力度,对办公用房超面积、车辆配备超标准进行了清查,干部"迟到早退"现象得到整治,享乐和骄奢之风得到狠刹,联系群众不深等问题得到了根治。截至年底,乡领导班子及成员解决排查出"四风"等问题62条,党风政风转变取得良好效果;党内政治生活更加严格,领导班子凝聚力战斗力进一步增强。为召开高质量的专题民主生活会和组织生活会,全体党员干部在做好深入学习、广泛征求意见、自查、谈心的基础上,认真撰写个人对照检查材料,做到自己动手写、查摆问题全、分析原因透、整改措施明,领导班子个人对照检查材料普遍修改7稿以上。群众反映强烈的突出问题得到初步解决,党群干群关系进一步融洽。通过开展"三进四同三一""大下访"等活动,全体党员深入群众家中以解决群众"最揪心"的事情为重点,集中精力逐一破解。一批突出问题得到解决,教育实践活动以来,日多乡在道路、桥梁维修,就业、就学、就医、住房、安居工程等方面解决实际问题25件,共投入资金40万元,有效解决了关系群众切身利益的问题;建章立制,确保教育实践活动取得实效。针对群众意见反馈和查摆发现的问题,乡党委以高度的紧迫感与责任感抓好整改,领导班子进行认真细致地研究,逐项分析确定整改的努力方向和重点任务,制定《日多乡班子专项整治方案》及《日多乡班子整改落实方案》,共列出整改任务35条。

【"双联户"、网格化】年内,自"双联户"工作开展以来,日多乡认真贯彻落实上级部门相关文件精神,早动员,早部署,制定措施,明确任务,狠抓落实,各项工作正在扎实有效的开展,在原有自然村、组、行业、务工地点的基础上,将全乡划分为46个联户单元(怎村16个、拉龙村21个、念村9个),并民主选举出46名政治可靠、有威信、能服众、有能力、有责任心的人员担任联户代表,带领群众增收致富。年内,乡党委明确分工,由党委书记任第一责任人,2名分管副书记一个抓稳定、一个抓增收,及时设立网格化办公室,指定3人专责开展工作。通过各项工作的有序落实,在全乡划分网格片区14个,设立联户单位46个,联户代表46人,先后帮助群众调处矛盾纠纷5起,进行安全隐患排查20次,组织帮扶弱势群体17次,组织乡干部、民兵、护林员整治环境卫生20余次,收集民生信息6条,以联创联营的形式设办牧家乐5个、旅游服务中心2个,全年直接经济增收达35余万元,并在联户增收取得盈利后,将所得资金用于贫困群众的生活补助。深入开展党的群众路线教育实践活动,按照县委统一安排部署,日多乡积极做好关于提前开展党的群众路线教育实践活动相关工作,及时召开会议,确定工作方案,明确工作目标,坚持带着问题下去、带着成果回来。2014年9月,通过"先进双联户"创建评选活动的有效开展,共产生9名村级"先进双联户"、3名乡级"先进双联户"、1名县级"先进双联户"和1个"双联先进村委会",极大地促进了日多乡双联户工作的开展。

【惠民项目】年内,乡财政共计拨款82万余元用于保证惠民政策的落实。其中,为各村提供扶持项目16个,落实惠民资金77万元,为学校提供5万余元活动经费,为寺庙基础设施建设提供2万余元经费保障,为卫生院惠农活动开展提供了3万元经费保障。以服务群众为宗旨,保障惠民资金的落实。日多乡怎村牦牛购置项目继续实施,落实资金19.7万元，牦牛养殖扶贫项目完满完成，合计投入资金74万元，改善群众出行的公路建设，合计投入资金10万元，投入29.5万元资金用于怎村温室棚圈项目。日多乡拉龙村购置种牛及牲畜棚圈建设项目完成，合计投入资金35.46万元，投入65万余元用于拉龙村网围栏项目，拉龙村短期育肥扶贫项目圆满落实，合计投入资金38.5万元，投入10万元用于村组道路建设，村集体经济建设项目，新建一家扶贫超市，投入资金27.58万元，投入7350余元用于拉龙村觉组饮水改造。日多乡念村投入资金72万元用于网围栏项目建设，投入45万元用于改善村牧家乐基础设施建设，投入6万元用于村组道路建设。日多乡3个村牦牛养殖扶贫项目共计投入资金101万元，投入3.8万余元用于乡政府驻地及周边饮水改造项目，投入12.05万元用于三个村技术培训。

【教育事业】继续狠抓教育事业，竭尽全力加大教育投入力度，尤其是在年度计划中优先考虑。年初以来，日多乡积极开展教学监督检查和防流控辍工作，入户对流失生家庭进行思想教育，引导流失生重返学堂。截至年底，乡中心校在校生228人，学前适龄儿童在校生30人，适龄儿童入学率达100%，在校生巩固率达100%。教育事业取得实质性进展。年内，日多乡分别利用“六一”儿童节、教师节等节日，为乡中心小学送去2万元的慰问金，并在年初划拨5万元资金作为学校教育经费。

【医疗卫生】加强农村合作医疗工作，广泛宣传新型农村合作医疗制度的优越性，进一步提高广大群众的参与率，农牧区新型合作医疗制度得到全面落实，参保率达到100%。2014年5月，在乡政府、村、组及卫生院医务人员的积极配合下，日多乡按期顺利完成全乡全民体检工作，参与体检率达到100%。不断加大卫生工作扶持力度，年内，乡财政拨款3万余元，为卫生院提供了活动经费。

【特殊服务人群保障】日多乡低保户户数62户，219人，全年兑现低保金17.7426万元；五保户8户，每户兑现扶持资金4320元，共计34560元；34名残疾人生活慰问补贴每人220元，共计兑现7500元。

【环境整治】高度重视对318国道沿线卫生治理和农村环境的改善，多次开展环保宣传活动，切实强化干部群众的环保意识。加强环境综合治理队伍建设，完善长效机制。制订日多乡街道卫生管理实施方案，成立乡学雷锋小组，定期对乡政府所在地街边垃圾进行清理，起到很好表率作用，加大环保工作在群众中的影响力，确保环境政治工作落到实处。

【组织建设】年内，在县委、县政府的坚强领导下，在县直各部门的悉心帮助下，乡党委认真组织实施，扎实有序地推进党建工作，制定2014年党员发展计划，按照目标，加强和完善党组织建设，年内，日多乡新发展党员103人，新培养入党积极分子18人。抓党员干部学习，从强化政治思想教育，提高理论水平入手，以学习中共十八大、习近平总书记参加十二届人大会西藏代表团审议时的重要讲话精神以各项惠民政策为重点，定期定点开展学习教育活动，并组织全体干部职工按时参加市委”每月一课“视频培训，撰写学习心得体会，努力提高班子成员和乡村干部的政策理论水平，为各项工作的开展奠定了良好的思想基础。通过“大下访”“走村入户”“结对帮扶”等工作的开展，进一步巩固2014基层党建成果。加强反腐倡廉教育，结合实际，有针对性地对乡、村领导班子成员加强党性教育，增强为人民服务意识。同时，加强科学发展观、社会主义荣辱观及党员的先进性和纯洁性教育，切实增强党员干部廉洁自律的自觉性和主动性。同时，深入推进群团组织建设。不断加强党建带团建、带妇建、带工建工作，坚持举一反三、齐推共进，不搞应景工程、短期效应，严格按照团建参考党建、妇联围绕党建、工会服务党建的工作思路，坚持以点带面，牢牢确立党建工作的核心地位，实现了中心工作带动基础工作,基础工作服务中心工作良好局面。

（马　明）

【领导名录】

党委书记　　杨传志

党委副书记、乡长

　　　　　　嘎玛挪培

纪委书记　　旦增曲珍

人大副主席　牟仁青

副乡长　　　次仁央吉

　　　　　　达　珍

武装部长　　加　措

尼玛江热乡

【概况】尼玛江热乡距县城 25 公里，乡域面积 646 平方公里。属半农半牧乡镇,耕地面积 12420.72 亩,草场面积 56770.6 亩。全乡辖 7 个行政村,32 个自然村,共 1900 户,8605 人,低保户 196 户 827 人;贫困户 152 户 793 人;五保户 35 户,“三老”人员 57 人。党员 628 名,联户代表 128 人。乡政府在编干部 34 人,其中在岗 22 人;村“两委”班子 52 人;辖区内 8 座寺庙,5 个寺管会，其中 2 个寺管会为副县级编制;1 所中心校,在校学生 719 名,幼儿园 1 所,学前教育在校生 105 名;敬老院 1 所,集中供养老人 67 名,尼玛江热乡籍 26 名;8 家矿山企业;23 家合作社。

【围绕平安抓稳定】发展是第一要务，稳定是第一责任。通过多措并举和干部职工的不懈努力,实现了尼玛江热乡 2014 年度“三无、三不出”的总体目标,并荣获全县“维稳突出贡献奖”等诸多荣誉。强化领导责任,狠抓综治措施落实。制定完善各项维稳方案、预案和防控措施,做到责任到位,措施到位;按照“属地管理”和“谁主管谁负责”“谁联系谁负责”的原则,建立健全矛盾摸排调处机制,较好地摸排并化解各类矛盾纠纷。截至 2 年底,全乡累计投入维稳资金 20.6 万元,共排查矛盾纠纷 70 余起,化解 70 余起,且未发生重大集体上访、越级上访案件。加强群防群治工作,每逢敏感节点,组织党员、民兵、护林员共计 700 人对重点区域、重点部位、重要设施等进行不定期巡逻,确保万无一失。强化对重点人员、“十类人员”、流动人口的管控工作。对重点人员坚持实行“每日一报”制度,随时了解掌握其动态,做到底数清、情况明。联合乡派出所、村“两委”对“十类人员”、流动人口进行细查严管,强化源头管控。以综治宣传月、宣传周、宣传日为平台,对辖区群众、流动人口、房屋出租户等开展法制宣传教育活动,发放法治宣传材料,不断提升其法制意识。抓好矿区安全生产工作,融洽矿群关系。大力开展安全生产专项检查，督促矿企切实做好安全生产工作,排查可能存在的各类安全隐患,避免发生安全事故。积极协调矿企做好章达村 72 户 863 名群众的搬迁后续工作，有效防止引发群体性上访事件。

【围绕保障抓党建】2014 年,乡党委政府高度重视基层党组织建设工作,充分发挥主观能动性,以加强党的执政能力建设和先进性建设为主线,以“五个好”为目标,倾全力、打重拳、出实招,开创了尼玛江热乡基层党组织建设新局面。截至年底,尼玛江热乡建设成一支拥有 9 个党支部,33 个党小组,31 名机关党员,628 名农牧民党员,141 名入党积极分子的战斗力强、凝聚力强的高素质党员干部队伍。

与各村委会、全乡党员干部签订《党风廉政责任书》,切实规范了党员干部作风;强化制度建设,完成软弱涣散基层党组织整顿工作,实现乡、村两级坚持用制度管人,用制度管事,按规矩办事;按照“三个培养”的要求,严格发展农牧民党员程序,发展 21 名政治立场坚定、工作能力强、能带领群众增收致富的农牧民党员，充分发挥党员先锋模范作用;按要求扎实开展党的群众路线教育实践活动和市委开展的“三进四同三一”专题活动,按照提前谋划、先行一步的要求,其间共召开 8 次座谈会,征求到意见 24 条,查摆出＂四风＂问题 186 条,撰写 27

份对照检查材料。制度建设计划中，经认真梳理，拟废止制度4项，修订完善制度10项，新建制度9项。全乡干部职工与23户困难家庭结成了帮扶对象，走访结对家庭50余次，购买了价值15.15万元的帮扶生活用品；顺利完成村“两委”换届选举工作，新当选干部全部具备小学以上文化，同时做好村“两委”离任干部的思想工作；加强完善网格化管理工作，坚持择优原则，创新培养选拔机制，成功培养出128名联户代表并每年对其进行民主评议；立足实际，贯彻落实“1234”工作法，采取不定期组织乡干部进村入户调研，听民声、了民情、解民忧，以实际行动取信于民、服务于民。

【“双联户”工作开展情况】乡政府与各村签订2014年《尼江乡双联户目标责任书》，并发放藏汉双语联户代表民情日记本；尼玛江热乡共有联户单元128个、联户代表128名，与联户代表签订《双联户目标责任书》128份。3月24日，协同政法系统组织128名联户长参加法治宣传活动；为示范、优秀、先进双联户村委会及联户代表发放奖金约30万余元；有针对性地调整了部分引领教育群众能力差的联户代表，提高了执行力，利于强化矛盾纠纷排查调处工作。

【围绕经济抓发展】截至年底，尼玛江热乡农村经济总收入11150.38万元，其中第一产业收入7509.73万元，第二产业收入86.75万元，第三产业收入3554.08万元。

【基础农牧业生产实现稳步向前】2014年，发放价值22.55万元的化肥、农药，购置321台国家补贴农机具。粮食产量实现三连增，达到3228.6吨。牲畜疫苗注射率达100%，存栏数达到29635头（只、匹），接羔育幼成活率95%；牲畜出栏总数3735头（只），出栏率11.06%。

【净土健康产业实现稳步推进】重点扶持噶瑕农产品、宗雪容多畜产品2家具备一定基础和发展潜力的合作社，作为尼玛江热乡净土健康产业重点培育对象。2014年，协调县净土公司落实330万元分别用于2家合作社的发展扶持。直孔噶瑕农产品加工专业合作社2014年实现销售额224万元，纯利润33.6万元，已带动17人就业，228人增收。其青油加工项目已建设完成，于年前开机试生产，解决15人就业；容多畜产品加工专业合作社2014年销售额120.8万元，纯利润为25.12万元。

【专合组织实现稳步发展】按照“一村一品”的发展思路，结合尼玛江热乡实际，确定宗雪村噶瑕农产品、容多畜产品、羊日岗朗瑕针织加工、邦达传统藏式彩靴、其玛卡刺绣唐卡等5家合作社作为重点扶持对象，整合各方资金，加大投入力度，累计落实国投资金1270万元。辖区内各专合组织解决就业岗位77个，月均工资达1500元。

【“四业”工程实现稳步增收】2014年，尼玛江热乡长期和短期外出务工人员达到1991人，劳动力转移831人，劳务输出总收入达2199.68余万元，全年参与虫草采集1477人，虫草收入达1033.9万元。全乡农牧民人均收入8390.94元，其中现金收入4894.72元。

【围绕民生抓改善】年初，结合尼玛江热乡实际，对县财政统一拨付的300万元办实事经费进行预算，拨付70万元为各村用于发展村集体经济、小型路桥、水渠水塘等为民办实事项目。拨付10.08万元为乡派出所新建了警务用房；拨付39.85万元用于改善乡、村、寺庙办公及生活条件；农、牧、林、水方面拨付56.08万元。

全年共发放各类社保资金500.74万元；发放贫困大学生资助金等教育经费21.85万元；新农合参保率100%，参保人员4696人，收缴参保费44.96万元。顺利完成全民体检工作。积极与各涉矿企业协调，共落实各类补偿588.5万元。

尼玛江热乡人民政府政务服务中心成立于2014年5月，位于综合服务楼一层，东西朝向，面积

35平方米,现安装有大理石综合操作台,配备3座连体椅2个,椅子6把。截至年底,服务中心仅供乡干部日常开油票,乡民政人员发放各项惠民资金及乡派出所人员办理日常事务(如盖章)等。

(陈文杰)

【领导名录】

党委书记　　扎巴桑珠
党委副书记、乡长
　　　　　　柏　强
人大主席　　旺　扎
纪委书记　　普布次仁
人大副主席　格桑曲珍
武装部长　　伍金彭措
副乡长　　　赵　静
　　　　　　许晓菲

扎雪乡

【概况】扎雪乡位于墨竹工卡县以北的米洛山脚下,龙雪河(拉萨河上游)贯穿全境,乡政府驻地格老窝村离县城约46公里,分别与那曲嘉黎县和林周县接壤。全乡平均海拔4200米,总面积约为600平方公里,境内山川相间,河谷环绕,草原广布,属温凉干旱季风性气候。全年旱、霜、雪、雹等自然灾害严重,最大冻土深度为1.5米,但水能蕴藏量及天然水能资源极为丰富。

扎雪乡属半农半牧业乡,其经济结构属农牧业主导型。扎雪乡辖格老窝、塔杰、米洛、扎雪、其朗、龙珠岗6个行政村。全乡共有村民1212户、8000人,实有劳动力2145人。截至年底,全乡机关干部职工已达36名,办公生活条件大为改善。全乡共有7个党支部、491名正式党员,8个共青团支部、183名团员。乡直属单位有乡派出所(11人)、乡兽防站(1人)、乡卫生院(8人)、农行乡营业所(3人),有一所中心校和一所完小,共有教师44名,其中正式工42名,三支一扶2名,在校学生762名。乡境内共有5座寺庙、5座拉康,僧尼共计68人,其中27名尼姑。从事民间宗教活动人员37人,均为扎雪乡本地人。

牲畜存栏27521头(只、匹)。2014年,全年农村经济总收入6464.77万元;农牧民人均纯收入6143.23元,同比增长18.14%;农牧民人均现金收入4688.8元,同比增长18.26%;劳务输出收入2569.79万元,同比增长4%。但特殊人口比重占全乡人口比例较大,36名分散五保户,低保185户(998人),残疾283人,制约了全乡经济快速发展。

【农业生产】春耕春播工作,从县农牧局购置了化肥2586袋,共计170799.4元,其中含二胺1729袋,共计129675元、尿素797袋,共计36024.4元、复合肥20袋、氯化钾40袋,共计3000元;农药含野麦畏7桶、2-4滴丁酯40箱,卫福1桶、大膘马5箱,确保提高粮食的比率,促进扎雪乡农业的长足发展,为扎雪乡农业增产,农民增收奠定坚实的基础。同时扎雪乡每月定期检查农田长势,于6月中旬发现部分青稞根部出现芽虫,乡政府及时报县农牧局,迅速配发农药溴氢乙酯进行喷洒。确保农业生产安全,进一步做到促农增收。2014年,扎雪乡总播种面积11467.5亩(其朗村2578.05亩、扎雪村743.25亩、塔杰村1756.8亩、米洛村1339.8亩、格老窝村2017.8亩、龙珠岗村3031.8亩),其中粮食作物6758.38亩(其朗村1780亩、扎雪村538亩、塔杰村1158亩、米洛村867.55亩、格老窝村118.95亩、龙珠岗村1405.88亩),经济作物3541.85亩(其朗村油菜600亩和蔬菜20亩、扎雪村油菜90亩和蔬菜15亩、塔杰村油菜375.2亩和蔬菜21亩、米洛村油菜349.85亩和蔬菜40.4亩、格老窝村油菜504.48亩和蔬菜10亩、龙珠岗村油菜1467.92亩和蔬菜48亩),饲草作物1297.97亩(其朗村360亩、扎雪村100亩、塔杰村204.6亩、米洛村29亩、格老窝村494.37亩、龙珠岗村110亩)。

【春防工作】3月、9月进行防疫工作,以巩固和提高牲畜的出栏率和总增率。按照农牧局、兽医站要求及时给全乡牲畜打口蹄疫苗，有效预防了疫情的发生。同时定期大力宣传了各类传染性疾病的防治工作。

【农田水利设施建设】为确保水利设施建设，扎雪乡协调相关部门进行水渠的建设与维修，其中对龙珠岗村直索水渠的建设，共花费291000元；对龙珠岗直那措水渠的建设，共花费37万元；对龙珠岗水渠进行维修，共花费5万元；对格老窝村水渠进行维修，共花费3万元。

专合组织、集体经济作用发挥明显。扎雪乡共有14个专业合作社，发展成规模的有龙雪清油、直孔牧家等。

龙雪清油位于龙珠岗，于2012年4月建设，2012年8月竣工。2014年投入设备款100万元（还未使用）。2014年收入23万元。项目使25户贫困户受益，其中6户经营户年均收入7720元，19户合作社成员年均增收6720元。有259户村民（长期提供油菜，1.5元每公斤）。

墨竹工卡直孔牧家农畜产品专业合作社于2008年通过自治区审计厅帮扶30万元资金、自治区强基办帮扶30万元资金和自筹等渠道共投资212万元，主要经营养牛及配套深加工产业，现墨竹工卡直孔牧家农畜产品专业合作社深加工厂建在扎雪乡米洛村6组，2014年农开项目提供99头犏牛。同时，还投入资金109000元用于牲畜棚圈。99头牛现已分户饲养，共57户。切实提高群众家庭收入，墨竹工卡直孔牧家农畜产品专业合作社现主要产品有牛奶、酸奶、酥油、奶渣和牛肉，现主要在村、乡、县销售，2014年收入约为50万元左右。

【劳务输出力度进一步加大】积极引导广大贫困户转变观念，克服“等、靠、要”的依赖思想，给群众提供更多的培训及就业机会，积极配合县四业办工作，宣传组织群众积极参与就业培训，经统计，2014年扎雪乡外出务工437人，农村劳动力转移收入总计225.616万元。劳务输出已经成为增加群众收入最有效、最快捷的增收渠道。

【农牧民安居工程工作进展顺利】年内，扎雪乡统计农村住房信息系统（危房、新增户）和农村人居环境信息现已统计完成。危房有97户、新增户52户。

【虫草采集】根据县虫草采集办的要求，按上级分配的名额，根据各村的人口，平分给六个行政村。对采挖人员大力宣传虫草采挖的相关管理制度，并由乡政府负责办理虫草采集证和采挖人员的接送工作，把挖虫草工作组织到位。经统计，扎雪乡到门巴乡挖虫草的群众多达1241人，净收入达824.2万元。同时，在挖虫草期间乡党委、政府安排专人进行管理，并由乡政府统一组织接送群众，在门巴乡帕尔朗村挖虫草期间一切工作有序进行，群众表现良好。

【植树造林】年内，扎雪乡安排护林员在尼江至扎雪的公路两旁进行补栽及新植树木共计1176株，并开展树木网围栏及涂白工作，动用护林员1960人次。在雨季来前，充分利用县林业局派发的水车三天一次浇灌。

【维稳工作】力促长治久安，和谐稳定的良好局面不断巩固，始终坚持把维稳工作放到一切工作的首要。

年内，针对维稳工作，制订维稳工作实施方案及突发事件应急预案，大力开展综治维稳和平安创建活动，不断增强社会治安防控能力，持续巩固加强和创新社会管理工作成果，加大矛盾纠纷排查调处力度。全乡干部职工始终在政治上自觉与党中央保持高度一致，以高度的政治自觉、思想自觉和行动自觉全身心投入维稳工作中去，科学统筹、防范在先，明确分工、责任到人，有效确保扎雪乡2014年的社会稳定大局。

【合理安排值班执勤】加强部署元旦、春节、藏历新年等重大节庆期间及三月敏感时段工作任务，合理安排值班执勤、科学分配维稳力量，制订维稳工作实施方案、突发事件处置方案及应急预案，全乡认真落实维稳工作制度，做到“有事报事，无事报平安”。整合乡内一切维稳力量，使人防、物防、技防相配套，形成上下一盘棋、统一指挥、信息共享、群防群治队伍配合、齐抓共管、快速反应的全方位动态社会稳定预警、管控体系。在全乡上下的共同努力下，确保了扎雪乡辖区的绝对安全稳定，实现“三不出”目标。

【开展法治宣传教育】群众敏感节点前往拉萨须由村、派出所、乡政府三方严格登记审查，通过后才可前往拉萨。对于部分途经扎雪乡前往拉萨朝佛群众耐心劝解、开导，劝服朝佛群众就地驻扎，并进行严格排查登记，认真开展法治宣传教育工作，有效减少了不稳定因素。

【创新流动人口服务管理方式】随着经济社会的不断发展，扎雪乡流动人员逐年增多。按照上级党委要求，扎雪乡结合实际，积极转变服务管理方式方法，把维稳措施与创新社会管理紧密结合起来，联合其他县乡切实掌握来拉萨旅游人员基本基本情况、行程路线。强化配套服务管理设施，突出以我为主、和谐便民、依法管理、严防失控，确保了便民利民，维稳工作两不误。

【狠抓安全生产】扎雪乡成立安全生产工作领导小组，严格落实安全生产责任制，采取定期检查和不定期抽查的方式，对乡内企业、商铺、各村专业合作社、矿场进行严格管理，与其分别签订安全工作责任书，及时发现和排查安全隐患，发现违章操作行为，一律督促整改，这些举措的严格落实，有效护了全乡的社会稳定和人民生命财产安全。

【加强对成品零散油管理】严格审批登记制度。各责任部门指派专人负责零散成品油的审批登记，并严格按照村、派出所、乡三级审批通过后才可购买的政策。对加油车辆、加油时间进行登记，根据车辆型号估算油量使用时间，购油次数频繁人员一律不予审批，并对该人员进行严密监控。加强对零散成品油的跟踪管理。指派乡干部及时检查核对扎雪乡所购成品油使用情况，并全程掌握油品去向，切实做到扎雪乡所购成品油去向明、无流失。加大零散成品油的检查抽查力度。乡政府联合派出所不定期对辖区内商铺、企业、茶馆等场所进行检查抽查，重点查处非法销售和储存零散成品油行为，一经查出，严惩不贷。

【加大矛盾纠纷排查调处力度】以党的群众路线教育实践活动为契机，深入调查群众生活生产困难，重点针对群众中存在的矛盾纠纷进行排查摸底，通过两个阶段的入户调查，并未发现有上访苗头的群众，切实把问题解决在了当地，做到了小事不出村，大事不出乡。

【进一步深化创新社会管理成果】在网格化管理基础上，结合上级党委“联户平安”工作指示，进一步深化社会管理触角。按10——15户的标准进行了实地划分联户，并以民主选举的方式，从农牧民群众当中推选出政治可靠、有威信、能服众、有能力、有责任心、能带动周边群众增收致富的人员担任联户长，以便能更好地服务群众、利于群众发展生产、增收致富和促进全乡和谐稳定。

【社会各项事业全面发展】全乡小学入学率、巩固率、毕业率分别达到99.5%、99%和100%，中学入学率、巩固率、毕业率分别达到94.63%、98.1%和100%。强化食品卫生安全目标管理和责任制。对学校食堂共检查4次，对乡周围商铺共检查6次，未发现卫生安全隐患。全乡参加合作医疗登记人数7903人，参加率达100%；参加新型农村养老保险年满60周岁（已享受养老金）895，2014年16——59岁新增人数为87人，参保率达到100%，民政、优抚等社会事务工作扎实有效开展。开展低保复查审核工作，对因家庭收入变化不符合享受条件的家庭予以清退;对符合享受低保条件的已纳入低保范围,切实将真正的贫困群众、需要帮助的群众纳入低保范围,使困难群众基本生活得到有效保障。截至年底,全乡共有低保185户、1005人,低保统计汇总并分类建档,做到一户一表,建立农村低保数据库;有效落实各项惠民政策,全乡在上半年对农牧民生产资金补贴15000元、粮食直补371830.8元,成品油价补贴17346.9元,农牧民养殖出险赔偿款27749.5元。

【政府采购情况】年内,总共采购14次,共用资金236.1991万元,共节省11.1991万元。

【群众路线开展情况】自党的群众路线教育实践活动开展以来,乡严格按照上级文件要求,按照"照镜子""正衣冠""洗洗澡""治治病"的总要求,紧密围绕为民务实清廉的主要内容,紧密聚焦"四风""两问题""一薄弱""三不够"突出问题,紧密联系工作实际,扎扎实实完成了学习教育、听取意见,查摆问题、开展批评,整改落实、建章立制三个环节的工作任务,达到了预期的目标。

【组织学习】认真学习总书记习近平系列重要讲话精神、中共十八大及十八届三中全会精神、《论群众路线——重要论述摘编》等中央和区、市、县委规定的必学篇目20余篇,每名党员干部都认真撰写心得体会(总共270篇);深入开展"治国必治边、治边先稳藏""依法治藏、长期建藏""我是谁、为了谁、依靠谁""学习焦裕禄、争当好公仆"等一系列专题讨论活动10场次,每名班子成员都在修养、宗旨意识等方面作了深入的讨论交流。学习总书记习近平重要批示精神,总书记习近平参加指导河南兰考县委常委班子专题民主生活会时的讲话精神,常委刘云山、部长赵乐际重要讲话精神。通过教育学习为扎雪乡召开民主生活会和组织生活会打下了坚实的基础。

【广泛征求意见】扎雪乡坚持广开言路,乡领导班子及成员通过召开座谈会、深入村组当面征求意见、设置意见箱、发放征求意见表、调查问卷等形式先后查摆出"四风""两问题""一薄弱""三不够"方面存在的突出问题96条。通过认真梳理意见、班子成员对号入座,征集到的"四风"等方面的突出问题32条,其中即知即改20条,现已全部整改。

扎雪乡领导班子共征求意见建议32条(其中征求群众意见3条、对照检查材料查摆24条、专题民主生活会3条,上级党组织和督导组点明2条)。经过梳理和排查,其中遵守党的政治纪律、坚定政治立场方面6条,贯彻落实中央"八项规定"和区党委"约法十章""九项要求"及市委"八项要求",转变作风方面4条,形式主义方面4条,官僚主义方面3条,享乐主义方面2条,奢靡之风方面3条,工作作风方面2条,基层组织建设方面2条,"三不够"方面3条,关系群众切身利益、联系服务群众"最后一公里"方面4条。

全体班子成员分别在6个行政村入户蹲点调研42人次,面对面听群众讲真话、讲心里话,摆问题、提意见。

在最后整改阶段:整改落实方案中应整改41项,现已整改35项。专项整治方案中应整改36项,已整改32项。制度建设计划中新建9项,修改10项。个人整改清单中应整改51项,已整改51项。

【重点项目落实情况】根据乡人大主席团的2014年工作部署,2014年11月11日,19个乡人大代表在乡党委书记、人大主席普桑,纪检书记、政协委员洛桑顿珠,乡人大副主席唐冲的带领下对扎雪乡的几个重点项目建设情况进行视察,视察内容主要包括6个村的7个项目:米洛村直孔牧家、文化活动室;塔杰村水磨房、塔杰村2组村级村民活动室、塔杰村"扎热梯"水渠改建;格老窝副食品批发超市;龙珠岗龙雪清油;扎雪村砖瓦加工专业合作社;其朗村网围栏。

【惠民政策落实情况】根据乡人大主席团的2014年工作部署,2014年11月22日,10个县人大代表在乡人大副主席唐冲的带领下对扎雪乡的惠民政策情况进行视察,视察内容主要包括3个村的粮食补贴、草场补贴、退耕还林的资金落实情况,并对扎雪乡第一、二、三季度的低保资金,孤儿基本生活资金、五保户资金落实、残疾人资金兑现、寿星老人资金补助、残疾人机动车燃油补贴、缺粮户救助金、农村优抚对象补助、2013年义务教育阶段贫困生补助等9项情况进行了检查。

(刘　蕾)

【领导名录】

党委书记、人大主席

普　桑

党委副书记、乡长

孙延文

纪检书记

罗桑顿珠

人大副主席

唐　仲

人武部长

达瓦罗布

副乡长

王　舒

益西措杰

巴　桑

财务所所长

格桑拉姆

社会经济发展办公室主任

卓玛拉措

门巴乡

【概况】门巴乡位于墨竹工卡县东北方向，距县城62.7公里,东靠米拉山和工布江达县,北接嘉黎县,雪绒藏布贯穿全乡。全乡区域面积为1684.9平方公里,平均海拔4500米,辖区内盛产虫草、贝母等名贵藏药材,铅、锌等矿产资源较为丰富。门巴乡是全县七乡一镇纯牧业乡之一,辖6个村民委员会(巴尔卡村、德仲村、仁多岗村、达珠村、波尔朗村、贴尔朗村),18个村民小组,截至年底,共有921户,3745人(其中女性1951人),劳动力人口1821人,牲畜总头数17892头(只、匹),现有耕地面积1030.62亩,草场面积124.01万亩。全乡共有寺庙5座(直孔替寺、查布寺、德仲寺、顶杰寺、卓欧松多寺),僧尼共248人(直孔替寺148人、查布寺3人、德仲寺83人、顶杰寺12人、卓欧松多寺2人)。

【人员编制】门巴乡机关干部职工共有46名,其中科级领导干部5名（其中借调1名）；一般干部26名(其中行政编制17名,借调3名、事业编制9名,借调3名);三支一扶6名;聘用干部2名(1名退休);工人1名(借调至替寺管会);临时工3名,公益性2名。另外,门巴乡现有1名村官、6名第一书记(其中2名为门巴乡干部)。

全乡有34名村干部,仁多岗村有7名村干部,德忠有5名村干部,巴日卡村有7名村干部,贴尔朗有5名村干部，波尔朗有5名村干部，达珠有5名村干部。

【党建工作】乡机关党员42名,现有3个机关党支部、6个村党支部和17个党小组,6个团支部,青年团员112名。2014年,门巴乡农牧民党员共有343名,其中正式党员278;预备党员65,另外有33名入党积极分子。新一届村两委班子成员实际人数为34名(不包括第一书记),其中党员34人,比上一届增加6%;6个村班子配备了40岁以下年轻干部,占到总数的65%;初中以上文化程度11人,占班子成员总数的32%；共有7名女性进入村两委班子,占到班子总数的21.6%,确保每个村有1名女性。新一届村两委班子成员平均年龄41.4岁,比换届前下降1.6岁,其中党支部书记平均44.8岁,比换届前下降0.5岁,村委会主任平均年龄41.7岁,比换届前下降1.2岁。

【经济社会发展】2014年，门巴乡农业经济总收入达6574.33万元,相比上年增长31.25%,社会消费品零售总额154.15万元,同比增长32.29%,农牧民人均收入达到11827.37元,同比增长18.5%。

截至年底,全乡国民生产值6574.33万元,种植业收入43.1万元,养殖业收入3152.64万元,副业收入3378.59万元,其中虫草收入3233.44万元、贝母3.13万元,旅游收入258.37万元,人均收入1182.37元,人均现金收入8549.1元。

【**教育事业**】门巴乡现有小学1所,教职工28人,在校学生364人,2014年小升初82人,适龄儿童入学率达100%,加大力度改善教学设施条件,校园硬化工作基本完成,全面认真落实国家“三包”政策,在校生巩固率达99.8%,同时认真开展和做好学前教育工作,截至9月,共招收学前儿童60人(生源主要以仁多岗村、德仲村为主)。此外,门巴乡大中专院校在读学生共计69人,并继续执行给予新入学大学生补助政策,2014年门巴乡考入大学学生共计22人,按照区内高校每人2500元,区外高校每人3600元的补助统一进行发放。年内,由乡党委副书记及乡教育主管副乡长代表乡党委、政府在门巴乡中心校与学校师生欢度“六一”国际儿童节文艺演出,并送去价值3.025万元的学生校服、书包、文具等;教师节看望和慰问教师,评选乡级优秀教师4名,共计14000元。针对学校学生基本为住宿生这一情况,为保证学生在校期间吃住安全,乡党委政府要求乡卫生院对学生住宿卫生、食品安全进行不定期的检查,每季度检查6次共检查20次,确保学生食住安全。适龄儿以全部入学,入学率、巩固率分别达到100%。

【**民政工作**】门巴乡党委、政府高度重视民生工作,狠抓强基惠民工作,坚持不懈保障和改善民生,切实提高广大农牧民群众的生活水平,进一步凝聚党心民心,不断夯实党的执政基础。门巴乡现有低保户78户,共236人。2014年第一、二、三季度低保金共计92916元已全部发放到位,继续实行党员干部结对帮扶制度,全年共确定结对帮扶38户,有力推动门巴乡扶贫致富工作的开展。截至年底,门巴乡共落实新建巴尔卡村委会、贴朗村修建暖棚暖圈等民生项目18个,总投入资金925万元。

【**养老保险**】认真抓好新型农村养老保险参保工作,全乡2014年新型农村养老保险参保1701人,其中新增50人,收缴参保金17.51万元,参保率达到100%。

【**草场补偿**】2014年,发放2013年草场补助713户,补偿面积1236392.66万亩,补偿现金共计1915443.07元。

【**环境卫生**】积极在群众中开展爱国卫生运动,结合“创模”活动,由乡政府带头组织各村实行根治农村脏、乱、差问题,倡导和培养健康的生活方式。

根据县“创模”办要求,门巴乡高度重视“创模”工作,在10月16日召开“创模”工作动员大会,层层分解工作目标任务,并与寺管会、学校、派出所和各村委会签订《2014年门巴乡创建国家环境保护模范城市目标责任状》。同时,门巴乡还成立以乡党委副书记、乡长为组长,副乡长、人武部部长和派出所所长为副组长;寺管会主任、乡中心校校长和各村书记为成员的门巴乡“创模”领导小组。在“创模”活动中,门巴乡共印发宣传资料1000余份乡,组织开展环境卫生大清理15次,对辖区内主要河流进行彻底地清扫。通过卫生大清理,门巴乡的环境面貌得到了很大的提升,乡镇环境焕然一新。

为提升全乡环境质量,全乡人工造林总面积6.7亩,成活率80%,全乡护林人员155人,各村定期进行一次大扫除,村周围建设了垃圾池。

【**交通事业**】从门巴乡至墨竹工卡县已修73公里柏油路,乡政府至各村委会已修通砂石路,全乡2014年共修建桥梁座。全乡有车辆1025辆,东风车101辆、中巴车4辆、长安车29辆、小车66辆、拖拉机201台和摩托车627辆。

【用电、饮水建设】全乡921户农牧民群众已用上电、用上卫生的自来水。农牧民群众用上电器做饭取暖等,不再挑水,自来水来到家家户户,生活质量大大提高。

【影视、通信发展】在国家各种家电下乡惠民政策支持下,农牧民群众每户都购买了电视,加上党中央和国务院为每一户农牧民群众赠送的卫星接收器,农牧民群众可以收到全国52个卫视台,电视普及率达到100%。乡政府配有电影放映员一名,年放映电影165余场次,极大地丰富了本乡群众精神文化生活。

全乡6个行政村通电话,有移动及固定电话871部,有远程教育终端7台,农牧民群众信息交流更加方便。

(卞育兴)

【领导名录】

党委书记、人大主席
巴　桑

党委副书记、乡长
周军勇

党委委员、纪委书记
拉　巴

人大副主席、人武部长
扎西次仁

党委委员、副乡长
拉巴次仁

中共墨竹工卡县委员会»

县委书记　严应骏

3月2日，县委书记严应骏与敬老院老人欢度藏历新年

3月20日，县委书记严应骏到党群办了解工作开展情况

7月8日，县委书记严应骏到扎西岗乡南京希望小学检查指导工作

3月26日，县委书记严应骏到曲龙寺检查指导工作

县委副书记、县长　林 生

5月15日，县委副书记、县长林生检查虫草采挖前期工作准备

2月17日，县委副书记、县长林生慰问离退休干部

8月26日，县委副书记、县长林生陪同自治区党委常委、市委书记齐扎拉到章达村检查指导工作

县委副书记、人大常委会主任　洛桑

①　②　③

①1月15日，县委副书记、人大常委会主任洛桑指导县第十二届人大三次会议代表提出议案、建议和意见

②3月17日，县委副书记、人大常委会主任洛桑到各乡镇征求意见建议

③8月7日，县委副书记、人大常委会主任洛桑考察农牧民专合组织

县委常务副书记、政协主席　魏东飞

①　②　③

①1月15日，在县政协一届三次会议上县委常务副书记、政协主席魏东飞作政协常委会工作报告

②2月13日，县委常务副书记、政协主席魏东飞慰问扎西岗乡卫生院职工

③2月18日，县委常务副书记、政协主席魏东飞出席政协第一届墨竹工卡县委员会常委委员会第六次会议

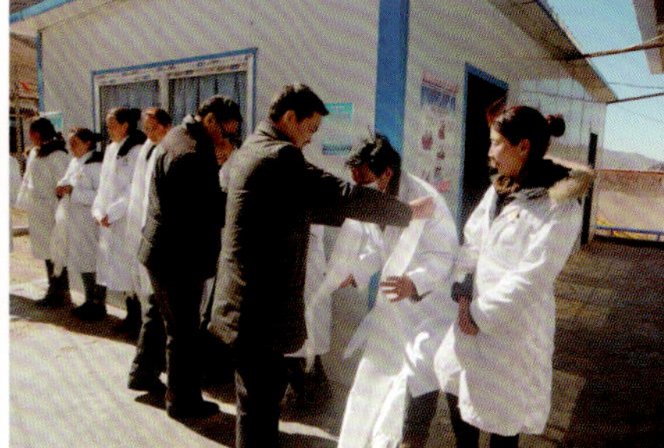

县委副书记、常务副县长　张屹

① ② ③

① 4月23日，县委副书记、常务副县长张屹到扎西岗乡考察巴洛藏鸡养殖场
② 6月5日，县委副书记、常务副县长张屹看望结对户
③ 8月31日，南京市秦淮区代表到墨竹工卡县捐赠30万元

县委常委、武装部政委　张朝宣

① ② ③

① 县委常委、武装部政委张朝宣带领官兵抢险救灾
② 县委常委、武装部政委张朝宣慰问困难户
③ 县委常委、武装部政委张朝宣下乡送医送药

县委常委、组织部部长　李惠劭

① ② ③

① 2014年1月，县委常委、组织部部长李惠劭看望慰问结对户

② 2014年3月，县委常委、组织部部长李惠劭检查指导日多乡党群工作开展情况

③ 2014年5月，县委常委、组织部部长李惠劭检查县工青妇党群工作开展情况

县委常委、统战部部长　普　斌

① ② ③

① 县委常委、统战部部长普斌到帮萨寺检查指导工作

② 县委常委、统战部部长普斌到仁青林寺看望驻寺干部和僧人生活情况

③ 县委常委、统战部部长普斌检查各项维稳工作

县委常委、副县长 央金卓嘎

① ② ③

① 1月30日，县委常委、副县长央金卓嘎慰问民警

② 4月15日，县委常委、副县长央金卓嘎考察矿区

③ 4月30日，县委常委、副县长央金卓嘎在巨龙铜业矿山公路隧道贯通仪式上签字留念

县委常委、纪委书记 尼玛潘多

① ② ③

① 2月14日，县委常委、纪委书记尼玛潘多参加甲玛乡党的群众路线教育实践活动动员大会

② 5月8日，县委常委、纪委书记尼玛潘多陪同区纪委副书记张秋生到甲玛乡调研

③ 县委常委、纪委书记尼玛潘多慰问结对帮扶户

县委常委、宣传部部长　邹玉明

①　②　③

① 3月3日，县委常委、宣传部部长邹玉明到宣传文广系统驻村工作队调研

② 10月22日，县委常委、县委宣传部部长邹玉明看望慰问结对帮扶困难群众

③ 12月16日，县委常委、宣传部部长邹玉明调研卓舞

县委常委、政法委书记、公安局局长　梁光文

①　②　③

① 2月25日，县委常委、政法委书记、公安局局长梁光文深入基层节前慰问一线民警

② 3月8日，县委常委、政法委书记、公安局局长梁光文到302省道沿线单位检查工作

③ 8月21日，县委常委、政法委书记、公安局局长梁光文在抗洪抢险现场指挥

墨竹工卡县人民代表大会常务委员会

县委副书记、人大常委会主任　洛　桑

人大常委会副主任　顿珠穷达

人大常委会副主任　拉巴次仁

7月11日，召开县人大常委会党组2014年度民主生活会

县委副书记、人大常委会主任洛桑参加植树造林活动

6月6日，人大常委会副主任顿珠穷达、拉巴次仁到羊日岗驻村考察工作

5月8日，人大常委会副主任拉巴次仁配合区、市人大调研农牧民增收情况

人大常委会副主任拉巴次仁陪同区人大惠僧利寺考察组对曲龙寺进行考察

1月17日，召开县第十二届人大三次会议

购买手扶拖拉机发放尼江乡其玛卡村群众

墨竹工卡县人民政府

县委副书记、县长　林 生

3月21日，县委副书记、县长林生参加义务植树活动

1月31日，县委副书记、县长林生慰问驻地官兵

4月30日，县委副书记、县长林生在西藏巨龙铜业矿山公路隧道贯通仪式上作重要讲话

县委副书记、常务副县长　张　屹

3月30日，2014年经济工作会暨净土产业工作会

签订2014年信访工作责任书

9月29日，县委副书记、常务副县长张屹到群觉博物馆检查工作

县委常委、副县长　央金卓嘎

①　②　③

① 2月14日，县委常委、副县长央金卓嘎慰问宣舞演员、老党员

② 4月15日，县委常委、副县长央金卓嘎考察树苗种植情况

③ 7月10日，县委常委、副县长央金卓嘎在县政府党组班子专题民主生活会上作个人对照检查

副县长　陈 平

①　②　③

① 3月20日，副县长陈平到巨龙矿业调研

② 10月30日，副县长陈平到日多乡调研旅游工作开展情况

③ 11月12日，副县长陈平查看甲玛谐钦

副县长　米玛次仁

①　②　③

① 2月11日，副县长米玛次仁看望贫困户

② 6月24日，副县长米玛次仁陪同区政协领导考察工作

③ 7月10日，副县长米玛次仁在县政府班子专题民主生活会上作个人对照检查

副县长　益 西

①　②　③

① 2月26日，副县长益西到嘎则新区检查指导工作

② 6月4日，副县长益西考察乡卫生院工作

③ 7月10日，副县长益西在县政府党组班子专题民主生活会上作个人对照检查

副县长　龙 刚

① ② ③

① 4月15日，副县长龙刚到甲玛乡考察工作

② 7月10日，副县长龙刚在县政府班子专题民主生活会上作个人对照检查

③ 副县长龙刚在财政工作会议上作讲话

副县长　周承杰

① ② ③

① 4月28日，副县长周承杰在县城至米拉山路段开展道路交通巡查

② 7月18日，副县长周承杰考察章达沟洪水隐患治理工作

③ 9月26日，副县长周承杰在全县安全生产专题会议上讲话

副县长　侯文峰

①
②
③

① 7月10日，副县长侯文峰在县政府班子专题民主生活会上作个人对照检查

② 副县长侯文峰考察项目工作

③ 副县长侯文峰陪同市交通局党组书记杨林考察农村公路

中国人民政治协商会议
墨竹工卡县委员会

县委常务副书记、政协主席　魏东飞

政协副主席　益西班旦

政协副主席　卫智军

1月15日，墨竹工卡县政协一届三次会议开幕会现场

6月24日，区政协调研组考察墨竹工卡县拉萨河源头

7月11日，政协党组班子民主生活会

10月29日，召开政协第一届墨竹工卡县委员会常务委员会第七次会议

2月20日，政协主席魏东飞慰问贫困户

11月27日，政协副主席益西班旦带队考察墨竹工卡县国税局精神文明工作开展情况

2月17日，政协副主席曲英慰问拉龙村驻村工作队

2月19日，政协副主席卫智军慰问结对户

5月14日，区政协副主席单增赤列到墨竹工卡县直孔梯寺调研

3月25日，政协副主席益西班旦、桑旦平措、曲英到尼玛江热乡征求意见

中共墨竹工卡县纪律检查委员会（监察局）

县委常委、纪委书记　尼玛潘多

纪委副书记、监察局局长　次仁扎西

11月10日，区纪委常委、监察厅副厅长李潮明到墨竹工卡县调研

5月7日，区纪委副书记张秋生到墨竹工卡县调研

11月11日，区纪委常委、监察厅副厅长李潮明到墨竹工卡县扎西岗乡调研参观新旧西藏对比图片展

4月30日，自治区主席洛桑江村参观甲玛乡党的群众路线教育实践活动成果

4月30日，自治区主席洛桑江村到墨竹工卡县和群众座谈

5月29日，区党委组织部副部长唐明英看望慰问老干部、老党员格龙

11月26日，区党委组织部驻塔巴村工作队向墨竹工卡县强基办授予锦旗

12月2日，市“四业工程”考核组验收墨竹工卡县“四业工程”工作

11月30日，墨竹工卡县2014年度党风廉政建设责任制检查考评会现场

墨竹工卡县人民检察院

检察院检察长　索朗次仁

5月14日，虫草矛盾纠纷排查工作法治宣讲活动

10月2日，重阳节关爱老人座谈会

8月14日，法律进寺庙，增强僧人的“五个意识”

3月10日，集中学习

2月19日，检察长索朗次仁看望贫困户

3月16日，市检察院检察长田建设到县检察院考察工作

4月28日，检察长索朗次仁查看菜棚种植情况

9月29日，监所检察教育在押人员

3月20日，植树

12月29日，召开2014年度总结大会

4月25日，法律进矿企活动

墨竹工卡县人民法院

法院党组书记、院长 韩新强

法院副院长 廖 江

法院副院长 索朗德吉

9月17日，法院干警与门巴乡达珠村困难群众进行结对帮扶

10月2日，法院干警到敬老院看望慰问孤寡老人

2月26日，党组书记、院长韩新强看望慰问困难群众

6月24日，干警开展党群活动教育学习情况

7月29日，内地兄弟法院到县法院指导工作

11月11日，邀请高法专业老师对人民陪审员、调解员进行培训

3月25日，参加“百万农奴解放纪念日暨党群活动知识竞赛”

7月1日，案件当事人赠送锦旗

5月26日，开展集体活动，重温入党誓词

墨竹工卡县工卡镇

县政协副主席、工卡镇党委书记、人大主席　卫智军

工卡镇镇长　次旦卓玛

8月7日，镇长次旦卓玛向嘎则新区原址新建户讲解相关预留地规定

8月5日，副镇长周君到工卡村调解矛盾纠纷

8月20日，副镇长普布卓嘎开展安全宣传工作

8月22日，县委书记严应骏指导格桑村抗洪抢险工作

10月15日，为受表彰“联户”代表颁发奖状

7月22日，在工卡村召开非法买卖集体土地安排部署会议

6月19日，在塔巴村向群众宣传安全知识

3月19日，工卡镇民兵训练

4月22日，志愿服务队开展县城环境整治活动

墨竹工卡县 门 巴 乡

门巴乡党委书记、人大主席　巴 桑

门巴乡乡长　周军勇

8月15日，县委常委、副县长央金卓嘎到门巴乡指导开展民主生活会

3月19日，县长林生到门巴乡检查指导群众路线教育实践活动开展情况

3月18日，市委常务副书记达瓦到门巴仁多岗村指导群众路线教育实践活动工作开展情况

2月25日，乡长周军勇慰问结对亲戚

10月19日，乡党委书记巴桑指导德仲村委会换届工作

乡党委书记巴桑慰问结对亲戚

3月27日，市委组织部督导组安庆喜到门巴乡检查指导群众路线工作开展情况

全乡干部职工参加“十一”升旗仪式

墨竹工卡县扎雪乡

扎雪乡党委书记　普 桑

扎雪乡乡长　孙延文

8月15日，开展民主生活会

10月16日，召开党的群众路线教育实践活动总结大会

4月13日，乡领导下村进行牲畜清点工作

1月21日，区党委常委、组织部部长梁田庚到扎雪乡考察试产重点项目落实情况

11月10日，党委书记普桑到米洛村检查工作

12月26日，县委书记严应骏，县委常委、统战部部长普斌到扎雪乡考察工作

12月11日，县委常委、副县长央金卓嘎考察安监工作

12月20日，副县长米玛次仁安排部署维稳工作

3月26日，县人大常委会副主任顿珠琼达到扎雪乡考察群众路线工作

12月7日，县农牧局局长顿珠次仁到扎雪乡检查科技特派员工作

3月20日，县检察院检察长索朗次仁到扎雪乡检查指导工作

墨竹工卡县 尼玛江热乡

尼玛江热乡党委书记　扎巴桑珠

尼玛江热乡乡长　柏 强

4月12日，县长林生到尼江乡慰问贫困户

3月20日，县长林生慰问尼江乡军属家人

3月26日，县委书记严应骏到尼江乡芒热寺指导工作

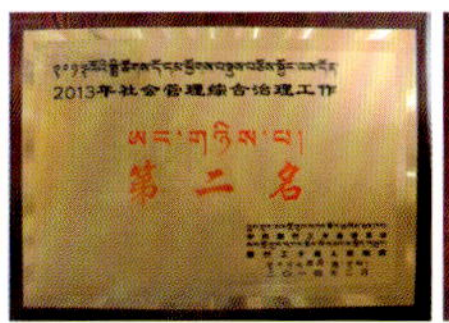

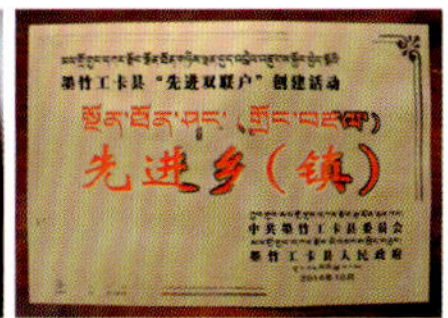

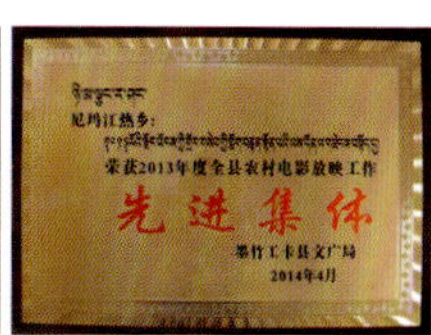

2月17日，县委常委、副县长央金卓嘎参加尼玛江热乡党的群众路线教育实践活动动员大会

3月24日，县委常委、统战部部长普斌到尼江乡开展慰问活动

10月15日，县委常委、常务副县长、县委第二督导组组长央金卓嘎参加尼江乡教育实践活动总结大会上作重要讲话

2月19日，党委书记扎巴桑珠、乡长柏强对乡直部门进行节前慰问

3月11日，组织全乡干部集中学习

6月29日，组织召开党的群众路线教育实践活动专题民主生活会

墨竹工卡县唐加乡

唐加乡党委书记　王应祥

唐加乡乡长　觉次成

2月14日，开展党的群众路线教育实践活动动员大会

12月22日，区党委组织部部长梁田庚到唐加乡卓村检查指导工作

3月3日，副市长孙晓楠到唐加乡卓尼村慰问

县委常委、纪委书记尼玛潘多对寺庙工作进行检查指导

1月15日，科普下乡活动

4月17日，群众路线专题研讨会

3月20日，开展“为了谁、依靠谁、我是谁”大讨论活动

10月20日，莫冲村村“两委”换届

墨竹工卡县甲玛乡

甲玛乡党委书记　平措旺堆

甲玛乡乡长　王小芬

4月30日，自治区主席洛桑江村到甲玛乡调研党的群众路线开展情况

2月28日，市委常委、常务副市长斯朗尼玛看望慰问结对户

3月26日，自治区第一督导组到甲玛乡调研党的群众路线开展情况

2月21日，市第二督导组到甲玛乡调研党的群众路线开展情况

7月23日，召开甲玛乡第十三届人民代表大会第三次会议

2月14日，召开党的群众路线动员部署会议

12月28日，召开2014年度村党支部书记述职评测会议

11月6日，召开先进双联户表彰会议

开展庆“七一”活动、表彰优秀党员

奖状

村（居）委会

荣获2013年度“双联户”工作优秀村（居）委会

特发此证，以资鼓励！

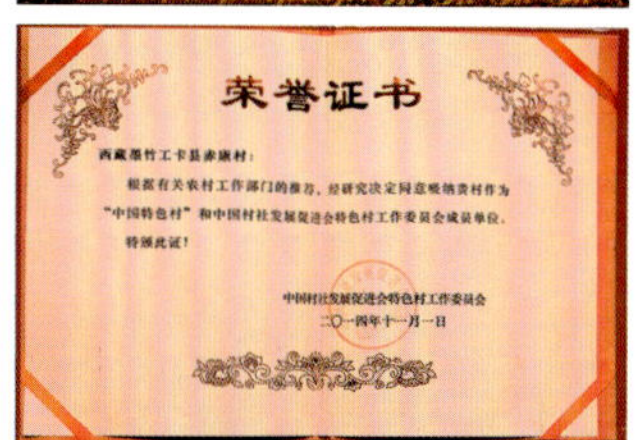
荣誉证书

西藏墨竹工卡县赤康村：

根据有关农村工作部门的推荐，经研究决定同意吸纳贵村作为“中国特色村”和中国村社发展促进会特色村工作委员会成员单位。

特颁此证！

中国村社发展促进会特色村工作委员会

二〇一四年十一月一日

开展“3·28”活动，翻身农奴把歌唱

墨竹工卡县扎西岗乡

扎西岗乡党委书记　刘登贵

扎西岗乡乡长　达瓦卓玛

10月20日，朗杰林村党支部换届选举——奏国歌

10月22日，区常务副秘书长王文佩，市委常委、副市长周普国检查扎西岗乡藏鸡养殖工作

3月15日，区党委副书记、常务副主席、政法委书记邓小刚到扎西岗乡斯布村多嘎组检查基层组织建设情况

2月28日，市委常务副书记龙志刚到扎西岗乡慰问“三老人员”

3月6日，市人大常委会副主任、市委第二督导组常务副组长许广林到扎西岗乡斯布村检查指导党的群众路线教育实践活动开展情况

县委书记严应骏到扎西岗乡仁青林村检查指导工作

墨竹工卡县日多乡

日多乡党委书记　杨传志

日多乡乡长　嘎玛挪培

5月9日，集中观看群众路线教育影片

8月1日，“八一”建军节乡机关干部与兵站同欢

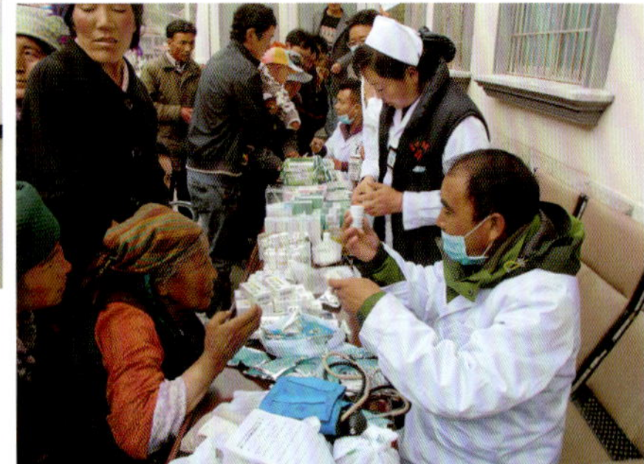

9月11日，援藏医生到日多乡进行义诊活动

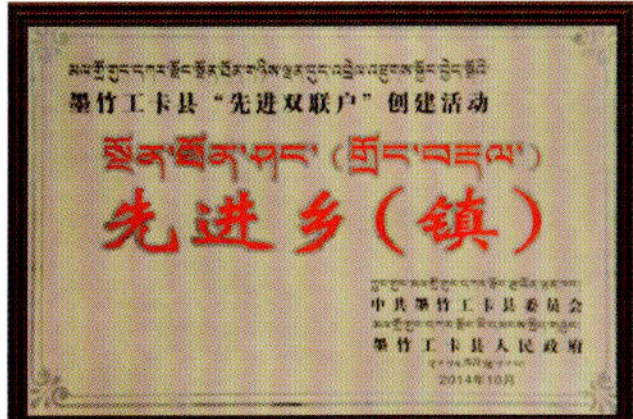

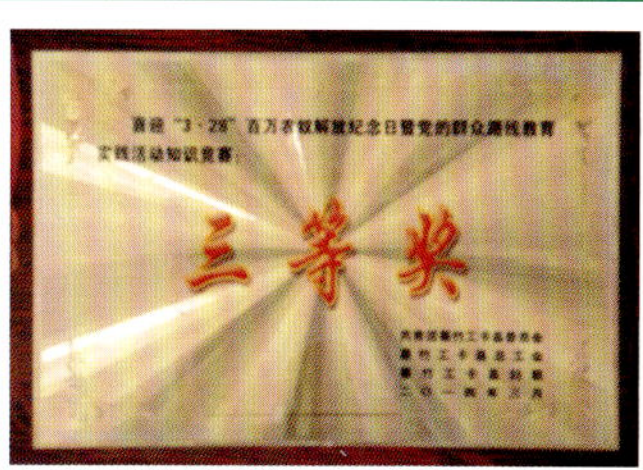

2月26日，副县长益西到日多乡节前慰问

9月16日，中秋节党委书记杨传志到寺庙慰问

8月11日，乡长嘎玛挪培到学校看望学生

10月16日，县委常委、组织部部长李惠劭为村书记颁发聘书

9月28日，市委第二督导组到日多乡进行民主测评

中共墨竹工卡县委办公室

县委办公室主任　尼玛次旦

县委办公室副主任、督查室主任　王 静

县委办公室副主任　张原嘉

县委机要局局长　达 瓦

2月13日，县委办公室召开会议

2014年度墨竹工卡县民族团结进步
模范集体

县委办公室
在2013—2014年创先争优强基础惠民生活动中,被评为
优秀组织单位
2014年10月

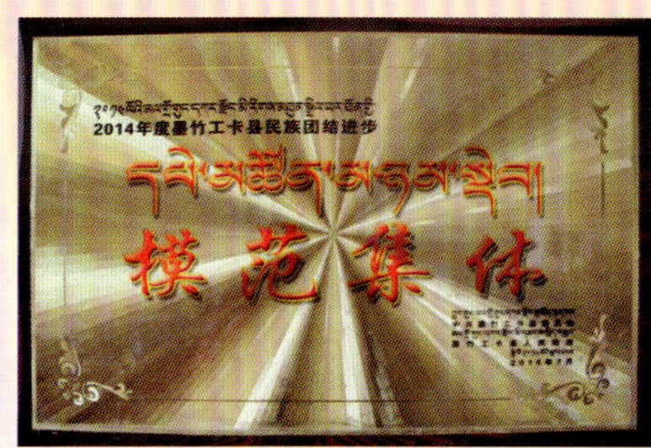

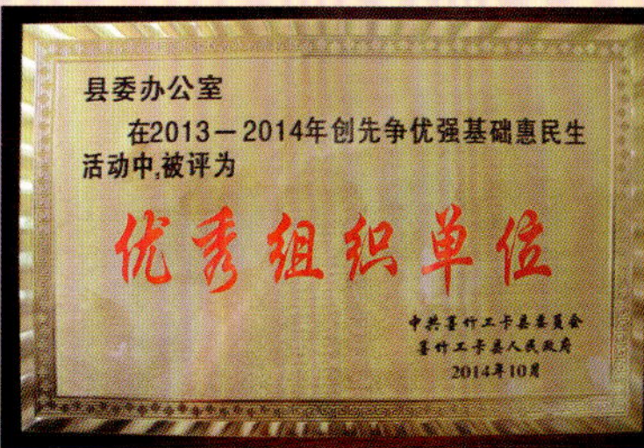

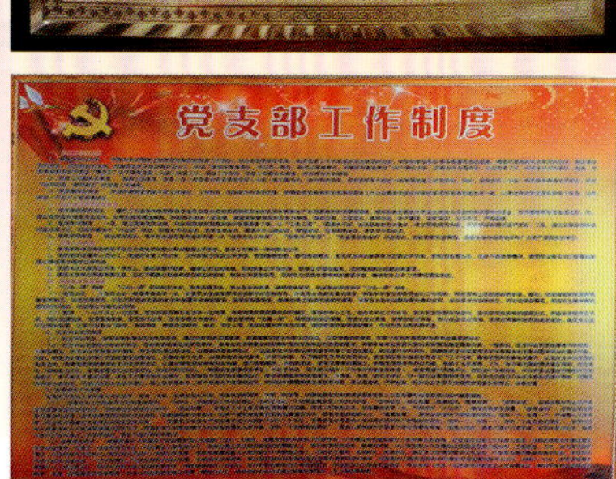

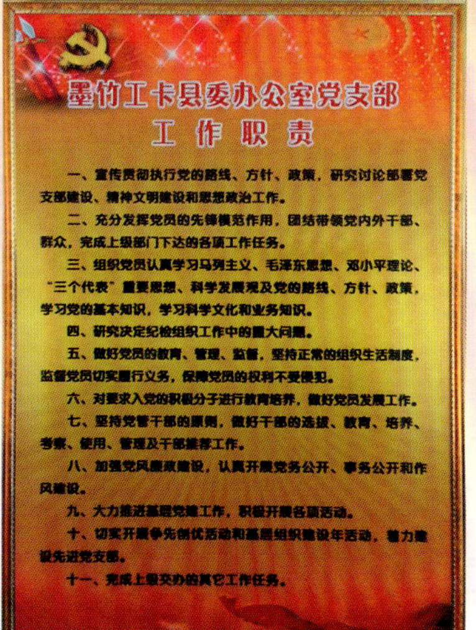

墨竹工卡县委办公室党支部
工作职责
一、宣传贯彻执行党的路线、方针、政策，研究讨论部署党支部建设、精神文明建设和思想政治工作。
二、充分发挥党员的先锋模范作用，团结带领党内外干部、群众，完成上级部门下达的各项工作任务。
三、组织党员认真学习马列主义、毛泽东思想、邓小平理论、“三个代表”重要思想、科学发展观及党的路线、方针、政策，学习党的基本知识，学习科学文化和业务知识。
四、研究决定纪检组织工作中的重大问题。
五、做好党员的教育、管理、监督，坚持正常的组织生活制度，监督党员切实履行义务，保障党员的权利不受侵犯。
六、对要求入党的积极分子进行教育培养，做好党员发展工作。
七、坚持党管干部的原则，做好干部的选拔、教育、培养、考察、使用、管理及干部推荐工作。
八、加强党风廉政建设，认真开展党务公开、事务公开和作风建设。
九、大力推进基层党建工作，积极开展各项活动。
十、切实开展争先创优活动和基层组织建设年活动，着力建设先进党支部。
十一、完成上级交办的其它工作任务。

荣誉证书
在自治区创先争优强基础惠民生活动中，被评为
先进驻村(居)工作队员
特发此证，以资鼓励。

党支部工作制度

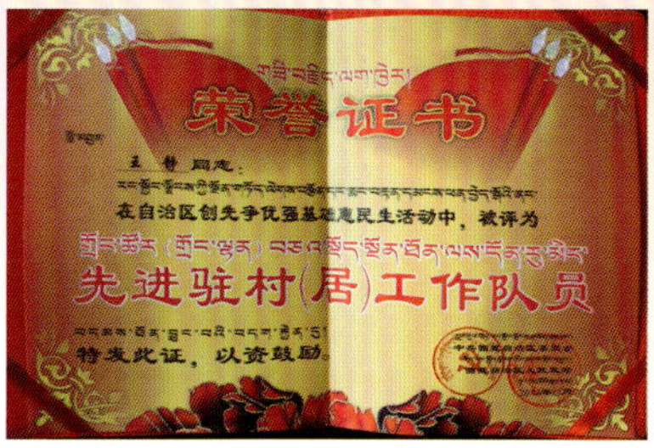

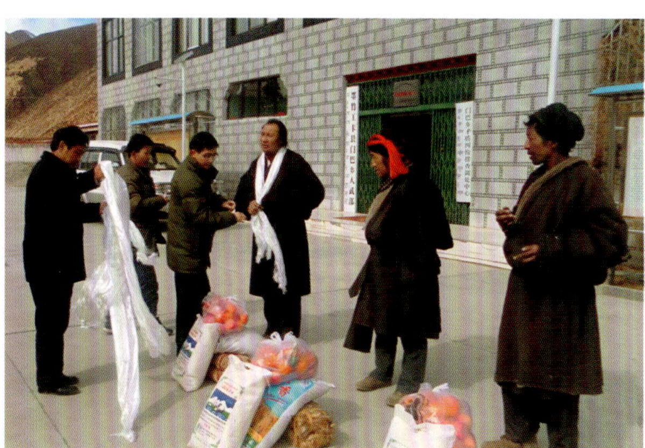

3月15日，组织看望门巴乡贫困群众

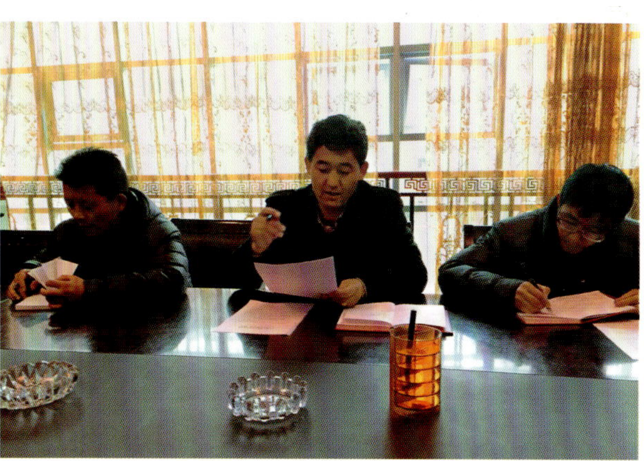

2月14日，县委办公室组织学习教育

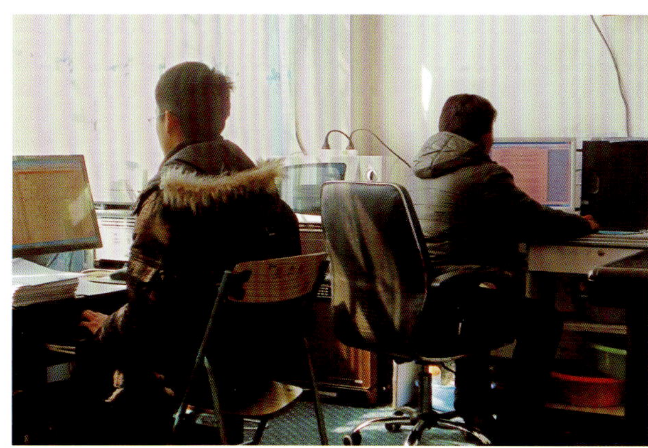

县委机要局机要员办公场景

中共墨竹工卡

县委组织部（编办、老干局）

县委常委、组织部部长　李惠劭

组织部副部长　谢光友

组织部副部长　米玛旺堆

组织部副部长　王吉泽

老干部局局长　李雪玉

5月9日，县委常委、组织部部长李惠劭到日多完小调研

12月17日，到南京参加培训学员实地参观栖霞区尧化街道尧化全科社区

12月11日，墨竹工卡县第二批科级领导干部公共服务与创新社会管理专题培训班开班典礼

7月21日，墨竹工卡县建成全国少数民族地区首个中央党校党建工作联系点

4月18日，组织开展基层党组织书记培训会

5月9日，开展“八看、一算账、一揭批、四增强”感党恩主题教育暨宣讲员培训会

第一书记照片

工卡镇第一书记

工卡镇工卡村　次旦旺姆

工卡镇塔巴村　万才智

工卡镇格桑村　次仁央宗

甲玛乡第一书记

甲玛乡赤康村　扎西顿珠

甲玛乡龙达村　桑　追

甲玛乡孜孜荣村　扎西平措

门巴乡第一书记

门巴乡巴尔卡村　西热江措

门巴乡波朗村　拉巴次仁

门巴乡达珠村　程　磊

门巴乡贴朗村　仁青罗布

尼玛江热乡第一书记

尼玛江热乡芒热村　拉巴旦增

尼玛江热乡其玛卡村　卓　玛

尼玛江热乡羊日岗村　席贤锋

尼玛江热乡邦达村　闫龙飞

尼玛江热乡章达村　苍　巴

尼玛江热乡仲达村　次旺平措

尼玛江热乡宗雪村　拉　巴

日多乡第一书记

日多乡拉龙村　旦增旺加

日多乡念村　牟仁青

日多乡怎村　王瑞鹏

唐加乡第一书记

唐加乡冲尼村　普卓玛

唐加乡东布岗村　德吉卓嘎

唐加乡拉东村　顿珠坚才

唐加乡莫冲村　央金次仁

唐加乡卓普村　索朗次仁

扎西岗乡第一书记

扎西岗乡巴洛村　白玛卓嘎

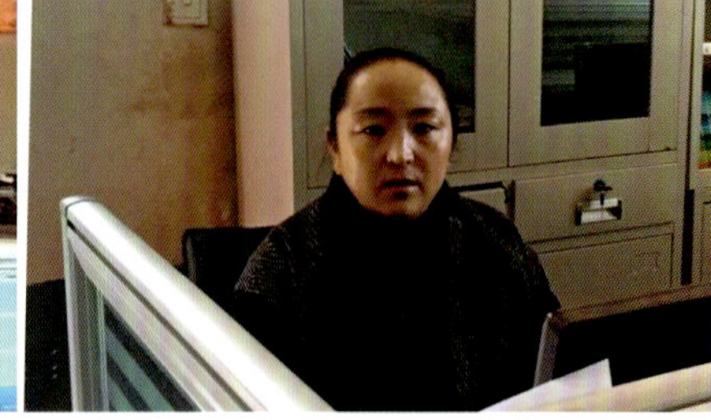
扎西岗乡加尔多村　拉巴仓决

扎西岗乡朗杰林村　杨 勇

扎西岗乡吉古村　格桑玉珍

扎西岗乡仁青林村　扎西次仁

扎西岗乡斯布村　扎西旺堆

扎西岗乡扎西岗村　格 桑

扎雪乡第一书记

扎雪乡格老窝村　边巴顿珠

扎雪乡龙珠岗村　何 杰

扎雪乡其朗村　巴 桑

扎雪乡塔杰村　次仁平措

扎雪乡米洛村　才旺罗布

各村党支部第一书记人员名单

姓　名	原单位职务	所在村
次旦旺姆	墨竹工卡县委组织部科员	工卡镇工卡村
万才智	墨竹工卡县委办公室科员	工卡镇塔巴村
次仁央宗	拉萨市食品药品监督管理局主任科员	工卡镇格桑村
杨　勇	墨竹工卡县住建局副局长	扎西岗乡朗杰林村
白玛卓嘎	墨竹工卡县民政局副主任科员	扎西岗乡巴洛村
扎西旺堆	墨竹工卡县扎西岗乡党委委员、副乡长	扎西岗乡斯布村
格桑玉珍	墨竹工卡县政府办科员	扎西岗乡吉古村
拉巴仓决	墨竹工卡县卫生局副主任科员	扎西岗乡加尔多村
扎西次仁	墨竹工卡县扎西岗乡科员	扎西岗乡仁青林村
格　桑	墨竹工卡县扎西岗乡科员	扎西岗乡扎西岗村
扎西顿珠	墨竹工卡县甲玛乡党委委员、副乡长、人武部部长、赤康村党支部书记	甲玛乡赤康村
桑　追	墨竹工卡县甲玛乡科员、龙达村党支部第一书记	甲玛乡龙达村
扎西平措	墨竹工卡县甲玛乡党委委员、人大副主席	甲玛乡孜孜荣村
闫龙飞	墨竹工卡县尼玛江热乡科员	尼玛江热乡邦达村
拉巴旦增	墨竹工卡县尼玛江热乡芒热寺管委会副主任	尼玛江热乡芒热村
卓　玛	墨竹工卡县法院科员	尼玛江热乡其玛卡村
席贤锋	墨竹工卡县尼玛江热乡科员	尼玛江热乡羊日岗村
苍　巴	墨竹工卡县尼玛江热乡科员	尼玛江热乡章达村
次旺平措	墨竹工卡县尼玛江热乡宗孜寺管委会科员	尼玛江热乡仲达村
边　巴	拉萨市交通运输局行业科副科长	尼玛江热乡宗雪村
普卓玛	墨竹工卡县唐加乡科员	唐加乡冲尼村
德吉卓嘎	墨竹工卡县唐加乡副科级干部	唐加乡东布岗村
顿珠坚才	墨竹工卡县唐加乡科员	唐加乡拉东村
央金次仁	墨竹工卡县唐加乡党委委员、副乡长、莫冲村党支部书记	唐加乡莫冲村
索朗次仁	墨竹工卡县人民检察院副科级检察员	唐加乡卓村
巴　桑	墨竹工卡县扎雪乡党委委员、副乡长、其朗村党支部书记	扎雪乡其朗村
边巴顿珠	拉萨市农牧局动物防疫所副所长	扎雪乡格老窝村
何　杰	拉萨市信访局主任科员	扎雪乡龙珠岗村
才旺罗布	墨竹工卡县扎雪乡吉布寺管委会科员	扎雪乡米洛村
次仁平措	墨竹工卡县扎雪乡兽医站事业人员、塔杰村党支部书记	扎雪乡塔杰村
旦增旺加	市政府办公厅下属布达拉宫广场管理处科员	日多乡拉龙村
王瑞鹏	拉萨市政协办公厅秘书科副科长（正科级）	日多乡怎村
牟仁青	墨竹工卡县日多乡人大副主席	日多乡念村
仁青罗布	墨竹工卡县公安局科员（驻寺民警）	门巴乡贻朗村
西绕江措	墨竹工卡县门巴乡科员、巴尔卡村大学生村官	门巴乡科员
拉巴次仁	墨竹工卡县公安局栖霞大道便民警务站副站长	门巴乡波朗村
程　磊	墨竹工卡县门巴乡科员	门巴乡达珠村
冷国强	拉萨市环境保护局环境检测站站长	门巴乡德仲村

中共墨竹工卡县委宣传部

县委常委、宣传部部长　邹玉明

党支部书记、副部长　邓后勤

宣传部副部长　李红霞

县委宣传部副部长、网信办主任　达瓦次仁

文化综合执法大队队长　达　瓦

“学习焦裕禄 争当好公仆”学习讨论会

5月9日，学习总书记习近平系列重要讲话精神专题辅导讲座

县委理论学习中心组学习会

11月23日，区党委宣传部副部长王能生到墨竹工卡县直孔梯寺考察新旧西藏对比展室建设情况

12月3日，市“四业办”领导到墨竹工卡县检查指导工作

4月1日，县委书记严应骏主持召开援藏20年座谈会

2月8日，自治区书法家协会作家为墨竹工卡县群众写祝福

举行升旗仪式

中共墨竹工卡县委政法委员会

政法委副书记　次仁群培

县委常委、政法委书记、公安局党委书记、局长　梁光文

政法委副书记、综治办主任　加永曲培

11月6日，县委常委、政法委书记、公安局局长梁光文指导检查交通治理工作

2月18日，开展结对帮扶慰问活动

4月24日，政法委领导班子到村委会考察工作

10月27日，政法委领导班子对驻村联系点开展慰问工作

12月17日，政法委领导班子民主生活会

11月13日，“双联户”创建评选活动

3月10日，华泰龙公司反腐倡廉建设及维护矿区稳定工作会议

9月16日，全县开展综治宣传活动

中共墨竹工卡县委统战部（民族宗教事务局）

县委常委、统战部部长　普 斌

统战部副部长、民宗局局长　米玛多吉

1月27日，自治区主席洛桑江村检查指导工作

3月6日，区人大常委会党组副书记、副主任赵正修到塔巴寺检查指导维稳工作

5月14日，区政协副主席策墨林·单增赤列到直孔梯寺对天葬台日常管理情况调研

3月28日，市委副书记、统战部部长达娃到直孔梯寺检查工作

县委副书记、人大常委会主任洛桑，县委常委、统战部部长普斌到直孔梯寺看望慰问活佛

中共墨竹工卡县寺庙管理委员会

直孔替寺管委会主任　索朗桑布

直孔替寺管委会副主任　尼玛贡扎

直孔替寺管委会全体成员

德仲寺管委会副主任　德吉央宗

德仲寺管委会副主任　刘罗山

德仲寺管委会委员全体成员

曲龙寺管委会主任　次仁昌菊

曲龙寺管委会成员

艾玛日寺管委会主任　琼 拉

艾玛日管委会全体成员

帮萨寺管委会全体成员

嘎则寺管委会成员

吉布寺管委会全体成员

芒热寺管委会成员

热旦寺管委会全体成员

仁青林寺管委会

羊日岗寺管委会成员

塔巴寺管委会全体成员

宗孜寺管委会

墨竹工卡县总工会

工会主席　扎西旺堆

工会副主席　尼玛潘多

11月19日，市总工会交叉验收

安康杯知识竞赛

11月27日，纪念西藏工会成立50周年宣传

宣传工会法

慰问乡镇困难职工

职工运动会

共青团墨竹工卡县委员会

团县委书记　韩　青

团县委副书记　曹　伟

8月5日，县委常委、组织部部长李惠劭主持座谈会

1月13日，团中央农业部副部长赵宝东到墨竹工卡县调研团务工作

4月16日，召开预防青少年违法犯罪联席会议

5月4日，“五四”青年节表彰“十佳青年”和“青年五四标兵”

5月21日，南粤会亲助学金发放仪式

7月9日，“安康杯”知识竞赛

墨竹工卡县妇女联合会

妇女联合会主席　德 吉

妇女联合会副主席　尼玛彭多

2014年8月，慰问“两癌“妇女

市妇联副主席向巴彩喜检查指导墨竹工卡县妇女儿童工作

12月8日，举办新一届村妇代会主任培训班

深入德仲寺、热旦寺、顶杰寺开展“三送”进尼姑寺活动

11月17日，举办2014年拉萨市农牧民妇女西式烹饪培训班

墨竹工卡县人民代表大会常务委员会办公室

人大常委会办公室主任　索朗巴珠

人大常委会办公室副主任　达 啦

人大常委会办公室副主任　扎 仓

2月28日，干部职工到结对帮扶户进行慰问

4月28日，县人大常委会副主任拉巴次仁与办公室主任索朗巴珠谈心

2月25日，节前慰问贫困户

3月13日，观看李克强总理会见中外记者

3月13日，人大办党支部学习区、市两会精神

7月8日，对新修水渠进行验收

墨竹工卡县政府办公室

政府办公室主任 向巴卓玛

政府办公室副主任 次仁普尺

政府办公室副主任 钟其荣

9月2日，召开办公室党支部民主生活会

参加义务植树活动

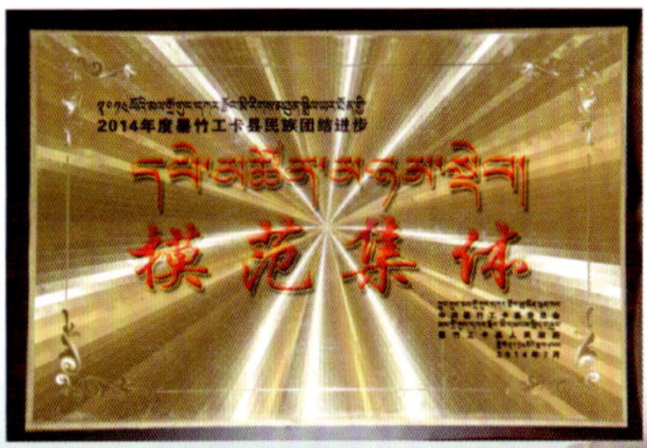

节前，慰问联系点扎西岗乡吉古村贫困户

中国人民政治协商会议
墨竹工卡县委员会办公室

政协办公室主任　刘彦峰

政协办公室副主任　达瓦扎西

9月9日，墨竹工卡县政协办党支部专题组织生活会情况通报会

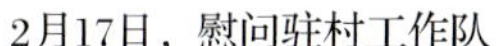

2月17日，慰问驻村工作队

2月24日，慰问县政协委员

4月23日，组织政协委员开展植树造林

2月17日，县政协一届三次会议政协委员提案交办会

6月24日，党的群众路线教育实践活动征求意见

7月16日，墨竹工卡县政协举办政协委员培训班

9月5日，墨竹工卡县政协办党支部组织生活会

副县长、发展和改革委员会主任　侯文峰

墨竹工卡县发展和改革委员会

发改委副主任德吉指导农村公路养护工作

发改委副主任扎西玉杰实地指导民工工资发放

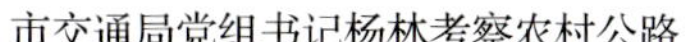

市交通局党组书记杨林考察农村公路

市交通局党组书记杨林指导巴尔卡桥前期工作

县委书记严应骏指导项目工作

市交通局领导检查道路养护工作

自治区交通厅领导到墨竹工卡县检查交通工作

墨竹工卡县教育（体育）局

教育（体育）局党总支书记、局长　尼玛次仁

教育（体育）局副局长　巴 桑

教育（体育）局副书记　程爱青

教育（体育）局副局长、中学副校长　拉巴穷达

8月10日，邀请国家体育总局教练到墨竹工卡县开展教育系统全民健身培训

教学质量提升从学前教育抓起

信息化教育技术应用到课堂教学

墨竹工卡县工业和信息化局

工业和信息化局局长　达 多

工业和信息化局副局长　唐耀军

组织涉矿部门到矿山了解情况

自治区副主席格桑次仁到华泰龙调研

组织召开政企联席会议

墨竹工卡县公安局

县委常委、政法委书记、公安局党委书记、局长　梁光文

市公安局副调研员、县公安局党委副书记、政委　孙雁哲

升旗仪式

训练

队伍建设

2月15日，区副主席、政法委副书记何文浩到墨竹工卡县公安局检查工作

3月6日，区人大常委会副主任赵正修到墨竹工卡县各重点维稳单位检查指导工作

11月6日，武警西藏总队司令员宋宝善到墨竹工卡县武警中队考察指导工作

3月3日，市委常委、常务副市长斯朗尼玛到县公安局检查指导工作

3月28日，市委常委、区公安厅副厅长、市委政法委第一副书记、市公安局党委书记次仁旺堆到县局检查指导工作

2月10日，副市长计明南加，区高院副院长、市中院党组书记、院长边巴拉姆到县局检查工作

墨竹工卡县民政局

民政局局长　旦 巴

民政局副局长　达 娃

4月30日，自治区主席洛桑江村慰问福利院老人

10月21日，区民政厅副厅长孙军山、市民政局局长白玛玉珍慰问贫困老人

副县长周承杰参加残疾儿童联谊活动

县委、县政府领导“三大节”慰问五保老人

墨竹工卡县 人力资源和社会保障局

人力资源和社会保障局局长　班旦曲扎

人力资源和社会保障局副局长　春 芳

县委副书记、常务副县长张屹参加自治区人社工作电视电话会议

12月22日，县委常委、副县长央金卓嘎到人社局调研

开展劳务品牌扶持项目培训，提供农牧民就业机会

墨竹工卡县司法局

司法局局长　王标堂

司法局副局长　张 祯

9月12日，开展“法律进学校”活动

5月26日，县普法办举办法制副校长聘任典礼

4月25日，开展“法律进企业”活动

8月20日，召开专题组织生活会

12月11日，召开基层人民调解员培训大会

3月24日，开展“三月平安宣传月”法治宣传活动

9月11日，开展“三下乡”活动

4月8日，开展“法律进农牧区”活动

12月4日，开展“12·4”全国宪法日和法制宣传日宣传活动

墨竹工卡县财政局

财政局副局长　洛桑次仁

财政局局长　陈晓燕

财政局副局长　卓玛次仁

副县长龙刚主持召开财政工作会议

深入对口扶贫户家中了解家庭情况

开展党的群众路线专题组织生活会

召开党的群众路线教育活动专题整改会议

对乡村惠民资金落实情况进行督导检查

开展防灾救灾宣传

参加市财政组织党的群众路线“颂歌献给党”文艺活动

4月20日，扶贫慰问困难户

墨竹工卡县国土资源规划局

国土资源规划局局长　次 达

国土资源规划局副局长　尼玛央金

7月7日，召开墨竹工卡县专项整治非法买卖农村集体土地动员大会

7月21日，召开专项整治非法买卖集体土地法律法规知识培训会

8月6日，工作人员开展放线测量工作

5月15日，区国土厅执法监察局局长平措到墨竹工卡县检查2012年土地卫片执法检查工作开展情况

7月22日，局长次达到唐加乡宣传国土资源管理法律法规知识

墨竹工卡县环境保护局

环境保护局局长　扎西次仁

环境保护局副局长　旦增贡彭

区环保厅厅长江白到墨竹工卡县人工湿地污水处理厂放线

10月23日，区、市禁白领导小组到菜市场检查“禁白”工作开展情况

5月11日，全县召开创建国家环境模范城市推进会

3月22日，植树活动

墨竹工卡县
住房和城乡建设局

住房和城乡建设局局长　索朗扎布

3月27日，安居工程接受区、市两级验收

5月21日，住建局城管大队行政执法

5月29日，市审计局对墨竹工卡县建设项目例行审计

2月4日，落实住房救助政策、为低保户发放住房补贴

9月2日，召开民主生活会

10月27日，嘎则新区干部职工周转房通过终验

墨竹工卡县水利局

水利局局长　边 央

水利局副局长　边巴洛布

3月28日，市水利局局长欧阳丽萍到墨竹工卡县检查扎西岗乡防洪堤工程

8月10日，局长边央到尼玛江热乡了解汛期灾情

6月20日，副市长次仁央宗到墨竹工卡县检查水利工作

7月20日，县长林生到唐加乡卓村了解受灾情况

墨竹工卡县农牧（科技）局

农牧（科技）局局长　顿珠次仁

8月23日，局长顿珠次仁陪同媒体人员宣传净土健康产品

3月20日，副县长米玛次仁检查春耕备耕工作

9月24日，检查农牧业设施

墨竹工卡县文化广播电影电视局

宣传部副部长、文化广播电影电视局局长 格 桑

文化广播电影电视局副局长 次仁朗杰

4月11日，副市长吴亚松到墨竹工卡县检查指导工作

5月7日，副县长益西到基层检查指导工作

9月5日，局长格桑到基层检查指导工作

4月11日，副局长次仁朗杰为甲玛谐钦传承人敬献哈达

教育实践活动集中学习会

墨竹工卡县卫生局

卫生局局长　格桑巴珠

卫生局副局长　巴桑卓玛

6月25日，开展计划生育知识讲座

7月14日，卫生计生巡回宣教活动

7月7日，墨竹工卡县2014年结核病多部门合作暨健康促进会议

墨竹工卡县安全生产监督管理局

安全生产监督管理局局长　达 瓦

安全生产监督管理局副局长　扎西罗布

安全生产监督管理局副局长　程利平

5月29日，国务院安委会第十六督导组到墨竹工卡县华泰龙矿山检查指导工作

7月26日，区、市、县安全生产监管局联合对金和选矿厂开展安全生产督查

7月3日，副县长周承杰连同各涉矿部门对巨龙搬迁点开展验收工作

墨竹工卡县林业绿化局

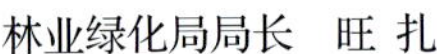

林业绿化局局长　旺 扎

林业绿化局副局长　格桑加措

10月10日，在嘎则新区开展新区道路绿化苗木后期管护工作

10月15日，市林业绿化局副调研员赵万名教授宣讲林业法律法规知识

4月6日，党员干部开展党的群众路线相关知识专题学习

墨竹工卡县旅游局

旅游局局长　尼玛曲珍

旅游局副局长　梅 子

6月5日，局长尼玛曲珍、副局长梅子调研直孔梯寺基础设施建设

10月30日，副县长陈平到日多乡调研了解旅游工作开展情况

11月16日，市旅游局副局长王平参加大思金拉措景区可研规划研讨会

5月29日，江苏交广网对日多小学进行捐资助学

墨竹工卡县扶贫（农发）办

扶贫（农发）办主任　林文全

扶贫（农发）办副主任　斯朗拥宗

8月7日，市审计局副局长格桑平措、市扶贫办副主任次仁到墨竹工卡县检查2013年度扶贫开发项目

11月26日，市农发办副主任张晓林考察尼玛江热乡章达村土地综合治理项目

看望驻村工作队

召开组织生活会

墨竹工卡县信访局

信访局局长　次杰罗布

县级领导接访

发放拖欠民工工资

到扎雪乡扎雪村宣传信访知识

开展矛盾纠纷协调工作

签订2014年信访工作责任书

开展处理突出信访问题及群体性事件联席会议

食品药品电子屏幕宣传

墨竹工卡县 食品药品监督管理局

食品药品监督管理局局长　拉　巴

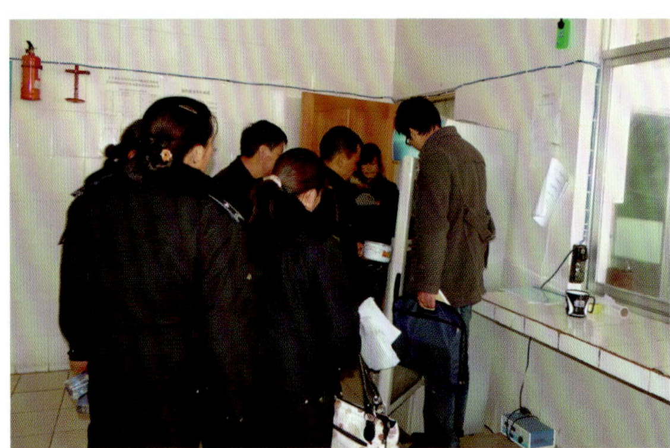
学校食堂食品专项检查

到工矿企业督导检查食品安全管理工作

虫草采挖期间食品卫生检查

墨竹工卡县深入开展创先争优强基础惠民生活动领导小组办公室》

2月27日，区党委组织部常务副部长许成仓、鲁西科看望慰问村干部

区政府秘书长许雪光走访慰问困难群众

1月27日，区党委组织部常务副部长姚瑞峰听取村经济社会发展情况汇报

2月13日，县长林生看望慰问孜孜荣村驻村工作队

5月30日，区党委组织部常务副部长、编办主任唐明英到门巴乡巴尔卡村看望慰问老干部、老党员格龙

墨竹工卡县
嘎则新区管理委员会

嘎则新区管委会主任　谭　川

嘎则新区管委会副主任　洛桑多吉

区党委常委、市委书记齐扎拉到新区南京希望小学参观

市委副书记、常务副市长陈勇到新区调研

县委副书记、常务副县长张屹到新区检察院检查工程情况

墨竹工卡县城现状图

墨竹工卡市民广场景观概念设计

政府主楼

会议中心

后勤服务中心

9月14日，南京市委组织部副部长朱晓琳到新区考察

8月31日，南京市秦淮区政协副主席张颖到新区调研

墨竹工卡县县委、县政府搬迁工程会议中心

墨竹工卡县政府大门

墨竹工卡县净土健康产业办公室

县农牧（科技）局副局长、净土健康产业办公室主任　索朗拉姆

9月25日，藏博会期间，区党委常委、市委书记齐扎拉考察县特色产品展销区

8月26日，藏博会期间，县委副书记、常委副县长张屹检查指导县净土健康产品展销工作

副县长米玛次仁考察扎西岗草莓种植情况

9月4日，县净土办举办蔬菜直销车发放仪式

西藏银行股份有限公司
墨竹工卡县支行

西藏银行股份有限公司墨竹工卡县支行行长　徐垲铸

西藏银行股份有限公司墨竹工卡县支行副行长　陈春渠

12月9日，西藏银行行长肖军到墨竹工卡县支行调研

5月20日，支行试营业期间县委副书记、常务副县长张屹、副县长龙刚、财政局局长陈晓燕到支行考察慰问

6月12日，西藏银行董事长白玛才旺、县长林生、总行副行长田伟、刘军参加墨竹工卡县支行开业典礼

9月15日，到各乡镇宣传反假币知识及金融业务知识

墨竹工卡县中学

中学校长　罗布次仁

中学党支部书记　杨发菊

区教育厅副厅长旺堆到学校检查工作

6月18日，新旧西藏历史对比讲座

庆祝教师节

6月10日，第17届运动会

墨竹工卡县疾病预防控制中心

疾控中心主任　白桑

疾控中心副主任　尼玛

7月7日，组织开展结核病防治多部门合作暨健康促进培训会议

开展乡级结核病防治专干培训会议

组织开展辖区内儿童计划免疫接种工作

墨竹工卡县人民医院

人民医院党支部书记　葛爱琴

人民医院院长　贡　嘎

市级专家指导病历质量

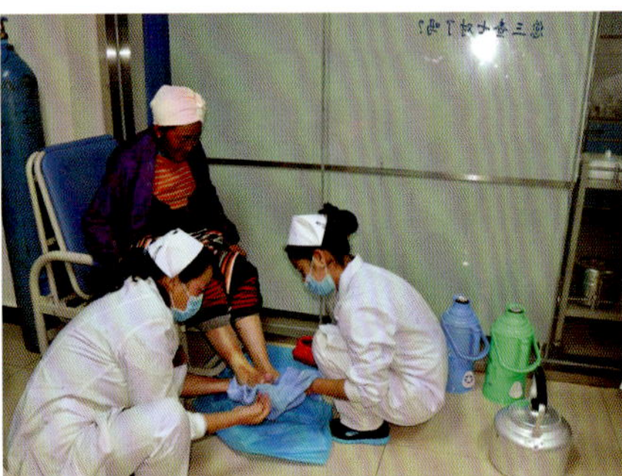

开展优质护理工作

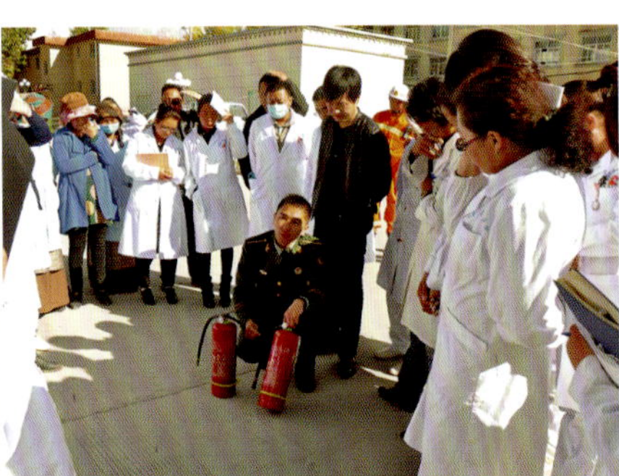

消防演练

区级专家开展等级医院初评工作

援藏医生开展示范教学工作

墨竹工卡县国家税务局

县国家税务局局长　泽 旦

县国家税务局副局长　李 纲

县国家税务局副局长　次旦桑珠

县国家税务局纪检组组长　次旺贡布

区国税局总审计师雷纪选到县国税局调研

领导考察

税企座谈

墨竹工卡县 工商行政管理局

工商行政管理局局长　索朗次仁

工商行政管理局副局长　扎西吉

2014年8月，市工商局党委书记王军义带队检查工作，副县长陈平陪同

墨竹工卡县人民武装部

县委常委、武装部政委　张朝宣

武装部部长　陈文凯

警备区司令员韩志宏检查工作

县委书记严应骏看望官兵

部长陈文凯带领民兵植树

民兵巡逻

墨竹工卡县公安消防大队

公安消防大队大队长　徐辉亮

8月1日，县长林生慰问官兵

县委常委、副县长央金卓嘎到消防大队检查工作

7月10日，墨竹工卡镇所有加油站职工进行消防培训

对中石化加油站进行消防演练

利用冲锋舟对孤岛被困人员进行解救

墨竹工卡县武警中队

武警中队政治指导员　庞春雷

武警中队中队长　娄勇军

11月6日，总队司令员宋宝善到中队检查指导工作

11月27日，政法委书记、公安局局长梁光文欢送2014年度退伍老兵

为县养老院孤寡老人送上节日问候

军事训练

墨竹工卡县气象局

气象局局长　尼玛次仁

10月29日，新观测场搬迁安装

全县气象工作意见征求会

8月6日，甲玛乡炮点建设检查

墨竹工卡县供电有限公司

供电有限公司总经理　扎西次仁

供电有限公司副经理　杨 波

藏历年前慰问仲达村贫困户

老百姓为公司赠送锦旗表示感谢

为优秀农村电工颁发奖状

国网西藏电力有限公司领导考察外线作业现场

墨竹工卡县“四业工程”办公室

县政协副主席、“四业工程”办公室主任　益西班旦

6月2日，县委书记严应骏检查虫草采集情况

县长旦增尼玛慰问扎西岗乡“四业工程”工作情况

6月6日，市人大常委副主任、市“四业工程”办主任龚建彰实地查看虫草采集情况

9月24日，市“四业工程”调研组到墨竹工卡县召开座谈会

9月25日，市“四业工程”了解墨竹工卡县矿山用工情况

中国农业银行墨竹工卡县支行

中国农业银行墨竹工卡县支行党支部书记、行长　尼玛次仁

9月4日，大堂经理巡检

客户区

办公场景

支行办公大楼

墨竹工卡县电信局

电信局局长　白玛伦珠

电信局副局长　琼达次仁

区电信公司领导跟班劳动

天翼惠民政策

营业厅用户体验区

扎雪乡营业厅开业

林芝公路分局墨竹工卡

公路养护段

党支部书记　达瓦次仁

副段长　孙国江

修补坑槽

修补路面

清除积冰

清除路面积雪

墨竹工卡县邮政局

邮政局局长　普布扎西

投送党报党刊

投送邮件

门巴乡邮路

营业大厅

墨竹工卡县移动分公司

移动分公司经理　景淑娜

服务下乡

新产品推荐

为用户解决问题

现场为客户办理业务

联通墨竹工卡县营业部

联通营业部经理　白立成

营业员

营业厅

资费展架

解释资费